MÜNCHEN

www.baedeker.com

Verlag Karl Baedeker

Top-Sehenswertes

Münchens Attraktivität reicht weit über Deutschlands Grenzen hinaus. Als Kulturmetropole ist die Stadt das ganze Jahr über ein beliebtes Reiseziel. Aus der Fülle an Highlights haben wir die besten für Sie zusammengestellt.

❶ ✴✴ Allianz Arena
Ein Fußballstadion als Meilenstein der Sportarchitektur **Seite 138**

❷ ✴✴ Antikensammlungen
Ein Schatzhaus für griechische, etruskische und römische Kunst **Seite 143**

❸ ✴✴ Archäologische Staatssammlung
Grabfunde und Schätze der Region von der Altsteinzeit bis ins frühe Mittelalter **Seite 143**

❹ ✴✴ Asamkirche
Ein Wunder des Rokokos **Seite 144**

❺ ✴✴ Oktoberfest (»Wiesn«)
Das größte Volksfest der Welt wird seit über 200 Jahren auf der Theresienwiese gefeiert. **Seite 313**

❻ ✴✴ Bavaria Filmstadt
Kulissen aus Spielfilm-Produktionen und bekannten TV-Serien sind aus nächster Nähe zu erleben. **Seite 147**

❼ ✴✴ BMW
BMW Welt und BMW-Museum geben Einblick in die Vergangenheit und die Gegenwart der Autoschmiede. **Seite 153**

❽ ✴✴ Deutsches Museum
Hochspannungsanlage und Spiegelteleskope gehören zu den vielen Attraktionen. **Seite 166**

❾ ✴✴ Frauenkirche
Mit ihrer Doppelturmfassade ein Wahrzeichen der Stadt **Seite 174**

❿ ✴✴ Glyptothek
Eine der bedeutendsten Skulpturensammlungen Europas in einem griechischen Tempel **Seite 214**

⓫ ✴✴ Hofbräuhaus
Weltberühmtes Zentrum bayerischer Gemütlichkeit **Seite 201**

⓬ ✴✴ Lenbachhaus
Werke des »Blauen Reiters« in toskanischer Künstlervilla und modernem Goldkasten **Seite 232**

Lust auf ...

... besonders »Münchnerisches«? Auf überbordenden Barock oder erholsames Grün? Hier einige Vorschläge.

BAROCKE PRACHT

- **Asamkirche**
  Seine kleine private Kirche versah C. D. Asam mit einer luxuriösen Ausstattung. **Seite 144**

- **Nymphenburg** ▶
  Der Sommersitz der bayerischen Herrscher atmet heitere, verschwenderische Pracht. **Seite 256**

- **Oberschleißheim**
  Drei Schlösser und ihr Park bilden einen Höhepunkt höfischer Barockarchitektur. **Seite 263**

- **Theatinerkirche**
  Mit dem imposanten Gotteshaus kam der italienische Barock über die Alpen. **Seite 271**

GRÜNE OASEN

- **Botanischer Garten**
  Arboretum, Alpinum, Rhododendrenhain und Rosengarten – und mittendrin ein Terrassencafé laden zum Verweilen ein. **Seite 157**

- ◀ **Englischer Garten**
  Der größte Stadtpark der Welt darf als das eigentliche Herz Münchens gelten. **Seite 170**

- **Hirschgarten**
  Schöner alter Baumbestand prägt das Landschaftsbild des Parks, der nahtlos in einen großen, beliebten Biergarten übergeht. **Seite 195**

KLEINE WELTREISE

TYPISCH MÜNCHEN

Blaue Stunde am St.-Anna-Platz im Lehel

TOUREN

Strandleben an der Isar

SEHENSWERTES VON A BIS Z

Preiskategorien
Restaurants:
Preise für ein Hauptgericht
🟢🟢🟢🟢   über 35 €
🟢🟢🟢   bis 35 €
🟢🟢   bis 25 €
🟢   bis 15 €
Hotels: Preise für ein Doppel-
zimmer mit Bad und Frühstück
🟢🟢🟢🟢   über 300 €
🟢🟢🟢   bis 300 €
🟢🟢   bis 200 €
🟢   bis 100 €

PRAKTISCHE INFORMATIONEN

nachdenken · klimabewusst reisen

atmosfair

Münchens Mitte: Die Mariensäule
mit der »Patrona Bavariae«
vor dem Neuen Rathaus

HINTERGRUND

Weltstadt mit Maß und heimliche Hauptstadt Deutschlands,
Wirtschaftsstandort und Kunstmetropole von Weltrang
und nicht zuletzt eine Freizeitoase mit herrlichem Umland:
Wie sieht es damit genauer aus und wie kam es dazu?

Fakten

Bevölkerung · Politik · Wirtschaft

Weltstadt mit Herz, nördlichste italienische Stadt, Isar-Athen und Weißwurstmetropole – ohne Zahl sind die Versuche, das Besondere an Deutschlands beliebtester Großstadt zu fassen. Was auf jeden Fall zutrifft: Hier verbinden sich wirtschaftliche Potenz und große Kultur mit gelassener Lebensart.

Die bayerische Landeshauptstadt, zugleich Sitz der Regierung von Oberbayern, liegt in einer weiten, von der Isar durchflossenen Schotterebene, die die eiszeitlichen Gletscher zurückgelassen haben. Schon immer hatte man in München – ab 1255 Residenz der bayerischen Herzöge, Kurfürsten und Könige – ein Faible für Kunst und Kultur. Seit dem Mittelalter gab man gerne Geld aus, um sich mit Glanz zu umgeben. In Barock und Rokoko eiferte man italienischen und französischen Vorbildern nach; im 19. Jh. war die griechisch-römische Klassik en vogue. An der Wende vom 19. zum 20. Jh. genoss München, insbesondere mit seiner Schwabinger Bohème, als Zentrum von Kunst und Literatur einen großen Ruf. Auch heute hat die Theater-, Musik- und Museumslandschaft wahrlich Weltniveau.

In München, einem der aktivsten Wirtschaftszentren Europas, sind bedeutende Unternehmen zu Hause oder haben ihre deutsche Niederlassung. Doch nicht nur Wirtschaft und Kunst haben München berühmt gemacht: Es ist vor allem das »**weiß-blaue Lebensgefühl**«, die Art, das Leben zu genießen. Sobald wärmende Sonnenstrahlen den Winter mildern, sind die Caféterrassen bevölkert; im Sommer trifft man sich in den Biergärten unter mächtigen Kastanien oder relaxt im Englischen Garten, dem größten Stadtpark der Welt, oder an der Isar. Kaum sonstwo in Deutschland gibt es so viele noble Shopping-Adressen, trifft man, zumindest an bestimmten Plätzen, so viel Schickeria und teure Autos, brezelt man sich so nach Feierabend für die Clubnacht auf. Ein weiterer, wenn auch nicht ungetrübter Superlativ: Mit dem Oktoberfest wird hier das größte und berühmteste Volksfest der Welt gefeiert. Für den »normalen« Bürger wichtig ist allerdings, dass München im großen Ganzen eine eher unaufgeregte, angenehme Stadt ist und kein städtebaulicher Moloch, dass es, obwohl die dichtestbesiedelte Großstadt Deutschlands, eine »grüne« Stadt ist mit weitläufigen Parks, in den Außenbezirken findet man Wälder, Wiesen und Äcker. Da spielt auch der Umstand eine Rolle, dass die bayerische Metropole aus über 60 Vororten, Bauerndörfern und selbständigen Städten gebildet wurde – ab Anfang des 19. Jh.s,

Die Allianz-Arena, Heimspielstätte von Bayern München und TSV 1860, wurde zu einem Wahrzeichen Münchens.

Willkommen im Alltag!

München unmittelbar und individuell erleben, im Kontakt mit Menschen auf dem Markt, beim Schuhputz nach königlicher Art und beim Bierbrauen – hier einige Tipps.

WIE BRAUT MAN BIER?

Die kleine, feine Brauerei in Obergiesing, das Giesinger Bräu, bietet etwa einmal im Monat die Möglichkeit, mit den anscheinend simplen Zutaten Hopfen, Wasser, Malz und Hefe selbst Bier zu brauen und natürlich auch zu testen. Der unterhaltsame und interessante Kurs dauert 3–4 Stunden. Verpflegung in fester und flüssiger Form sind im Seminarpreis von 99 € enthalten. Eine frühzeitige Anmeldung ist zu empfehlen.
Giesinger Bräu
Martin-Luther-Straße 2, 81539 München
Tel. 089 65 11 49 11
www.giesinger-braeu.de

PROBIERTOUR AUF DEM VIKTUALIENMARKT

Entdecken Sie die unzähligen kulinarischen Genüsse an den »Marktstandln« auf dem 23 000 m² großen und berühmtesten Lebensmittelmarkt Deutschlands. Sie erfahren Interessantes über seine Geschichte und Gegenwart, aber natürlich steht bei dieser lukullischen Führung das Probieren bayerischer und exotischer Schmankerln im Vordergrund. Unterhaltsame Gespräche mit Marktleuten runden den abwechslungsreichen lukullischen Ausflug ab. Kleiner Tipp: Vor der Tour besser nichts essen!
www.getyourguide.com

SCHUHEPUTZEN
MIT ZERTIFIKAT

Habern Sie Ihre Schuhe schon einmal mit Champagner, Buttermilch oder Starkbier poliert? In dem 3- bis 4-stündigen Seminar werden die Teilnehmer beim ehemaligen königlichen Hoflieferanten in die hohe Kunst der richtigen Schuhpflege eingewiesen, sie begegnen damit zugleich auch Münchner Geschichte. Die Eleven lernen z. B., welche Zauberkünste zur Wiederherstellung von anscheinend hoffnungslos abgelaufenem Schuhwerk notwendig sind, und erfahren alles über die Königsklasse der Schuhpflege, die Wasserpolitur. Pflegemittel, Schuhe und Utensilien werden gestellt. Das Ganze findet etwa einmal im Monat samstags um 19.30 Uhr statt.
Brienner Straße 10, www.edmeier.de
Information bei Herrn Zwölfer:
Tel. 0179 4 54 84 71
Preis: 115 € pro Person, Paare 195 €

DIE ANDERE SEITE DER STADT

München ist nicht nur leichtes Leben, nicht nur Glamour und Luxus. Die Stadt München, viele freiwillige Helfer und verschiedene Organisationen kümmern sich um die Menschen auf der Schattenseite, darunter der Verein BISS (Bürger in sozialen Schwierigkeiten). Er bringt eine Zeitung heraus, die von fest angestellten Verkäufern auf den Straßen angeboten wird, und er veranstaltet Führungen, auf denen man das andere München und seine Menschen kennenlernt, ihre Nöte, aber auch ihre wunderbaren Erfolge.
Info über Termine (meist Di. 10.00 Uhr)
und Anmeldung unter Tel. 089 33 20 33
Gebühr 10 €, biss-magazin.de

BEI MÜNCHNERN
WOHNEN

Wer bei Einheimischen zu Gast ist, lernt die Stadt aus einer ganz individuellen, persönlichen Sicht kennen, und viele Insidertipps bekommt er gratis dazu. Bei den angebotenen Unterkünften – in Häusern, Wohnungen oder Zimmern – fühlt man sich schnell zu Hause. Je nach Budget und Anspruch stehen unterschiedliche Preis- und Ausstattungskategorien zur Auswahl, vom einfachen Zimmer in der Wohngemeinschaft bis zum Schloss.
www.wimdu.de
www.bed-and-breakfast.de
www.couchsurfing.com

zum größeren Teil aber erst im 20. Jh. –, die immer noch ein beträchtliches Eigenleben führen. München ist also auch ein München der unterschiedlichen Viertel und Stadtteile mit eigener Atmosphäre. Zusammen mit dem wunderschönen, abwechslungsreichen Umland – insbesondere dem Fünf-Seen-Land und den Alpen – ergibt sich ein ganzes Paket an Vorzügen, die die Isarmetropole zu Deutschlands beliebtestem Wohnort machen.

Einige Zahlen　Mit gut 1,5 Mio. Einwohnern (2015) ist München die drittgrößte Stadt Deutschlands. Besonders stürmisch verlief das Bevölkerungswachstum seit den 1860er-Jahren, als im Zug der Industrialisierung viele Menschen aus der ländlichen Umgebung in die Stadt strömten und andererseits durch Eingemeindung vieler Orte – insgesamt ca. 60 – das »Millionendorf München« entstand. 1957 wurde die Millionengrenze erreicht, 2015 überschritt man die 1,5-Mio.-Marke. Kaum sonstwo in Deutschland wohnt man so teuer, die durchschnittliche Kaltmiete liegt bei 14 €/m². Die Spanne ist jedoch groß; in »einfachen« Wohnlagen sind Bestandsmieten von 8 – 10 € zu verzeichnen, während in schicken Vierteln 18 – 25 € verlangt werden; Top-Appartements in der Innenstadt können über 50 €/m² kosten. Auffallend ist die große Zahl von Ein-Personen-Haushalten. 1961 waren ca. 15 % der Einwohner Singles, schon damals ein Spitzenwert; heute sind es ca. 35 %, das entspricht 55 % der Privathaushalte. Im Umkreis der Universitäten liegt diese Quote noch höher. Ein großer Teil der Bevölkerung – ca. ein Drittel – bezeichnet sich als römisch-katholisch, ca. 12 % sind Protestanten und 8 % Muslime; etwa die Hälfte gehört also einer anderen oder keiner Glaubensgemeinschaft an.

> **?**
> **BAEDEKER WISSEN**
>
> *Warmer Wind von den Bergen*
>
> Die einen leiden unter ihm, andere macht er euphorisch: der Föhn. München, am Nordrand der Alpen gelegen, steht öfters unter dem Einfluss des warmen Fallwinds, der mehr oder weniger heftig vom Gebirge herabweht und die berühmte großartige Fernsicht mit sich bringt. Eine Föhnlage lässt sich auch an linsenförmigen Wolken am sonst blauen Himmel erkennen, oder am »Föhnloch«, d. h. wenn der Föhn im Süden ein scharf begrenztes Loch in die Wolkendecke frisst.

»Buntes« München　Außenstehende reden gern (und gerne schlecht) über »den« Münchner, man glaubt genau zu wissen, was ihn charakterisiert. Schwierig wird's bloß, wenn man »echte« Münchner sucht, was man auch immer darunter verstehen mag. Denn nur ein Drittel der Einwohner sind in München geboren. Das war schon um 1880 so; die Gazette »Bayerisches Vaterland« mokierte sich damals darüber, dass man »in den Cafés und feineren Lokalen fast nur Norddeutsch reden hört, was die gebildeten Affen in München fleißig nachmachen«. Nach dem Zweiten Weltkrieg nahm die Stadt Tausende Menschen aus den einstigen deutschen Ostgebieten auf, nach der Wiedervereinigung kamen viele aus den neuen Bundesländern, und die Attraktivität als Wirtschaftsstandort sorgt für permanenten Zuzug. Gut 40 % der Einwohner haben einen ausländischen Pass oder einen »Migrationshintergrund«, d. h. mindestens einen nichtdeutschen Elternteil. 184 Nationen sind in München vertreten; die größte Gruppe stellen Türken (ca. 39 000), gefolgt von Kroaten (29 000), Italienern und Griechen (je 26 000). Als 1956 der erste »Gastarbeiter« aus Italien begrüßt wurde, nahm man damit nur eine alte Tradition auf: Die Ziegeleien in den Randgemeinden Münchens beschäftigten Ende des 19. Jh.s etwa 6000 Arbeitskräfte aus Oberitalien, auch viele Frauen. Im Dritten Reich wurden ca. 10 000 »Fremdarbeiter« bzw. Zwangsarbeiter in München ausgebeutet. Im August 2015 nahm der Strom der Flüchtlinge aus dem Nahen Osten und Afrika sprunghaft zu; von den gut 1 Mio. Menschen, die bis Ende 2015 nach Deutschland kamen, werden vermutlich 20 000 im Raum München bleiben.

Zu den Merkwürdigkeiten der bayerischen Landeshauptstadt gehört die politische Situation. Die CSU, die bei Bundes- und Landtagswahlen zuverlässig hohe Ergebnisse einfährt (wenn auch nicht mehr so hohe wie zu Zeiten von F. J. Strauß), hat bei den Münchner Kommunalwahlen wenig Chancen. Seit Jahrzehnten **stellt die SPD den Oberbürgermeister.** Ab 1993 waltete Christian Ude im Rathaus, 2008 wurde er mit großer Mehrheit wiedergewählt. Er hinterließ große Fußspuren, nicht zuletzt durch sein kabarettistisches Talent. Seit 2014 – da CSU und SPD im Stadtrat eine große Koalition gebildet haben – suchen Dieter Reiter (SPD) und Josef Schmidt (CSU) sie auszufüllen: Ersterer als Oberbürgermeister, Letzterer als Zweiter Bürgermeister und Referent für Arbeit und Wirtschaft. **Politik**

FÜHRENDES WIRTSCHAFTSZENTRUM

Nach dem Zweiten Weltkrieg hat sich München zu einem der wichtigsten Wirtschaftszentren Europas entwickelt. Es hat – hinter Ingolstadt und Wolfsburg, kleinere Städte mit großen Autobauern – die niedrigste Arbeitslosenquote unter deutschen Großstädten (4,8 %). Einige Unternehmen aus den USA, wie Microsoft, Google, Apple und McDonald's, haben ihre deutsche Zentrale in München. Apple eröffnete hier seinen ersten Store in Deutschland, und den ältesten McDonald's in Deutschland findet man, seit 1971, in der Martin-Luther-Straße beim Grünwalder Stadion.

Als Stadt des Gelds genießt München einen großen Ruf. An die 300 in- und ausländische Versicherungsunternehmen, wie Unicredit/HypoVereinsbank, Generali und WWK, sind mit ihrem Hauptsitz oder **Finanzen** einer Niederlassung in München vertreten. Von Bedeutung sind besonders die Munich Re als einer der führenden Rückversicherer der Welt und die Allianz als international tätige Versicherungsgruppe. München ist darüber hinaus wichtiger Standort für Kreditinstitute, Finanzdienstleister und Vermögensverwalter.

Medien und Design

Nach Berlin ist München mit rund 140 Buch- und Zeitungsverlagen die wichtigste deutsche Medienstadt. Aus München kommen beispielsweise der »Focus« und die »Bunte«, die »Süddeutsche Zeitung« ist die auflagenstärkste überregionale Tageszeitung des deutschsprachigen Raums. Neben öffentlich-rechtlichen (Bayerischer Rundfunk, ARD, ZDF) sind in München zahlreiche private Rundfunk- und Fernsehanstalten ansässig, so die ProSiebenSat1 Media AG, RTL und Sky. Die Designbranche ist mit kleinen und großen internationalen Unternehmen stark vertreten.

Industrie

Typisch für das verarbeitende Gewerbe ist eine Mischung aus einem breiten Mittelstand und »Global Players«. Großunternehmen von Weltrang, die man mit München verbindet, sind etwa EADS, Linde, MAN und Siemens. Die 1916 gegründeten Bayerischen Motoren-Werke (BMW) gehören zu den führenden Unternehmen der Automobilindustrie, rund 34 000 Mitarbeiter hat der Stammsitz in München. Ein starkes und ziemlich stabiles Wachstum verzeichnen die Elektro-, Elektronik-, Fahrzeug- sowie die Luft- und Raumfahrtindustrie. Doch auch in München gehen immer wieder Arbeitsplätze verloren, denn es wird, wie überall, kräftig rationalisiert, Produktionsstätten werden in sog. Billiglohnländer verlegt.

Innovative Branchen

Im Hightech-Bereich wird hochwertige Entwicklungsarbeit geleistet. Inzwischen befassen sich im Großraum München über 22 000 Firmen mit innovativen Technologien. Auch in den Life Sciences mit Biotechnologie und -medizin wird kräftig geforscht; im Campus Martinsried südwestlich von München arbeiten in Instituten der LMU und der Max-Planck-Gesellschaft über 1000 Wissenschaftler, darüber hinaus haben sich hier Privatfirmen der Branche angesiedelt.

Bäcker, Metzger, Brauer

Viele Münchner Handwerksbetriebe blicken auf eine lange Tradition zurück. Zum Beispiel die Hofpfisterei, eine Bäckerei, die seit 1331 in München ansässig ist und sich schon 1984 ganz – und erfolgreich – auf ökologische Produkte verlegt hat. Mit über 150 Filialen, 1000 Mitarbeitern und 700 Einzelhandelspartnern ist sie zu einer Institution geworden. Ähnlich präsent im Stadtbild ist die 1902 gegründete Metzgerei Vinzenz Murr, die im süddeutschen Raum über 200 Filialen verfügt. Nicht zu vergessen natürlich die Münchner **Brauereien**, die entscheidend zum Ruf der Stadt beigetragen haben (▶Baedeker Wissen S. 196).

München, Stadt vor den Bergen – rechts die Zugspitze

München ist einer der führenden Messeplätze in Deutschland, an dem das ganze Jahr über hochrangige Ausstellungen und Fachmessen (u. a. ISPO, BAUMA, EXPOPHARM, Electronica, Analytica) stattfinden. Seit 1998 ist die Messe auf dem Gelände des früheren Flughafens Riem ansässig (Messestadt), mit rund 180 000 m² Fläche in den Hallen und 424 000 m² Freigelände.

Messe München

Die Isarmetropole gehört zu den beliebtesten Einkaufszielen in Europa; man schätzt, dass allein die Hotelleriegäste pro Jahr im Einzelhandel der Innenstadt rund 1 Mrd. € ausgeben. In der Altstadt reihen sich fast endlos mehr oder weniger luxuriöse, teure oder billige (Marken-)Läden, in den Vorstädten findet man eher das Besondere und auch weniger Kostspielige. Weiteres ▶ S. 105.

Einkaufsstadt

Dank seiner vielen hochkarätigen Attraktionen und seiner besonderen Atmosphäre ist München eine der führenden Destinationen in Europa. Im Jahr zählt man knapp 7 Mio. Hotelleriegäste mit 13 Mio. Übernachtungen – bei deutlich steigender Tendenz –, dazu kommen ca. 100 Mio. Tagesausflügler und Geschäftsreisende. Durchschnittlich halten sich also immer ca. 300 000 Gäste in München auf, allerdings meist nur für 2 Tage. Der Auslandsanteil an den Gästen liegt bei fast 50 %, mit den USA als Spitzenreiter deutlich vor Großbritannien, Italien, der Schweiz und Österreich; dann folgen Russland und die Golfstaaten. Besonders hohe Zuwachsraten sind bei Schweizern (nach der Freigabe des Franken-Kurses haben sie hier etwa doppelt so viel »in der Tasche« wie zu Hause) und bei den Golfstaaten zu verzeichnen, die Gäste aus Russland nehmen rasch ab. Der gesamte touristisch bedingte Umsatz erreicht fast 8 Mrd. € Euro im Jahr, jeweils rund 40 % davon entfallen auf das Beherbergungs-/Gaststättengewerbe und den Einzelhandel.

Erstrangiges Tourismusziel

Schwarzhölzl
(Feldmoching)

11° 34' östliche Länge

Feldmoching-
Hasenbergl

Schwabing-
Freimann

Moosach

Milbertshofen-
Am Hart

Aubing-
Lochhausen-
Langwied

Neuhausen-
Nymphenburg

Schwa-
bing-
West

48° 8'
nördliche
Breite

Bogenhausen

Pasing-
Obermenzing

Max-
vorstadt

Laim

Schwan-
thaler-
höhe

Ludwigs-
vorstadt-
Isarvor-
stadt

Au-
Haid-
hausen

Berg am Laim

Trudering-
Riem

▶ 25 Bezirke

Hadern

Sendling-
Westpark

Sendling

Ober-
giesing-
Fasan-
garten

Ramersdorf-
Perlach

Thalkirchen-
Obersendling-
Forstenried-
Fürstenried-
Solln

Unter-
giesing-
Harlaching

©BAEDEKER

Warnberg

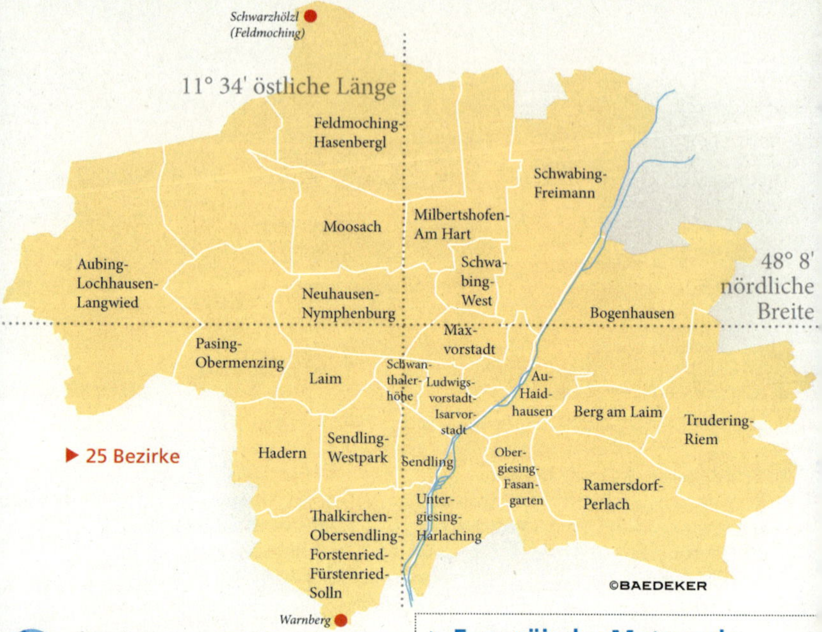

Lage:
Höchster Punkt: Warnberg (579 m)
Tiefster Punkt: Schwarzhölzl (482 m)

Fläche: **310,7 km²**
davon 138 km² Gebäude- und
Freiflächen; 66 km² Erholungs-
gebiete, Wald und Gewässer

Einwohner: **1 500 600**
ein Neuntel der Bevölkerung
des Freistaates Bayern
Im Vergleich:
Berlin: 3,47 Mio.
Hamburg: 1,76 Mio.
London: 7,82 Mio.

▶ Europäische Metropole

Hauptstadt des Freistaats Bayern, des
Regierungsbezirks Oberbayern und der
Europäischen Metropolregion München
Sitz des Deutschen und des Europäi-
schen **Patentamts**
Sitz des **Bundesfinanzhofs**

▶ Wappen

Die Wappenfigur der baye-
rischen Metropole, das
Münchner Kindl, stellt einen
Mönch dar. Es erinnert an den
Ursprung der Stadt.

▶ Kultur

2 große **Universitäten**: Ludwig-Maximilians-Universität, Technische Universität

60 **Theaterhäuser**, darunter Nationaltheater, Münchner Kammerspiele,
Prinzregententheater, Gärtnerplatztheater und Deutsches Theater

62 **Museen und Sammlungen**, darunter drei Pinakotheken

70 **Kunstgalerien**

3 weltberühmte **Orchester**: Bayerisches Staatsorchester, Symphonieorchester des
Bayerischen Rundfunks, Münchner Kammerorchester

▶ Wirtschaft

Bruttoinlandsprodukt:
rd. 83 Mrd. €
= 18% des BIP Bayern

Finanzierung, Vermietung, Unternehmensdienstleister

Handel, Gastgewerbe, Verkehr

41

14

%

22

23

Öffentliche und private Dienstleister

Produzierendes Gewerbe, Industrie

Sozialversichert Beschäftigte:
775 000
Arbeitslosenquote:
4,8%

Wichtigster **High-Tech-Standort** Deutschlands

Großstadt mit der größten **Handwerkerdichte**

▶ Das Wetter

Durchschnittstemperaturen

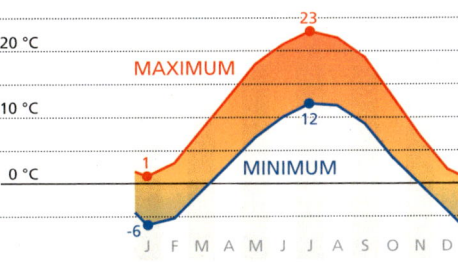

MAXIMUM

MINIMUM

Niederschlag

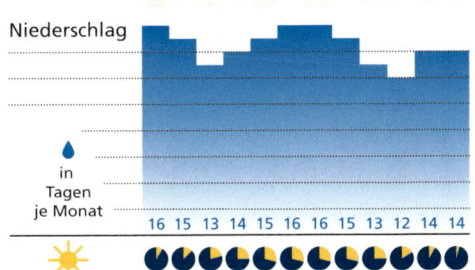

in Tagen je Monat

16 15 13 14 15 16 16 15 13 12 14 14

2 3 5 6 7 7 7 7 6 4 2 1

in Sonnenstunden je Tag

J F M A M J J A S O N D

▶ Münchner Bier

Von einst über 100 Brauereien sind nur sechs große und einige kleine geblieben. Seit 1998 ist »Münchner Bier« eine »geschütze geografische Angabe«.

Bayerisches Bier
Nahezu jede zweite deutsche Braustätte hat ihren Sitz in Bayern.

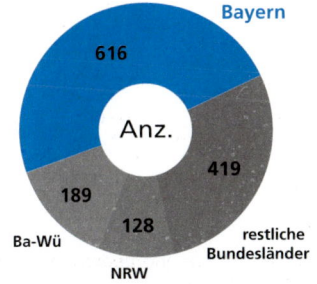

Bayern

616

Anz.

419

189

128

Ba-Wü

restliche Bundesländer

NRW

Münchner Brauereien

Augustiner, Forschungsbrauerei, Giesinger, Hacker-Pschorr, Löwenbräu, Paulaner, Spaten, Staatliches Hofbräuhaus

Bierkonsum pro Kopf in ausgewählten Bundesländern

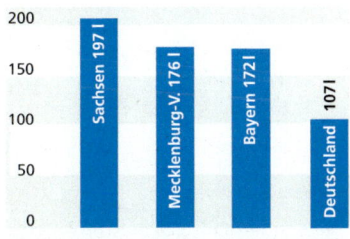

Sachsen 197 l | Mecklenburg-V. 176 l | Bayern 172l | Deutschland 107l

Stadtgeschichte

Stadt im Wandel

Vom kleinen Marktort stieg München zur glanzvollen Residenz der Wittelsbacher Herzöge und Könige auf, aus der in Schutt und Asche liegenden »Hauptstadt der Bewegung« entstand eine weltoffene, international angesehene Metropole: Stationen einer wechselvollen Geschichte.

GRÜNDUNGEN DER BAJUWAREN

um 2000 v. Chr.	Älteste Siedlungsspuren aus der Jungsteinzeit
ab 6. Jh. n. Chr.	Bajuwaren gründen Siedlungen an der Isar.

Die ältesten Siedlungsspuren, die im heutigen Stadtgebiet gefunden wurden, reichen in die Jungsteinzeit zurück (um 2000 v. Chr.). Vom 6. Jh. v. Chr. bis in die Zeit um Christi Geburt drangen die **Kelten** zur Isar vor, die von ihnen ihren Namen hat. Weder von ihnen noch von den **Römern**, die ab 15 v. Chr. den Alpenraum eroberten, sind bedeutendere Niederlassungen bekannt; römische Fernstraßen führten südlich bei Grünwald (Via Julia) und nördlich bei Oberföhring über die Isar. Etwa ab 530 n. Chr. kamen Elb- und Ostgermanen – hauptsächlich aus Böhmen, wovon die spätere Bezeichnung **Bajuwaren** abgeleitet ist – in den Raum München. Sie gründeten an der Isar eine Reihe von Siedlungen, die an der Namensendung »-ing« zu erkennen sind, wie Föhring (750, der erste dokumentarisch bezeugte Ort), Pasing, Giesing, Sendling, Aubing und Schwabing.

Frühzeit

MARKT UND STADT

1158	»Gründung« Münchens
spätes 12. Jh.	Bau der ersten Befestigung

Zum ersten Mal erwähnt wird München als »forum apud Munichen«, »Markt bei den Mönchen«, weshalb das »kleine« Stadtwappen einen Mönch mit schwarzer, golden besetzter Kutte und roten Schuhen zeigt (ob es damals eine Mönchssiedlung gab, ist allerdings nicht dokumentiert). Das geschah in der Urkunde von 1158, mit der Kaiser Friedrich Barbarossa den Streit zwischen Heinrich dem Löwen und dem Freisinger Bischof beilegte: Der Welfenherzog, Herrscher in

»Apud Munichen«

Auf dem Petersbergl – wo die Peterskirche steht – lag vermutlich die älteste Ansiedlung im Bereich der Altstadt.

Sachsen und Bayern, ließ 1157 an besagtem Markt eine Brücke über die Isar errichten. Das war ein Angriff auf den Bischof von Freising, dem die Brücke in Oberföhring am Nordrand des heutigen Stadtgebiets gehörte; über sie lief u. a. der Salzhandel, den lukrativen Zoll zog nun Heinrich ein. Dem half er noch nach, indem er die Föhringer Brücke abfackeln ließ. Mit der Urkunde vom 14. Juni 1158 bestätigte der Kaiser das Markt- und Münzrecht Münchens, sprach aber dem Bischof ein Drittel der daraus erzielten Einnahmen zu. Dieser Tag wird als Stadtgeburtstag gefeiert, was ob der gewalttätigen Umstände etwas pikant ist. 1180 wurde Heinrich der Löwe geächtet, weil er übermütig wurde und dem Kaiser die Gefolgschaft verweigerte. An seine Stelle trat Pfalzgraf **Otto von Wittelsbach**. Etwa aus derselben Zeit gibt es Kunde von einer Befestigung. Als Stadt wird München dann in einer Urkunde von 1214 bezeichnet.

RESIDENZ DER WITTELSBACHER

1240	München kommt zum Haus Wittelsbach.
1328	Hauptstadt des Heiligen Römischen Reichs
1442	Vertreibung der Juden
1468	Baubeginn der Frauenkirche

Zentrum von Reich und Herzogtum
München fiel 1240 ganz ans Haus Wittelsbach, das nach der ersten Landesteilung 1255 mit Herzog **Ludwig II.** dem Strengen dort auch Residenz nahm. Nachdem Herzog **Ludwig IV.** 1314 zum König und 1328 zum Kaiser des Heiligen Römischen Reichs erhoben worden war, war München eine Zeitlang Reichshauptstadt. Nach dem Stadtbrand 1327 wurde der Ort erweitert und in der Folge mit der Zweiten Stadtmauer umgeben (abgeschlossen mit der Fertigstellung des Isartors 1337); 1369 zählte man mehr als 10 000 Einwohner. Den ansässigen Juden begegnete man zunehmend feindselig, 1442 wurden sie vertrieben. Unter **Herzog Albrecht IV.** (1465–1508) erlebte München eine wirtschaftliche und kulturelle Blütezeit. Jörg von Halspach erbaute ab 1460 das Alte Rathaus und ab 1468 die **Frauenkirche**, hervorragende Künstler wie Erasmus Grasser und Jan Polack wirkten in der Stadt. Nach der Wiedervereinigung der bayerischen Herzogtümer 1504 wurde München zur **Landeshauptstadt** erhoben, jetzt zählte sie 13 500 Einwohner. 1517 forderte die Pest viele Menschenleben.

? BAEDEKER WISSEN

Ein Eid auf die Reinheit des Biers

1487 richtete Herzog Albrecht IV. den »Preu Aid« (Brauer-Eid) ein, der als Münchner Reinheitsgebot in die Geschichte der Braukunst einging: Danach durfte nur Gerste, Hopfen und Wasser verwendet werden. Dies war die Vorlage für das Bayerische Reinheitsgebot von 1516, das Herzog Wilhelm IV. für das ganze Land erließ.

Kirchen überragen die Burg: München in der Schedelschen Weltchronik 1493

REFORMATION UND DREISSIGJÄHRIGER KRIEG

1550 – 1579	Hochburg der Gegenreformation
1623	Kurfürstliche Residenzstadt
1632	Die Stadt wird von den Schweden besetzt.

Unter der Herrschaft Herzog Albrechts V. (1550 – 1579) wurde München der wichtigste Stützpunkt der **Gegenreformation**: 1555 verbot er den Protestantismus im Herzogtum, 1559 rief er die Jesuiten nach München. In dieser Zeit kamen auch bedeutende Renaissance-Künstler in die Stadt; Orlando di Lasso, einer der wichtigsten Komponisten dieser Zeit, wurde Leiter der Hofkapelle.

Herzog Albrecht V.

Unter Herzog **Wilhelm V. dem Frommen** (ab 1579) blieb München eines der wichtigsten Zentren des Katholizismus. 1609 wurde die **Katholische Liga** gegründet; Maximilian I. trat 1619 als Haupt der Liga in den **Dreißigjährigen Krieg** ein. Die bayerische Hauptstadt wurde weiter befestigt, jedoch 1632 kampflos Gustav II. Adolf von Schweden übergeben, der sich seine Milde mit einer riesigen, nur mit Krediten aufzubringenden Summe entgelten ließ. 1648 fand zwischen Allach und Dachau der letzte Waffengang des Kriegs statt.

Hort des Katholizismus

Königliches München

Die Wittelsbacher – insbesondere die aus diesem Hause stammenden Könige – haben nicht nur das Stadtbild ihrer Metropole München, sondern große Teile Oberbayerns nachhaltig geprägt.

Könige und Regenten von Bayern

Maximilian I. Joseph
1806 – 1825

Ludwig I.
1825 – 1848

Maximilian II. Joseph
1848 – 1864

Ludwig II.
1864 – 1886

Luitpold (Regent für Otto I.)
1886 – 1912

Ludwig III.
1913 – 1918

● **Weitere königliche Gebäude**

BAVARIA UND RUHMESHALLE

Ehrentempel für bayerische Persönlichkeiten, auf Initiative Ludwigs I. 1843–1853 erbaut von L. von Klenze. Die Monumentalstatue der Bavaria entwarf L. v. Schwanthaler, Guss von F. v. Miller.

MÜNCHEN

SCHLOSS NEUSCHWANSTEIN
Für König Ludwig II. 1869–1816 im gotischen Stil erbautes »Märchenschloss«.

ALTER HOF
Ab 1255 Residenz von Herzog Ludwig II.; sein Sohn Ludwig der Bayer erhob sie zur ersten festen kaiserlichen Residenz.

● **Casino auf der Roseninsel**

Starnberger See

Schloss Tegernsee

©BAEDEKER

Forggensee

Walchensee

SCHLOSS HOHENSCHWANGAU
Die Ruine der Burg Schwangau aus dem 12. Jh. ließ König Maximilian II. 1832–1837 als neogotisches Schloss Hohenschwangau neu aufbauen.

SCHLOSS LINDERHOF
Wo sein Vater Maximilian II. eine hölzerne Jagdhütte hatte, ließ König Ludwig II. 1874–1879 eine »Rokoko-Villa« erbauen.

SCHLOSS NYMPHENBURG
Die Sommerresidenz entstand unter Kurfürst Ferdinand Maria (1664–1665, A. Barelli) und seinem Sohn Maximilian II. Emanuel (1701–1704, E. Zucalli, A. Viscardi).

NEUES SCHLOSS SCHLEISSHEIM
Für Kurfürst Max II. Emanuel erbaut von E. Zuccalli 1701–1704 und J. Effner (1719–1727, nicht vollendet).
ALTES SCHLOSS SCHLEISSHEIM
In der Spätrenaissance 1617–1623 für Herzog Maximilian I. erstelltes schlichtes Herrenhaus.

RESIDENZ
Am Stadtschloss der bayerischen Herzöge, Kurfürsten und Könige wurde ab 1385 jahrhundertelang gebaut, vor allem in der Renaissance (16. Jh.), im Barock (17./18. Jh.) und unter König Ludwig I. (19. Jh.).

Chiemsee

BAYERN

Schloss Berchtesgaden ●

ÖSTERREICH

©BAEDEKER

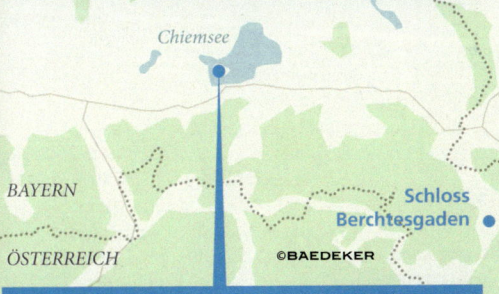

SCHLOSS HERRENCHIEMSEE
Nach dem Vorbild des Schlosses von Versailles ließ König Ludwig II. ab 1878 das Schloss Herrenchiemsee aufführen. 1885 wurden die Arbeiten aus Geldmangel eingestellt

▶ **Oberhäupter des Hauses Wittelsbach nach 1918**

Ludwig III. 1918–1921

Rupprecht von Bayern 1921–1955

Albrecht von Bayern 1955–1996

Franz von Bayern seit 1996

▶ **Hoflieferanten**
Mit Erwerb des Titels »Königlich Bayerischer Hoflieferant« hatten die Firmeninhaber die Ehre, das königliche Wappen zu führen.
Unten die 12 bekanntesten Hoflieferanten:

Ludwig Beck: Posamente, Stoffe etc.

Radspieler: Raumausstattung

Dallmayr: Kaffee und Feinkost

Develey: Senf und Feinkost

Eilles: Tee, Kolonialwaren

Hofpfisterei: Brot, Gebäck

Maendler: Mode

Ed Meier: Schuhmacher

Rottenhöfer: Patisserie

Völkel: Sanitärausstattung

Weinhaus Neuner: Wein

Schachinger: Künstlerbedarf

KURFÜRSTLICHE PRACHTENTFALTUNG

1657	Eröffnung der Oper unter Kurfürst Ferdinand Maria
1664	Erste Poststation
1705 – 1744	München zeitweise österreichisch besetzt
1711	Einführung der Schulpflicht. Die Stadt hat 30 000 Einwohner.

Absolutismus   Das Kurfürstentum entwickelte sich zum absolutistischen Staat nach französischem Vorbild, der sich mit prachtvollen Schlössern und Kirchen in Szene setzte. Unter Kurfürst **Ferdinand Maria** und seiner Frau Henriette Adelaide, Tochter des Herzogs von Savoyen, verstärkten sich Einflüsse aus Italien und Frankreich. 1663 stiftete Adelaide als Dank für die Geburt eines Thronfolgers für den Theatinerorden ein Kloster mit der prunkvollen **Theatinerkirche**, auch wurde der Bau des **Nymphenburger Schlosses** in Angriff genommen.

Nach Ferdinand Marias Tod 1679 übernahm Kurfürst **Maximilian II. Emanuel** die Regierung. Der junge Herrscher, wegen seines blauen Waffenrocks »Blauer Kurfürst« genannt, focht erfolgreich in den Türkenkriegen; u. a. war er an der Befreiung Wiens 1683 wesentlich beteiligt, 1688 eroberte er Belgrad. Er brachte türkische Gefangene mit, die u. a. beim Bau des Nymphenburger Kanals eingesetzt wurden; an sie erinnert die Türkenstraße in Schwabing. Einige wurden als Sänftenträger eingesetzt und gründeten die »Zunft der Sesselträger«. Max Emanuel trieb Bayern 1701 in den **Spanischen Erbfolgekrieg** an der Seite Frankreichs gegen die Habsburger. Nach der Niederlage bei Höchstädt 1704 floh er in die Niederlande, dann nach Frankreich, und überließ Bayern den österreichischen Besatzern. Hohe Steuern, Einquartierungen und Zwangsrekrutierungen riefen 1705/1706 einen Bauernaufstand hervor. In den Schlachten von Sendling (heute ein Stadtteil Münchens) – als »Mordweihnacht« bekannt – und Aidenbach in Niederbayern wurde er von den Österreichern niedergeschlagen. Erst 1714 kehrte Max Emanuel in sein ausgeblutetes Land zurück.

Maximilian II. Emanuel in einem Gemälde von Joseph Vivien

In der ersten Hälfte des 18. Jh.s kam München als Stadt des Barock und des Rokoko europäischer Rang zu. Unter den Kurfürsten Max Emanuel und Karl Albrecht leisteten Baumeister und Künstler Außerordentliches; J. M. Fischer und François Cuvilliés, die Brüder Asam, J. B. Straub und Ignaz Günther gehören zu den klangvollsten Namen. Auch die Residenz wurde erweitert und neu gestaltet. 1741 schaltete sich Karl Albrecht, da er wie andere europäische Fürsten Ansprüche auf die habsburgischen Länder erhob, in den **Österreichischen Erbfolgekrieg** ein und ließ sich von den Gegnern der Habsburger zum Kaiser wählen (1742). Als Antwort ließ Kaiserin Maria Theresia am Tag seiner Krönung München besetzen. 1745 übernahm Kurfürst **Maximilian III. Joseph** die Herrschaft, der nach weiteren Niederlagen mit Maria Theresia Frieden schloss. Unter seiner Ägide wurden 1753 das Residenztheater fertiggestellt und 1759 die Bayerische Akademie der Wissenschaften ins Leben gerufen.

Barock und Rokoko

Mit Maximilian III. starb 1777 die bayerische Linie der Wittelsbacher aus. Die Nachfolge trat **Karl Theodor** aus der Pfälzer Linie an. Der hatte mit Bayern und München nicht viel am Hut, er wollte gar bayerisches Gebiet im Tausch gegen die Niederlande den Habsburgern abtreten. Nicht nur damit machte er sich sehr unbeliebt. Andererseits ernannte er den US-Amerikaner Benjamin Thompson zum Krisenmanager: Um Hunger und soziale Missstände zu beheben, setzte dieser den **Kartoffelanbau** in Bayern durch und kreierte die »Rumfordsuppe«, die billig herzustellen ist und auch heutigen kulinarischen und ernährungsphysiologischen Maßstäben standhält. Auf seine Initiative geht auch der Englische Garten zurück (1789). 1792 wurde der universell einfallsreiche und tatkräftige Thompson zum Grafen Rumford erhoben.

Kartoffelacker und Volksgarten

VON NAPOLEON ZUM MÄRCHENKÖNIG

1805	Napoleon in München
1806	München wird Hauptstadt des Königreichs Baiern.
1818	Sitz des Landtags und des Erzbistums München-Freising
1826	München wird Universitätsstadt.

Im Jahr 1800 besetzten französische Truppen die Stadt. Ab 1803 wurden in der **Säkularisation** zahlreiche Klöster in Bayern aufgehoben, ihr Besitz vom Staat beschlagnahmt und zu großen Teilen verhökert. Am 24. Okt. 1805 zog Napoleon in München ein. Kurfürst Maximilian IV. Joseph ließ sich 1806 zum **König Maximilian I. Joseph** ernennen – von Napoleons Gnaden. München wurde Haupt- und Residenzstadt eines erheblich vergrößerten Staats; zu den »altbaierischen« Gebieten Oberbayern, Niederbayern und Oberpfalz kamen

Die Stadt wächst

Franken und Schwaben hinzu, für kurze Zeit auch Salzburg, Tirol und Vorarlberg. Immer mehr Menschen zogen nach München, das sich der **50 000-Einwohner-Marke** näherte. Die Viertel Maxvorstadt, Ludwigsvorstadt und Isarvorstadt wurden angelegt.

Ludwig I. Durch den Vertrag von München von 1816 erhielt das bayerische Staatsgebiet seine im Wesentlichen heute noch bestehende Ausdehnung. König Ludwig I. (reg. 1825–1848) machte München zu einem Mekka für Architekten, Künstler und Wissenschaftler. München errang sich im 19. Jh. auch als Stadt der Technik einen Namen, wofür Namen wie Joseph von Fraunhofer, Alois Senefelder, J. A. von Maffei und Oskar von Miller stehen Mit klassizistischen Prachtbauten gab Ludwig I. München sein besonderes Bild. Dabei spielten die Architekten **Leo von Klenze** und **Friedrich von Gärtner** eine tragende Rolle. 1826 wurde München Universitätsstadt, als der König die Universität von Landshut hierher verlegte. Im März 1848 gab es Unruhen, die in der Erstürmung des Zeughauses gipfelten. Die Revolution, aber auch seine Affäre mit der Tänzerin **Lola Montez** nötigten Ludwig zur Abdankung. Die Tochter eines schottischen Offiziers und einer irischen Adligen hieß eigentlich Elizabeth Gilbert und hatte schon ein höchst abenteuerliches Leben geführt, als sie mit 25 Jahren die Geliebte des 60-jährigen Königs wurde. Noch vor den Märzunruhen wurde sie ausgewiesen, sie lebte in England und der Schweiz und starb schließlich in New York.

> **?**
>
> **BAEDEKER WISSEN**
>
> *Der Ursprung der »Wiesn«*
>
> Am 12. Oktober 1810 heiratete Kronprinz Ludwig Prinzessin Therese von Sachsen-Hildburghausen. Zu diesem Anlass wurde auf der Theresienwiese ein großes Volksfest mit Pferderennen abgehalten. Das fand Anklang und wurde wiederholt – heute das Oktoberfest, das größte Volksfest der Welt. 2015 amüsierten sich hier knapp 6 Mio. Menschen, und über 7 Mio. Maß rannen durch die Kehlen (▶Baedeker Wissen S. 196).

Maximilian II. Nachfolger wurde sein Sohn Maximilian II. Joseph, der bis 1864 regierte. Auch er war ein leidenschaftlicher Bauherr; in seiner Zeit entstanden das Maximilianeum, die Maximilianstraße und der Hauptbahnhof. Wissenschaft und Technik reüssierten weiter. Namhafte Persönlichkeiten, u. a. der Chemiker **Justus von Liebig**, forschten und lehrten in München. Der König rief gemeinnützige Einrichtungen ins Leben und trieb die Industrialisierung voran, was den Strom von Zuwanderern anschwellen ließ. 1854 war München eine Großstadt mit mehr als 100 000 Einwohnern. Neue Vorstädte, darunter Haidhausen, wurden aus dem Boden gestampft.

Ludwig II. Nach dem Tod Maximilians 1864 wurde einer seiner Söhne als Ludwig II. König. Dessen besonderes Interesse galt der Kunst, vor allem

Viktualienmarkt mit Heilig-Geist-Spital (Domenico Quaglio, 1824)

der Musik **Richard Wagners**, den er lange Zeit finanziell aushielt (▶ S. 280). Der kostspieligen Bauleidenschaft des »Märchenkönigs«, der zu Lebzeiten wegen seiner Menschenscheu, seiner Marotten und Verschwendungssucht lange nicht so beliebt war wie heute, sind grandiose Schlösser im Alpenvorland zu verdanken. In München, das er von Herzen hasste, hielt er sich nur auf, wenn es nötig war; aufs Dach der Residenz ließ er sich für kleine Fluchten ein exotisches Glashaus setzen. Andererseits hatte er großes Interesse an der Technik; seine Schlösser stattete er mit den aktuellen Errungenschaften aus, 1868 gründete er die Polytechnische Schule, die Vorgängerin der TU München, und weitere wissenschaftliche Institute. 1886 wurde Ludwig unter dem Vorwand der Unzurechnungsfähigkeit entmündigt, wenige Tage später ertrank er unter ungeklärten Umständen mit seinem Arzt Dr. Bernhard von Gudden im Starnberger See.

ORDNUNG, LICHT UND SAUBERKEIT

1876	Einführung der Schienenpferdebahn
1889	Erste Straßenbeleuchtung in Schwabing
1900	München hat 500 000 Einwohner.

Wie Berlin und Hamburg eignete sich auch München innerhalb weniger Jahrzehnte die Insignien einer modernen Stadt an: 1876 verkehrte die erste Trambahn, 1879 wurde die Berufsfeuerwehr ins Le-

Weg in die Moderne

? *Ins Wasser gefallen*

Das erste Fußballspiel in Deutschland wäre 1889 in München ausgetragen worden, doch Dauerregen vermasselte das Duell zwischen Leipzig und London. Die Münchner hätten nur auf der Zuschauerbank gesessen, denn eine eigene Mannschaft fehlte ihnen. Das änderte sich 1896 mit der Gründung des Vereins »Terra Pila«. Und 1900 begann die Karriere des FC Bayern München.

ben gerufen. Seit 1883 gibt es – auf Initiative des Mediziners und Chemikers Max von Pettenkofer – in München eine zentrale Wasserversorgung, ihm ist auch der Ausbau der Abwasserentsorgung ab ca. 1860 zu verdanken. 1867 wurde das repräsentative Neue Rathaus am Marienplatz eröffnet, ein Jahr später die Polytechnische Schule (heute TU). Unter **Prinzregent Luitpold** (reg. 1886 – 1912) erlebte München einen gewaltigen wirtschaftlichen und kulturellen Aufschwung. Es entstanden große Kaufhäuser und Geldinstitute, noch mehr Fabriken schossen aus dem Boden. Die Zuwanderung vom Land wuchs und machte die Neubebauung weiterer Vorstädte nötig.

ENDE DES DEUTSCHEN KAISERREICHS

1907	Frauen dürfen an der Universität studieren.
1916	Erster Weltkrieg: Luftangriff auf München
1918	Novemberrevolution, Ausrufung des Freistaats Bayern

Fortschrittliche Stadt Bis zum Ersten Weltkrieg machte München immer wieder mit Unerhörtem von sich reden. Während anderswo die Frauenbewegung noch in den Kinderschuhen steckte, durften sich an der Universität erstmals **Studentinnen** immatrikulieren. 1907 wurde München Filmstadt, als **Peter Ostermayr** seine Filmproduktion in Geiselgasteig begann. 1911 erregte die Künstlervereinigung **Blauer Reiter** mit ihrer ersten Ausstellung Aufsehen, die in der Galerie Thannhauser in München stattfand.

Räterepublik Das von **Ludwig III.** regierte Königreich Bayern beteiligte sich massiv am **Ersten Weltkrieg**. In München entstanden Waffenfabriken, Motorenwerke und eine Flugzeugwerft. Unzufriedenheit und Not führten im November 1918 zur Revolution. Der König floh, und der Journalist **Kurt Eisner** proklamierte am 8. November in München den **Freistaat Bayern**. Auch der kommunistische Spartakusbund wurde gegründet. 1919 erschoss Graf Anton von Arco-Valley Eisner als den ersten demokratisch gewählten Ministerpräsidenten. Daraufhin wurde die erste **Münchner Räterepublik** ausgerufen; nur wenige Tage später schlugen Reichswehrsoldaten und rechte **Freikorps,** auch »Weiße Armee« genannt, die Räterepublik blutig nieder.

Freikorps-Stellung im Mai 1919 am Stachus

VON WEIMAR ZU HITLER

1923	Hitlerputsch: Marsch zur Feldherrnhalle
1933	In Dachau wird Deutschlands erstes KZ eröffnet.
8.11.1939	Georg Elsers Attentat auf Hitler misslingt.
1943	Mitglieder der »Weißen Rose« werden hingerichtet.
1944	Verheerende Luftangriffe auf die Stadt
30.4.1945	Die Stadt wird von US-Truppen besetzt.

Das Ende des Ersten Weltkriegs und die chaotischen Zustände in der Zeit danach brachten in München viele Menschen in Not und Armut; Arbeitslosigkeit grassierte, viele hatten keine Wohnung. Große Teile der Bevölkerung lehnten die neue **Weimarer Verfassung** ab und richteten ihren Zorn gegen die Sozialdemokratie und immer stärker auch gegen die Juden der Stadt. **Zeit des Elends**

Die desolate Situation vieler Bürger ebnete der Nationalsozialistischen Deutschen Arbeiterpartei **NSDAP** in München den Weg. Bereits 1920 konnte sie in München eine erste Massenveranstaltung durchführen. Am 9. November 1923 unternahm **Adolf Hitler** seinen **Marsch zur Feldherrnhalle**. Dieser Putschversuch wurde von der bayerischen Polizei gewaltsam beendet. Hitler und seine Kumpane wurden verhaftet und unter Rechtsbruch – für Hochverrat wäre das Reichsgericht in Leipzig zuständig gewesen – vom Landgericht München I zu 5 Jahren kommoder Festungshaft verurteilt. Schon nach fünf Monaten kam Hitler frei. **Karl Scharnagl,** 1924 Erster Bürgermeister Münchens, sah sich gezwungen, im Ausland Geld zu leihen, um die Stadt vor dem Ruin zu retten. Von 1924 bis 1929 erlebte München eine kurze Blüte, die von der **Weltwirtschaftskrise** jäh beendet wurde. 1929 stellte Ernst Henne auf der Ingolstädter Landstraße mit einem BMW-Motorrad einen Weltrekord auf: 217 km/h. **Aufstieg der NSDAP**

Hitlers Machtergreifung

Nach der Machtergreifung Hitlers 1933 wurden politische Gegner, jüdische Bürger, Zigeuner und Homosexuelle verfolgt. **Heinrich Himmler**, gebürtiger Münchner und Absolvent des angesehenen Wittelsbacher-Gymnasiums, wurde Polizeipräsident, und in Dachau wurde das erste **Konzentrationslager** auf deutschem Boden gebaut. 1935 ernannte Hitler München zur »**Hauptstadt der Bewegung**« (▶ Baedeker Wissen S. 218). Zwei Jahre später erhielt es einen weiteren »Ehrentitel«: »Stadt der Deutschen Kunst«. Linientreue Kunst wurde im neuen Haus der Kunst ausgestellt, gleichzeitig präsentierte man im Hofgarten »**Entartete Kunst**«. Hier diffamierte man Vertreter der Klassischen Moderne, unter ihnen Dix, Kirchner, Kokoschka, Marc und Nolde, auf übelste Art.

Münchner Abkommen

1938 unterzeichneten Hitler, der italienische Diktator Mussolini, der französische Ministerpräsident Daladier und der britische Premierminister Chamberlain im »Führerbau« in der Arcisstraße (heute Musikhochschule) das **Münchner Abkommen**, mit dem das Sudetenland dem Deutschen Reich einverleibt wurde.

Widerstand

Am 8. November 1939 verübte **Georg Elser** im Haidhausener Bürgerbräukeller einen Anschlag auf Hitler, der jedoch misslang. Am 22. Febr. 1943 wurden die **Geschwister Scholl** (▶ Berühmte Persönlichkeiten) in München-Stadelheim enthauptet. Wenige Tage vorher hatten sie mit »Die Weiße Rose« signierte Flugblätter in den Lichthof der Universität flattern lassen, die die Verbrechen der Nazis anpran-

Boomtown München um 1960: Neuhauser Straße mit Karlstor

gerten und zur Rüstungssabotage aufriefen. Vor dem Eingang der Universität am Geschwister-Scholl-Platz erinnert ein Bodendenkmal an die Geschwister, mit Flugblättern, Fotos und Gerichtsurteilen.

Schon 1940 griffen die Alliierten München aus der Luft an. Bis 1945 musste München rund 70 Bombardements über sich ergehen lassen. Im Krieg fielen mehr als 22 000 Münchner Wehrmachtsangehörige; man zählte 6632 zivile Opfer und rund 10 000 Vermisste. Am Ende des Zweiten Weltkriegs war die historische Altstadt zu 90 % zerstört, die Gesamtstadt zu rund 50 %. Am 30. April 1945 marschierten US-Soldaten in München ein. **Dr. Karl Scharnagl**, Mitglied der neu gegründeten **Christlich-Sozialen Union** (CSU), wurde von der Besatzungsmacht als Oberbürgermeister eingesetzt. **Zweiter Weltkrieg**

VON 1945 BIS ZUM JAHR 2000

1946	München wird Hauptstadt des Freistaats Bayern.
1957	Die Einwohnerzahl überschreitet die Millionengrenze.
1972	Olympische Sommerspiele
1992	Eröffnung des Flughafens München im Erdinger Moos

1946 erhielt Bayern eine neue Verfassung, München wurde **Hauptstadt des Freistaats Bayern**, 1949 endete die Besatzungszeit. Nach den harten Jahren des Wiederaufbaus nahm München am Wirtschaftswunder der 1950er- und 1960er-Jahre teil. Aufgrund des anhaltenden Zustroms wurden Satellitenstädte wie Neu-Perlach im Südosten aus dem Boden gestampft. Schon in den 1960er-Jahren begann man mit dem Bau des S- und U-Bahn-Netzes. **Wiederaufbau und Wirtschaftswunder**

In den 1970er-Jahren war München Schauplatz zweier sportlicher Großereignisse. 1972 wurden die **XX. Olympischen Sommerspiele** ausgetragen, die mit ihren architektonisch unerhörten Sportstätten und ihrem Erscheinungsbild »heitere Spiele« werden sollten. Sie wurden jedoch von einem Terroranschlag überschattet: Arabische Terroristen überfielen die israelische Mannschaft im Olympischen Dorf und nahmen Geiseln. Der Befreiungsversuch der Polizei auf dem Militärflugplatz Fürstenfeldbruck scheiterte. 1974 war München dann ein Schauplatz der heiß ersehnten **Fußballweltmeisterschaft**. Das Endspiel im Olympiastadion gewann Deutschland gegen die Niederlande mit 2 : 1.

In den letzten Jahrzehnten des 20. Jh.s stieg München zur europäischen Geld- und Hightech-Metropole auf. Nach dem Zerfall des Warschauer Pakts und der deutschen **Wiedervereinigung** 1989 strömten vielen Menschen aus der einstigen DDR und aus dem osteuropäischen Raum in die Stadt. Das alte Messegelände auf der Theresienhöhe bekam eine neue Funktion, dafür entstand auf dem 1992 stillgelegten Flughafen in Riem die »Messestadt« (1998 eröffnet). In der Nacht vom 16. auf den 17. Mai 1992 wurde der Flugbetrieb zum neuen Flughafen 30 km nordöstlich von München verlagert.

GEGENWART

2002	Eröffnung der Pinakothek der Moderne
2004	Ein Bürgerentscheid bestimmt, dass in der Stadt kein Bau höher werden darf als die Türme der Frauenkirche (99 m).
2013	Die Münchner Bürger stimmen gegen die Bewerbung um die Olympischen Sommerspiele 2022.
2015	August/Anfang Sept. kommen viele tausend Flüchtlinge im Münchner Hauptbahnhof an.

Zu Beginn des 21. Jh.s stellt sich München als »Boomtown« dar, in der fast schon wieder eine gründerzeitliche Atmosphäre herrscht; die wirtschaftliche Prosperität und der Ruf der Stadt sorgen für unveränderten Zuzug von Menschen und Firmen aus dem In- und Ausland. **Großprojekte** zur Um- oder Neugestaltung halber Stadtviertel wurden und werden in Angriff genommen. Für die Fußball-Weltmeisterschaft 2006 baute man die **Allianz Arena** in Fröttmaning. Auf den aufgegebenen Bahnflächen zwischen Hauptbahnhof und Nymphenburg stehen jetzt Bürokomplexe und Wohnblocks; das Werksviertel hinter dem Ostbahnhof, in dem u. a. die Pfanni-, die Zündapp- und die Optimol-Werke ansässig waren, wird neu bebaut, dort soll bis 2021 auch eine neue Philharmonie entstehen.

Finanzkrise Die 2007 einsetzende weltweite Bankenkrise verursachte am Finanzplatz München erhebliche Turbulenzen. Besonders getroffen wurde die Holding Hypo Real Estate (HRE), die vom Staat mit einem dreistelligen Milliarden-Betrag gestützt werden musste. Für Schlagzeilen sorgte auch die Bayern LB (Bayerische Landesbank), die unter äußerst dubiosen Umständen – befeuert durch die verantwortungslose Großmannssucht einiger Politiker – die Mehrheit an der völlig überschuldeten österreichischen Hypo Alpe Adria Group erwarb; auch hier gab es Milliarden-Verluste, für die der Steuerzahler geradestand.

Flüchtlings- welle Die seit längerem andauernde Fluchtbewegung aus Nordafrika und dem Nahen Osten, über das Mittelmeer und den Balkan, wuchs Ende Aug./Sept. 2015 sprunghaft an. Bis zu 7000 Menschen kamen pro Tag am Münchner Hauptbahnhof an, wo sie offizielle und Hunderte freiwillige Helfer begrüßten und mit dem Nötigsten versorgten, auch mit Hilfe der großen Spendenbereitschaft der Einwohner.

Neuzeitliche Lebensart: In den »Fünf Höfen« an der Theatinerstraße

Kunst- und Architekturgeschichte

Renaissance, Rokoko und Klassizismus, Kurfürsten und Malerfürsten, Jugendstil und Blauer Reiter – sie alle setzten Akzente in der Stadt. Großartige Museen beherbergen weltberühmte Exponate aus allen Epochen und Kunststilen.

VOM MITTELALTER BIS ZUR NEUZEIT

Reste aus romanischer Zeit sind in München äußerst rar. Grabungen in der **Peterskirche**, der ältesten Pfarrkirche, stießen auf die Fundamente einer Backsteinbasilika von Ende des 12. Jh.s. Nachdem ein neuer Mauerring den Ort auf das Sechsfache anwachsen ließ, setzte Herzog Ludwig der Strenge ab 1253 eine Festung an den nordöstlichen Stadtrand, den **Alten Hof**; von ihm ist nicht mehr viel übrig: der Zwingerstock und der Burgstock mit einem gotischen Erkertürmchen. Kaiser Ludwig der Bayer verlieh München das Monopol für den Salzhandel und 1340 das Stadtrecht. Nach Erb-und Familienkonflikten unter den Wittelsbachern und der ersten Pestepidemie führten Herzog Sigismund und sein Bruder Albrecht IV. die Stadt zu neuer Blüte. Jörg von Halspach († 1488) erbaute das **Alte Rathaus** (ab 1470) und die **Frauenkirche** (1468–1488), die zum Wahrzeichen Münchens wurde; sie und nicht die Festung der Wittelsbacher beherrschte in der Schedelschen Weltchronik von 1493 das Stadtbild. Der Schnitzer und Baumeister **Erasmus Grasser** (um 1450–1518) stattete den Tanz- und Sitzungssaal des neuen (Alten) Rathauses aus, seine **Moriskentänzer** gehören zu den wertvollsten Exponaten im Stadtmuseum. **Jan Polack** († 1519), einer der wichtigsten Maler der Spätgotik in Süddeutschland, bemalte die Stadttürme und schuf Tafelbilder und Altäre. Werke von ihm finden sich in der Alten Pinakothek und im Bayerischen Nationalmuseum; seine Altäre in der Schlosskapelle der **Blutenburg** sind ein wahres Kleinod, nur selten ist ein alter Platz so unverfälscht erhalten geblieben.

Mittelalter

Im 16. Jh. spalteten Martin Luthers Reformideen Kirche und Reich, und die Wittelsbacher machten München zum politischen und künstlerischen Mittelpunkt der Gegenreformation. Die Speerspitze der Gegenreformation war der Jesuitenorden, den Albrecht V. nach München holte. Die 1597 vollendete Jesuitenkirche **St. Michael** war der erste große Kirchenbau Süddeutschlands nach dem Mittelalter

Renaissance

Zwischen Pompeji und Jugendstil: Villa des »Malerfürsten« F. von Stuck

und das Jesuitenkolleg das größte einheitliche Bauwerk, man sprach gar von einem bayerischen Escorial. Die Kunst- und Bautätigkeit unter Herzog Wilhelm V. wurde von niederländischen, meist in Italien ausgebildeten Künstlern getragen, wie dem Maler **Peter Candid** (1458–1628) und dem Baumeister **Friedrich Sustris** (um 1540 bis 1599). Letzterer verantwortete u. a. den Bau der Michaelskirche, den Grottenhof der Residenz und den Umbau des Antiquariums zum Festsaal.

Die Plastik der Zeit prägte der in Florenz ausgebildete **Hubert Gerhard** (1550 s'Hertogenbosch – 1620), von dem auch die Madonna auf der Mariensäule des Marienplatzes stammt. Trotz leerer Kassen förderten die Wittelsbacher Wissenschaft und Kunst. So entstanden bedeutende Kunstwerke wie die »Alexanderschlacht« von **Albrecht Altdorfer** (um 1480–1538), die mit anderen Historienbildern die Sammlung der Alten Pinakothek begründete. Albrecht V. holte Künstler wie den Maler **Hans Mielich** (1516–1573) und den Komponisten **Orlando di Lasso** (1532–1594) an den Hof. Ab 1568 entstand die größte Schlossanlage ihrer Zeit, die Münchner **Residenz**. An ihrer westlichen Schauseite prangt ein weiteres Zeugnis katholischer Marienverehrung, die »Patrona Boiariae« von **Hans Krumper** aus Weilheim (um 1570–1634), der mit seinem Grabmal für Ludwig den Bayern (in der Frauenkirche) die Macht des Hauses Wittelsbach eindrucksvoll in Szene setzte. 1618 begann der große Krieg, an dessen Ende 1648 Europa verwüstet war. Auch für München bedeutete der Dreißigjährige Krieg den wirtschaftlichen Ruin. Immerhin verschonte der Schwedenkönig Gustav II. Adolf die Stadt gegen sehr viel Geld. Nach dem Abzug der Schweden grassierte die Pest; es sollte bis ins 19. Jh. dauern, bis München sich wieder erholte.

UNTER KURFÜRSTEN UND KÖNIGEN

Barock und Rokoko
Doch gingen die Wittelsbacher aus dieser Katastrophe gestärkt hervor, sie hatten ihr Gebiet vergrößert und die Kurfürstenwürde gewonnen. Kurfürst Ferdinand Maria bemühte sich um den Wiederaufbau des Landes. Durch seine Verbindung mit Henriette Adelaide von Savoyen zog der italienische Barock in München ein, darunter **Enrico Zuccalli** (1642–1724) und **Giovanni Antonio Viscardi** (1645–1713) als Hofbaumeister, zunächst Kollegen, später erbitterte Konkurrenten. Zuccalli vollendete die von den Bolognesen Agostino Barelli (1627–1687) begonnene **Theatinerkirche**, eines der frühesten Barockgebäude nördlich der Alpen. **Schloss Nymphenburg** wurde von Barelli geplant, von Zuccalli fortgeführt, schließlich von dem Dachauer **Joseph Effner** (1687–1745) vollendet. Nach seiner von Zuccalli betriebenen Amtsenthebung war Viscardi als freier Architekt erfolgreich, im Auftrag der drei Stände Bürger, Adel und Geist-

lichkeit schuf er die **Dreifaltigkeitskirche**, ein später Höhepunkt seiner Kunst, und die **Bürgersaalkirche**.

Maximilian II. Emanuel lernte um 1700 als Statthalter der Niederlande und in seinem Exil den französischen Barock lieben. Unter seinem Sohn Karl Albrecht verschmolzen barocke Ideen mit der damaligen Hofkunst zum bayerischen Rokoko. Diese Ära beherrschten in München die Brüderpaare **Johann Baptist und Dominikus Zimmermann** (1680–1758, 1685–1766) sowie **Cosmas Damian und Egid Quirin Asam** (1686–1739, 1692–1750). Mit ihrer Raumgestaltung, ihren Stukkaturen und Fresken haben sie einzigartige Meisterwerke geschaffen. Die Zimmermanns gestalteten u. a. die Peterskirche und das Erzbischöfliche Palais. Die Asamkirche, das barocke Raumwunder in der Sendlinger Straße, ist der vollendete Ausdruck der kongenialen Zusammenarbeit der Asams. Zudem begründete

C. D. Asam mit seinem Privathaus in Thalkirchen die Tradition der Münchner Künstlervillen, die in der Prinzregentenzeit den Höhepunkt erlebten. Der aus der Oberpfalz stammende Baumeister **Johann Michael Fischer** (1692 bis 1766) schuf im Lehel, in Bogenhausen und in Berg am Laim großartige Gesamtkunstwerke des Rokokos, was auf einer Tafel in der Frauenkirche sehr feinsinnig gewürdigt wird: Er habe nicht nur »32 Gotteshäuser und 23 Clöster«, sondern auch die »Gemüther« vieler Menschen »erbauet«. **François Cuvilliés** d. Ä. (1695–1768), Schöpfer des Cuvil-

Der Steinerne Saal im Schloss Nymphenburg, ein herrliches Werk von J. B. und F. Zimmermann

liéstheaters und der Reichen Zimmer in der Residenz und der Amalienburg in Nymphenburg, stand erst als Hofzwerg in Diensten Max Emanuels; der erkannte seine Fähigkeiten und ließ ihn u. a. an der Pariser Académie Royale d'Architecture ausbilden.

Nach Maximilian III. Joseph ging das Kurfürstentum 1777 an einen Pfälzer Wittelsbacher, Karl Theodor, der andere Pläne hatte und sich damit bei den Bayern alle Sympathien verspielte. Dennoch bemühte er sich sehr um die Stadt, u. a. ließ er die Mauern und Gräben rund um die Stadt einebnen. Nach Plänen von **Benjamin Thompson** (Graf Rumford) und **Friedrich Ludwig von Sckell** (1750–1823) wurden für die Bürger der **Englische Garten** angelegt und der Schlosspark Nymphenburg geöffnet, den Sckell ebenfalls in einen englischen Landschaftspark umwandelte – die Münchner sollten sich lieber zerstreuen als auf revolutionäre Gedanken kommen.

19. Jahr-
hundert Maximilian IV. Joseph erhielt 1806 die Königskrone, allerdings um den Preis eines Verrats. Er verbündete sich gegen den Kaiser mit Napoleon. Damit einher ging eine der wichtigsten politisch-kulturellen Veränderungen der Neuzeit, die **Säkularisation**. Klöster wurden aufgelöst, Kirchenbesitz beschlagnahmt, ihre Schätze – so nicht zerstört – bereicherten Galerien, Sammlungen und Bibliotheken. König Max I. Joseph ließ das **Nationaltheater** errichten und gründete die **Akademie der Bildenden Künste**, die bald zu den führenden in Europa gehörte. Einer ihrer frühen Direktoren war Peter von Cornelius (1783–1867), dessen »Jüngstes Gericht« in der Ludwigskirche zu den größten Fresken der Welt zählt. Besonders die **Historienmaler** Carl Theodor von Piloty (1826–1886) und Wilhelm Diez (1839 bis 1907) prägten Schülergenerationen, die aus Europa und Amerika nach München kamen. Die große Entdeckung des 19. Jh.s, die Landschaftsmalerei, wurde allerdings aus dem Lehrplan gestrichen. So schufen die Vertreter der **Münchner Schule**, wie Wilhelm von Kobell (1766–1853) und Johann Georg von Dillis (1759–1841), ihre Landschafts- und Genrebilder außerhalb des Akademiebetriebs. Ebenfalls draußen blieb der Autodidakt Carl Spitzweg (1808–1885), »der« Maler des Biedermeiers mit seinen gebrochenen Idyllen.

König Ludwig I. verwandelte die Umgebung Münchens in eine Großbaustelle. **Leo von Klenze** (1784–1864) schuf für ihn aus griechischen, römischen, ägyptischen und italienischen Zutaten einen Stil, der die Stadt prägte und ihr die Bezeichnung **Isar-Athen** eintrug. Das zentrale Zeugnis dafür ist der **Königsplatz** mit der Glyptothek als Heim für die antiken Skulpturen, die Ludwig erwerben ließ. Zusammen mit der **Alten Pinakothek** gehörte sie zu den ersten öffentlichen Museen Münchens. Als Planungsstratege organisierte Klenze die Stadterweiterung Ludwigs: Er konzipierte die **Ludwigstraße**, den Prachtboulevard vom heutigen Odeonsplatz in Richtung Schwabing, wobei er sich an italienischen Vorbildern orientierte. Ihre Endpunkte, Feldherrnhalle und Siegestor, sowie die Universitätsgebäude und die Ludwigskirche entwarf jedoch Klenzes Gegenspieler **Friedrich von Gärtner** (1791–1847). Sein an die Romanik angelehnter Rundbogenstil verlieh den Bauwerken einen monumentalen Charakter, wirkte aber nicht ganz so streng wie die klassizistischen Fassaden, zumal Gärtner das Pompöse immer wieder mit italienischer Leichtigkeit durchbrach.

Ludwigs Sohn Maximilian II. holte Wissenschaftler und Schriftsteller in die Stadt – die »Nordlichter« – und festigte den Ruf Münchens als Universitätsstadt. Mit der Unterstützung von Brauchtum und Volkskunst stärkte er gegenüber den deutschen Einigungsbestrebungen das bayerische Nationalgefühl. Eine weitere Prachtstraße entstand, die **Maximilianstraße**; ihr Schöpfer **Friedrich Bürklein** (1813–1872) kombinierte antike und gotische Formen und gilt damit als Vorläufer des Jugendstils. Das Maximilianeum, heute Sitz des Bayerischen

So sah Leo von Klenze seine Propyläen auf dem Königsplatz.

Landtags, zählt mit der auf Fernwirkung bedachten Schauseite zu den Höhepunkten seines Schaffens.

Mit **Ludwig II.** endete der planvolle Ausbau Münchens. Nach seiner außenpolitischen Entmachtung und der Gründung des neuen deutschen Kaiserreichs 1871 widmete sich der »Märchenkönig« lieber dem Bau seiner Schlösser im Oberland. In der zweiten Hälfte des 19. Jh.s setzte das wohlhabende Bürgertum Akzente in der Kunstförderung. In der Architektur dominierte der Historismus – der Rückgriff auf frühere Stilformen –, wie der Bau des **Neuen Rathauses** und der **Paulskirche** an der Theresienwiese zeigen, beide von Georg Hauberrisser (1841–1922). Von vielen Zeitgenossen als unpraktisch und »unmünchnerisch« abgelehnt, ist das Rathaus mit seinem Glockenspiel heute auch das touristische Zentrum Münchens. Die herausragende Figur des Historismus war **Gabriel von Seidl** (1848 bis 1913), der mit dem **Bayerischen Nationalmuseum** einen der bedeutendsten und originellsten Museumsbauten seiner Zeit schuf; als sein sakrales Hauptwerk gilt die Pfarrkirche St. Anna im Lehel. Sein Bruder **Emanuel von Seidl** (1856–1919), Architekt, Innenarchitekt und Ingenieur, schuf mit seinem Großbetrieb für Inneneinrichtung den Typus des für die Münchner Stadtkultur so bedeutsamen »Bierpalasts«, wie ihn z. B. noch der **Augustiner** in der Neuhauser Straße mit seinem einzigarten Muschelsaal verkörpert.

In der zweiten Hälfte des 19. Jh.s regierten in München die »Malerfürsten« **Franz von Lenbach** (1836–1904), **Friedrich August von Kaulbach** (1850–1920) und **Franz von Stuck** (1863–1928). Als gefragte Porträtisten kamen sie zu Reichtum und Ansehen und leiste-

Aufbruch in die Moderne

ten sich großartige Villen: das Lenbachhaus, die Kaulbach-Villa (beide von Gabriel von Seidl entworfen) und die Villa Stuck nach Plänen von Stuck selbst – ein architektonisches Gesamtkunstwerk. Sie und die **Königlich privilegierte Münchner Künstlergenossenschaft** beherrschten die Szene, ohne ihr Wohlwollen konnten sich junge Künstler weder entfalten noch etablieren. Daraufhin gründeten Künstler wie Lovis Corinth (1858–1925), Max Liebermann (1847 bis 1935), Ludwig Dill (1848–1940) und Fritz von Uhde (1848–1911) die **Münchner Secession**. Benannt nach der Münchner Wochenzeitschrift für Kunst und Leben »Jugend« entwickelte sich um 1900 der **Jugendstil**, der mit seiner dekorativen Kunst alle gestalterischen Bereiche vom Städtebau bis zum Sofakissen erfasste. Bauten wie das **Müller'sche Volksbad** von Carl Hocheder (1854–1917) und die bis zur Türklinke durchgestalteten Wohnhäuser eines Martin Dülfer (1859–1942), Raum- und Möbelkunst von Richard Riemerschmid (1868–1957) und Hermann Obrist (1862–1927) bis zu den eindrucksvollen Gebäuden des Allround-Architekten Theodor Fischer (1862–1938) zeigen eine große Vielfalt an Ausprägungen. Fischers künstlerisches Juwel, die **Erlöserkirche** in Schwabing, ist typisch für die Abkehr vom zeitgenössischen Historismus. Darüber hinaus trat Fischer als Stadtplaner hervor, der soziale und verkehrstechnische Gesichtspunkte ebenso berücksichtigte wie ästhetische.

Zur Bedeutung Münchens als Kunstzentrum trug auch die 1884 ins Leben gerufene **Damen-Akademie** bei, die Frauen aus ganz Europa anzog, weil ihnen der Zugang zu den offiziellen Kunstakademien verwehrt blieb. Aus ihr gingen Künstlerinnen wie Gabriele Münter (1877–1962), Käthe Kollwitz (1867–1945) und Marianne von Werefkin (1860–1938) hervor. In dem von H. Obrist und Wilhelm Debschitz (1871–1948) geschaffenen **Lehr- und Versuchsatelier für angewandte und freie Kunst** entstanden die Grundlagen des modernen Designs. Künstler der Avantgarde, vor allem die Mitglieder der Vereinigung **Blauer Reiter** (1911), konnten sich in München nie richtig durchsetzen. Franz Marc (1880–1916), Gabriele Münter, Paul Klee (1879–1940), August Macke (1887–1914), Alexej von Jawlensky (1864–1941) und Wassily Kandinsky (1866–1944) zogen deshalb aufs Land, um dort ihre künstlerische Programmatik zu entwickeln. Sie wurden zu Protagonisten des Expressionismus, der wichtigsten Erneuerungsbewegung der deutschen Kunst des 20. Jh.s.

VOM DRITTEN REICH BIS HEUTE

»Hauptstadt der Bewegung« Das zunehmend reaktionäre Klima in München nach dem Ersten Weltkrieg war der Nährboden für die Nationalsozialisten – ihre Partei wurde hier gegründet, hier hatte sie ihren Sitz bis 1945. Im Auftrag Hitlers und unter Federführung des Parteiarchitekten Hermann

Giesler wurde München mit den entsprechenden Gebäuden ausgestattet (►Baedeker Wissen S. 218). Geplant war eine **totalitäre
Umgestaltung** mit gigantomanischen Bauten entlang einer Ost-
West-Achse. Als »Hauptstadt der Deutschen Kunst« wurde München
zum Mittelpunkt nationalsozialistischer Kulturpropaganda. 1937
verunglimpfte die Ausstellung **»Entartete Kunst«** in den Hofgarten-
arkaden Vertreter des Expressionismus und der Moderne, während
im **»Haus der Deutschen Kunst«** Werke gezeigt wurden, die im
Dienst der Volkserziehung und der NS-Politik standen. Nach dem
Krieg in »Haus der Kunst« umbenannt, gehört es zu den eindrück-
lichsten NS-Bauten, die in München erhalten sind. Heute ist es ein
weltweit führendes Zentrum für zeitgenössische Kunst, das zeigt, wie
global und vielschichtig Kunst sein kann.

Die Architekten des Wiederaufbaus standen vor der Frage, wie sie **Nachkriegs-**
ihn gestalten sollten: als historisierende Wiederherstellung, als radi- **zeit**
kale Neugestaltung oder in der Verbindung von Alt und Neu. **Hans
Döllgast** (1891–1974) schloss die Wunde, die eine Bombe in die Alte
Pinakothek gerissen hatte, mit einer Plombe, die das Ausmaß der
Zerstörung bis heute sichtbar macht. Der Architekt und Denkmal-
pfleger **Erwin Schleich** (1925–1992) hielt sich ans Historische, etwa
mit der Rekonstruktion der Fassade und des Treppenhauses des
Preysing-Palais an der Feldherrnhalle. **Sep Ruf** (1908–1982) bot
dazu das moderne Kontrastprogramm: Zur Bauzeit (1952–1957)
umstritten, entstand mit der Neuen Maxburg, dem Ersatz für das
Stadtschloss der Wittelsbacher, einer der besten Bauten der Nach-
kriegszeit. Auch **Gustav Gsaenger** (1900–1989) setzte mit seinem
asymmetrisch geschwungenen Raum der Matthäuskirche am Sendlinger Tor Maßstäbe. Eine Vorreiterrolle im Sakralbau nahm die 1960
geweihte Kirche St. Johann von Capistran von Sep Ruf in der Parkstadt Bogenhausen ein, mit einheitlich-geschlossener Architektur
und Raumgestaltung, wobei der Altar in der Mitte des Raums die
Empfehlungen des Zweiten Vatikanischen Konzils vorwegnimmt.

Durch die **Olympischen Spiele 1972** erhielt die Stadt einen giganti- **Von den**
schen Entwicklungsschub. »Heitere Spiele« sollten der Welt ein an- **Olympischen**
deres Bild von Deutschland zeigen: jung, friedlich und unpathetisch. **Spielen zur**
Das Olympiastadion von **Günter Behnisch** (1922–2010) repräsen- **BMW Welt**
tiert diesen Gedanken. Das von ihm und **Frei Otto** geschaffene Zeltdach zählt zu den wichtigsten Zeugnissen der Baukultur im 20. Jahrhundert. Ebenso wegweisend war das von **Otl Aicher** (1922–1991)
entwickelte Erscheinungsbild der Spiele, von der Farbwahl über das
Logo bis zur Schrift und den Piktogrammen; auch heute strahlt es
noch heitere Klarheit und Dynamik aus. Als Maler gestaltete nach
dem Krieg **Rupprecht Geiger** (1908–2009) den öffentlichen Raum,
ein »Farbbesessener« und Hauptvertreter der abstrakten Malerei in

Deutschland: die (einst leuchtende) Skulptur »Gerundetes Blau« am Kulturzentrum Gasteig, Farbkonzepte für Schulen und U-Bahnhöfe, ein Glasbild an der Münchner TU oder das »Große Rot mit Contrapunkt« im Foyer der Hochschule in der Lothstraße.

Ein ungewöhnlicher Akzent im Stadtbild ist die im Jahr 2000 geweihte **Herz-Jesu-Kirche** der Architekten Allmann, Sattler, Wappner in Neuhausen. Ein blauer Glaskubus hüllt einen kleineren Holzkubus ein, dem verstellbare Lamellen ein mystisches Licht geben. Seine Portalflügel, die die gesamte Südfront einnehmen, können ganz geöffnet werden, als wollten sie die Welt hereinlassen.

Zu Beginn des 21. Jh.s präsentiert sich die Stadt als Kunstmetropole, wenn auch nicht als Hort der Avantgarde wie um 1900. Im weltweit einzigartigen **Kunstareal** sind nicht nur die meisten Museen versammelt, mehr und mehr private Galerien und Kunsthändler lassen sich hier nieder. Die beiden bestehenden Pinakotheken wurden mit der Pinakothek der Moderne und dem Museum Brandhorst ergänzt. Das Glanzstück in der **Pinakothek der Moderne** (Stephan Braunfels, 2002) ist die glasüberkuppelte Rotunde. Das **Museum Brandhorst** (Sauerbruch Hutton, 2009), gebaut v. a. für Werke von Cy Twombly, besticht vor allem durch sein Äußeres: 36000 bunte Keramikstäbe dienen als Schallschutz und heben das bewusst einfach konzipierte Gebäude vom oft beklagten architektonischen Einheitsbrei ab.

Nicht nur einen architektonischen Akzent setzt die vom Architekturbüro Wandel Hoefer Lorch (2007) gestaltete **Synagoge Ohel Jakob**;

Die Herz-Jesu-Kirche in Neuhausen – »Machet die Tore weit«

ihre Lage am Jakobsplatz im Herzen der Stadt hat hohe Symbolkraft. Ebenfalls ein großer Wurf ist Wolf D. Prix und dem Architektenbüro Coop Himmelb(l)au mit der **BMW Welt** (2007) gelungen. Die kombinierte Ausstellungs-, Auslieferungs- und Eventstätte ist inzwischen die meistbesuchte Sehenswürdigkeit Bayerns.

Dies sind allerdings architektonische Solitäre, die vor allem für das »Image« einer Stadt bedeutend sind, über die Lebensqualität aber wenig aussagen. Die Bürokomplexe, Hotels, Einkaufszentren und Wohnviertel, die zur Zeit im Stadtgebiet hochgezogen werden, weisen einen erstaunlich einförmigen, kühl-langweiligen Stil auf, der mehr von Geld zeugt als von Geschmack und Ideenreichtum, schon gar nicht von städteplanerischer Qualität: unwirtliche Ansammlungen abweisender Glas-Beton-Burgen, die man mit Auto oder Tram durchquert bzw. ansteuert, aber nicht »bewohnen« kann.

Kulturstadt München

München ist eine reiche Stadt, das drückt sich auch in der Zahl und Qualität der kulturellen Einrichtungen aus. Namhafte Häuser, Veranstaltungen und »Events« tragen wesentlich zur Attraktivität der Stadt bei, nicht zuletzt bei der Standortwahl von Firmen und Führungskräften.

Renommierte **Orchester** sind in München beheimatet: Münchner Philharmoniker, Bayerisches Staatsorchester, Symphonieorchester des Bayerischen Rundfunks, Münchner Rundfunkorchester, Münchner Kammerorchester und Münchner Symphoniker. Zu hören sind sie in der Philharmonie im Kulturzentrum Gasteig, in der Residenz im Herkulessaal und im Cuvilliéstheater, im Prinzregententheater und auch in der Staatsoper. Die **Hochschule für Musik und Theater** ist eine der traditionsreichsten Ausbildungsstätten ihrer Art in Deutschland, dort kann man gratis oder für wenig Geld wunderbare Musik genießen, wenn Studierende der verschiedenen Fächer – von Klassik über Jazz bis zur Volksmusik – ihr Können demonstrieren. Hochkarätige **Aufführungen unter freiem Himmel** und in herrlicher Kulisse sind am Odeonsplatz, im Brunnenhof der Residenz und auf dem Königsplatz zu erleben.

Musik

BAEDEKER WISSEN

? *Die Oper in Zahlen*

Ca. 600 000 Gäste zählt die Staatsoper – mit 2101 Plätzen das größte Opernhaus Deutschlands – im Jahr, die über 300 Vorstellungen besuchen. Für den musikalischen Genuss sorgen 140 Orchestermitglieder, 100 Solisten und 100 Chorsänger. 10 Premieren pro Jahr bringen viel Abwechslung ins Programm des Hauses.

Auch einige Schlösser im Raum München bieten den festlichen Rahmen für schöne Konzerte.

In München zählt man über 150 **Chöre**, professionelle wie der hochberühmte Chor des Bayerischen Rundfunks oder Vereinigungen ambitionierter Laien, von den Kirchenchören bis zum Barbershop- oder Gospelchor. Fast überflüssig festzustellen, dass auch Freunde des **Jazz** auf ihre Kosten kommen. Spitzenmusiker aus aller Welt treten in der »Unterfahrt«, in den Konzertsälen im Gasteig, im Nachtclub des Hotels Bayerischer Hof und diversen Clubs und Kneipen auf. Große **Rock- und Pop-Events** mit internationalen Superstars finden meist im Olympiastadion und in der Olympiahalle statt, im Circus Krone (legendär etwa die Auftritte der Beatles 1966 oder von Pink Floyd 1970), in der Muffathalle und im Feierwerk.

Die **Volksmusik** nimmt nicht so viel Raum ein, wie man vielleicht erwartet; mit Ausnahme von Events wie dem Oktoberfest oder dem Kocherlball blüht sie eher im Verborgenen. Doch hat sie ihre treue Gemeinde, sie wird an der Musikhochschule unterrichtet, und wer sie kennenlernen will, besuche einen »Hoagartn« (www.muenchen.de, »Volkskultur«). Im Hofbräuhaus spielen sehr gute Ensembles, einmal im Monat wird dort ein offener Musikantentreff veranstaltet, vierteljährlich ein Tanzboden. Für die »neue« Volksmusik, die die unterschiedlichsten Einflüsse aufnimmt, sind die Fraunhofer-Volksmusiktage (Jan./Febr.) das Aushängeschild.

Oper und Theater

Für Opern- und Ballettfans ist eine Aufführung der **Bayerischen Staatsoper** im Nationaltheater ein Muss: Hervorragende Intendanten und internationale Pult- und Gesangsstars sorgen für Weltruf. »Leichtere« Opern, Operetten und Musicals bringen das **Staatstheater am Gärtnerplatz** und das **Deutsche Theater**. Im **Prinzregententheater** kann man aus einem vielfältigen Programm wählen, von Lesungen über Konzerte bis zur großen Oper. Ebenso abwechslungsreich ist das Programm der fünf Dutzend großen und kleinen **Sprechtheater**, vom klassischen oder modernen Stück über Boulevardkomödien und Kabarett bis zum Experiment. In erster Linie zu nennen sind das **Residenztheater** (unter Martin Kušej), die **Kammerspiele** (unter Matthias Lilienthal) und das **Münchner Volkstheater**. Vom Namen dieses Hauses, das seit 2002 Christian Stückl leitet, sollte man sich nicht täuschen lassen: Es bringt keine drolligen Bauernschwänke, sondern ambitioniertes, engagiertes, oft heftiges Theater in der Tradition des Volksstücks.

Filmstadt München

Die bayerische Metropole hat sich schon in den 1920er-Jahren zu einem renommierten Zentrum des Films entwickelt, in den 1960er- und 1970er-Jahren machten Rainer Werner Fassbinder, Klaus Lemke und Werner Herzog von sich reden. Ein wichtiger Motor war und ist die **Bavaria Film GmbH** in Geiselgasteig. Auch die Studios öffent-

»Klassik am Odeonsplatz«, ein Höhepunkt der Sommersaison

lich-rechtlicher und privater Rundfunk- und Fernsehgesellschaften und die Hochschule für Fernsehen und Film sind wichtige Institutionen, die Highlights der Szene das Dokumentarfilmfestival (Mai), das **Filmfest** (Juni), das Internationale Filmfest der Filmhochschule München (November) sowie das Jugendfilmfest (Dezember). Das **Filmmuseum** des Münchner Stadtmuseums zeigt Werkschauen großer Regisseure oder Reihen zu bestimmten Themen. Einige Kinos wie das »Theatiner«, das 100 Jahre alte »Maxim« in der Landshuter Allee oder das prächtige Filmtheater »Sendlinger Tor« mit seinen Plüschsesseln haben sich einen besonderen Charme erhalten.

Museen und Galerien mit hochklassigen Wechselausstellungen erfreuen sich regen Zuspruchs. Nordwestlich des Stadtzentrums, in der Maxvorstadt, liegt das **Kunstareal**, das weltberühmte Sammlungen vereint; die Staatliche Sammlung Ägyptischer Kunst hat im Komplex der Hochschule für Fernsehen und Film ein neue Heimat gefunden. Die Kultur und die Geschichte der Region bzw. Münchens setzen das **Bayerische Nationalmuseum** (Prinzregentenstraße) und das Münchner **Stadtmuseum** am St.-Jakobs-Platz in Szene; das **Deutsche Museum** auf der Museumsinsel in der Isar gilt als größtes und bedeutendstes technisch-naturwissenschaftliches Museum der Welt.

Museen

Berühmte
Persönlichkeiten

ALBRECHT V. (1528 – 1579)

Am 29. Februar 1528 kam der spätere Herzog (1550 – 1579) in Mün-   **Herzog**
chen zur Welt. Er profilierte sich als **Gegner des Protestantismus**,   **von Bayern**
der damals in Bayern an Boden gewann. Zur Erneuerung des Katholizismus holte der Renaissance-Fürst die Jesuiten nach München.
Albrecht »der Großmütige« gilt auch als Begründer der Kunstmetropole München, seine Kunstkammer, seine Münzsammlung und sein
Antiquarium waren die ersten Museen im heutigen Deutschland.
Auch die Bayerische Staatsbibliothek geht auf ihn zurück.

COSMAS DAMIAN ASAM · EGID QUIRIN ASAM

Die Brüder – der Maler und Architekt Cosmas Damian (1687 – 1739)   **Baumeister**
und der Bildhauer, Stuckateur, Maler und Architekt Egid Quirin   **und Künstler**
(1692 – 1768) – waren Mitbegründer und **Hauptvertreter des bay-**
erischen Rokokos. Ihr Vater war der bedeu-
tende Maler des Klosters Benediktbeuern,
Hans Georg Asam, bei dem sie ihr Handwerk
lernten; ab 1712 studierte Cosmas Damian in
Rom, wo er sich von den Werken Berninis beeindrucken ließ. Die Asams, die meist gemeinsam arbeiteten, bauten bzw. gestalteten
viele Kirchen und Klöster im süddeutschen
Raum. In München sind die Heilig-Geist-Kirche, die Damenstiftskirche, die Dreifaltigkeitskirche, St. Anna im Lehel und St. Maria
in Thalkirchen zu nennen. Mit Hilfe seines
Bruders baute sich Egid Quirin die großartige
»Asamkirche« in der Sendlinger Straße, die
Fassade seines Wohnhauses daneben zierte er
mit herrlichem Stuck. Cosmas Damian hingegen erwarb 1724 in Thalkirchen nahe der Isar
ein stattliches Haus, das er prachtvoll bemalte.   **Cosmas Damian Asam**

FRANÇOIS CUVILLIÉS D. Ä. (1695 – 1768)

Aus dem zu Österreich gehörenden französischsprachigen Hennegau   **Hofbau-**
(Hainaut) im heutigen Belgien kam der kleinwüchsige Feingeist   **meister**
François Cuvilliés nach München. Er war zunächst tatsächlich
Hofzwerg des Kurfürsten Max Emanuel in München, berühmt wur-

Ludwig I., der München zum »Isar-Athen« machte (J. Stieler, 1826)

Der »Stenz« alias Helmut Fischer, offenkundig in seinem Element

de er jedoch als großer Architekt und **Innengestalter des süddeutschen Rokokos.** Nachdem er auf Kosten des Landesherrn in Paris
eine Ausbildung erhalten hatte, arbeitete er ab 1725 als Hofbaumeister vor allem in München. Seine Hauptwerke sind das Alte Residenztheater (Cuvilliés-Theater), die Reichen Zimmer in der Residenz und
die Amalienburg im Schlosspark Nymphenburg. Die Theatinerkirche
versah er mit ihrer Fassade, jedoch nach dem damals schon 200 Jahre alten frühbarocken Schema der Jesuitenkirche Il Gesù in Rom.

HELMUT FISCHER (1926–1997)

Schauspieler Böse Zungen behaupteten, er habe sich nur selber spielen müssen,
jedenfalls schien dem gebürtigen Münchner die Rolle des »**Monaco
Franze**« in der TV-Serie »Der ewige Stenz« (1981–1983) auf den
Leib geschrieben. Und es wurde für den bis dahin mäßig erfolgreichen Schauspieler die Rolle seines Lebens. Ein »Stenz« – ein Männer-
typ, für den vor allem die Münchner Au bekannt war –, das ist ein
Windhund und Hallodri, ein lässiger Lebenskünstler, der größten
Wert auf sein Äußeres legt und dessen Charme – trotz seiner offen-
kundigen Schwächen – keine Frau widerstehen kann, insbesondere
solche höheren Standes. Die wohl berühmtesten Aussprüche des Monaco Franze: »A bisserl was geht immer« (bei Frauen natürlich) und
»An rechter Scheißdreck war's« (über eine neue Operninszenierung).

JOHANN MICHAEL FISCHER (1692 – 1766)

Als einer der bedeutendsten Baumeister des bayerischen Rokokos **Baumeister** ging J. M. Fischer in die Kunstgeschichte ein. Seine große architektonische Idee, die er zeitlebens verfolgte, war die Verbindung des althergebrachten Längsbaus mit dem Zentralbau, was die Sakralarchitektur des Rokokos nachhaltig prägte. Nach seinen Lehrjahren in Böhmen, Mähren und Österreich ließ er sich 1718 in München nieder; sein Grabmal in der Münchner Frauenkirche verkündet, dass er »32 Gottshäuser, 23 Klöster nebst sehr vielen anderen Palästen / Gemüther aber viele hundert (…) erbauete«. Seine wichtigsten Werke in München sind die Klosterkirche St. Anna als erstes echtes Rokoko-Gotteshaus in Altbayern und die Kirche St. Michael in Berg am Laim.

JOSEPH VON FRAUNHOFER (1787 – 1826)

In München ist die 1949 gegründete »Fraunhofer-Gesellschaft zur **Glastechno-** Förderung der angewandten Forschung« ansässig, die größte euro- **loge und** päische Organisation für Forschungsdienstleistungen. Sie benannte **Optiker** sich nach Joseph von Fraunhofer, weil er in einzigartiger Weise technische Entwicklung mit wissenschaftlicher Grundlagenforschung verband. Nach einer Glasschleiferlehre trat er in das Optische Institut von J. v. Utzschneider in Benediktbeuern ein, wo er Schleifmaschinen und Gläser für optische Geräte entwickelte, die den Fernrohrbau revolutionierten. 1814 gelang ihm seine bedeutendste Entdeckung, die Absorptionslinien im Sonnenspektrum; mit einem Beugungsgitter aus Glas, in das pro Millimeter 300 Linien geritzt waren, konnte er ihre Wellenlängen bestimmen. 1819 wurde Fraunhofer, der nicht akademisch ausgebildet war, zum Professor ernannt. 1824 baute er ein astronomisches Objektiv mit fast 2,5 m Öffnung, im selben Jahr wurde er in den Adelsstand erhoben. 1826 starb er an Tuberkulose, bestattet ist er auf dem Alten Südfriedhof.

FRIEDRICH VON GÄRTNER (1792 – 1847)

Seine Ausbildung erhielt Friedrich von Gärtner in der bayerischen **Hofbau-** Landeshauptstadt. Nach Studienreisen durch Italien, die ihn mit der **meister** klassischen Baukunst vertraut machten, wurde er Konkurrent und schließlich Nachfolger des Hofbaumeisters Leo von Klenze, er erfreute sich besonderer Förderung durch Ludwig I. Ebenso wie von Klenze, der vor allem für den Königsplatz, die Ruhmeshalle und die Alte Pinakothek steht, hat Gärtner München seinen Stempel aufgedrückt. Seine Hauptwerke, die großen Bauten an der Ludwigstraße – Staatsbibliothek, Ludwigskirche, Universität, Siegestor und Feldherrnhalle – sind eine Synthese aus klassizistischen Gliederungsprinzipien und Formen der Romanik, Gotik und Renaissance.

ADOLF HITLER (1889 – 1945)

Diktator und Massenmörder

München war eine der drei wichtigen Städte im Leben Hitlers. In Wien entwickelte er seine antisemitisch-rassistische Haltung, in München nahm er seinen politischen Aufstieg, in Berlin erreichte er den Gipfel der Macht. Im Mai 1913 ging Hitler nach München, um sich dem österreichischen Militärdienst zu entziehen. Bei Ausbruch des Ersten Weltkriegs meldete er sich zum 2. bayerischen Reserve-Infanterieregiment Nr. 16, in dem er als Meldegänger an der Westfront diente. Zurück in München wurde er von der Reichswehr zur Beobachtung von Kriegsheimkehrern und politischen Parteien eingesetzt. Unter ihnen war auch die Deutsche Arbeiterpartei, eine antisemitische Gruppe. Er erkannte diese unscheinbare Formation als »sein« Forum und trat ihr im Sept. 1919 bei. Hitler setzte sein rhetorisches und demagogisches Talent für die Partei ein und wurde ihr wichtigster Redner. Am 24. Febr. 1920 fand im Hofbräuhaus die erste Massenversammlung der Partei statt, auf der das Programm einer **Nationalsozialistischen Deutschen Arbeiterpartei** (NSDAP) vorgestellt wurde. Im Juli 1921 ließ Hitler sich zum »Führer« der Bewegung ernennen. 1923 sah er die Zeit reif für den Sturz der Weimarer Regierung. Da es ihm nicht gelungen war, den bayerischen Generalstaatskommissar von Kahr auf seine Seite zu ziehen, umstellte die SA am 8. November 1923 den Bürgerbräukeller, in dem von Kahr sprach. Hitler schoss mit einem Revolver in die Decke, erklärte die bayerische und die Reichsregierung für abgesetzt und kündigte den »Marsch gegen Berlin« an. Tags darauf marschierte er mit General Ludendorff und ca. 3000 Anhängern durch München, doch an der Feldherrnhalle fand sein Putschversuch unter Polizeikugeln ein blutiges Ende. Ein bayerisches Gericht – auch dies schon ein Rechtsbruch, für Hochverrat war das Reichsgericht in Leipzig zuständig – verurteilte ihn zu fünf Jahren sehr komfortabler Festungshaft in Landsberg, doch wurde er schon nach neun Monaten entlassen. In dieser Zeit verfasste er den ersten Teil seiner Programmschrift »Mein Kampf«. Zielstrebig arbeitete er am Wiederaufbau der NSDAP und ihrer Ausdehnung über Bayerns Grenzen hinaus, bis Hindenburg ihn in Berlin 1933 zum Reichskanzler ernannte (»Machtergreifung«). Auch weiterhin blieb Hitler München verbunden. In der »**Hauptstadt der Bewegung**« wurden alljährlich die »Blutzeugen« des 9. Nov. 1923 geehrt, viele NSDAP- und andere Terrororganisationen hatte hier ihren Sitz (▸Baedeker Wissen S. 218). Noch einmal spielte der Bürgerbräukeller eine Rolle in Hitlers Leben: Am 8. Nov. 1939 entging er dort dem Bombenattentat Georg Elsers (▸S. 188).

ANNETTE KOLB (1870 – 1967)

Annette Kolb (eigentl. Anne Mathilde Kolb), mütterlicherseits französischer Abstammung, setzte sich im Ersten Weltkrieg von der Schweiz aus für den Frieden ein. 1916 erschienen ihre »13 Briefe einer Deutsch-Französin«. Der **Ausgleich zwischen Deutschland und Frankreich** war ihr großes Anliegen. 1933 emigrierte sie nach Paris, sieben Jahre später ging sie in die USA, nach dem Zweiten Weltkrieg kehrte sie nach München zurück. In ihren vielfach autobiografische Züge zeigenden Arbeiten beschäftigte sich Kolb vor allem mit Frauenschicksalen. Darüber hinaus fanden auch historische Figuren (u. a. König Ludwig II. und Richard Wagner, Mozart und Schubert) und viele Aspekte des Kulturlebens ihre Aufmerksamkeit.

Schriftstellerin

FRANZ VON LENBACH (1836 – 1904)

Der »Malerfürst« Franz von Lenbach, aus dem oberbayerischen Schrobenhausen gebürtig, erlangte als **Porträtmaler der Gründerzeit** eine beherrschende Stellung in der Münchner Künstlerszene. Er wurde vor allem durch Bildnisse von Kaiser Wilhelm I. und Reichskanzler Otto von Bismarck (ca. 80!) berühmt. Nicht weniger bekannt sind seine oft sehr bunten Landschaftsgemälde. Seine repräsentative Villa, die er sich am Königsplatz baute, beherbergt heute die Kunstsammlungen der Stadt München, insbesondere Werke des »Blauen Reiters«.

Franz v. Lenbach im Jahr 1901

LUDWIG I. (1786 – 1868)

Der Sohn des kulturbeflissenen Königs Maximilian I. Joseph wurde 1825 bayerischer Herrscher. Ludwig befürwortete die recht liberale Verfassung von 1818. Zielstrebig verfolgte er den **Ausbau der Residenzstadt**, die eine bedeutende Metropole werden sollte. 1826 verlegte er die Landesuniversität von Landshut nach München. Mit großer Anteilnahme verfolgte er den Freiheitskampf der Griechen, später sollte sein Sohn Otto griechischer König werden. Nach 1830 zeigte seine Politik rückschrittliche Tendenzen. Seine Affäre mit der Tänzerin **Lola Montez** und die Märzrevolution von 1848 zwangen Ludwig zum Rücktritt (▶S. 30).

König von Bayern

LUDWIG II. (1845 – 1886)

König von Bayern

Der Enkel König Ludwigs I. wurde in Schloss Nymphenburg geboren und wuchs im Allgäu im Schloss Hohenschwangau auf. Von klein auf faszinierte ihn die deutsche Sagenwelt. Seine Begegnung mit Richard Wagners Oper »Lohengrin« war wegweisend für sein weiteres Leben. Ab 1864 König von Bayern, wurde Ludwig II. zum glühenden Verehrer und Förderer des Komponisten. Höchst kostspielig war die Bauleidenschaft des zurückgezogen lebenden, menschenscheuen Herrschers, der München bald von Herzen hasste. So ließ er fernab der Metropole die »Märchenschlösser« Neuschwanstein, Linderhof und Herrenchiemsee erbauen. Sein seelisches Elend diente als Vorwand für die Entmündigung. Ludwig wurde nach Schloss Berg am Starnberger See gebracht, wo er mit seinem Arzt Dr. Gudden unter nicht geklärten Umständen im See ertrank; sein Körper ist in der Münchner Michaelskirche bestattet, sein Herz in Altötting. In politischer Hinsicht ist bedeutsam, dass Ludwig an der Seite Österreichs am Deutschen Krieg von 1866 teilnahm, sich ein Jahr später mit Preußen verbündete und durch ein von Bismarck vorformuliertes Schreiben (für das der hoch verschuldete König privat eine Riesensumme erhielt) den Anstoß zur Proklamation eines deutschen Kaisers 1871 in Versailles gab.

Ludwig II., ein empfindsamer Monarch, der mit der Welt nicht zurechtkam

JOSEPH ANTON VON MAFFEI (1790 – 1870)

Industrieller

Der Sohn eines aus Verona stammenden Münchner Tabakgroßhändlers war einer der Hauptinitiatoren der Eisenbahn in Bayern und schrieb als Lokomotivfabrikant Geschichte. 1838 erwarb Maffei in der Hirschau an der Isar, heute Teil des Englischen Gartens, ein kleines Eisenwerk, und begann – zunächst mit britischem Knowhow – Dampfloks zu bauen. Die erste »bayerische« Lok wurde 1841 fertig. Der große Sprung nach vorn kam 1851, als Maffei den Wettbewerb für die Semmering-Lok gewann, und 1864 verließ die 500. Lokomotive das Werk. 1907 erreichte die S 2/6 mit Stromlinienverkleidung eine Rekordgeschwindigkeit von 154 km/h, die großartige S 3/6 der Königlich Bayerischen Staatsbahnen von 1912 ist im Verkehrsmuseum auf der Theresienhöhe zu bewundern. Maffei baute auch Schiffe für den Starnberger und den Ammersee, er war Landtagsabgeordneter und Mitgründer der Bayerischen Hypotheken- und Wechselbank. Das Werk in der Hirschau wurde 1938 abgetragen, erhalten sind noch einige Arbeiterhäuser und das Tivoli-Kraftwerk. Bestattet ist Maffei auf dem Alten Südfriedhof, sein Name lebt in der Firma Krauss-Maffei Wegmann, dem Hersteller des Leopard-Panzers, und der Krauss-Maffei Gruppe mit Hauptsitz in München-Allach weiter.

OSKAR VON MILLER (1855 – 1934)

Als Sohn des Königlichen Erzgießers Ferdinand von Miller – aus dessen Werkstatt stammt die Bavaria auf der Theresienhöhe – war Oskar von Miller daran gewöhnt, die Ärmel aufzukrempeln. Bayerns Entwicklung zum modernen Industriestaat wurde wesentlich durch den Ingenieur geprägt, der früh die Bedeutung der Elektrizität erkannte. Ihm gelang als Erstem die Übertragung von Strom über ca. 60 km von Miesbach nach München, 1884 baute er in München das erste Elektrizitätswerk Deutschlands. Nach seiner Zeit als Direktor der Deutschen Edison Gesellschaft (später AEG) betrieb er ein Ingenieurbüro, das für zwei weitere Großtaten steht: die Übertragung von 20 000-Volt-Drehstrom über 176 km, was den Durchbruch des Hochspannungsstroms bedeutete, und den Bau des damals größten Speicherkraftwerks der Welt am Kochelsee. Nach vielen Jahren hartnäckiger PR-Arbeit, bei der er seine Beziehungen zu wichtigen Personen in Wissenschaft, Industrie und Politik nutzte, konnte er 1906 das Deutsche Museum in München eröffnen, heute das größte naturwissenschaftlich-technische Museum der Welt.

Ingenieur

HANS SCHOLL (1918 – 1943)
SOPHIE SCHOLL (1921 – 1943)

Hans, geboren in Ingersheim an der Jagst, und Sophie, geboren in Forchtenberg, wuchsen in Ulm an der Donau auf. Trotz ihrer protestantischen Erziehung waren sie als Schüler Mitglied in der Hitlerjugend. Hans Scholl nahm 1941 sein Medizinstudium in München auf, seine Schwester folgte ihm ein Jahr später als Studentin der Biologie und Philosophie in die bayerische Metropole. An der Universität bekamen sie Kontakt mit oppositionellen Studenten, die ihre wachsenden Zweifel am Nationalsozialismus teilten. Auch Kriegserlebnisse von Hans Scholl trugen dazu bei. Dann produzierten die Geschwister mit »**Die Weiße Rose**« signierte Flugblätter, in denen sie zur Rüstungssabotage aufriefen und Verbrechen der Nazis anprangerten. Am 18. Febr. 1943 ließen sie Flugschriften in den Licht-

Begründer der »Weißen Rose«

**Hans und Sophie Scholl mit Christoph Probst im Juli 1942 am
Münchner Ostbahnhof, vor der Abfahrt Hans Scholls zur Ostfront**

hof des Hauptgebäudes der Universität flattern, dabei wurden sie
beobachtet und denunziert. Der Volksgerichtshof in München verurteilte Hans und Sophie Scholl sowie den kurz nach ihnen verhaf-
teten Christoph Probst zum Tod, wenige Stunden später wurden sie
im Gefängnis München-Stadelheim hingerichtet. Auch die übrigen
Mitglieder der Gruppe, darunter der Philosophieprofessor Kurt Huber – übrigens ein verdienter Sammler und Förderer baierischer
Volksmusik –, wurden 1943 von den Nazis ermordet.

FRANZ JOSEF STRAUSS (1915–1988)

Politiker Der Sohn eines Metzgers, ansässig in der Schwabinger Schellingstraße 49, wurde zu einer der markantesten Figuren der deutschen Nach-
kriegsgeschichte. Wie kein anderer bediente er das Klischee des »ur-
bayerischen Kraftmenschen«; unvergessen sind seine verbal wie
nonverbal wenig zimperlichen Auftritte im Bundestag, in bayerischen Bierzelten und beim »Politischen Aschermittwoch«. Der studierte Altphilologe, Historiker und Volkswirtschaftler gehörte von
1949 bis 1978 dem Bundestag an. Unter Adenauer war er Minister
für Sonderaufgaben, dann Minister für Atomfragen und schließlich
Verteidigungsminister. Die Spiegel-Affäre und der Nachweis, dass er
das Parlament belogen hatte, führten 1962 zu seinem Sturz. Vier Jah-

re später kehrte er als Finanzminister der Großen Koalition von CDU/CSU und SPD ins Rampenlicht zurück. 1978 zog er sich als bayerischer Ministerpräsident nach München zurück; zwei Jahre später verlor er die Kanzlerwahl gegen Helmut Schmidt. Strauß bewegte sich immer wieder in politisch bzw. juristisch zwielichtigen Bereichen, von der Affäre um den »Witwenmacher« Starfighter über den Bau des Rhein-Main-Donau-Kanals bis zum Besuch beim chilenischen Diktator Pinochet; er besuchte Mao Zedong und verschaffte der DDR einen Milliardenkredit. 2015 kamen Akten ans Licht, die belegen, dass er sich über viele Jahre von großen Firmen schmieren ließ. Nach der deutschen Wiedervereinigung sicherte sich das Bayerische Landesamt für Verfassungsschutz Dossiers der DDR-Stasi und vernichtete sie mit der Begründung, das Andenken des einstigen Landesvaters schützen zu wollen.

KARL VALENTIN (1882 – 1948)

»Schwer ist leicht was«, dieser berühmte Satz des in der Vorstadt Au (Zeppelinstraße 41) geborenen Kabarettisten und Komikers bringt seine Kunst ebenso auf den Punkt wie seine Lebensgeschichte. Valentin Ludwig Fey, wie er mit bürgerlichem Namen hieß, brachte in seinen Sketchen, unterstützt durch ein skurriles Äußeres, seine Mitmenschen schier um den Verstand: Seine Impertinenz, anscheinende Dummheit und himmelschreiende Hilflosigkeit deckt eingefahrene Sprech- und Denkgleise auf. Seinen Durchbruch hatte der »Wortzerklauberer« und »Linksdenker« 1911 mit seiner Partnerin **Liesl Karlstadt** (Elisabeth Wellano); **Querdenker**

später war er mit Bertolt Brecht befreundet. Über 30 Sketche wurden mit Valentin verfilmt. Finanziell blieb er erfolglos; immer wieder wirtschaftlich ruiniert, starb er am Rosenmontag des Jahres 1948, durch Unterernährung entkräftet, an einer einfachen Erkältung. Noch 1953 wollte die Stadt München seinen Nachlass nicht kaufen (er liegt bis heute in der Kölner Theaterwissenschaftlichen Sammlung), und erst in den 1960er-Jahren wurde Karl Valentin wiederentdeckt. Im Isartor erinnert das »Valentin-Karlstadt-Musäum« an den Philosophen des Grotesken.

Karl Valentin hört Liesl Karlstadt ab ...

ERLEBEN UND GENIESSEN

Was darf man von der »Münchner Küche« erwarten
und was hat es mit den legendären Biergärten auf sich?
Was können Familien mit Kindern unternehmen
und wann finden die großen Feste statt? Wissenswertes
für einen genussreichen München-Besuch.

Ausgehen in München

Theater und Konzerte, Kinos, Jazzclubs und Diskotheken, gute Restaurants, schöne, atmosphärereiche Plätze – in München kann keine Langeweile aufkommen. Die Palette der Möglichkeiten, einen genussreichen Abend zu verbringen, ist bunt und fast unendlich groß.

Kultur aller Art ist in München natürlich ein großes Thema; was es da alles gibt, ist unter »Kulturstadt München« (▶ S. 47) näher beschrieben. Zu den festen Adressen gesellen sich übers ganze Jahr eine riesie Zahl von Veranstaltungsterminen, von denen die wichtigsten ab S. 87 genannt werden. Die Zeiten. wo um Mitternacht die Gehsteige hochklappt wurden, sind lange vorbei (Sperrzeit: 5 – 6 Uhr), sogar vor den Restaurants darf man im Sommer bis 23, 24 Uhr draußen sitzen – München, die Stadt, die nur kurz schäft …

Was aktuell alles geboten wird, ist verzeichnet in den Tageszeitungen (▶ S. 328; am Do. bringt die Süddeutsche Zeitung das SZ-Extra mit dem Programm der folgenden Woche), im gelben »Monatsprogramm« und umfassend in der kostenlosen Gazette »In München«, die in Hotels, Gasthäusern, Kinos, Bibliotheken etc. ausliegt. Auch mehrere Internetmagazine kann man konsultieren (▶ S. 326). **Termine**

Früher ging man, um etwas zu erleben, nach Schwabing und zur Leopoldstraße. Letztere ist trotz vieler Lokale nicht »in«, auch Schwabing muss sich wieder neu definieren: Immerhin halten traditionsreiche Kleinkunstbühnen den Ruf am Leben. Heute verteilen sich die In-Lokale fast über die ganze Stadt, das Angebot ist wesentlich größer, breiter und anspruchsvoller geworden. Hotspot ist die »**Feierbanane**« – der Ostteil des Altstadtrings zwischen Maximiliansplatz und Sendlinger Tor, mit dem Anhang der Müllerstraße –, an der sich Clubs, Discos und Kneipen reihen; weiterhin gut bestückt und beliebt sind das Glockenbachviertel, die Maxvorstadt und Au-Haidhausen. Weitere jüngere Trends haben sich etabliert: Im Sommer treffen sich junge Menschen draußen, auf dem Gärtnerplatz, an den Ufern der Isar, am Odeonsplatz, am Königsplatz, auf dem Geschwister-Scholl-Platz vor der Uni. Und man bleibt nicht an einem Fleck, man ist, ggf. mit einem Wegbier und einer Currywurst/Burger/Döner-Etappe, auf Achse; beim »Bar-Hopping« schaut man schon mal in 6, 8 Etablissements, bevor man nach Mitternacht einen Club ansteuert (zu Letzteren mehr unter clubs-münchen.de und www.partymunich.de). **Die Szene**

Der Party im P1 steht nichts im Weg, der Platz ist sicher.

Bar oder Club, Kino oder Konzert?

❶ etc. siehe Plan S. 116/117

BARS & JAZZCLUBS
❽ Schumann's
Altstadt, Odeonsplatz 6–7
Mo.–Fr. 8.00–3.00, Sa.–So.
18.00–3.00 Uhr, Tel. 089 22
90 60, www.schumanns.de
Münchens berühmteste Bar – bei
Charles Schumann muss man mal
gewesen sein, nicht nur wegen
der legendären Bratkartoffeln.
In den Fünf Höfen gibt's die Tagesbar (Maffeistr. 6, So. geschl.).

❾ Pusser's New York Bar
Altstadt, Falkenturmstr. 9
Mo.–Sa. 18.00–3.00,
So. 19.00–3.00 Uhr, Tel. 089 22
05 00, www.pussersbar.de
Seit 1974 existiert die wohl älteste »American Bar« Münchens,
eine der besten in Deutschland.
Viele Cocktails auf Rum-Basis,
gemischtes Publikum. Ab 21 Uhr
gibt es Musik vom Piano.

❸ Goldene Bar
Lehel, Prinzregentenstr. 1
Mo.–Sa. 10.00–2.00, So. bis
20.00 Uhr, Tel. 089 54 80 47 77
Extravaganter Pomp im Haus der
Kunst, im Stil der 1930er-Jahre
mit viel Gold. Tagsüber kann man
gut essen und trinken, abends genießt man an der »Bar des Jahres
2013« gepflegte Cocktails.

❿ Jazzclub Unterfahrt
Haidhausen, Einsteinstr. 42
Mo.–So. 19.30–1.00 Uhr, Kon-
zerte ab 21.00 Uhr, Tel. 089 4 48
27 94, www.unterfahrt.de
Die »Unterfahrt« zählt seit vielen

Jahren zu den besten Jazzclubs
der Republik.

⓭ Jazzbar Vogler
Isarvorstadt, Rumfordstr. 17
Mo.–Sa. 19.00– ca. 1.00 Uhr, Kon-
zerte ab 20.30 Uhr, Tel. 089 29 46
62, www.jazzbar-vogler.com
Von Jazz über Latin bis Soul, mit
Solo-Gigs oder Bands internatio-
naler Größen, das Ganze in
Wohnzimmeratmosphäre.

⓫ Maria Passagne
Haidhausen, Steinstr. 42
Mo.–Sa. 19.00–1.00 Uhr
Tel. 089 48 61 67
»Bar privée« – Einlass nach Klin-
geln. 40 Plätze, rotes Licht und
eine wilde Deko. Das gemischte
Publikum schätzt die gedämpfte
Atmosphäre. Vorzüglich die Cock-
tails und die japanische Kost.

**❼ Night Club
im Bayerischen Hof**
Altstadt, Promenadeplatz 2
Tgl. 22.00–3.00 Uhr, Tel. 089 212
09 94, www.bayerischerhof.de
Nicht zu eleganter Nachtclub, in
dem Stars wie George Benson
und Al Jarreau auftreten. Wenn
Sie die Location wechseln möch-
ten, gehen Sie ins Falk's im Spiegelsaal von 1839 (tgl. bis 2 Uhr).

DISKOTHEKEN
❷ P 1
Lehel, Prinzregentenstr. 1
Tel. 089 21 11 14-0
www.p1-club.de
Im Haus der Kunst ist Münchens
bekannteste Diskothek ansässig.
Hier trifft sich die (Möchtegern-)

Schickeria, aber auch »Normale«
werden eingelassen, wenn sie be-
herzigen: »Dress well, be nice!«

❻ Rote Sonne
Maxvorstadt, Maximiliansplatz 5
Tel. 089 55 26 33 30
rote-sonne.com. Cooler Elektro-
Club mit Industrie-Keller-Atmo-
sphäre und lässigem Publikum.

SZENE
❹ Backstage
Neuhausen, Reitknechtstr. 6
www.backstage.eu
Preiswertes Pop- und Party-Mekka
mit drei Areas (jede Menge Live-
Acts) und Nachtbiergarten.

⑭ Feierwerk
Untersendling, Hansastr. 39 – 41
www.feierwerk.de
Vier Locations für Konzerte und
Partys, aber nicht nur das: Das
große Programm reicht vom Me-
tal-Konzert über den Sonntagsbrunch bis zur Club Night.

❺ Freiheiz
Neuhausen, Rainer-Werner-Fass-
binder-Platz 1, www.freiheiz.com
Konzerte (u. a. Vokal total), Partys, Ballroom, Kabarett etc.

❶ Max-Emanuel-Brauerei
Maxvorstadt, Adalbertstr. 33
Tel. 089 2 71 51 58
www.max-emanuel-brauerei.de
In die Brauereigaststätte locken
außer dem schönen Biergarten
die Tanzabende mit Salsa-Disco,
Jive und Fifties Record Hop.

⑫ Muffatwerk
Haidhausen, Zellstr. 4 (▶ S. 250)
www.muffatwerk.de

Klassiker für junge Kultur: Musik,
Wort, Tanz & Theater, Partys u. a.,
Clubnächte wie »Star Melt Club«
und »Tour de France«.

KINOS
ARRI-Kino
Maxvorstadt, Türkenstraße 91
Tel. 089 38 89 96 64
Das Kino des weltbekannten
Herstellers von Filmequipment
mit anspruchsvollem Programm.

Cinema
Nymphenburger Str. 31
Tel. 089 55 52 55
www.cinema-muenchen.de
Beliebter Treffpunkt vieler Kino-
fans mit Filmen auf Englisch, Fa-
milienkino zu günstigen Preisen,
Ü 50-Filmnachmittagen und Oper/
Ballett-Übertragungen aus welt-
berühmten Häusern.

Filmmuseum
▶ Sankt-Jakobs-Platz,
Münchner Stadtmuseum

Filmtheater Sendlinger Tor
Altstadt, Sendlinger-Tor-Platz 11
Tel. 089 55 46 36
www.filmtheatersendlingertor.de
Ein herrliches Kino von 1913 mit
Plüsch und Pomp und schönem
Café. Gezeigt werden Main-
stream-Neuerscheinungen.

Mathäser Filmpalast
Isarvorstadt, Bayerstraße 3 – 5
(Nähe Stachus), Tel. 089 51 56 51
www.mathaeser.de
Das große Münchner Multiplex-
Kino mit 14 Sälen.

Maxim
Neuhausen, Landshuter Allee 33

Das Tamara Obrovac Quartet im Night Club Bayerischer Hof

Tel. 089 16 87 21
www.maxim-kino.de
Das drittälteste Kino der Stadt
mit charmant-altmodischem Am-
biente steht für ambitionierte
Filme jenseits des Mainstreams.
Ein Erlebnis für sich ist der Samt-
Kinosaal.

Museum-Lichtspiele
Haidhausen, Lilienstr. 2 (nahe
Gasteig), Tel. 089 48 24 03
www.museum-lichtspiele.de
Kult seit über 30 Jahren: »The Ro-
cky Horror Picture Show«. Im
zweitältesten Kino der Stadt (1910)
sind meist Filme in englischer Origi-
nalfassung zu sehen. Täglich gibt's
nachmittags Kinderkino.

Rio Filmpalast
Haidhausen, Rosenheimer Platz
Tel. 089 48 69 79
www.riopalast.de
Sympathisches, 1960 gegründe-
tes Vorstadtkino mit zwei Sälen
und kleinem Café.

Theatiner
Altstadt, Theatinerstr. 32 (in der
Passage), Tel. 089 22 31 83

www.theatiner-film.de
Eines der schönsten Kinos Münchens   mit Saal von 1957, fein
und sehr klein, gegründet von
dem berühmten Verleiher Walter
Kirchner. Gezeigt werden v. a.
französische und italienische Filme im Original mit Untertiteln.

FREILUFTKINO
Kino am Olympiasee
Olympiapark, Mai – Sept. tgl.
Einlass und Biergarten ab 19.00,
Hauptvorstellung 21.15 Uhr
Tel. 089 55 05 66 66
www.kinoamolympiasee.de
Populäre cineastische Leckerbis-
sen, zu genießen auf der Picknick-
decke oder in Liegestühlen.

Kino, Mond & Sterne
Seebühne im Westpark
Juni – Anfang Sept. tgl.
Kasse ab 19.30, Beginn 21.30
(Juni) bis 20.30 (Sept.) Uhr
www.kino-mond-sterne.de
Tolle Atmosphäre (Picknick
mitnehmen), großer Andrang.
Gute Auswahl aus Mainstream
und Geheimtipps, aus Film-
kunst und Blockbustern.

Kino auf dem Königsplatz

Königsplatz
Eine Woche gegen Ende Juli
Kassen ab 19.00 Uhr
Vorstellung ca. 21.30 Uhr

www.kinoopenair.de
Internationale Publikumslieblinge
und deutsche Komödien in fan-
tastischer Kulisse.

Theater, Musik & Kleinkunst

EINTRITTSKARTEN
München Ticket

Tel. 089 54 81 81 81
www.muenchenticket.de
Karten für Veranstaltungen aller
Art. Die Website bietet, nach
Sparten geordnet, eine Übersicht
über die aktuellen Termine. Die
wichtigsten Verkaufsstellen:
Neues Rathaus (Dienerstraße),
Tourismusbüro im Hauptbahnhof,
Kulturzentrum Gasteig.

Zentraler Kartenverkauf

Marienplatz, Untergeschoss
Stachus, 2. Untergeschoss
Tel. 089 54 50 60 60
www.zkv-muenchen.de

OPER & BALLETT
Staatsoper

Altstadt, Max-Joseph-Platz 2
Tageskasse: Marstallplatz 5,
Mo.–Sa. 10.00–19.00 Uhr
Tel. 089 21 85-19 20
www.staatsoper.de
Abendkasse 1 Std. vor Beginn
Die Bayerische Staatsoper im Na-
tionaltheater bringt Opern, Ballett
und Orchester auf die Bühne.

Cuvilliéstheater
Altstadt, Residenzstraße 1

Aufführungen des Residenzthea-
ters, Kammerkonzerte des Bayerischen Staatsorchesters. ▶ S. 292

Prinzregententheater

Bogenhausen, Prinzregenten-
platz 12
Kasse Mo.–Fr. 10.00–13.00, 14.00
bis 18.00, Sa. 10.00–13.00 Uhr
Tel. 089 21 85-28 99
www.prinzregententheater.de
Abendkasse 1 Std. vor Beginn
Spielstätte der Theaterakademie
August Everding, der Bayerischen
Staatsoper und des Staatstheaters
am Gärtnerplatz, dazu Konzerte,
Lesungen und mehr. ▶ S. 280

Staatstheater
am Gärtnerplatz

Isarvorstadt, Gärtnerplatz
Tel. 089 21 85-19 60, ▶ S. 185
www.staatstheater-
am-gaertnerplatz.de
»Leichte« Oper und Operette,
Musical, Tanztheater, Konzerte
und anderes mehr.

! *Wer zuerst kommt …*

BAEDEKER TIPP

Karten für Theater, Oper und Konzerte sollte man so früh besorgen
wie möglich (Glück kann man immer haben): für die Vorstellungen
der Staatstheater und der Kammerspiele spätestens 1–2 Monate
vorher, für Events wie die Opernfestspiele, Open-Airs und Mega-
Popkonzerte 6 Monate vorher.

Pasinger Fabrik
Pasing, August-Exter-Str. 1
Tageskasse und Reservierung:
Di.–So. 17.30–20.30 Uhr
Tel. 089 82 92 90-79
www.pasinger-fabrik.com
S-Bahn 3, 4, 6, 8 Pasing
Breite Palette interessanter Events,
von mitreißender Kammeroper
(»kleinstes Opernhaus Mün-
chens«) über Chanson und Jazz
bis zum Kinderprogramm. Vorher
oder nachher trifft man sich im
Café-Bar-Restaurant des Hauses.

OPERETTE & MUSICAL
Deutsches Theater
Isarvorstadt, Schwanthaler Str. 11
Tageskasse Mo.–Sa. 10.00–19.00
Uhr, Tel. 089 55 23 44 44
www.deutsches-theater.de
»Leichte Muse« in München:
Gastspieltheater mit etablierten
und kommenden Stars, dazu Ka-
barett, Jazz, Salonmusik etc. Seit
2013 erstrahlt es in neuem Glanz.

KONZERTHÄUSER
Herkulessaal der Residenz
Altstadt, Eingang im Hofgarten
►S. 293

Kulturzentrum Gasteig
Haidhausen, Rosenheimer Str. 5
www.gasteig.de
In der Philharmonie, im Carl-Orff-
Saal, im Kleinen Konzertsaal und
in der Black Box wird das gesamte
Spektrum der Musik geboten.
►S. 186

Hochschule für
Musik und Theater
Maxvorstadt, Arcisstr. 12
Tel. 089 2 89-2 74 12
musikhochschule-muenchen.de

Der Nachwuchs der Fachbereiche
Klassik, Jazz und Volksmusik kon-
zertiert fast täglich (Pause ca.
20. Juli–Sept.). Im Kleinen und im
Großen Konzertsaal präsentieren
ab 18.00 Uhr Studierende ihr großes Können (gratis), im Großen
Saal finden auch Sonderkonzerte
statt (geringe Eintrittsgebühr). Für
den Weg fragen Sie an der Pforte
oder irgend jemanden.

SPRECHTHEATER
Residenztheater
Altstadt, Max-Joseph-Platz 1
Tageskasse Mo.–Sa. 10.00 bis
19.00 Uhr, Tel. 089 21 85-19 40
www.residenztheater.de
Das Staatsschauspiel versorgt
mehrere Spielstätten mit einer
große Bandbreite an Stücken.

Theater im Marstall
Altstadt, Marstallplatz 4
s. o. Residenztheater

Münchner Kammerspiele
Altstadt, Maximilianstr. 28
Tageskasse Mo.–Fr. 10.00–18.00,
Sa. 10.00–13.00 Uhr
Tel. 089 23 39 66 00, www.
muenchner-kammerspiele.de
Auf dem Spielplan steht das gan-
ze Spektrum der Theaterliteratur
bis zum neuesten Experiment.
► S. 243

Münchner Volkstheater
Maxvorstadt, Brienner Str. 50
Tageskasse Mo.–Fr. 11.00 bis
18.00, Sa. 11.00–14.00 Uhr
Tel. 089 5 23 46 55
www.muenchner-volkstheater.de
► S. 160
Mit schlicht-schickem Restaurant
»Volksküche« (Mo. geschl.).

Blutenburg-Theater

Neuhausen, Blutenburgstr. 35
Tel. 089 1 23 43 00
www.blutenburg-theater.de
Deutschlands erstes Krimi-Theater
wartet mit spannenden Stücken
vieler berühmter Autoren auf.

Metropoltheater

Freimann, Floriansmühlstr. 5
Tel. 089 32 19 55 33
www.metropoltheater.com
Im wunderbaren Kino aus den
1950er-Jahren spielt eines der
besten Off-Theater Deutschlands:
Mit leichter Hand und reduzierten
Mitteln werden die großen Fragen des Lebens verhandelt. Hübsches, frei zugängliches Café.

Theater am Sozialamt (TamS)

Schwabing, Haimhauser Str. 13 a
Tel. 089 34 58 90
www.tamstheater.de
Eigensinniges und Hintersinniges,
Ironisches und Sarkastisches aus
Theater und Literatur.

BOULEVARDTHEATER
Komödie im Bayerischen Hof

Altstadt, Promenadeplatz 6
Tageskasse Mo. – Sa. 11.00 bis
14.00, 15.00 – 19.00, So. 15.00
bis 19.00 Uhr, Tel. 089 29 28 10
www.komoedie-muenchen.de
Seit über 50 Jahren genießt man
in elegantem Ambiente leichte
Komödien, Musicals und Revuen.

KABARETT & KLEINKUNST
Lustspielhaus

Schwabing, Occamstr. 8
Kasse Mo.–Sa. 14.00 – 18.00 Uhr
Tel. 089 34 49 74
www.lustspielhaus.de
▶ Baedeker Wissen S. 71

»The Rat Pack« im Deutschen Theater

Münchner Lach- und Schießgesellschaft

Schwabing, Ursulastr. 9
Kasse tgl. 14.00 – 18.00 Uhr
Tel. 089 39 19 97
www.lachundschiess.de
▶ Baedeker Wissen S. 71

Schlachthof

Isarvorstadt, Zenettistr. 9
Karten online und Tel. 089 72 01
82 64 (nur Mi. 12.00 – 18.00 Uhr)
www.kultur-im-schlachthof.de
Auf der TV-bekannten Bühne präsentieren sich altbewährte und
noch wenig bekannte Kabarettisten. Sonntags tanzt man Tango
Argentino (mit Kursen).
Das Wirtshaus ist Mo. & Mi.–Sa.
ab 17 Uhr offen, Di. nur, wenn
es eine Veranstaltung gibt.

Theater im Fraunhofer

Isarvorstadt, Fraunhoferstr. 9
Kasse tgl. ab 19.30 Uhr
Tel. 089 26 78 50
www.fraunhofertheater.de
▶ Baedeker Wissen S. 71

Heppel & Ettlich
Schwabing, Feilitzschstr. 12
Tel. 089 38 88 78 20
www.heppel-ettlich.de
Im Bistro Drugstore, einer Schwabinger Institution seit 1967, führt eine Wendeltreppe nach oben. Das große Programm im kleinen Saal (Atmosphäre »wie damals«) umfasst Theater, Kino, Kabarett, Lesungen, Marionetten für Kinder.

THEATER FÜR KINDER
Münchner Theater
für Kinder
Maxvorstadt, Dachauer Str. 46
Kasse tgl. 10.00 – 17.30 Uhr
Tel. 089 59 54 54, www.mtfk.de

Münchner
Marionettentheater
Altstadt, Blumenstr. 32
Kasse Di. – So. 10.00 –12.00 Uhr
Tel. 089 26 57 12
www.muema-theater.de

Die Schauburg –
Theater der Jugend
Schwabing, Franz-Joseph-Str. 47
Kasse Di. – Fr. 14.00 – 18.00,
Sa. 12.00 – 18.00 Uhr, Tel. 089
23 33 71-55, www.schauburg.net
Das Kinder- und Jugendtheater der Landeshauptstadt München gilt als eines der besten Jugendtheater in Deutschland.

VOLKSTÜMLICHES
Georg Maier's Iberl-Bühne
Altstadt, Herzogspitalstraße 6
Kasse Juni–Sept. Mo.–Fr. 9.30 bis
13.30, sonst bis 15.30 Uhr
Tel. 089 79 42 14
www.iberlbuehne.de
Georg Maier, tief in München verwurzelt, betreibt sein Theater seit

1966, heute im schönen »bayerischen« Saal im Stammhaus des Augustiners (▶ S. 241 f.).

CHORMUSIK
Chor des
Bayerischen Rundfunks
www.br-klassik.de
Karten Tel. 089 59 00-45 45
und im Foyer des BR-Hochhauses, Arnulfstr. 42.

Münchner Chöre
Links zu den Chören unter
www.singeninmünchen.de
home.cablesurf.de/choere-
   in-muenchen
www.muenchen.de

OPEN-AIR-KONZERTE
Klassik am Odeonsplatz
▶ S. 89
Königsplatz
▶ S. 89, 214
Brunnenhof der Residenz
▶ S. 287
Olympiapark
▶ S. 89 f., 274

SCHLOSSKONZERTE
Schloss Blutenburg
▶ S. 151
Schloss Nymphenburg
▶ S. 157
Schloss Schleißheim
▶ S. 264
Schloss Dachau
▶ S. 164

POP-GROSSKONZERTE
Olympiastadion & -halle
▶ S. 274
Circus Krone
▶ S. 162

Vorsicht, bissig!

Bis heute ist die Kabarettszene in München sehr lebendig, und es gibt sie noch, die legendären Münchner Künstlerbühnen. Auf ihnen haben auch die Karrieren von Bands wie der »Spider Murphy Gang« oder »Münchner Freiheit« begonnen.

Ihren Höhepunkt erlebte die Musik- und Kabarettszene in den 1960er- und 1970er-Jahren. Viele Kneipen und Bühnen mussten seitdem wegen Streit mit den Nachbarn und/oder zu hohen Mieten schließen. Doch mitten im alten Schwabing konnte die Musikkneipe **Podium** (Wagnerstr. 1) vor kurzem ihren 40. Geburtstag feiern. Viele heute berühmte Musiker begannen ihre Karriere auf den Brettern dieser Schwabinger Institution. Wer also auf handgemachten Rock, Jazz/Dixie (montags) und andere Oldies steht, wird begeistert sein. Allerdings ist das Haus vom Abriss bedroht, was Bewohner und Besucher zu verhindern versuchen.

Mit scharfer Zunge

Scharfzüngig, intelligent und unterhaltsam – die berühmte, 1956 als politisches Kabarett von Dieter Hildebrandt und Sammy Drechsel begründete **Münchner Lach- und Schießgesellschaft**, kurz »Lach & Schieß« genannt (▶S. 69), steht auch heute für bissige, politisch oder allgemein menschlich brisante Unterhaltung. Eine eigene Truppe hat die Lach & Schieß seit neuem wieder, sie begeistert mit ihren Sprachspielen und absurdem Witz. Aber auch Größen aus München und von anderswo, wie Andreas Giebel, Django Asúl oder Andreas Reber, geben sich in dem kleinen

Kneipentheater die Ehre. Und so werden hier »Politikerlügen brutalstmöglich aufgeklärt«, wie es das Programm verspricht.

Kabarett vom Feinsten

Ein Klassiker unter den alteingesessenen Kleinkunstbühnen ist das **Theater im Fraunhofer** (▶S. 69). Bayerische Stars des Kabaretts und der Volksmusik wie Jörg Hube, Sigi Zimmerschied, Fredl Fesl, der Zither-Manä und die »Hausband«, die Fraunhofer Saitenmusik – sie und viele andere Künstler standen und stehen für anspruchsvolle, auch zeitgemäße Volksmusik und kritisches Kabarett vom Feinsten. Nach der Aufführung im Theater lässt man den Abend bei einem kühlen Bier im Wirtshaus Fraunhofer ausklingen.

Münchner Urgestein

Wer etwas leichtere Kabarettkost oder gar Comedy bevorzugt, ist im herrlich altmodischen Schwabinger **Lustspielhaus** bestens aufgehoben (▶S. 69). Das Programm ist bunt, mit Stars wie Bruno Jonas, Günter Grünwald, Alfred Dorfer oder Alfons. Auch der Ausflug in die Südstadt lohnt sich: Dort hat sich das **Wirtshaus im Schlachthof** spätestens seit »Ottis Schlachthof« (mit Ottfried Fischer, jetzt mit Michael Altinger) als Bühne für Spaßiges und/oder Ätzendes etabliert (▶S. 69).

München kulinarisch

Die Köstlichkeiten der Münchner bzw. oberbayerischen Küche sind zu Recht immer beliebt, auf die Dauer aber eher schwer. Doch wie man in einer gutsituierten Großstadt erwarten darf, ist das kulinarische Angebot vielfältig, von der Currywurst bis zur filigranen Haute Cuisine, und wer Abwechslung braucht, kann unter Spezialitäten aus fast aller Herren Länder wählen.

Die Münchner Küche entspricht weitgehend der oberbayerischen. Zum unangefochtenen »Hauptwerk«, dem Schweinsbraten, gehören Knödel und knackiger Krautsalat oder im Winter Sauerkraut. Die Haxn vom Schwein oder Kalb wird im Ofen gebraten oder gegrillt. Für das Tellerfleisch (am feinsten: Tafelspitz) wird Rindfleisch gesotten und mit geriebenem frischem Kren (Meerrettich) serviert. Das Böfflamott – das Bœuf à la mode der napoleonischen Besatzungszeit – ist ein Stück gutes Rindfleisch, das mit Wein und Wurzelwerk in Rotwein geschmort wird. Die Fleischpflanzl (Frikadellen, Buletten) schmecken vorzüglich mit Kartoffelsalat. Immer mehr Anhänger findet die alte Münchner **»Kronfleischküche«**, die unedle Teile verwendet: Kronfleisch und Innereien von der Lunge bis zum, tatsächlich, Stierhoden. Kenner schätzen das Saure Lüngerl und das in Geschmack und Konsistenz ähnliche »Voressen«, das außer Lunge auch Kutteln, Herz und/oder Milz enthält. Zu den Winterfreuden gehört die Schlachtschüssel mit Wammerl (Schweinebauch), Leber- und Blutwurst und Züngerl. Großer Beliebtheit erfreuen sich Geflügel und Wild, ob als Hirschgulasch, Rehragout oder als »Ganserl« zur Kirchweih und am Martinstag. Für Vegetarier werden allenfalls Rahmschwammerln (Pilze in Sahne) mit Semmelknödel und die aus dem Allgäu importierten Kässpatzen geboten. Auf der **Süßspeisenkarte** stehen Reiberdatschi (Kartoffelpuffer), mit Äpfeln oder Topfen (Quark) gefüllter Strudel, Apfelkücherl (in Eierteig ausgebackene Apfelscheiben) und Dampfnudeln (in Milch gedämpfte Hefeteigkugeln), meist mit Vanillesauce kombiniert. An **Backwerk** wären zu nennen: Für den Prinzregenten Luitpold kreierte ein Hofkonditor die Prinzregententorte: Acht Biskuitschichten – eine für jeden der damaligen Regierungsbezirke – werden mit Schokoladenbuttercreme gefüllt und mit Schokolade überzogen. »Auszogne« sind nichts Unzüchtiges, sondern in Schmalz ausgebackene runde Küchlein aus Hefeteig. Als herbstlicher Genuss ist der Zwetschgendatschi zu empfehlen, ein saftig-säuerlicher Zwetschgenkuchen aus dünnem Hefeteig; am besten schmeckt dazu kühle, leicht gesüßte Schlagsahne.

Traditionelles

Im Café Altschwabing: Atmosphäre fast wie anno dazumal

Deftig-kräftig, dennoch delikat

In der Küche zeigt sich die bayerische Metropole mit dem bäuerlichen Umland innig verbunden. Es ist ja auch noch nicht lange her, dass körperlich hart arbeitende Menschen satt werden wollten.

Schweinsbraten mit Knödel: Das Rezept ist einfach, erfordert aber etwas Gespür und Erfahrung. Das Fleisch – von der Schulter oder vom Hals, behutsam mit Wurzelwerk und Bier im Ofen gebraten – soll butterweich sein und die Schwartenkruste knusprig, aber nicht hart. Dazu gibt's nach Gusto einen Semmel- oder Kartoffelknödel (oder beides) und einen knackigfrischen Krautsalat.

Auszogne: Nicht ausgezogen wird hier jemand, sondern der Hefeteig auseinandergezogen, bis er in der Mitte hauchdünn ist. Er kommt ins heiße Schmalz oder Butterschmalz und wird dann sofort, mit Puderzucker bestäubt, gegessen. Auch unter dem Namen »Schmalznudel« buchstäblich heiß geliebt. Das entsprechend benannte Café bei der Schrannenhalle ist dafür berühmt.

Obatzder: Sehr reifer, fast flüssiger Camembert – ohne Hautgout – wird mit einem guten Quantum Butter und etwas Bier verrührt und mit Zwiebelwürfelchen, scharfem und/oder süßem Paprika sowie Kümmel gewürzt. Auch Frischkäse wird heute oft verwendet, aber das ist eher eine preußische bzw. Schlankvariante.

Tellerfleisch: In Scheiben geschnittenes Rindfleisch, das mit Wurzelwerk in Brühe weich geköchelt und mit Salzkartoffeln und frischem Meerrettich (Kren) serviert wird. Als »feinstes« Stück dafür gilt der Tafelspitz, Kenner schwören aber auch auf weniger edle, dafür besonders aromatische Teile wie Brustkern oder Kronfleisch. Letzteres ist das Zwerchfell – das klingt verdächtig, ist jedoch leicht durchwachsenes Muskelfleisch und somit ganz unproblematisch.

Münchner Weißwurst: Die »Königin im Wurstrevier« und »schön gekurvte Tellerzier« – so reimte der Münchner Poet Herbert Schneider – erblickte, der Legende zufolge, 1857 in München das Licht der Welt, aber es gibt Hinweise auf eine viel längere Historie. Auch wenn sie, dank moderner Kühltechnik, zu allen Tageszeiten genossen werden kann: Am besten schmeckt sie frisch aus dem Wurstkessel zum zweiten Frühstück.

Apfelstrudel: Nicht nur in der Donaumonarchie wird diese »Mehlspeis« aus hauchdünn ausgezogenem Strudelteig geschätzt, die ihren Ursprung auf dem Balkan hat. Den Strudel gibt's auch mit Topfen (Quark) gefüllt oder, noch sättigender, als »Millirahmstrudel« mit Milch, Sahne, Eiern, Semmelwürfeln und Rosinen.

Die Brotzeit Die berühmte Münchner **Weißwurst**, zu der Brezen und süßer Senf gehören, besteht zu mindestens 51 % aus Kalbfleisch, dazu kommen gekochtes Kalbskopffleisch, Schweinefleisch und -speck sowie Gewürze, v. a. Zitrone und Petersilie. Man bestellt und kauft sie übrigens stückweise (»Zwei/drei … Weißwürscht bitte«). Dass sie das Mittagsläuten nicht erleben darf, ist Schnee von gestern, auch wenn einige Wirtschaften, wohl weil's der Tourist so erwartet, sie nur bis Mittag anbieten. Man »zuzelt« sie auch nicht aus wie früher, als sie aus schlachtwarmem Fleisch gemacht wurde und es beim Reinstechen spritzte (eigentlich kann man den Naturdarm selbstverständlich auch essen). Sehr einfach ist dieses Verfahren: Die Wurst quer halbieren, eine Hälfte mit der Gabel fixieren, der Länge nach von oben bis zur unten liegenden Haut durchschneiden und die freie Hälfte der Fülle mit dem Messer von der Haut schaben. Was wird noch geboten? Etwa warmer **Leberkäse** – aus Rinder- und Schweinebrät, Speck und Zwiebeln –, am besten frisch aus dem Ofen. Der **Wurstsalat** mit Zwiebel und Essiggurken wird meist aus Regensburgern gemacht; mit Emmentaler heißt er Schweizer Wurstsalat. Den **Pressack** aus Schweinefleisch und -schwarten gibt's in Weiß und Rot (mit Blut). Der **Obatzte**, der »zu Matsch Angerührte«, entsteht aus reifem Camembert und Butter, dazu kommen Zwiebeln, Paprika und Kümmel. Als würzige Beigabe zu all dem dient der **Radi**, der große weiße Rettich, dünn aufgeschnitten und gut gesalzen, damit er »weint«.

Das Bier und die Biergärten »Das« Getränk in München ist, wie hinlänglich bekannt, das Bier, und die bevorzugten Plätze seines Genusses (das Oktoberfest beiseite gelassen) die Gastwirtschaft und der Biergarten. Schon im Jahr 1328 brauten Augustinermönche in München Bier, und 1487 erließ Herzog Albrecht IV. die Münchner Bierordnung. Nach diesem ältesten Lebensmittelgesetz der Welt, Vorläufer des bayerischen Reinheitsgebots von 1516, darf Bier nur aus Gerste, Hopfen und Wasser gebraut werden (die Hefe kam erst später dazu, vor der Erfindung der Hefezucht hat man die Arbeit den natürlichen Hefen überlassen). Am Brauertag, der in geraden Jahren Mitte/Ende Juni begangen wird, leisten die Brauer auf dem Marienplatz feierlich ihren Eid auf das Reinheitsgebot. Näheres ▶ Baedeker Wissen S. 196.

Kaffee und Cafés Der Kaffee fand nach den Türkenkriegen im 17. Jh. in München rasch seine Liebhaber. Der Feinkosthändler Dallmayr, einst bayerischer Hoflieferant, ist bis heute für seine Kaffeerösterei bekannt. Cafés im traditionellen Sinn, in denen überwiegend ältere Herrschaften Kaffee und Kuchen genießen, gibt es kaum mehr (ein schönes Exemplar war/ist das Café Jasmin, ▶ S. 84). Sonst sind die Cafés eine Art Allround-Bistro, in dem man oft bis spätnachmittags frühstücken kann, sich zu einem Glas Wein, einem Sprizz oder Cocktail trifft und meist auch richtig essen kann.

Gastwirtschaften, Restaurants & Cafés

Preiskategorien
Preis für ein Hauptgericht
🍷🍷🍷🍷 über 35 €
🍷🍷🍷 bis 35 €
🍷🍷 bis 25 €
🍷 bis 15 €

❶ etc. siehe Plan S. 82/83

BAYERISCH
⑭ Asam-Schlössl 🍷🍷
Thalkirchen, Maria-Einsiedel-Str. 45
tgl. 11.00–24.00 Uhr, Tel. 089 723
63 73, www.asamschloessl.de
Im historischen Kleinod, einst
Wohnsitz des Barockbaumeisters
C. D. Asam, und im prächtigen
Garten steht Bayerisches auf der
Karte. Gehobenes Ambiente.

㉖ Andechser am Dom 🍷🍷
Altstadt, Weinstr. 7 a
tgl. 10.00–1.00 Uhr
Tel. 089 24 29 29 20
www.andechser-am-dom.de
In der Gastwirtschaft neben der
Frauenkirche lassen sich gern
auch Promis sehen. Sehr beliebt
sind die Plätze in der offenen
Arkade. Gute bayerische Küche,
Bier aus dem Kloster Andechs.

⑯ Augustiner 🍷–🍷🍷
Altstadt, Neuhauser Str. 27
Mo.–So. 9.00–24.00, So. ab
10.00 Uhr, Tel. 089 23 18 32 57
www.augustiner-restaurant.com
▶ S. 241

㉕ Donisl 🍷🍷
Altstadt, Weinstr. 1, donisl.com/de
tgl. 10.00–24.00 Uhr
Die legendäre, 1715 gegründete
Gaststätte neben dem Rathaus

war für kleinste Preise berühmt.
Hinter der Fassade ist seit 2015
alles neu (durchaus gelungen und
gediegen), aber nun dem Touristen gewidmet – die Preise sind
deutlich überzogen.

⑮ Fraunhofer 🍷
Isarvorstadt, Fraunhoferstr. 9
tgl. ab 16.30 Uhr, Tel. 089 26 64
60, www.fraunhoferwirtshaus.de
»Rokoko«-Täfelung und -Stuck
von 1896, knarzendes Parkett,
einfache Stühle und Tische: eines
der schönsten Münchner Wirtshäuser. Bayerisch-schwäbische
Kost. Eine Institution ist auch das
Theater im Fraunhofer (▶ S. 69).

⑫ Großmarkthalle 🍷
Sendling, Kochelseestraße 13
Mo.–Fr. 7.00–17.00, Sa. bis
13.00 Uhr, Tel. 089 76 45 31
In den einfachen, aber schönen
Gasträumen schwelgt man in
Würsten (die Weißwürste zählen
zu den besten in der Stadt) und
anderen herzhaften Sachen.

㉜ Hofbräuhaus 🍷
Altstadt, Am Platzl 9
Tgl. 9.00–23.30 Uhr
Tel. 089 29 01 36-00
▶ S. 201

㉟ Isarthor 🍷
Lehel, Kanalstr. 2
tgl. 10.00–23.00 Uhr
Tel. 089 22 77 53
Ein echtes, schlichtes Wirtshaus
ohne Firlefanz, klein, gemütlich,
und preiswert, gute Küche. Bis
12 Uhr gibt es das Weißwurst-
frühstück zum Sonderpreis.

❿ Lindwurmstüberl €

Ludwigsvorstadt, Lindwurmstr. 32
Tgl. 10.00–24.00 Uhr (während
der Wiesn Do.–Sa. bis 3.00 Uhr)
Tel. 089 53 88 65 31
Gemütliche Gaststätte nahe der
Wiesn (Alternative!), gutbürger-
liche Küche, insbesondere Hendl
und Schweinshaxen. Bei schönem
Wetter ist die Dachterrasse offen.

❼ Max-Emanuel-Brauerei

Maxvorstadt, Adalbertstr. 33
tgl. 11.00–24.00, Nov.–März ab
17.00 Uhr, Tel. 089 271 51 58
www.max-emanuel-brauerei.de
Die alte, jung gestaltete Brauereigaststätte lockt auch mit einem
schönen echten Biergarten.

㉒ Beim Sedlmayr €–€€

Altstadt, Westenrieder Str. 14
Mo.–Sa. 9.00–23.00 Uhr
Tel. 089 22 62 19
Freundliches Wirtshaus wenige
Meter vom Viktualienmarkt.
Die vielen Stammgäste schätzen
die gute Küche; faire Preise.

㉓ Weißes Bräuhaus €–€€

Altstadt, Tal 7
Tgl. 8.00–1.00 Uhr
Tel. 089 29 01 38-0
Traditionsreiches Gasthaus der
Weißbierbrauerei Schneider, be-
kannt für die Münchner »Kron-
fleischküche« (z. B. Kalbskron,
Lüngerl etc.). Schönes Ambiente
und immer (sehr) gut besucht.

SPITZENKLASSE

㊷ Tantris €€€€

Schwabing, Johann-Fichte-Str. 7
Di.–Sa. 12.00–15.00, 18.30 bis
1.00 Uhr, Tel. 089 36 19 59-0
www.tantris.de

Seit Jahrzehnten – seit 1991 unter
Hans Haas – eines der besten Res-
taurants Deutschlands. Kostspie-
lig, aber ein großes Vergnügen.
Ein Markenzeichen ist heute das
Interieur der 1970er-Jahre.

Atelier €€€€

Im Bayerischen Hof (▶ S. 118)
Altstadt, Promenadeplatz 2
Di.–Sa. ab 19.00 Uhr, Tel. 089 21
20-743, www.bayerischerhof.de
Jan Hartwig hat den 2. Michelin-
stern errungen. Kreative Küche
auf regionaler und mediterraner
Basis. Die Terrasse ist eine feine
Alternative zum Biergarten.

㉚ Dallmayr €€€€

Altstadt, Dienerstr. 14, Di.–Fr. ab
19.00 Uhr, Sa. ab 12.00 und ab
19.00 Uhr, Tel. 089 2 13 51 00
www.dallmayr.de
Die einfallsreiche Küche im Restaurant des Feinkosthauses ist
dem Michelin zwei Sterne wert.
Im Café-Bistro speist man fein
in weniger förmlichem Ambiente.

㉗ Pageou €€€

Altstadt, Kardinal-Faulhaber-Str.
10/1. OG, Tel. 089 24 23 13 10
So./Mo. geschl., www.pageou.de
Chefin Elisabeth Anetseder kombiniert elegante französische Küche aufregend mit Anregungen
aus dem Nahen bis Fernen Osten.

FEIN & EDEL

㊵ Acquarello €€€€

Bogenhausen, Mühlbaurstr. 36
tgl. (Sa./So. nur abends), Tel. 089
4 70 48 48, www.acquarello.de
Seit vielen Jahren ein Klassiker in
München, 2015 ausgezeichnet als
»Bester Italiener der Welt außer-

halb Italiens«, wobei Mario Gamba ein Faible für neue bis verrückte Dinge hat. Stilvolles Ambiente.

㉒ Blauer Bock €€ – €€€
Altstadt, Sebastiansplatz 9, Tel. 089 45 22 23 33, So./Mo. geschl. www.restaurant-blauerbock.de
Ebenso raffinierte wie bodenständige Küche, kleines, modernes Lokal beim gleichnamigen Hotel.

❷ Broeding €€ – €€€
Neuhausen, Schulstr. 9, Mo.–Sa. ab 18.00 Uhr, Tel. 089 16 42 38
Feines kleines Lokal, nur ein 5-/6-Gänge-Menü (täglich neu, vegetarisch möglich). Erstklassige österreichische Weine.

㊶ Hippocampus €€€
Bogenhausen, Mühlbaurstr. 5 Tel. 089 47 58 55 www.hippocampus-restaurant.de
Eleganter Italiener mit prominenten Stammgästen. Schöne, abends mit Fackeln illuminierte Terrasse. Sa.mittag, Mo. geschl.

㊴ Käfer-Schänke €€€
Bogenhausen, Prinzregentenstr. 73, Mo.–Sa. 11.00 – 23.00 Uhr Tel. 089 41 68-247
Gemütlicher Treff in ländlichoder bürgerlich-edlen Stuben mit ebensolcher Küche. Besonderes Augenmerk legt man auf Kaviar.

⑱ Landersdorfer & Innerhofer €€€
Altstadt, Hackenstr. 6 – 8 Mo.–Fr. 11.30 – 15.00, 18.00 bis 1.00 Uhr, Tel. 089 26 01 86 37
Stilvolles kleines Restaurant mit ideenreicher Küche. Mittags kleine Karte, abends 4-Gänge-Menü.

Das Tantris, Flaggschiff der Spitzengastronomie mit asiatisch angehauchtem Flair

㉛ Pfistermühle €€€
Altstadt, Pfisterstr. 4 Tel. 089 2 37 03-865, So. geschl.
In den schön restaurierten Gewölben der 1573 erbauten Mühle pflegt man eine gehobene traditionelle Küche der Region.

VEGETARISCH
❽ Max Pett € – €€
Isarvorstadt, Pettenkoferstr. 8 tgl. 10.00 – 23.00 Uhr Tel. 089 55 86 91 19
Wer auf vegan setzt, ist hier richtig: Der Wiener Chef spielt virtuos mit Aromen und Gewürzen, gut sind auch die »Fleischgerichte«. Kleine Karte und große Portionen, entspannte Atmosphäre.

㉑ Tian €€
Altstadt, Frauenstr. 4 Mo.–Sa. 12.00 – 23.00 Uhr Tel. 089 8 85 65 67 12
Schick designtes, junges Lokal am Viktualienmarkt, dessen Angebot in wunderbare Geschmackserleb-

nisse überführt wird. Herrliche
Desserts und moderate Preise.

FISCH & MEERESFRÜCHTE
⑬ Atlantik-Fisch €€
Isarvorstadt, Zenettistr. 12
Di.–Fr. 12.00–15.00 und
ab 19.00, Sa. ab 19.00 Uhr
Tel. 089 74 79 06 10
Unprätentiöses Lokal im Schlacht-
hofviertel, Frische und Qualität
garantiert der eigene Großhandel.
Und es gibt herrliche Desserts.

㉞ Austernkeller €€€
Altstadt, Stollbergstr. 11
Do.–Di. 17.00–1.00 Uhr, Tel. 089
29 87 87, www.austernkeller.de
Vorzügliche Adresse für Liebhaber
von Fisch und Meeresfrüchten, alles ist vom Feinsten. Fischfeinde
finden aber auch etwas.

⑥ Hunsinger €€
Maxvorstadt, Neue Pinakothek
Tel. 089 24 29 02 04, Mi.–Mo.
11.00–24.00, So. bis 18.00 Uhr
Italienisch angehauchte Fisch-
küche in schlichtem Ambiente.
Auch Vegetarier und Fleischfans
müssen nicht darben.

WEINRESTAURANTS
㉙ Alter Hof €€
Altstadt, Alter Hof 3
Mo.–Sa. 11.00–23.00 Uhr
Tel. 089 24 24 37 33
Modernes Lokal in alten Gewöl-
ben. Zum spritzigen Frankenwein
gibt's eine kleine Auswahl un-
komplizierter Gerichte.

㉘ Pfälzer Weinstube €
Altstadt, Residenzstr. 1
tgl. 10.30–0.30 Uhr
Tel. 089 22 56 28

In den alten Gewölben der Residenz – unten riesig und laut,
oben niedrig und gemütlicher –
können Sie zu kleinen pfälzisch-
elsässischen Gerichten die Weine
des einstigen linksrheinischen
Bayerns kennenlernen.

⑰ Weinhaus Neuner €€€
Altstadt, Herzogspitalstraße 8
Mo.–Sa. 12.00–15.00, 18.00 bis
24.00 Uhr, Tel. 089 2 60 39 54
weinhaus-neuner.de
Das Restaurant des ehemaligen
Hoflieferanten ist schon wegen
des prachtvollen neogotischen
Interieurs (1898) einen Besuch
wert. Gutbürgerliche Küche, der
eigene Weingroßhandel sorgt
für eine große, gute Auswahl.

PREISWERT & GUT
㉔ Kantine im Rathaus €
Altstadt, Marienplatz 8
Sehr preiswert, in schönstem Rah-
men und mit viel Bio isst man in
der Rathauskantine (u. a. Salat-/
Antipasti-Buffet). So. geschl.

④ Steinheil 16 €
Maxvorstadt, Steinheilstr. 16
Tel. 089 89 52 74 88
Tgl. 10.00–1.00 Uhr
Freunde riesiger Schnitzel kom-
men hier auf ihre Kosten, Pasta
und Salate gibt's auch. Sehr be-
liebt bei Studenten.

INTERNATIONALE KÜCHE
① Trattoria Bellini €€
Neuhausen, Nymphenburger Str. 120
tgl. geöffnet, Tel. 089 12 73 90 37
Unprätentiöses, dennoch gediegenes Restaurant mit guter, abwechs-
lungsreicher Küche zu fairen Preisen. Mit Plätzen draußen.

9 La Fiorentina €€
Ludwigsvorstadt, Goethestr. 41
So. geschl., Tel. 089 53 41 85
Kein Nobellokal, dafür authen-
tische Atmosphäre und beste
Hausmannskost. Wenig Platz und
meist gut besucht – reservieren.

11 La Friulana €–€€
Isarvorstadt, Zenettistr. 43
So. geschl., Tel. 089 76 67 09
Familiär geht es in diesem rusti-
kal-einfachen Lokal im Schlacht-
hofviertel zu. Gutes, bodenstän-
diges Essen und gute Weine.

37 Rue des Halles €€
Haidhausen, Steinstr. 18, tgl.
18.00–1.00 Uhr, Tel. 089 48 56 75
Kleiner, guter Franzose in schlichtem Bistro-Stil, faire Preise. Zu
empfehlen ist auch das vergleichbare »Le Faubourg« in der Nähe
(Kirchenstraße 5, Tel. 47 55 33,
Mo.–Sa. 18.00–1.00 Uhr).

36 Le Barestovino €€–€€€
Lehel, Thierschstr. 35, Tel. 089 23
70 83 55, Di.–Sa. ab 18.00 Uhr
Einfach-feine französische Küche
in dieser »Bar & Restaurant & Vi-
nothek«, mit Lyoner »Bouchon«
im 1. OG. und lauschigem Hof.

19 Einstein €€–€€€
Altstadt, St.-Jakobs-Platz 18
Tel. 089 20 24 00-332
Fr.abend, Sa. geschl.
Das glatt koschere Restaurant im
Jüdischen Zentrum verwöhnt mit
feinen jüdisch-israelischen und
orientalischen Spezialitäten.
Sicherheitsschleuse am Eingang.

5 Schmock €–€€
Maxvorstadt, Augustenstr. 52

Tel. 089 52 35 05 35
Sa.mittag, So. geschl.
Unkompliziertes deutsch-jüdisch-
orientalisches Crossover, gewürzt
mit jüdischem Humor und serviert
in gemütlich-feinem Rahmen.

> ❗ *Currywurst, Burger & Co.*
>
> **BAEDEKERTIPP**
>
> Für einen ordentlichen Imbiss muss
> man heute nicht mehr nach Berlin
> fahren. Einige bewährte Adressen:
> **Currywurst**
> Bergwolf, Fraunhoferstr. 17
> Esspunkt, Hbf Ausgang Bayerstr.
> Gute-Nacht-Wurst, Klenzestr. 32
> Pitwalk, Westenriederstr. 8
> Workers Deli, Nymphenburger Str. 69
> **Burger**
> Belicious, Pariser Straße 34
> Burger House, Rablstr. 37
> Hamburgerei, Brienner Str. 49
> Hans im Glück (11 Filialen)
> Holy Burger, Wörthstr. 7
> Ruff's Burger, Rindermarkt 6

3 Takumi €€
Maxvorstadt, Heßstr. 71
Tel. 089 52 85 99, tgl. geöffnet
Der Spezialist für Nudelsuppen.
Kleines Lokal, keine Reservierung.

33 Toshi €€–€€€
Altstadt, Wurzerstr. 18, Tel. 089
25 54 69 42, Fr.abend, So. geschl.
Japaner fühlen sich hier zu Hause:
Sushi, Tempura oder Teppan-yaki
(auch mit Wagyu-Rind) vom Feinsten. Puristische Einrichtung.

38 Teatro Tapas €–€€
Haidhausen, Balanstraße 23, tgl.
ab 17.00 Uhr, Tel. 089 48 00 42 84
Wohl die stilechteste Tapas-Bar
in München, nicht zufällig meist
sehr voll und sehr laut.

Gastwirtschaften, Restaurants und Cafés

Schwabing

★ Siegestor **42**

Geschwister-Scholl-Platz

Ludwig-Maximilians-Universität

Schack-str.

Königinstr.

Chinesischer Turm

Orangerie

Tierärztl. Kliniken

Am Tucherpark

Milchhäusl

Monopteros

Univ.-Institute

Max-Joseph-Brücke

★ St. Ludwig

★ Englischer Garten

Orff-Zentrum

Bayerische Staatsbibl.

Bay. Haupt-staatsarchiv

Japanisches Teehaus

Rosen-buschstr.

St. Georg

Dreieinig-keitsk.

★★ Archäolog. Staatssamml.

Universitäts-Sternwarte

Prinz-Carl-Palais

★ Haus d. Kunst

Rumford-Denkmal

Monacensia

BOGEN-HAUSEN

Finanz-garten

H. Heine-Dkm.

Bayerisches National-museum

Shakespeare-platz

Theater-museum

Kriegerdenkmal

★ Sammlung Schack

Luitpold-brücke

Hofgarten

Staatskanzlei

LEHEL

Europa-str.

Kopernikus-str.

★ Residenz

★★ National-theater

Marstall-pl.

Marstall

Kloster-kirche

★ St. Anna

★ Friedens-engel

39

41

40

Villa Stuck

★★ Prinzregenten-theater

Kammer-spiele **33**

Reg. von Oberbayern

Max-II.-Denkmal

Museum Fünf Kontinente

31

Hofbräu-haus **32**

Werkraum-theater **34**

23

König-Ludwig-Denkmal

Maximilians-anlagen

Klinikum rechts d. Isar

36

Maximilianeum

Prater-insel

Marienplatz

Bier- u. Oktoberfest-museum (Valentin-Karlstadt-Musäum)

St. Lukas

Isartor

35

Alpines Museum

Hofbräukeller

Muffathalle

Nikolai-kirche

Wiener Pl.

St. Joh. Baptist

Haidhauser Museum

Alter Haid-hauser Friedhof

Erholungs-park

Alte Haidhsr. K.

Johannes-kirche

37

Vater-Rhein-Brunnen

Dt. Patent- u. Markenamt

★ Müller'sches Volksbad

★ Kultur-zentrum Gasteig

Preysing-platz

St. Elisabeth

Europ. Patentamt

Bordeaux-platz

★★ Deutsches Museum

Museumsinsel

AU

HAIDHAUSEN

Rosen-heimer Platz

Weißen-burger Platz

Weißenburger Str.

Pariser Str.

Ostbahnhof

AU

38

St. Wolfgang

Postwiese Drehleier

Kartoffel-museum

WERKSVIERTEL

Mariahilfkirche ©BAEDEKER

200 m

Berg am Laim

★ Grünwald, ★★ Bavaria Filmstadt

Ramersdorf

Zu allen Zeiten ein beliebter Treff: das Stadtcafé

CAFÉS & BISTROS
❶ usw.: siehe Plan S. 82/83

❻ Arzmiller
Altstadt, Theatinerstr. 22
Mo.–Sa. 8.30–18.30, So. 10.30
bis 18.00 Uhr Tel. 089 29 42 73
Klassisches, gediegenes Kaffee-
haus, beliebt auch wegen seiner
Terrasse im sonnig-geschützten
Hof an der Theatinerkirche.

Café am Beethovenplatz
Ludwigsvorstadt, Goethestr. 51
Im Hotel Mariandl (▶S. 120)
9.00–1.00 Uhr, Tel. 089 53 41 08
Ein atmosphärereicher, gemütli-
cher Treffpunkt nach Wiener Art.
Abends und sonntagvormittags
gibt's leichte Musik frisch vom
Flügel oder von der Kapelle.

❿ Café Frischhut
Altstadt, Prälat-Zistl-Str. 8
Mo.–Sa. 8.00–18.00 Uhr
Auch als »Schmalznudel« be-
rühmt, da in der offenen Küche
am Eingang fettige Köstlichkeiten
ausgebacken werden (auch zum
Mitnehmen).

❽ Café Glockenspiel
Altstadt, Marienplatz 28 (Zugang
in der Passage an der Rosenstraße), 9.00–24.00, So. 10.00 bis
19.00 Uhr, Tel. 089 26 42 56
Zu Recht frequentierter Platz hoch
über dem Marienplatz mit Blick
auf das Neue Rathaus bzw. Terrasse zum Hinterhof. Nette Bar.
Üppige Frühstückskarte, kleine
Gerichte und feiner Kuchen,
abends ist fürs Dinner gedeckt.

❷ Café Glyptothek
Maxvorstadt, Königsplatz 3
Öffnungszeiten wie Glyptothek
Tel. 089 28 80 83 80
Ein Fluchtpunkt im malerischen,
stillen Hof der Glyptothek. Gebo-
ten wird eine kleine Palette von
Imbissen und Kuchen.

❶ Café Jasmin
Maxvorstadt, Steinheilstr. 20
Tgl. 10.00–1.00 Uhr
Ein echtes, edel-plüschiges Café
der 1950er-Jahre. Mit den neuen
Besitzern kamen auch junges,
»hippes« Publikum ins Lokal und
zeitgemäße Dinge auf die Karte.

❼ Café Kreutzkamm
Altstadt, Maffeistr. 4
Mo.–Fr. 8.00–19.00, Sa. 9.00 bis
19.00, So. 12.00–18.00 Uhr, Mitte Mai–Sept. So. geschl.
Das noble Café ist ein Ableger der berühmten Dresdner Konditorei und daher für Baumkuchen, Stollen und Eierschecke bekannt.

❽ Café Luitpold
Altstadt, Brienner Str. 11 (▶S. 159)
So., Mo. 9.00–19.00, Di.–Sa.
8.00–23.00Uhr, Tel. 089 24 28
75-0, www.cafe-luitpold.de
Restaurant, Bar, Konditorei & Café mit Palmengarten, ein beliebter Treff in der Stadtmitte. Frühstück gibt es leider nur bis 12 Uhr, unter der Woche preiswerte kleine Mittagsgerichte.

⓫ Café im Müller'schen Volksbad
Haidhausen, Rosenheimer Str. 1
tgl. 10.00–24.00 Uhr
Tel. 089 44 43 92 50
Schöne Jugendstilgewölbe, informell-gemütliche Atmosphäre (ohne Chlorduft). Sehr nett sitzt man draußen unter den Bäumen.

❹ Brasserie OskarMaria
Altstadt, Salvatorplatz 1
Mo.–Sa. 10.00–24.00, So. bis
19.00 Uhr, Tel. 089 44 43 92 50
Großes und großzügiges, stilvolles Caférestaurant im Literaturhaus. Typische Brasserie-Karte mit einigen ungewöhnlichen Gerichten.

⓬ Ruffini
Neuhausen, Orffstr. 22–24
Di.–So. 10.00–24.00 Uhr
Tel. 089 16 11 60
Das 1978 gegründete, genossenschaftlich arbeitende »Bistro im Viertel« ist berühmt für den hauseigenen Kuchen. Schöne Terrasse, abends gibt es ab und zu Kultur.

❾ Stadtcafé
Altstadt, St.-Jakobs-Platz 1
Tgl. 10.00–24.00 Uhr
Tel. 089 26 69 49
Über 20 internationale Zeitungen und die Atmosphäre eines etwas improvisierten Studentencafés (im hinteren Teil ist's gemütlicher). Das Essen geht so. Ein wunderbarer Platz im Sommer ist der schattige Hof des Stadtmuseums.

❺ Tambosi
Maxvorstadt, Odeonsplatz 18
tgl. 8.00–1.00 Uhr
Tel. 089 29 83 22
Luigi Tambosi führte das Kaffeehaus ab 1810, seitdem ist es eine Münchner Institution, wenn auch viel kleiner als damals. Die Terrasse ist »die« Tribüne am Odeonsplatz, auch im Winter genießt man hier, in Decken gehüllt, die Sonne. Mit Tischen im Hofgarten. Am anderen Ende des Hauses findet man das Schumann's.

BAEDEKER TIPP

! *Pausen von der Kunst*

Der schönste Kulturgenuss gewinnt noch, wenn man ihn durch einen feinen Imbiss ergänzen kann. Die besten/interessantesten Museumscafés und -restaurants: die drei Pinakotheken, Lenbachhaus, Glyptothek, Stadtmuseum, Turmstüberl im Valentin-Musäum, Museum Fünf Kontinente, Haus der Kunst, Nationalmuseum, Villa Stuck, Alpines Museum.

Feste und Events

Höhepunkte des Jahres

Der Münchner Veranstaltungskalender ist rund ums Jahr gespickt voll. Damit in der großen Zahl der täglichen Ereignisse die besonderen Termine nicht untergehen, hier einige Tipps.

Über die Wiesn, das weltberühmte **Oktoberfest**, muss nichts weiter gesagt werden. Große Aufmerksamkeit genießt in der Mitte der Fastenzeit der **Starkbieranstich** im Paulanerkeller, wenn bayerischen und bundesdeutschen Politikern die Leviten gelesen werden. Faschingsbälle, wie die Bälle im Deutschen Haus und der Ball der Damischen Ritter im Löwenbräukeller, sind für die »tollen Tage« von Bedeutung; der Schwabinger Künstlerfasching lebt in den Weißen Festen in der Max-Emanuel-Brauerei weiter. Das Tollwood-Festival im Sommer und im Winter, mit Konzerten, Theater und Kabarett, zieht viel Publikum an. Auch das **Filmfest** im Gasteig und in den Kinos, die berühmten **Opernfestspiele,** die zahlreichen größeren und kleineren **Christkindlmärkte** können wahrhaft nicht über Besuchermangel klagen. Und wer Altmünchner Atmosphäre genießen will, sollte über die **Auer Dulten** bummeln.

Informationsquellen für aktuelle Veranstaltungen sind auf S. 63 verzeichnet, Kartenagenturen auf S. 67.

Info und
Eintrittskarten

FEBRUAR / MÄRZ
Fasching
Am Sonntag vor der Faschingswoche zieht der Umzug der »Damischen Ritter« durch die Innenstadt. Von Faschingssonntag bis -dienstag »München narrisch«, eine Partyzone vom Stachus bis zum Viktualienmarkt. Am Dienstag tanzen auf dem Viktualienmarkt um 11.00 Uhr die prächtig gewandeten Marktweiber (www.tanz-der-marktfrauen.de).

Aschermittwoch
Am Vormittag waschen Obrigkeit (Oberbürgermeister etc.) und Bürger im Fischbrunnen am Rathaus den Geldbeutel, damit das Geld nie ausgehe. Im 15. Jh. appellierte das Dienstpersonal damit an ihre Herrschaft, ihre Börse nach dem Fasching wieder aufzufüllen.

Schäfflertanz
Alle 7 Jahre (wieder 2019) zeigen die Mitglieder der Schäffler- (das heißt Böttcher-) Innung an verschiedenen Orten und Terminen ihre Tänze. Angeblich wollten die lebenslustigen Schäffler nach der Pest im Jahr 1517 die Einwohner aufheitern, die sich kaum mehr auf die Straßen wagten.

Immer höher, bunter, lauter – Nervenkitzel auf dem Oktoberfest

MÄRZ
Starkbierzeit
Fastenzeit ist Starkbierzeit, das kräftige Gebräu sollte das Hungern erleichtern. Der Starkbieranstich auf dem Nockherberg ist heute ein politisch-gesellschaftliches Ereignis ersten Ranges. Wer es geschafft hat, eingeladen zu werden, darf sich zu den »Großkopfeten« zählen. Die werden allerdings von der Bühne herab mehr oder weniger liebevoll vergattert bzw. durch den Kakao gezogen, wobei es egal ist, ob man der Regierungspartei angehört oder der Opposition (die in München an der Macht ist).

Saint Patrick's Day
An einem Wochenende um den 17. März wird München zur südlichsten Stadt Irlands: mit Messe in der Michaelskirche am Sa. und Festzug am So. von der Feldherrnhalle aus. www.stpatricksday.de

APRIL
Ballettfestwoche
Altbekannte und aktuelle Produktionen des hervorragenden Bayerischen Staatsballetts.

BMW Open
Die Internationalen Tennismeisterschaften von Bayern werden beim MTTC Iphitos nördlich des Englischen Gartens ausgetragen. www.bmwopen.de

Maibock-Anstich
Mit dem Anstich im Hofbräuhaus (auch der mit kabarettistischer Politikerschelte) in der letzten Aprilwoche beginnt der Maibock-Ausschank der Münchner Brauereien.

APRIL / MAI
Frühlingsfest
Mit der »kleinen Schwester« des Oktoberfests wird die Volksfestsaison eröffnet: Rummelplatz, bayerische Schmankerl und Flohmarkt ziehen viele Besucher an.

Auer Dult
Dreimal im Jahr ist auf dem Mariahilfplatz im Stadtteil Au für neun Tage Markt: Maidult (ab Samstag vor dem 1. Mai), Jakobidult (Juli) und Kirchweihdult (Oktober). Rund 300 Stände halten praktische Dinge feil, von Geschirr und Töpfen aller Art über Hosenträger und die neuesten Wunder-Putzpasten bis Trödel und Antiquitäten. Dazu gibt's Karussells, Schiffsschaukeln, Schießbuden und ein Bierzelt. Für die Anfahrt nimmt man unbedingt die Tram 17.

> **!**
> **BAEDEKER TIPP**
>
> *Münchner Filmfest*
>
> Ende Juni, Anfang Juli spielt München ein wenig Cannes bzw. Berlin. Die Münchner Filmszene und -schickeria trifft sich bei Partys und Events, Uraufführungen und jede Menge deutsche Erstaufführungen sorgen für großen Zulauf. 8 Kinos mit 16 Sälen – darunter das Filmmuseum und die Filmhochschule – zeigen ein riesiges internationales Programm in Kategorien wie CineMasters, Hommage, International Independents und Neues Deutsches Kino. Das Festivalzentrum residiert im Kulturzentrum Gasteig, wo allabendlich ein Kino-Open-Air steigt. Info & Karten Tel. 089 38 19 04-0 www.filmfest-muenchen.de

MAI
Lange Musiknacht
An einem Wochenende um den 10. Mai sind über 400 Konzerte – von Klassik und Jazz bis Klezmer und Hip-Hop –, Tanzaufführungen etc. zu erleben. Das Ticket (15 €) berechtigt zum Besuch aller Konzerte und der Nutzung der Busse zwischen den Spielorten.
Sa. 20.00 – So. 3.00 Uhr
www.muenchner.de/musiknacht

MAI/JUNI
Fronleichnam
Am 2. Do. nach Pfingsten wird – bei gutem Wetter – um 9.00 Uhr auf dem Marienplatz ein Pontifikalamt gehalten, dann zieht eine feierliche Prozession zur Ludwigskirche und wieder zurück.

JUNI
Stadtgründungsfest
Mit Fanfaren und Böllern feiert München um den 14. Juni seinen »Geburtstag«. Zwischen Marienplatz, Odeonsplatz und Gärtnerplatz gibt es Spiel und Spaß für Jung und Alt, auch für Kulinarisches ist bestens gesorgt.

Stadtlauf
Um die 20 000 sportliche Zeitgenossen, auch Kinder, laufen die 5 – 21 km langen Strecken vom Marienplatz in den Englischen Garten und zurück.

Corso Leopold / Streetlife
Mitte Juni. Siehe September

Comicfestival
Zeichner und Zeichnungen, Filme und Performances – man trifft sich an verschiedenen Orten zum Austausch, zu Zeichenkursen, Signierstunden und Ausstellungen.
www.comicfestival-muenchen.de

JUNI – SEPTEMBER
Kino, Mond & Sterne
▶ S. 66

JUNI/JULI
Tollwood-Sommerfestival
Im Südwestteil des Olympiaparks. Eines der größten Zeltfestivals in Deutschland. Gegründet als alternatives Event, ist es heute eher ein großer Markt mit viel Tinnef. Echte Highlights enthält jedoch das Veranstaltungsprogramm mit internationalen Popstars, Kabarett und Comedy, Theater und Zirkus. Tel. *0700 38 38 50 24, www. tollwood.de. Anfahrt mit U 2/U 3 Scheidplatz, von dort Shuttle-Bus.

Internationales Filmfest
▶ Baedeker Tipp S. 88

Klassik Open Air
Hervorragende Orchester und Gesangsstars musizieren vor großer Kulisse auf dem Odeonsplatz und dem Königsplatz (▶ S. 214). www.klassik-am-odeonsplatz.de www.muenchenticket.de

Opernfestspiele
Von Mitte Juni bis Ende Juli jeden Tag hochkarätiges Musiktheater und mehr, v. a. im Nationaltheater und im Prinzregententheater. www.bayerische.staatsoper.de

JULI
Kocherlball
An einem Sonntagmorgen um den 20. Juli tanzt man am Chinesischen Turm ab 6 Uhr die alten

»Oper für alle«

Bei den Opernfestspielen (▶ S. 89) wird eine Aufführung auf eine Riesenleinwand auf dem Max-Joseph-Platz vor dem Nationaltheater übertragen: einmalige Atmosphäre! Picknickkorb und eine Sitzunterlage sind die Grundausrüstung. Stühle, Glasflaschen und andere sperrige oder gefährliche Dinge lasse man zu Hause.

bayerischen Tänze. Der Ausschank öffnet um 4 Uhr, viele kommen schon vor 5 Uhr; Essen darf man mitbringen. Was früher zur Freude des Hauspersonals (»Kocherl« für »Köchin«) da war, das um 8 Uhr wieder zum Dienst zurück sein musste, ist heute für über 10 000 Besucher ein »Event«.

Christopher Street Day
Anfang/Mitte Juli. Als Höhepunkt der CSD Pride Week zieht eine große, schrill-bunte Parade der Schwulen und Lesben durch die Innenstadt. Dazu Feste auf dem Marienplatz, im Rathaus und vielen Clubs. www.csd-munich.de

Magdalenenfest
Eine kleine Dult im schönen Hirschgarten, Mitte Juli.
▶ S. 195

JULI/AUGUST
Jakobidult
Ab Samstag nach Jakobi (25. Juli)
▶S. 88

JULI – SEPT.
Theaterspiele Glyptothek
▶ S. 214

AUGUST
**Sommerfestival
im Olympiapark**
»Ferien für Daheimgebliebene«: mit Marktständen und Rummelplatz, Imbissbuden und Beachbar, Wave- und Wakeboarding. An zwei Donnerstagen (Termine auf der Website) versammeln sich Tausende zum Picknicken und zum grandiosen Feuerwerk um 22 Uhr. Die Veranstaltungen sind gratis, ebenso die Konzerte des Theatron-Musiksommers im Amphitheater am See: Tgl. ab 19 Uhr spielen ganz unterschiedliche Bands. www.impark.de, www.theatron.de

Lilalu Festival
Ein reiches Angebot für Kinder und Jugendliche in den Schulferien, mit Sommerfestival im Olympiapark, Zirkusschule und vielen Aktionen in Turnhallen und auf Spielplätzen.
Tel. *01801 54 52 58
www.lilalu.org

SEPTEMBER
Corso Leopold / Streetlife
Am einem Wochenende Mitte des Monats werden Ludwigstraße und Leopoldstraße zur kilometerlangen Festmeile. Es gibt Musikbühnen, Umwelt- und Sportshows und natürlich zu essen und trinken. Auf der Fahrradschau kann man sich die neuesten Entwicklungen ansehen. Sonst ist das jedoch nicht für jeden ein Hit. www.streetlife-festival.de

SEPTEMBER/OKTOBER
Oktoberfest
▶S. 313

Viel Altes, Hübsches und/oder Skurriles findet man auf der Auer Dult.

OKTOBER
Lange Nacht der Museen
Meist am 3. Okt.-Wochenende
(Sa. 19.00 –So. 2.00 Uhr) stro-
mern Kultur- und Eventbegeister-
te durch die Museen, Sammlungen und Galerien (sehen kann
man allerdings v. a. Menschen).
Über 90 Institutionen werden
durch 5 Buslinien erschlossen.
Das Ticket (15 €) gilt für alles,
auch für das MVV-Gesamtnetz.
www.muenchner.de/Museums
nacht, Tel 089 30 61 00 41

Residenzwoche
In dieser Woche werden auch
sonst nicht zugängliche Pracht-
räume der Residenz zum Konzertsaal. www.residenzwoche.de

Kirchweihdult
Ab Samstag vor Kirchweih
(3. Sonntag im Oktober)
▶ S. 88

NOVEMBER / DEZEMBER
Literaturfest
Vereint drei literarische Ereignisse:
die Münchner Bücherschau im
Gasteig, das forum:autoren und

das Programm des Literaturhauses mit Lesungen, Buchpräsentationen und Gesprächen.
www.literaturfest-muenchen.de

DEZEMBER
Tollwood-Winterfestival
Das winterlich-weihnachtlich aus-
gerichtete Gegenstück zum Sommerfestival (▶ S. 89) findet auf der
Theresienwiese statt. In der Silves-
ternacht gibt's, wie zu erwarten,
ein großes Remmidemmi (▶ Baedeker Tipp S. 313).

Christkindlmärkte
Praktisch jeder Stadtteil veranstaltet im Advent seinen Christkindlmarkt. Der auf dem Marienplatz
gilt als einer der schönsten in
Deutschland und ist entsprechend
frequentiert. Schöne Alternativen
sind die kleinen, v. a. am Chinesischen Turm im Englischen Garten
und auf dem Weißenburger Platz
in Haidhausen; nett und beliebt
ist auch der auf der Münchner
Freiheit. Eine besondere Atmosphäre erlebt man beim Pink
Christmas auf dem Stephansplatz
im Glockenbachviertel.

FC Bayern München

Das waren noch Zeiten, als das Münchener Lokalderby der Bayern gegen die Sechziger auch ein Bundesligaduell war und die Löwen national noch die Nase vorn hatten.

Torverhältnis
in Bundesliga
begegnunge

Gründung	27. Februar 1900
Mitglieder	270 300
Stadion	Allianz Arena (69 901)
Bundesligasiege gegen 1860	25
Umsatz (Saison 2013/2014)	480 Mio €
Webseite	www.fcbayern.de

1003
742 / 723 / 715 / 712
386 / 434 / 475 / 423 / 417
330 / 569 / 581 / 505 / 582

1910 / 2529 / 2523 / 2341 / 2483

3727 / 2941 / 2853 / 2875 / 2870

51 / 52 / 53 / 49 / 51

3395 / 2660 / 2644 / 2568 / 2553

1	2	3	4	5
FC Bayern München	SV Werder Bremen	Hamburger SV	Borussia Dortmund	VfB Stuttgart

Heim   **Auswärts**

▶ Erfolge und Titel

Deutsche Fußballmeisterschaft

 **25 x**

DFB-Pokal

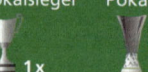 **17x**

UEFA-Supercup und Klub-WM   Weltpokal

🌼🌼🌼 **3 x**    **1 x**

Europapokal der Pokalsieger   UEFA-Pokal   UEFA Champions League

1 x   **1 x**   **5 x**

▶ FC Bayern – Hall of Fame

Werner Olk	1960–1970
Rainer Ohlhauser	1961–1970
Dieter Brenninger	1962–1971
Sepp Maier	1962–1979
Franz Beckenbauer	1964–1977
Gerd Müller	1964–1979
Franz Roth	1966–1978
Hans-Georg Schwarzenbeck	1966–1981
Johnny Hansen	1970–1976
Uli Hoeneß	1970–1979
Karl-Heinz Rummenigge	1974–1984
Klaus Augenthaler	1976–1991
Paul Breitner	1978–1983
Lothar Matthäus	1984–1988/1992–2000
Oliver Kahn	1994–2008
Jürgen Klinsmann	1995–1997
Bixente Lizarazu	1997–2004/2005–2006
Bastian Schweinsteiger	1998–2015

93

TSV 1860 München

Während aber die Bayern seit 1965 ununterbrochen erstklassig sind, hat 1860 eine Berg- und Talfahrt inkl. Lizenzentzug erlebt und spielt seit 2004 zweitklassig.

Gründung	17. Mai 1860
Mitglieder	19 500
Stadion	Allianz Arena (69 901)
Bundesligasiege gegen Bayern	1
Umsatz (Saison 2013/2014)	24 Mio. €
Webseite	www.tsv1860.de

Ewige Bundesliga-Tabelle

- 🟩 Siege
- 🟨 Unentschieden
- 🟧 Niederlagen

	Karlsruher SC	Fortuna Düsseldorf	Eintracht Braunschweig	VfL Wolfsburg	TSV 1860 München
Siege	241	245	242	246	238
Unentschieden	230	215	177	157	170
Niederlagen	341	326	287	224	264
Gegentreffer	1408	1386	937	972	1059
Treffer	1093	1160	1086	919	1022
Jahre	24	23	21	19	20
Punkte	953	950	903	895	884
Platz	17	18	19	20	21

Heim   **Auswärts**

▶ **TSV 1860 – Erfolge und Titel**

Deutsche Fußballmeisterschaft
1 x (1966)

DFB-Pokal
2 x (1942, 1964)

Süddeutscher Meister
2 x (1942, 1964)

DFB-Hallen-Pokal
1 x (1996)

Bayerischer Meister
4 x (1941, 1984, 1991,1993)

Südbayerischer Meister
1 x (1943)

▶ **TSV 1860 – Hall of Fame**

Josef Hornauer	1926–1934
Rudi Brunnenmeier	1960–1968
Hans Küppers	1961–1968
Petar Radenkovic	1962–1970
Peter Grosser	1963–1969
Alfred Heiß	1963–1970
Wilfried Kohlars	1963–1970
Bernd Patzke	1964–1969
Timo Konietzka	1965–1967
Klaus Fischer	1968–1970
Georg Metzger	1970–1980
Rudi Völler	1980–1982
Jens Jeremies	1995–1998
Horst Heldt	1995–1999
Daniel Borimirov	1995–2004
Paul Agostino	1997–2007
Michael Hofmann	1998–2010
Thomas Häßler	1999–2003

Mit Kindern unterwegs

Langeweile gibt's nicht

Das Münchner Kindl heißt seine jungen Gäste herzlich willkommen! Die Weltstadt mit Herz besitzt auch ein großes Herz für Kinder und präsentiert ihnen ein abwechslungsreiches, interessantes Besichtigungs- und Erlebnisprogramm.

München bietet Kindern das ganze Jahr über etwas, wobei in der warmen Jahreszeit der Schwerpunkt eher auf Outdoor-Zielen und -Betätigungen wie dem Zoo, im Winter eher auf Museen u. ä. liegt. Fast alle Einrichtungen liegen in der Altstadt und/oder sind bequem mit öffentlichen Verkehrsmitteln zu erreichen. Beim MVV (▶ S. 330) fahren Kinder unter 6 Jahren gratis, für Kinder von 6 bis 14 Jahren gibt es bei Einzelfahrkarten, Streifenkarten und Tageskarten Ermäßigung. Jugendliche (15 – 20 Jahre) stempeln auf der Streifenkarte je Zone nur einen Streifen. In praktisch allen wichtigen Museen ist der Eintritt bis 18 Jahre frei, weitere wie das Paläontologische Museum verlangen gar keinen Eintritt. Viele Institutionen veranstalten Führungen und Kurse für Kinder. Näheres dazu unter www. museen-in-muenchen.de.

> **!**
>
> **BAEDEKER TIPP**
>
> *Nostalgisches Ringelspiel*
>
> Gleich neben dem Chinesischen Turm im Englischen Garten dreht sich seit 1913 zu Drehorgelmusik Münchens schönstes Karussell. Jede Figur ist von Hand geschnitzt und bemalt. April – Okt. bei schönem Wetter ab 14.00 (in den Ferien 13.00) Uhr bis ca. 19.00 Uhr.

Drinnen und draußen

Viel Platz für **Bewegung**, ob mit Ball oder Frisbee, finden die Kleinen in den zahlreichen Münchner Parks. Im Englischen Garten kann man auch Tretboot fahren; weit weniger frequentiert und »ländlicher« ist sein Nordteil. Eine Wanderung durch den ganzen, 5 km langen Englischen Garten (und vielleicht an der Isar weiter bis zum Tierpark) bietet allerlei Möglichkeiten zu Spaß & Spiel. Das gilt natürlich auch mit dem Fahrrad. Im Sommer geht man gern auch mal ins Freibad (▶ S. 251). Zu den beliebtesten Familienattraktionen gehören der Tierpark Hellabrunn und der Circus Krone (Letzterer 25. Dez. – März). Beim Thema **Naturwissenschaft & Technik** ist viel geboten. Fürs Machen und Entdecken sind das Museum »Mensch und Natur« im Schloss Nymphenburg und das Kinder- und Jugendmuseum im Hauptbahnhof da. Ein Muss ist auch ein Besuch des Deutschen Museums, Anfassen und Ausprobieren kann man dort besonders im »Kinderreich«. Das Verkehrszentrum auf der There-

In der faszinierenden Welt des Deutschen Museums sind Mitmachen und Ausprobieren erwünscht.

sienhöhe, das Werk und das Museum von BMW sowie die Flugwerft in Oberschleißheim begeistern auch junge Technikfans. Auch in puncto **Kultur** ist die Auswahl groß. Viele Museen, etwa das Paläontologische Museum (Saurier!), das Bayerische Nationalmuseum und die Pinakotheken, bieten unterschiedlichste Kinderführungen an. Etliche Theater – wie die Schauburg und das Marionettentheater – haben Mitreißendes auf dem Programm. Ein begeistertes Publikum finden die speziellen Vorstellungen und Konzerte in der Staatsoper, im Prinzregententheater und im Gasteig. Leseratten sollten die Internationale Jugendbibliothek im Schloss Blutenburg mit dem Michael-Ende-Museum nicht versäumen. Einen Blick hinter die Kulissen von Film und Fernsehen ermöglicht die Bavaria Filmstadt mit dem Bullyversum. Und die Veranstalter von Stadtführungen (▶ S. 111) bieten auch den kleinen Gästen viel Interessantes.

BESONDERE TIPPS
Münchner Stadtdetektive
Kleine »Stadtdetektive« – teils schon ab 5 Jahren - erfahren bei unterschiedlichen Stadtführungen, z. B. bei der »Grauslige-Gschichten«-Tour, der »Ruppige-Ritter-Tour« oder der »Knack-den-Dürer-Code-Tour«, Interessantes und Aufregendes und Spa-ßiges. Offene Führungen in den Ferien jede Woche, sonst 1 × im Monat; Termine für Gruppen jederzeit nach Absprache.
www.stadtdetektive.com
Tel. 089 27 37 56 37

Nach den Sternen greifen
Krater und Gebirge auf dem Mond, die Ringe des Saturns,

In der Bavaria Filmstadt: Ritt auf dem Drachen Fuchur aus der »Unendlichen Geschichte«

ferne Sternhaufen und Galaxien – einen unvergesslichen Einblick in die erstaunliche Vielfalt des Weltalls ermöglichen die Spiegel- und Linsenteleskope im Deutschen Museum (▶ S. 166) und in der 1946 gegründeten Münchner Volkssternwarte. Und wenn's Wetter nicht mitspielt, dann springt das Planetarium ein. Bayerische Sternwarte Rosenheimer Str. 145 h www.sternwarte-muenchen.de Führungen für Kinder 6–12 J. Fr. 17.00 Uhr, über 12 J. Mo.–Fr. 20.00 Uhr (April–Aug. 21.00 Uhr), Eintritt Erw. 5 €, Kinder 3 €

Keine Phantome in der Oper

Wie werden die tollen Lichteffekte gemacht? Wie werden die Kulissen bewegt, und wer hilft den Sängern, wenn sie mal steckenbleiben? Hinter dem Zauber, den eine Oper ausübt, steckt eine riesige Maschinerie, die interessierte Kinder (ab 5 Jahren) ebenso kennenlernen wie den Zuschauerraum und die Königsloge. Führungen für unterschiedliche Altersgruppen, Karten (5 €) im Opernshop Marstallplatz 5, Termine unter www.staatsoper.de, Tel. 089 21 85-10 25.

Wellen wie im Meer

Natürlich wartet München mit einigen großen Spaßbädern auf. Etwas Besonderes findet man aber im Cosimabad in Bogenhausen: Alle 30 Minuten kann man sich in die hohe Brandung werfen. Einen Eltern-Kind-Bereich mit Wasserspielzeug und Planschbecken gibt es auch. Tgl. geöffnet, Tram 16/18 Cosimabad

Fliegende Edelsteine

Mit ca. 16 000 Pflanzenarten ist der Botanische Garten zu jeder Zeit ein Erlebnis. Besonders aber im Winter – ca. 20. Dez. bis 20. März –, wenn bunt leuchtende tropische Schmetterlinge schlüpfen und durchs Wasserpflanzenhaus flattern. Tgl. ab 9.00 Uhr, Erwachsene 5,50 €, Kinder ab 12 Jahre 3,50 €, bis 12 J. frei.

Sonntags um drei

Palmesel und Drachentöter, Bäume im Buchformat, Alltag im Mittelalter – am Sonntagnachmittag lädt das Bayerische Nationalmuseum Familien zu vielfältigen Entdeckungen ein. Mindestalter meist 6 Jahre, unterschiedliche Gebühren. Info & Anmeldung Tel. 089 21 12 42 16.

In Grünwalds Bäumen ...

gut gesichert herumzuturnen ist bei Klein und Groß beliebt. Ein besonders spaßiges Highlight (außer den Flying Foxes): eine wacklige Seilbrücke auf einem Bobbycar überwinden! Mindestalter 8 Jahre. Walderlebniszentrum Grünwald, in den Ferien tgl., sonst Di.–So., Tel. 089 88 90 23 55 www.kletterwald-muenchen.de

Zauberhaftes

Unglaubliches, Unbeschreibliches geschieht unmittelbar vor euren Augen! Ein Besuch des Table Magic Theater bleibt unvergesslich. Unterer Anger 3 (südliche Altstadt), Kindervorstellungen (ab 4 Jahre) Sa./So. 14.00–15.00 Uhr, 14 €; Abendvorstellungen 40–90 € Tel. 089 54 80 99 50 www.magic-theater.de

Museen und Galerien

Kunst, Technik, Kurioses

Ein Kunstareal mit drei Pinakotheken und weiteren Kulturtempeln, wunderbare antike Skulpturen in der Glyptothek, die überwältigende Technikschau im Deutschen Museum oder das skurrile Valentin-Karlstadt-Musäum: An weltberühmten und/oder unterhaltsamen Museen hat München keinen Mangel.

Einen Münchner Museumspass gibt es nicht, nur eine Reihe von Kombikarten. Die Häuser des **Kunstareals** sind sonntags für jeweils 1 € zugänglich, die Pinakothek der Moderne zusätzlich am Mittwoch gratis. Echte Kunstfreaks können sich überlegen, ob die Tageskarte für die drei Pinakotheken, das Museum Brandhorst und die Sammlung Schack (12 €) sinnvoll ist; das 5er-Ticket (29 €) rechnet sich, wenn man nur werktags auf Tour gehen kann. **1-€-Sonntage** gibt es auch hier: Antikensammlungen, Glyptothek, Nationalmuseum, Archäologische Staatssammlung, Museum Fünf Kontinente und Museum Mensch und Natur. Die Hypo-Kunsthalle verlangt am »Blauen Montag« den halben Preis. Sparen kann man auch mit der **CityTour-Card** (▶ S. 329), die Rabatt in über 30 Attraktionen und auch dem MVV umfasst. Viele Museen liefern via App, QR-Code oder Mediaguide Informationen aufs Smartphone. Praktisch für habituelle Museumsgänger ist die **Museenlinie** der MVG (Bus 100), die über 20 Einrichtungen verbindet (▶ S. 332). Das **Münchner Museumsportal** (www.museen-in-muenchen.de) nennt alle Häuser mit den technischen Angaben und die laufenden Ausstellungen, die handliche gedruckte Ausgabe (mit Plan) ist in den Tourismusbüros, beim Infopoint Museen & Schlösser (▶ S. 325) und in den Museen zu bekommen. Sie enthält auch interessante Listen: Angebote für Kinder, montags bzw. abends geöffnete Häuser, Sonderöffnungszeiten etc.

Tipps zum Museumsbesuch

Umsonst kann man insbesondere das Geologische Museum und das Paläontologische Museum, das Kartoffelmuseum und das Museum für Abgüsse Klassischer Bildwerke ansehen. Für Jugendliche bis 18 Jahre sind die meisten wichtigen Häuser gratis.

Eintritt frei

Eine Reihe von Museen schließt an einem Tag in der Woche erst um 20 oder 21 Uhr. Im Oktober, meist am dritten Samstag von 19 Uhr bis Sonntag 2 Uhr, zieht die **Lange Nacht der Museen** viele Kultur- bzw. Event-Fans in über 90 Institutionen (▶ S. 91). Auf großes Interesse stoßen die **Konzerte** in der Rotunde der Pinakothek der Moderne, im Stadtmuseum, im Theatermuseum und in anderen Häusern.

Abends ins Museum

Tausende farbiger Keramikstäbe machen das Museum Brandhorst zum »Hingucker«.

Schlösser, Museen, Galerien

SCHLÖSSER UND BURGEN
Amalienburg
► Nymphenburg

Badenburg
► Nymphenburg

Blutenburg
► Blutenburg

Burg Grünwald
► Grünwald

Fürstengrablegen
► Michaelskirche
► Odeonsplatz, Theatinerkirche
► Maxvorstadt, St. Bonifaz

Lustheim
► Oberschleißheim

Kaiserburg
► Alter Hof

Schloss Nymphenburg
► Nymphenburg

Pagodenburg
► Nymphenburg

Residenz
► Residenz

Schloss Schleißheim
► Oberschleißheim

ANTIKE UND ARCHÄOLOGIE
Antikensammlungen
► Königsplatz

Archäologische Staatssammlung
► Archäologische Staatssammlung

Bayerisches Nationalmuseum
► Bayerisches Nationalmuseum

Glyptothek
► Königsplatz

Museum für Vor- und Frühgeschichte
► Archäologische Staatssammlung

Staatliches Museum für Ägyptische Kunst
► Kunstareal

KUNST UND KULTURGESCHICHTE
Akademie der Bildenden Künste
► Ludwigstraße

Alte Pinakothek
► Kunstareal

Architekturmuseum der TU
► Kunstareal,
   Pinakothek der Moderne

Deutsches Theatermuseum
► Hofgarten

Erwin-von-Kreibig-Museum
► Nymphenburg

Filmmuseum
► St.-Jakobs-Platz, Stadtmuseum

Haus der Kunst
► Haus der Kunst

Initiative Münchner Galerien zeitgenössischer Kunst
Schellingstr. 48, 80799 München
Tel. 089 29 20 15
www.muenchner-galerien.de

Über 80 Münchner Galerien und Kunstinstitutionen sind vertreten. Info über aktuelle Ausstellungen, Künstler und Mitgliedsgalerien findet man auf der Website.

Jüdisches Museum
▶ Sankt-Jakobs-Platz

Kunstfoyer der Versicherungskammer Bayern
Lehel, Maximilianstr. 53
tgl. 9.00 – 19.00 Uhr, Eintritt frei
Ausstellungen zu unterschiedlichen Themen, v. a. aus Grafik, Zeichnung, Film und Fotografie.

Kunsthalle der Hypo-Kulturstiftung
▶ Theatinerstraße

Kunstverein München
Galeriestr. 4, Tel. 089 22 11 52
www.kunstverein-muenchen.de
Di. – So. 10.00 – 18.00 Uhr
Ein geschichtsträchtiger Ort der Münchner Kunstlandschaft, eine »streitbare Plattform für zeitgenössische Kunst« mit großem Veranstaltungsprogramm.

Lenbachhaus (mit Kunstbau)
▶ Lenbachhaus

lothringer13
Haidhausen, Lothringer Str. 13
Di.–So. 11.00 – 20.00 Uhr, Eintritt frei, www.lothringer13.de
Unkonventionelle Werkstatt junger Künstler mit spannenden Ausstellungen. Der Rroom im Vorderhaus ist eine Drehscheibe des Münchner Kulturlebens.

Marstallmuseum
▶ Nymphenburg

Maximiliansforum
Fußgängerunterführung
Altstadtring / Maximilianstraße
www.maximiliansforum.de
Do.– Sa. 16.00 – 19.00 Uhr
Eintritt meistens frei
Städtischer Ort für angewandte Kunst (Design, Mode, Architektur etc.) und Performances.

Meißener Porzellansammlung
▶ Oberschleißheim, Lustheim

Münchner Stadtmuseum
▶ Sankt-Jakobs-Platz, Münchner Stadtmuseum

Museum Brandhorst
▶ Kunstareal

Museum für Abgüsse klassischer Bildwerke
Katharina-von-Bora-Str. 10
Mo. – Fr. 10.00 – 20.00 Uhr
Eintritt frei
www.abgussmuseum.de
Ein Monument der Antikenbegeisterung im 19. Jh.: Knapp 1800 Kopien antiker Skulpturen sind hier ausgestellt.

Museum der Bürgersaalkirche
▶ Bürgersaalkirche

Museum Fünf Kontinente
▶ Museum Fünf Kontinente

Musikinstrumente
▶ Bayerisches Nationalmuseum
▶ Deutsches Museum
▶ Sankt-Jakobs-Platz, Münchner Stadtmuseum

Nationalmuseum
▶ Bayerisches Nationalmuseum

Neue Pinakothek
▶ Kunstareal

Neue Sammlung –
The Design Museum
▶ Kunstareal,
  Pinakothek der Moderne

Pinakothek der Moderne
▶ Kunstareal

Porzellansammlungen
▶ Nymphenburg, Marstallmuseum
▶ Residenz
▶ Oberschleißheim, Lustheim

Rathausgalerie
Neues Rathaus, Marienplatz 8
Tel. 089 2 33-2 84 08, März–Nov.
Di.–So. 11.00–19.00 Uhr
www.muenchen.de/
rathausgalerie, Eintritt frei
Die ehemalige Kassenhalle des
Rathauses bietet Raum für die
Präsentation aktueller Münchner
Kunst und für ihre Vermittlung.

Residenzmuseum
▶ Residenz

Rockmuseum
▶ Olympiapark, Olympiaturm

Sammlung Schack
▶ Sammlung Schack

Schatzkammer
▶ Residenz

Staatliche
Graphische Sammlung
▶ Kunstareal,
  Pinakothek der Moderne

Staatliche Münzsammlung
▶ Residenz

Sammlung Moderne Kunst
▶ Kunstareal,
  Pinakothek der Moderne

Städtische Galerie
im Lenbachhaus
▶ Lenbachhaus

Stadtmuseum
▶ Sankt-Jakobs-Platz,
  Münchner Stadtmuseum

Üblackerhäusl
▶ Haidhausen

Valentin-Karlstadt-Musäum
▶ Isartor

Villa Stuck
▶ Villa Stuck

LITERATUR UND THEATER
Deutsches Theatermuseum
▶ Hofgarten

Internationale Jugendbiblio-
thek & Michael-Ende-Museum
▶ Blutenburg

Lyrik-Kabinett
Maxvorstadt, Amalienstraße 83 a
Mo., Mi. 10.00–13.00, Di., Do.
15.00–21.00, Sa. 12.00–18.00
Uhr, Tel. 089 34 62 99
Eine Oase für Freunde der Lyrik,
die Bibliothek umfasst gegenwär-
tig ca. 50 000 Bände. Man ver-
anstaltet Autoren- und andere
Lesungen.

Monacensia
▶ Bogenhausen

GESCHICHTE
DenkStätte Weiße Rose
▶ Ludwigstraße, Universität

Jüdisches Museum
▶ Sankt-Jakobs-Platz,
  Jüdisches Zentrum

KZ-Gedenkstätte Dachau
▶ Dachau

NS-Dokumentationszentrum
▶ Königsplatz

NATURKUNDE
Geologisches Museum
▶ Kunstareal

Jagd- und Fischereimuseum
▶ Deutsches Jagd- und
  Fischereimuseum

Museum Mensch und Natur
▶ Nymphenburg

Paläontologisches Museum
▶ Kunstareal

Reich der Kristalle
▶ Kunstareal

TECHNIK
BMW-Museum
▶ BMW

Deutsches Museum
▶ Deutsches Museum

Feuerwehrmuseum
▶ Sendlinger Straße

Flugwerft Schleißheim
▶ Oberschleißheim

MVG-Museum
Ramersdorf, Ständlerstraße 20
www.mvg-mobil.de/museum
alle 14 Tage So. 11.00 – 17.00
Uhr, Eintritt 2,50 €
Tram 17 Schwanseestraße

Bus 139, 145 Ständlerstraße
In der einstigen Tram-Hauptwerk-
stätte sind Münchner Straßenbahnen und Busse verschiedener
Epochen zu bewundern.

Verkehrszentrum
des Deutschen Museums
▶ Verkehrszentrum

SPIELZEUG
Puppentheatermuseum
▶ Sankt-Jakobs-Platz,
  Münchner Stadtmuseum

Spielzeugmuseum
▶ Altes Rathaus
▶ Sankt-Jakobs-Platz,
  Münchner Stadtmuseum

SONSTIGE MUSEEN
Alpines Museum
▶ Alpines Museum

Bier- und Oktoberfest-
museum
▶ S. 242

FC Bayern Erlebniswelt
▶ Allianz Arena

Kartoffelmuseum
▶ Haidhausen

Kinder- und Jugendmuseum
Arnulfstr. 3 (im Nordflügel
des Hauptbahnhofs), www.
kindermuseum-muenchen.de
Di. – Fr. 14.00 – 17.00,
Sa., So., Fei. 10.00 – 17.00 Uhr
Eintritt für alle Alter 4,80 €,
Familien 12,50 €
Interaktive Ausstellungen und
Werkstätten zum Entdecken
und Ausprobieren der Phäno-
mene unserer Lebenswelt.

Shopping

Einkaufsvergnügen pur

München gilt zu Recht als eine der besten Adressen zum Shoppen in Deutschland. Alle großen Marken und berühmte Luxuslabels sind vertreten, traditionsreiche Kaufhäuser, moderne Einkaufspassagen und viele kleine, indivduelle Läden stellen auch ausgefallene Geschmäcker zufrieden.

»Die« Einkaufsstraßen im Zentrum sind die **Neuhauser-/Kaufingerstraße**, die feine Theatinerstraße und die noch noblere **Maximilianstraße**. Während Erstere den Bedarf normaler Menschen bedient, muss man in Letzterer schon ein ordentliches Bankkonto besitzen; da wie dort prägen weltweit bekannte Marken das Bild. Individueller geht es in der **Theatinerstraße** zu, ebenso um den Promenadeplatz mit seinen kleinen edlen Läden. Auch an der Sendlinger Straße reihen sich die Geschäfte. Unter den Kaufhäusern ist besonders **Ludwig Beck** (»am Rathauseck«) zu nennen, dessen gehobene Shops sich auf mehrere Häuser an der Dienerstraße verteilen; besonderen Ruf genießt die Musikabteilung. Am unteren Ende der Neuhauser Straße versammelt das Kaufhaus **Oberpollinger** mit seinem coolen »Luxusboulevard« viele gute bzw. teure Labels unter einem Dach. Herrlich bummeln lässt es sich auf dem **Viktualienmarkt** mit seinem besonderen Flair. Aber auch die umgebenden Stadtteile, wie das Glockenbach- und das Gärnerplatzviertel, Schwabing, die Maxvorstadt und Haidhausen, besitzen viele interessante, charmante kleine Läden und Werkstätten mit ebensolchen Besitzern.

Märkte

Im Zentrum und in Schwabing kann man auf dem Viktualienmarkt respektive dem Elisabethmarkt von Mo. bis Sa. einkaufen, in den äußeren Stadtvierteln finden Märkte an bestimmen Wochentagen statt. Trödel- und Flohmärkte werden an vielen Plätzen im ganzen Stadtgebiet abgehalten, meist am Wochenende. Die altehrwürdige Auer Dult zieht dreimal im Jahr viele Besucher an (▶ S. 88). Info über alle findet man unter www.muenchen.de.

Kunst und Antiquitäten

Der Antiquitätenhandel widmet sich allen Stilen und Spezialgebieten. Antiquitätengeschäfte findet man bevorzugt im Bereich Maxvorstadt/Schwabing (Amalien-, Türken-, Barer-, Kurfürsten-, Hohenzollernstraße) sowie im Stadtzentrum, dort v. a. in der Theatiner- und der Residenzstraße sowie rund um den Promenadeplatz. Traditionell waren die großen Kunstgalerien in der Maximilianstraße und der Brienner Straße ansässig, seit einigen Jahren zieht es sie ins Kunstareal und seine Umgebung.

Modernes Einkaufserlebnis: die »Fünf Höfe« an der Theatinerstraße

Shopping-Adressen

COMICS
Comic Company
Isarvorstadt, Fraunhoferstraße 21
Tel. 089 2 01 43 85
Comics und gezeichnete Literatur,
gutes Sortiment aus aller Welt.

DELIKATESSEN
Alois Dallmayr
Altstadt, Dienerstr. 14
Das traditionsreiche Feinkosthaus
mit Bar, Bistro und Restaurant
steht für Genuss in höchster
Qualität. Neben dem berühmten
Kaffee gibt es hier Köstlichkeiten
aus aller Herren Länder. Ein lukul-
lisches und optisches Highlight.
▶S. 239

Käfer
Bogenhausen, Prinzregentenstr. 73
Münchens bekannter Delikates-
senhändler, Edel-Caterer und
Wiesn-Wirt hat seine Schwer-
punkte bei Fisch und Meeresfrüchten sowie Wein und Käse
aus Italien und Frankreich. Vorzüglich speist man in der schicken
»Schänke« (Tel. 089 41 68-247,
So. geschl.) und im Bistro.

Herrmannsdorfer
Werkstätten
Altstadt, Frauenstr. 6
Lebensmittel in Öko-Qualität aus
den berühmten Landwerkstätten
in Glonn bei München. Einen feinen Imbiss nehmen kann man
im »Bistro ÖQ«.

KAUFHÄUSER
Ludwig Beck
Altstadt, Marienplatz 11
und Dienerstraße

Das traditionsreiche »Kaufhaus
der Sinne« hat die anspruchsvol-
len Käufer im Blick: Mode, Beauty
und Lifestyle für Damen und Herren, verteilt auf mehrere Häuser.
Im obersten Stock liegt das Mekka für Musikfreunde: CDs und
Platten (mit kompetenter Bera-
tung) und Konzertkarten, dazu
Autogrammstunden und Mini-
Konzerte großer Künstler.

Oberpollinger
Altstadt, Neuhauser Str. 18
Das 1905 eröffnete Luxusmarken-
Kaufhaus zieht die wohlhabende
internationale Kundschaft an.
Ganz oben liegt das Restaurant
mit einer der schönsten Dach-
terrassen Münchens.

LADENPASSAGEN
Fünf Höfe
Altstadt, Theatinerstr. 15
Über 50 gehobene Läden für in-
ternationale Mode und Lifestyle-
Accessoires, ergänzt durch Cafés,
Bars und Delikatessenläden (und
einen Supermarkt). ▶S. 310

Hofstatt
Altstadt, zwischen Färbergraben,
Sendlinger Straße und Hackenstr.
Wo einst die Süddeutsche Zeitung
gemacht wurde, geht's heute um
das junge bis sportliche Outfit.
Mit Cafés und einem Biomarkt.

MODE
Bube & Dame
Neuhausen, Kreuzstr. 4
Trendige Mode von Bio- und
Fairtrade-Labels für junge Leute
zu relativ günstigen Preisen.

Optisch und kulinarisch ein Gedicht: Feinkost von Dallmayr

Max Dietl

Altstadt, Residenzstr. 16
Weit über die Grenzen Münchens
hinaus bekannter Maßschneider
für Damen und Herren. Man führt
auch internationale Luxusmarken
wie Zilli und Brioni.

Eisenblätter & Triska

Isarvorstadt, Hans-Sachs-Str. 13
Elegante oder flamboyante Kopf-
bedeckungen von Sonnenhut und
Schiebermütze bis zum Headpiece
und zum Fascinator – von der
Stange oder nach Maß.

Gerdismann

Isarvorstadt, Fraunhoferstr. 9
Maxvorstadt, Barer Str. 74
Secondhand-Mode für Männer,
und dazu von renommierten
Labels, wo gibt's die schon? Hier
natürlich!

Hosenträgernäherei

Au, Oefelestr. 3
Hosenträger sind cool, ob elegant
oder ein wenig schräg – hier werden sie individuell und in großer
Auswahl angefertigt.

Jeans Kaltenbach

Altstadt, Herzogspitalstr. 4
und Sendlinger Str. 45
Jeans in allen Formen, Stilen und
Qualitäten führt Münchens größ-
ter Spezialladen, dazu Gürtel,
Stiefel, Jacken und Hemden.

Loden-Frey

Altstadt, Maffeistr. 7 – 9
Seit 1842 für hochwertige, schöne Loden- und Trachtenmode
berühmt, heute führt man im
Stammhaus an der Maffeistraße
auch »normale« internationale
Designermode und Accessoires.

Ed Meier

Maxvorstadt, Briennerstr. 10
www.edmeier.de
Beim königlichen Hoflieferanten
lässt man sich erlesene Outdoor-
Kleidung, auch im alpenländischen Stil, anpassen und Schuhe
anfertigen. Die Qualität hat natürlich ihren Preis. In der Gamsbar
kann man sich rekreieren.

Plus Ultra

Isarvorstadt, Fraunhoferstr. 23
Minimalistisch-stilvolle Damen-
mode nach Maß & zu fairem Preis.

Talbot Runhof

Altstadt, Theatinerstr. 27
Isarvorstadt, Klenzestr. 41
In der Klenzestraße begann im
Jahr 1992 der Aufstieg zum weltbekannten Damenmode-Label:
ein wenig extravagant, ein wenig
erotisch, aber immer elegant.

Tracht und Heimat

Altstadt, Oberanger 9
www.trachtundheimat.de
Wunderschöne, edle Tracht (keine
Landhaus- oder Wiesn-Outfits)
für Damen und Herren, fertig
oder nach Maß, im schönen
ORAG-Haus beim Stadtmuseum.

Karl Wagner

Altstadt, Tal 2
Oberbayerische Tracht und Souvenirs. Gute Adresse für Lederhosen, ob echte Hirschlederne
aus Bayern oder preisgünstige
Produkte aus Pakistan.

Triumph Outlet

Maxvorstadt, Marsstr. 46
Bade-, Unter- und Nachtwäsche
des bekannten Herstellers, wech-

selndes Angebot reduzierter Ware
und Aktuelles zum Normalpreis.

VINYL & CD
Schallplattenzentrale

Isarvorstadt, Fraunhoferstr. 26
www.schallplattenzentrale.de
Secondhand-Tonträger aus allen
Genres in riesiger Auswahl. Zeit
zum Stöbern mitbringen!

Shirokko

Altstadt, Ledererstr. 19
www.shirokko.de
Feiner Laden für Weltmusik,
nächst dem Hofbräuhaus.

SOUVENIRS
Obacht

Altstadt, Ledererstr.17
www.obacht-web.de
Natürlich darf, ja muss man gerade in München das Mitbringsel-
(Un)Wesen übertreiben. In dem
modernen »Laden für Heimat-
gefühl« neben dem Shirokko
(siehe oben) findet man allerlei
schräge Dinge für sich und die
Lieben zu Hause.

Servus Heimat

Altstadt, Tal 20, und im Stadtmuseum (▶ St.-Jakobs-Platz)
Auch hier gibt es schöne Mün-
chen-Oberbayern-Devotionalien.

Sebastian Wesely

Altstadt, Rindermarkt 1
Schöne Holzschnitzereien (z. B.
Moriskentänzer), Wachsarbeiten
und Gegenstände aus Zinn.

Wachszieher am Dom

Altstadt, Thiereckstr. 2
www.kerzen-fuerst.de

Kerzen aus eigener Herstellung für alle Gelegenheiten.

WOHNEN & LIFESTYLE
Manufactum
Altstadt, Dienerstraße 12
Der bekannte Vertreiber teurer & edler Gebrauchsgegenstände hat am Marienhof seine Münchner Filiale. Sehr begehrt ist auch das »Brot & Butter«-Sortiment, frequentiert die kleine Bistro-Ecke.

Radspieler
Altstadt, Hackenstr. 4
www.radspieler.com
Von feiner Tischwäsche über Quäker-Möbel bis zur Landhaus-Keramik. Eine traditionsreiche, hochangesehene Adresse.

Kokon im Lenbach-Palais
Maxvorstadt, Lenbachplatz 3
www.kokon.com
Im prachtvollen Palazzo und seinem Innenhof finden Sie stilvolles Mobiliar, feine Wohnaccessoires und schöne Einzelstücke aus aller Welt. Ergänzt wird das Lifestyle-Kaufhaus durch einen Blumenladen mit außergewöhnlichen Kreationen und eine gut sortierte kleine Buchhandlung.

Nymphenburger Porzellan
Maxvorstadt, Odeonsplatz 1
www.nymphenburg.com
Bei der Theatinerkirche hat die berühmte Nymphenburger Manufaktur ihren Laden. All die feinen Produkte für die Tafel, Accessoires etc. werden von Hand hergestellt.

MÄRKTE
Viktualienmarkt
▶ S. 320

Elisabethmarkt
▶ S. 303

FLOHMÄRKTE
Hofflohmärkte
Mitte Mai – Sept.
Sehr persönlich lernt man München bei diesen Nachbarschaftsfesten kennen. Ganze Straßenzüge und Häuserblöcke machen mit. Info: www.hofflohmaerkte.de (der größte Veranstalter) und bei www.muenchen.de.

Olympiapark
Ganzjährig Fr., Sa. 9.00 – 16.00 Uhr
Das Mekka der Trödelstöberer, auf der 3,5 ha großen Parkharfe am Olympiastadion (Sapporobogen).

Nachtkonsum
Grafinger Str. 6, 1 × im Monat
Sa. 17.00 – 24.00 Uhr, Eintritt 3 €
www.nachtkonsum.com
In der Tonhalle am Ostbahnhof: Shopping für zu später Stunde Ausgeschlafene mit Musik für die Partystimmung. Für »Mädels« gibt's einen Ableger im Feierwerk.

Theresienwiese
Mitte April, am 1. Sa. des Frühlingsfestes, 7.00 – 16.00 Uhr
Bayerns größter Flohmarkt mit über 2000 Anbietern.

München-Riem
Riem, Messegelände (U-Bahn 2)
Ganzjährig Sa. 6.00 – 16.00 Uhr
www.flohmarkt-riem.com
Auch dieser Flohmarkt ist einer der ganz großen, ein Teil der Einnahmen geht an soziale Projekte.

Stadtbesichtigung

München entdecken

**München macht es seinen Besuchern leicht, es näher kennen-
zulernen. Viele Veranstalter offerieren ein beeindruckendes
Programm, von klassischen Sightseeing-Touren wie der Rundfahrt im offenen Doppeldeckerbus über Expeditionen mit dem
Rad bis hin zu Führungen mit besonderen Themen.**

Wie wäre es mit einer Tour durch das alte Schwabing der Künstler
oder die »Hauptstadt der Bewegung«, einem Spaziergang mit dem
Nachtwächter oder einem Bummel über den Viktualienmarkt? Sie
haben die Wahl! Das gilt auch für das Beförderungsmittel: mit der
Tram durch die Innenstadt oder die umgebenden Stadtviertel, ge-
mütlich-nobel mit der Kutsche oder etwas sportlicher mit dem Fahrrad oder dem Segway.

München Tourismus
Neues Rathaus, Marienplatz 8
Tel. 089 233-9 65 00
www.muenchen.de/tam
Hier können unterschiedliche
Stadtführungen gebucht und
Veranstalter erfragt werden.

Rent-a-guide
Tel. 0234 9 15 56 30
www.rent-a-guide.de
Auf der Website werden an die
50 Touren und Aktivitäten vieler
Anbieter vorgestellt.

Spurwechsel
Au, Ohlmüllerstraße 5
Tel. 089 692 46 99
www.spurwechsel-muenchen.de
Stattreisen
Tel. 089 54 40 42 30
www.stattreisen-muenchen.de
Weis(s)er Stadtvogel
Altstadt, Unterer Anger 14
Tel. 089 2 03 24 53 60
www.weisser-stadtvogel.de

Renommierte Veranstalter mit
einem großen Programm für die
unterschiedlichsten Bedürfnisse.

Münchner Stadtführungen
Tel. 089 24 23 17 67, www.
muenchenstadtfuehrungen.de
Altstadt- und Themenführungen
zu Fuß oder mit dem Rad, u. a.
zur »Hauptstadt der Bewegung«
(▶Baedeker Wissen S. 218).

Münchner Bildungswerk
Tel. 089 54 58 05-0, www.
muenchner-bildungswerk.de
Interessante Führungen zu verschiedenen Themen veranstaltet
die Katholische Erwachsenen-
bildung, unter anderem in den
Münchner Kirchen.

Bildungswerk Bayern
Tel. 089 55 93 36-40
www.bildungswerk-bayern.de
Auch das Bildungswerk des DGB
hat viel Interessantes zu bieten.

**Bei einer Bus-Rundfahrt bekommt man bequem einen ersten Eindruck
von München – hier vor dem Maximilianeum.**

TOUREN AUF RÄDERN
Mit Tram und Bus
www.mvg.de
Mit Tram und Bus ist die Stadt bequem und ganz »hautnah« zu erleben. Hin- und Rückfahrt gelten jeweils als eine normale Fahrt.
Tour 1: Tram 19 Hauptbahnhof – Promenadeplatz – Nationaltheater – Maximilianstraße – Maximilianeum – Haidhausen – Ostbahnhof, zurück mit Bus 100 (Museenlinie) über Prinzregentenstraße und Kunstareal.
Tour 2: Tram 16 Hauptbahnhof – Gärtnerplatz-/Glockenbachviertel – Deutsches Museum – Haidhausen – Bogenhausen – Effnerplatz (Tipp: Im Schlösselgarten drei Haltestellen weiter ein netter kleiner Biergarten), zurück mit Tram 18 durchs Lehel bis Sendlinger Tor/Stachus/Hauptbahnhof.
Tour 3: Tram 27 Hauptbahnhof – Kunstareal (Maxvorstadt) – Schwabing – Nordbad, zurück mit Bus 154 bis Tivolistraße, dann mit Tram 18 zum Sendlinger Tor/Stachus/Hauptbahnhof.

MünchenTram
www.mvg.de, »Services«
ca. 20. Mai – Anf. Okt. Sa., So. stdl. 11.00 – 14.00 Uhr, von der Sonderhaltestelle Sendlinger Tor/Matthäuskirche, ca. 50 Min., 10 €
Vergnügliche Stadtrundfahrt mit einer alten, rumpeligen Trambahn und kundigem Führer. Im Advent fährt die »Christkindltram«.

Doppeldecker-Busse
CitySightseeing München
www.citysightseeing-muenchen.de
tgl. 10.00 – 17.00 Uhr

3 verschiedene Touren, mit Möglichkeit zum Kombinieren.
Gray Line
www.stadtrundfahrten-muenchen.de
Express Circle: 1 Stunde
Grand Circle: 2.30 Std.
Die Busse beider Unternehmen fahren gegenüber dem Hauptbahnhof vor dem Elisenhof ab. Das klassische Sightseeing mit dem (offenen) Doppeldecker-Bus führt zu den wichtigsten Sehenswürdigkeiten, an den Haltestellen unterwegs kann man aus- und wieder einsteigen.

Mit dem Fahrrad
Die meisten Veranstalter haben geführte Touren im Programm, auch außerhalb der Stadt.
Fahrradverleih ▶ S. 331.

Kutschenfahrten
Kutscherei Hans Holzmann
Tel. 089 18 06 08
(tgl. 10.00 – 12.00 Uhr)
www.kutschen-muenchen.de
Ganz geruhsam und stilvoll – der Kutscher trägt Frack und Zylinder – ist die Kutschfahrt vom Chinesischen Turm durch den Englischen Garten oder auch durch die Altstadt Münchens.

Taxi Guide München
Tel. 0175 481 28 48 (24 Std.)
www.taxi-guide-muenchen.de
Qualifizierte Stadtführer holen Sie von jedem beliebigen Punkt ab und zeigen Ihnen die Stadt und ihre Umgebung, etwa die Fußballstadt München oder die Locations der Technoszene, auf den Spuren berühmter Musiker oder Papst Benedikts XVI.

Fahrrad-Rikschas

Tel. 089 2 42 16 88
www.pedalhelden.de
Tel. 089 41 61 60 35
www.muenchen-rikscha.de
Rikscha-AG des ADFC:
www.rikscha-muc.org
Klimafreundlich, aber nicht billig
wird man durch die Altstadt, den
Englischen Garten oder zu individuellen Zielen chauffiert. Zentrale
Drehscheibe ist der Marienplatz.

Mit dem Segway

Tel. 089 24 20 34 01
www.seg-tour-munich.de
In unterschiedlichen, 3 Stunden
langen Touren lernt man München auf ungewöhnliche Art
kennen. Führerschein Klasse B
ist nötig. Kosten 75 €.

BESONDERE TIPPS

Viel Überraschendes über die Rolle der **Juden** in München bis ins
Dritte Reich und die Gegenwart
erfährt man bei entsprechenden
Touren (Stattreisen, artattendance.
com, schauplatz-muenchen.de).
»München leuchtete« – viele
namhafte **Schriftsteller/-innen**
haben die Stadt geprägt. Besonders als Kenner der Familie Mann
hat sich Dirk Heißerer einen Namen gemacht (lit-spaz.de); nicht
weniger interessant sind die Le-
bensgeschichten etwa von Erich
Kästner, Lena Christ oder Oskar
Maria Graf (diverse Anbieter).
Das traditionsreiche **Musikleben**
der Stadt bringt der Pianist und
Musikhistoriker Thomas Krehahn
näher (thomaskrehahn.de).
Ein Muss ist eigentlich eine Tour
durch das multikulturelle **Bahn-
hofsviertel** südlich der Bayerstraße, in dem Einwanderer von der
Türkei bis Pakistan eine eigene
bunte, »großstädtische« Welt geschaffen haben, andererseits über
die Hälfte der Münchner Hotelbet-
ten lokalisiert sind (www.im-
muenchen.de, www.rent-a-guide.
de). Ein anderes interessantes
Quartier ohne »Szene-Wert« ist
Giesing auf dem und unterhalb
des Isar-Hochufers, ein »Glas-
scherbenviertel«, in dem auch die
beiden großen Fußballvereine zu
Hause sind (Stattreisen, Spur-
wechsel). Auch das schickere
Haidhausen hat in dieser Hinsicht
Interessantes zu bieten (Stattreisen; ▶Üblackerhäusl, S. 192).
Aus der **kulinarischen Perspektive** lernt man neue Welten besonders angenehm kennen. Streifen Sie durch Haidhausen oder
Schwabing und machen Sie Stati-
on in einer alteingesessenen
Metzgerei, einer italienischen Eisdiele, einem Feinkostladen und/
oder bei einem türkischen Bäcker
(www.eat-the-world.com, Tel.
030 20 62 29 99-0; Stadtvogel).
Auch schicke **Bars** und **Gour-
mettempel** sind zu entdecken.
Viele scheuen sich, einen Cocktail
mal im Ambiente eines Luxushotels zu genießen – beim Hotel-
bar-Hopping stehen gleich 7 Etablissements auf dem Programm
(ca. 30 €, VIP-Paket für 4 P. 200 €,
Tel. 0174 943 97 93, www.
sparkling-munich.com). Ein- bis
zweimal im Jahr findet die um ei-
niges kostspieligere Sterne-Tour
durch die Münchner Spitzengastronomie statt, mit 5–7 Zielen
(incl. Wein ca. 500 €, www.kurtis-
eventgastronomie.de).

Ein Bett für jeden Geschmack

München ist eine beliebte Destination für Urlauber und Geschäftsleute – 2014 zählte man nicht weniger als 13 Millionen
Übernachtungen. Beeindruckend groß ist daher die Auswahl
an Nächtigungsmöglichkeiten, für jeden Geschmack und natürlich auch für jeden Geldbeutel.

Das Angebot reicht von purem Luxus in traditionsreichen Häusern
über große Hotelkomplexe zu modernen Design-Hotels, von kleinen, feinen Hotels in ruhiger Lage bis zu preiswerten Gasthäusern
in den Außenbezirken. Seit einigen Jahren erstellen internationale Ho-
telketten, z. B. Ibis, Novotel, Mercure, Motel One und Eurostars, in
zentrumsnahen bzw. peripheren Ausfallstraßen (wie Schwanthaler-
straße, Arnulfstraße, Tegernseer Landstraße) große Häuser im modernen, etwas gesichtslosen Schuhschachtel-Stil; doch logiert man
dort komfortabel und zu akzeptablen Preisen, meist ist eine U-Bahn-
oder Tram-Haltestelle nicht weit. Insbesondere junge Gäste frequen-
tieren die Hostels, einen Boom erleben auch die Mitwohnangebote
(leider nicht immer ganz koscher; man schätzt, dass ca. 4000 Wohnungen in München dafür zweckentfremdet werden). Außer in den
Jugendherbergen können jung(gebliebene) Menschen im Sommer-
halbjahr im »Tent« nächtigen, einem Camp mit unterschiedlich großen Zelten. Für Freiluftfans stehen schön gelegene Campingplätze
zur Verfügung. Beachten: Während des Oktoberfests und der großen
Messen verlangen viele Hotels im Großraum München deutlich hö-
here Preise (zwischen 25 und 200 % Aufschlag). Das Frühstück wird
häufig separat berechnet, es ist in unseren Angaben zu den Preiskategorien enthalten. Preisgünstigere Unterkunft findet man auch im
Umland; mit der S-Bahn erreicht man das Stadtzentrum schnell und
bequem. München Tourismus (▶ S. 325) hilft ggf. mit Informationen
und Zimmervermittlung.

Es lohnt sich, bei den Hotels nach Arrangements und Sonderaktio- **Spezial-**
nen zu fragen, auch mit Online- und Früh-Buchung kann man spa- **angebote**
ren. Das gilt auch für Luxushotels – so kommt man etwas preisgünstiger zum exklusiven Genuss: im Bayerischen Hof z. B. mit dem »City
Break« (2 Nächte mit Abendmenü und Champagnerfrühstück), das
Kempinski Vier Jahreszeiten bietet »3 Nächte für 2«, Wochenend-
Preise etc.; die preisgekrönte Küche des Königshofs am Stachus und
seines Ablegers Werneckhof kann man per Gourmet-Arrangement
(2 Nächte plus 2 große Menüs) kennenlernen.

Der Bayerische Hof, seit 175 Jahren eine erste Adresse in München

Hotels & Ausgehen

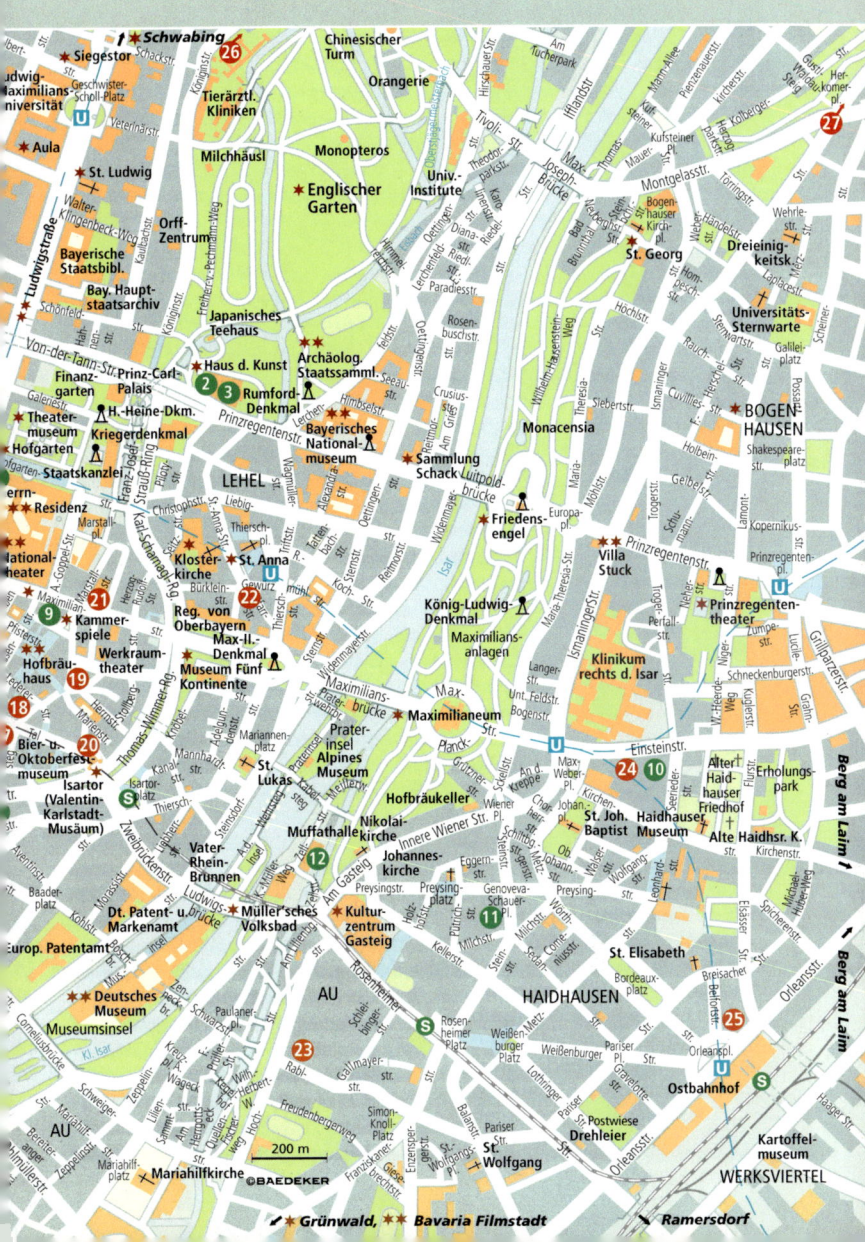

Hotels

Preiskategorien
Übernachtung für 2 Pers. im DZ
in der Hauptsaison (April–Okt.)
€€€€ über 300 €
€€€ bis 300 €
€€ bis 200 €
€ bis 100 €

❶ etc. siehe Plan S. 116/117

⓰ Bayerischer Hof €€€€
Altstadt, Promenadeplatz 2–6
Tel. 089 21 20-0
www.bayerischerhof.de
Berühmte Gäste aus Politik, Wirtschaft und Kultur nahmen bzw.
nehmen in dem 1841 gegründeten Hotel luxuriös Quartier. Fünf Restaurants von michelin-besternter Gourmetküche über Bayerisch bis Exotisch-Polynesisch. Durchaus erschwinglich ist ein Abend im Night Club, in dem internationale Jazzstars auftreten.

❹ The Charles Hotel €€€€
Maxvorstadt, Sophienstr. 28
Tel. 089 54 45 55-0
www.charleshotel.de
Eine Luxusherberge für betuchte Gäste. Spa mit großem Beauty- und Wellness-Angebot sowie 15-Meter-Pool. Das Restaurant »Davvero« pflegt eine leichte, italienisch inspirierte Küche.

㉑ Kempinski
Vier Jahreszeiten €€€€
Altstadt, Maximilianstr. 17
Tel. 089 21 25 27 99
www.kempinski.com
Luxushotel an Münchens teuerster Einkaufsstraße, mit Concierge- und Limousinen-Service. Auch

Nicht-Hausgäste können den Afternoon Tea in der Lobby nehmen, dem »schönsten Wohnzimmer Münchens«.

⓳ Mandarin Oriental €€€€
Altstadt, Neuturmstr. 1
Tel. 089 2 90 98-0
www.mandarinoriental.de
Der elegante Neorenaissance-Bau beherbergt ein exklusives Fünf-Sterne-Hotel. 2015 eröffnete der japanische Starkoch Nobuyuki Matsuhisa sein hochelegant-minimalistisches Restaurant, mit sehr teuren Gerichten, aber auch durchaus bezahlbaren Menüs. Von der Dachterrasse mit Lounge und Pool hat man einen traumhaften Blick über die Altstadt.

⓴ Hotel Torbräu €€€
Altstadt, Tal 41
Tel. 089 2 42 34-0
www.torbraeu.de
Das älteste Hotel der Stadt, an der Innenseite des Isartors gelegen. Gediegenes, »modern-traditionell« gestaltetes Haus mit freundlicher Atmosphäre.

⓮ Hotel Asam €€–€€€
Altstadt, Josephspitalstr. 3
Tel. 089 23 09 70-0
www.hotel-asam.de
Kleines, privates Haus im ruhigen, abseits gelegenen Hackenviertel mit geschmackvollen Zimmern und Suiten. Eigene Tiefgarage.

⓫ Sheraton München
Westpark Hotel €€–€€€
Westend, Garmischer Str. 2
Tel. 089 51 96-0

www.sheratonwestpark.com
Großes modernes Hotel, komfortabel und gediegen. Von der Club Lounge im 10. Stock hat man einen tollen Blick auf die Alpen. An der S-Bahn-Haltestelle Heimeranplatz.

⑱ Cortiina €€
Altstadt, Ledererstr. 8
Tel. 089 24 22 49-0
www.cortiina.com
Die Lage! Lebhafte Gasse in der Altstadt mit guten Läden und Bars etc., das Hofbräuhaus um die Ecke. Mit dem an den 1960er-Jahren orientierten Design ein sehr angesagtes Haus. Hervorragende Bar, Restaurant mit Terrasse im kleinen Innenhof.

㉗ Freisinger Hof €€
Oberföhring, Oberföhringer Str. 189, Tel. 089 95 23 02
freisinger-hof.de
Feines, städtisch-ländliches Anwesen, ruhig am Stadtrand nahe der Isar und dem Englischen Garten gelegen. Heimelige Zimmer im modernen alpenländischen Stil. Das Restaurant verwöhnt mit österreichischer und bayerischer Küche (tgl. 11.00–24.00 Uhr). Anfahrt: U-Bahn 4 zur Richard-Strauss-Straße, dann Bus 188.

㉒ Hotel Opera €€
Lehel, St.-Anna-Str. 10
Tel. 089 21 04 94-0
www.hotel-opera.de
Wunderschönes Hotel mit individuellen Zimmern und romantischem Renaissance-Innenhof. Die U-Bahn-Haltestelle Lehel am St.-Anna-Platz mit seinen Cafés ist wenige Meter entfernt.

Luxuriöses »Zimmer mit Aussicht« im Mandarin Oriental

㉕ Stadt Rosenheim €€
Haidhausen, Orleansplatz 6 a
Tel. 089 4 48 24 24
www.hotel-stadt-rosenheim.de
Sehr angenehmes Haus in der sympathischen Vorstadt: individuell und geschmackvoll modern gestaltete Zimmer in einem recht herrschaftlichen Haus der Gründerzeit. Am Ostbahnhof, die S-Bahn bringt rasch ins Zentrum.

⑰ Hotel Schlicker €€
Altstadt, Tal 8
Tel. 089 24 28 87-0
www.hotel-schlicker.de
Zentralst nahe dem Marienplatz gelegenes, gepflegtes Haus, ein traditionell geführtes Familienunternehmen. Parkplatz im Innenhof, Fahrräder stehen kostenlos zur Verfügung.

⑫ angelo Westpark €€
Untersendling, Albert-Rosshaupter-Str. 46, Tel. 089 41 11 13-0
www.vi-hotels.com
Modernes, praktisches Vier-Sterne-

Hotel, die S/U-Bahn-Station Harras ist ca. 400 m entfernt. Gut relaxen kann man im Westpark (500 m).

❸ Eurostars Grand Central ⓔⓔ

Maxvorstadt, Arnulfstr. 35
Tel. 089 5 16 57 40
www.eurostarsgrandcentral.com
An der Hackerbrücke (S-Bahn/Tram) gelegener moderner Vier-Sterne-Komplex, auch Dreierzimmer und Appartements. Klimaanlage, große Badezimmer und Betten sorgen für einen angenehmen Aufenthalt. Mit Bar und Tapas-Restaurant, Pool und Sauna.

❽ Tryp München Hotel ⓔⓔ

Paul-Heyse-Str. 24, Tel. 089 51 49 00, www.tryphotels.com
Moderne, gut ausgestattete Zimmer auf sechs Etagen. Sauna und Fitnessbereich sorgen für die Erholung. Nahe dem Hauptbahnhof an lebhafter Straße gelegen, auch die Wiesn ist nicht weit.

㉖ Gästehaus am Englischen Garten ⓔ–ⓔⓔ

Schwabing, Liebergesellstr. 8
Tel. 089 3 83 94-10
www.hotelenglischergarten.de
Romantisch am Englischen Garten gelegenes, liebevoll geführtes Haus. Etwas angejahrte Zimmer (z. T. ohne eigenes WC) und Appartements. Fahrradverleih.

⓯ Blauer Bock ⓔ–ⓔⓔ

Altstadt, Sebastiansplatz 9
Tel. 089 23 17 80
www.hotelblauerbock.de
Zentraler kann man kaum wohnen: gleich beim Viktualienmarkt, und das zu fairen Preisen. Die vielen Stammgäste schätzen den Charme des 400 Jahre alten Hauses und die herzliche Betreuung. Mit hochklassigem Restaurant unter Leitung des Witzigmann-Schülers H. J. Bachmaier (Tel. 089 45 22 23 33, Di.–Sa. 12.00 bis 15.00, 18.30–1.00 Uhr)

⓭ Pension Eulenspiegel ⓔ–ⓔⓔ

Isarvorstadt, Müllerstr. 43 a
Tel. 089 26 66 78
www.pensioneulenspiegel.de
Im ruhigen Hinterhof im 2. Stock, viele Stufen, kein Lift, dennoch eine sehr nette Adresse im hippen Glockenbachviertel. In wenigen Minuten ist man im Zentrum.

❾ Hotel Mariandl ⓔ–ⓔⓔ

Ludwigsvorstadt, Goethestr. 15
Tel. 089 55 29 10 52
www.mariandl.com
Außen Neorenaissance der Gründerzeit, innen charmant verwinkelte Zimmer mit Thonet-Möbeln und Parkett. Im Haus das Café am Beethovenplatz (▶ S. 84).

❻ Hotel Monaco ⓔ–ⓔⓔ

Isarvorstadt, Schillerstr. 9
Tel. 089 5 45 99 40
www.hotel-monaco.de
Familiengeführtes, freundliches kleines Hotel nahe dem Hauptbahnhof. Hübsche Ein- bis Vierbettzimmer, zum Teil mit Etagenbad (besonders preiswert).

㉓ Motel One ⓔ

Haidhausen, Rablstr. 2
Tel. 089 4 44 55 58-0
www.motel-one.com
Modernes, stylisches Haus, nahe dem Gasteig ruhig am sog. Isar-

Hochufer gelegen. Kleine Restaurants mit französischer Küche in der Nähe. Für weitere Häuser der Kette in München siehe Website.

24 mk hotel €
Haidhausen, Einsteinstr. 34
Zentrale Reservierung Tel. 08723 9 78 71-22 00, www.mkhotels.de
Einfache, moderne Zimmer, ruhig in einem Hinterhaus nahe dem Max-Weber-Platz (U-Bahn/Tram). Gutes Frühstück im Bistro.

10 Pension Westfalia €
Ludwigsvorstadt, Mozartstr. 23
Tel. 089 53 03 77
www.pension-westfalia.de
Sehr preisgünstige Pension an der Theresienwiese (!), in einem schön renovierten Altbau, mit Lift. Einfache Einzel- bis Viererzimmer, z. T. ohne eigenes Bad.

JUGENDUNTERKUNFT
1 DJH-Jugendherbergen
Neuhausen, Wendl-Dietrich-Str. 20
Tel. 089 2 02 44 49-0
Thalkirchen, Miesingstr. 4
Tel. 089 7 85 76 77-0
www.jugendherberge.de

7 CVJM-Gästehaus
Landwehrstr. 13, 500 m vom Hbf
Tel. 089 55 21 41-0
www.cvjm-muenchen.org

5 Euro Youth Hotel
Senefelder Str. 5, 100 m vom Hbf
Tel. 089 5 99 08 80
www.euro-youth-hotel.de

2 Haus International
Schwabing-West, Elisabethstr. 87
Tel. 089 12 00 67 90
www.haus-international.de

Internationales Jugendcamp »The Tent«
Nymphenburg, In den Kirschen 30
Tel. 089 1 41 43 00
www.the-tent.com
Geöffnet Ende Mai – Anfang Okt.
300 Schlafplätze in 80 Zelten. Mit Zeltplatz (keine Caravans)

CAMPINGPLÄTZE
Obermenzing
Lochhauser Str. 59
Tel. 089 8 11 22 35
www.campingplatz-muenchen.de
Am Beginn der A 8 nach Stuttgart gelegen, 250 Plätze. Reservierung ist nicht möglich und wäre meist auch nicht nötig.

Thalkirchen
Zentralländstr. 49 (Nähe Tierpark)
U 3 Thalkirchen
Tel. 089 7 23 17 07
www.camping-muenchen.de
630 Plätze. Idyllisch im Landschaftsschutzgebiet Isarauen gelegen, in der Nähe das Freibad Maria Einsiedel und Biergärten.

Langwieder See
Eschenrieder Str. 119
An der A 8 München – Stuttgart
Tel. 089 8 64 15 66
www.camping-langwieder-see.de
100 Plätze. In Wald und Feld am gleichnamigen Badesee gelegen. Reservierung nicht möglich.

B & B, COUCHSURFEN UND WOHNUNGSTAUSCH
www.airbnb.com
www.bed-and-breakfast.de
www.couchsurfing.com
www.9flats.com
www.wimdu.de
www.haustauschferien.com

TOUREN

München lässt sich wunderbar zu Fuß erkunden. Unsere Vorschläge für Touren durch die Altstadt – hier im Hofgarten vor der Kulisse der Theatinerkirche –, entlang der Isar und durch Vorstädte wie Schwabing, Bogenhausen und Haidhausen erschließen nicht nur die großen Sehenswürdigkeiten, sondern auch das Besondere der Stadtviertel.

Touren durch München

Auf fünf Spaziergängen lernen Sie vielfältige Facetten der bayerischen Metropole kennen. Zur Fülle von Sehens- und Erlebenswertem gehören natürlich auch immer wieder schöne Plätze, um das Leben zu genießen.

Tour 1   **Nördliche Altstadt**

Das herrschaftlich-repräsentative Zentrum des Millionendorfs mit Neuem Rathaus, Frauenkirche und der Residenz, mit dem Nationaltheater und dem »italienischen« Odeonsplatz (die volkstümliche Ausnahme bildet das Hofbräuhaus). Verständlich, dass sich hier auch die Welt des Luxus und des Konsums konzentriert. ▶Seite 125

Tour 2   **Südliche Altstadt**

Zwischen Marien- und St.-Jakobs-Platz, Gärtnerplatz und Sendlinger Straße geht es bürgerlicher und gemütlicher zu. Auch dieses Viertel ist reich an Interessantem wie dem Viktualienmarkt und dem Jüdischen Zentrum, der Asamkirche und dem Stadtmuseum. ▶Seite 128

Tour 3   **Kunstareal und Universitätsviertel**

Antikes in griechischen Tempeln, der »Blaue Reiter«, Rubens, Cézanne, Picasso, Warhol etc. – weltberühmte Kunstwerke zuhauf! Danach hat man sich den Besuch eines der traditionsreichen oder jungen Cafés und Restaurants um die Schellingstraße verdient. ▶Seite 129

Tour 4   **Altes und neues Schwabing**

Eine Legende – was ist davon noch vorhanden? Auch jenseits dieser Frage lohnt sich der Spaziergang durch den einst »unordentlichen« Bohème-Vorort rechts und links der Leopoldstraße mit seinen atmosphärereichen Straßenzügen aus Gründerzeit und Jugendstil. ▶Seite 130

Tour 5   **An und jenseits der Isar**

Einst die wirtschaftliche Lebensader der Stadt, heute ein Rückgrat der Freizeitgestaltung. Genießen Sie die schönen An- und Aussichten am Flusslauf, entdecken Sie dann das großbürgerliche Bogenhausen und das gutbürgerliche Haidhausen. ▶Seite 132

Unterwegs in München

Das Stadtzentrum innerhalb des Altstadtrings ist etwa 1,5 × 1,5 km groß, sodass man es zu Fuß problemlos kennenlernen kann. Dasselbe gilt für die Vorstädte; die S-, U- und Straßenbahnen sowie die Busse des Münchner Verkehrsverbunds sorgen für eine rasche, bequeme Verbindung. Mindestens drei, vier Tage sollte man sich genehmigen, um in Ruhe die großen Sehenswürdigkeiten kennenzulernen, in das eine oder andere Museum zu schauen und den Einkaufsbummel mit ausgiebigen Pausen in einem Café oder Biergarten angenehm zu verbinden. Nicht wenige Gäste sind nur 1, 2 Tage in München, für sie haben wir einen Rundgang »München an einem Tag« zusammengestellt, der das Wichtigste zeigt; für den Besuch eines Museums bleibt da allerdings keine Zeit.

Nördliche Altstadt   Tour 1

Start und Ziel: Karlsplatz (Stachus)   **Dauer:** 4 Stunden – 1 Tag

Bei diesem Spaziergang lernt man nicht nur die frequentierteste Fußgängerzone Deutschlands mit den höchsten Ladenmieten kennen, sondern auch einige der bedeutendsten Bauwerke der Stadt. Wer ihnen die Zeit widmet, die sie eigentlich verdienen, kann mit der Tour einen ganzen Tag füllen.

Der verkehrsreiche ❶ **Karlsplatz (Stachus)** bildet mit dem Karlstor den westlichen Eingang zum Stadtzentrum. Hier beginnt die in München einfach als »Fußgängerzone« bezeichnete, zum Marienplatz führende Einkaufsmeile Neuhauser Straße & Kaufingerstraße. Wenige Schritte hinter dem Karlstor lohnt die äußerlich schlichte barocke ***Bürgersaalkirche** einen Blick, ihre Unterkirche ist dem Gedächtnis des Paters Rupert Mayer gewidmet. Rechts zu beachten der »Augustiner«, eine prächtige Brauereigaststätte aus der Prinzregentenzeit. Dann folgt links die beeindruckende ❷ ****Michaelskirche**, mit der sich die Gegenreformation machtvoll in Szene setzte; in der Gruft ist u. a. König Ludwig II. bestattet. Beim Jagd- und Fischereimuseum – in der Augustinerkirche aus dem 13. Jh. – links abbiegend steht man gleich vor der ❸ ****Frauenkirche**, Münchens bekanntestem Wahrzeichen. Nicht nur die Kirche mit ihren gewaltigen Ausmaßen und der Fülle kunsthistorischer Kostbarkeiten zieht die Besucher an, auch der Blick vom 98 m hohen Südturm ist ein Highlight. Nun entlang der Kirche (hier reihen sich beliebte Gaststätten) nach Osten zum **Marienhof** hinter dem Neuen Rathaus; gegen-

Vom Karlsplatz zum Marienplatz

über leuchtet dort das noble Feinkosthaus Dallmayr. Wir nehmen den Weg rechts hinunter zum ❹ **★★Marienplatz** mit dem Neuen Rathaus, Zentrum des städtischen Lebens und Treff aller Touristen; zu den gegebenen Zeiten verfolgen viele Menschen andächtig das Glockenspiel im Rathausturm.

Vor dem gotischen **Alten Rathaus** geht links die Burgstraße ab; unter den nach dem Zweiten Weltkrieg restaurierten Häusern ist dort besonders Nr. 5 zu beachten (»Hofer Stadtwirt«), das um 1550 zum Stadtschreiberhaus umgebaut wurde; typisch die beiden Halbgauben außen, die Bemalung wurde nach originalen Resten rekonstruiert. Die Straße führt auf den ❺ **Alten Hof** zu, den bescheidenen Rest der wittelsbachischen Burg des 13. Jh.s; im »Infopoint Museen & Schlösser« in den Gewölben wird die Stadtgeschichte schön präsentiert. Nun durch die Pfisterstraße zu »der« Münchner Adresse, dem Platzl mit dem berühmten ❻ **★★Hofbräuhaus** – probieren Sie unbedingt aus, ob es Ihnen taugt. Wenige Meter nördlich tritt man hinaus auf die ❼ **★Maximilianstraße**: kostspielige Karossen und glitzernde Geschäfte mit bekannten Namen, in denen man nur selten Kunden sieht. Nach einem kurzen Bummel stadtauswärts – in der Ferne grüßt das Maximilianeum – und wieder zurück, vorbei am Hotel Vier Jahreszeiten, empfängt eine weitere Bühne, der ❽ **Max-Joseph-Platz** mit dem **★★Nationaltheater**, dem Königsbau der **★★Residenz** und der Loggia der Residenzpost gegenüber. In der Residenz, für über 500 Jahre die »Herzkammer« Bayerns, kann man gut einen Tag zubringen, ein halber sollte es schon sein. Die Residenzstraße bringt entlang der Alten Residenz und ihren prächtig gestalteten Portalen zum ❾ **★★Odeonsplatz,** dem »italienischen« Platz der Stadt: eingerahmt von der **★★Theatinerkirche** nach römischem und der **★Feldherrnhalle** nach Florentiner Vorbild. Relaxen kann man nebenan im schönen **Hofgarten**.

Vom Marienplatz zum Odeonsplatz

Nun an der Brienner Straße, ebenfalls eine noble Adresse, ein kleines Stück nach Westen zum **Wittelsbacherplatz** mit dem Denkmal Kurfürst Maximilians I. und kühlen klassizistischen Palazzi. Gegenüber, vor dem Luitpoldblock, leitet links der Amiraplatz zum ❿ **Salvatorplatz** mit dem Literaturhaus über, der literarischen Drehscheibe Münchens, und der spätgotischen Salvatorkirche. Die Salvatorstraße bringt zurück zur ⓫ **Theatinerstraße**, an der edle Geschäfte, die Einkaufspassage »Fünf Höfe« und die **★Hypo-Kunsthalle** liegen. Mit Shoppingverlockungen geht's weiter, durch die Maffeistraße mit dem berühmten Loden-Frey erreicht man den langen ⓬ **Promenadeplatz**, den das alteingesessene Luxushotel Bayerischer Hof dominiert. Die Pacellistraße – Kunstfreunde schauen hier in die barocke **Dreifaltigkeitskirche** – verbindet mit dem **Lenbachplatz**, den großartige Bauten des Großbürgertums säumen. Durch ein erhalten gebliebenes Tor betritt man den ⓭ **Alten Botanischen Garten**, außer

Vom Odeonsplatz zum Karlsplatz

einem großen Neptun-Brunnen und bunten Blumenbeeten lädt hier das Parkcafé mit seinem Biergarten zur abschließenden Einkehr. Die ÖPNV-Drehscheibe Karlsplatz liegt in nächster Nähe.

Tour 2 # Südliche Altstadt

Start und Ziel: Marienplatz
Dauer: 3 – 4 Std. (ohne Museen)

Auch dieser Teil des Altstadt versammelt große Münchner Sehenswürdigkeiten. Doch während die nördliche Altstadt von den Monumenten der weltlichen und geistlichen Macht dominiert wird, lernt man hier eine eher bürgerliche Welt kennen.

**Vom Marien-
platz zum
Sendlinger Tor**

Südlich des ❶ **Marienplatzes** ragt der Turm der * **Peterskirche** in den Himmel, von dem man einen großartigen Blick über die Stadt und ihr Umland genießen kann. Vom Treppenklettern erholt man sich auf dem bunten, lebhaften ❷ * **Viktualienmarkt**, der sich unterhalb der Peterskirche ausbreitet. Kunstfreunde sehen sich die gotische, prächtig barock gestaltete **Heilig-Geist-Kirche** an. Vom Viktualienmarkt bietet sich ein Abstecher südlich in die Isarvorstadt an, ins Gärtnerplatzviertel, das ab 1861 bebaut wurde; sein Zentrum ist der atmosphärereiche ❸ **Gärtnerplatz** mit dem Gärtnerplatztheater. Dann auf der Corneliusstraße nordwestlich zur Blumenstraße, jenseits von ihr rechts in die Prälat-Zistl-Straße entlang der **Schrannenhalle** (mit dem »Eataly«), dann gleich links auf den Sebastiansplatz, den Altmünchner Häuser säumen; er geht über in den ❹ **St.-Jakobs-Platz** mit der beeindruckenden Synagoge »Ohel Jakob« des ** **Jüdischen Zentrums**, das auch ein interessantes Museum unterhält. Rechterhand der große Komplex des ** **Münchner Stadtmuseums**, dessen Sammlungen zeigen, was »typisch münchnerisch« ist, und anderes mehr. Vom Jakobsplatz geht man nordwestlich hinauf zur Einkaufsmeile der **Sendlinger Straße**. Nicht auslassen sollte man dort die ❺ ** **Asamkirche**, ein überwältigendes Rokoko-Gotteshaus. Einige Schritte stadtauswärts markiert das ❻ **Sendlinger Tor** den südwestlichen Eingang zur Altstadt.

Hackenviertel

Vom Sendlinger Tor führt die Tour nördlich ins ruhige, etwas abseits gelegene **Hackenviertel**: durch die Kreuzstraße, die vom hohen Turm der Kreuzkirche dominiert wird, und die Damenstiftstraße zur kunsthistorisch interessanten ❼ **Damenstiftskirche St. Anna**; dann einige Schritte zurück und links in die Brunn-/Hackenstraße mit einer Reihe alter und/oder stattlicher Häuser zur Sendlinger Straße und zurück zum Marienplatz.

Kunstareal und Universitäten   Tour 3

Start: Karlsplatz (Stachus)   **Dauer:** 3 – 4 Stunden (plus
Ziel: Geschwister-Scholl-Platz   2 – 3 Stunden pro Museum)

**Bombastische Bauten aus dem Dritten Reich, eine monumen-
tale griechische »Akropolis«, weltberühmte Kunstsammlungen und das quirlige Universitätsviertel lernt man auf dieser
Tour kennen. Mindestens einer der Pinakotheken sollte man
gleich einen Besuch abstatten.**

Nördlich des ❶ **Alten Botanischen Gartens** beim »Stachus« beginnt
das »braune Viertel« Münchens (▶S. 218). An der Sophienstraße sind
am Landesamt für Steuern (Nr. 6, einst Finanzpräsidium) noch »ent-
nazifizierte« NS-Embleme erhalten, selbst das Park-Café (1937) besitzt
eine protzige Fassade nach NS-Art. An der Katharina-von-Bora-Straße
folgt die Zentrale der NSDAP, heute u. a. Sitz der Staatlichen Graphik-
sammlung. Dahinter quert die Brienner Straße, rechts leuchtet das
2015 eröffnete ❷ ****NS-Dokumentationszentrum**, das die Geschichte Münchens im Dritten Reich eindringlich vor Augen führt;
jenseits der Kreuzung der »Führerbau«, heute Musikhochschule. Links
mündet die Brienner Straße auf das weite »Forum der Antike«, den
❸ ****Königsplatz** mit seinen kühlen klassizistischen Tempelbauten:
Glyptothek, **Antikensammlungen** und **Propyläen**. Im Café in der

(Randnotiz:) **Vom Alten Botanischen Garten zum Lenbachhaus**

Glyptothek (▶S. 84) oder – jenseits
der Propyläen – im Restaurant des
**Lenbachhauses kann man vor
oder nach der Kunst relaxen. Letzteres, die toskanische Villa des Malerfürsten Franz von Lenbach, und der
goldene neue Anbau beherbergen
u. a. weltberühmte Werke des »Blau-
en Reiters«.
An der Arcisstraße liegen weitere
einzigartige Kunstsammlungen. Im
Untergeschoß der neuen Hochschule
für Fernsehen und Film hat das
❹ ****Staatliche Museum Ägyptischer Kunst** seine Heimstatt, nördlich gegenüber zieht die ❻ ****Alte
Pinakothek** mit europäischen Meisterwerken aus 500 Jahren Kunst-
begeisterte in den Bann. Auf der
anderen Seite der Barer Straße liegt
die Betonschachtel der ❺ ****Pinako-**

> **!** **BAEDEKER TIPP**
>
> *München an einem Tag*
>
> Etappe 1 (1 km): Vom Karlsplatz
> zum Marienplatz (wie Tour 1).
> Etappe 2 (1 km): Marienplatz–Vik-
> tualienmarkt (wie Tour 2), dann zum
> Odeonsplatz (wie Tour 1).
> Etappe 3 (2,8 km): Durch den Hof-
> garten zum Haus der Kunst, durch
> den Englischen Garten zum Chinesi-
> schen Turm, dann westlich zur Lud-
> wigstraße und zur Universität.
> Etappe 4 (2 km): Universität–Kunst-
> areal–Königsplatz (wie Tour 3,
> in entgegengesetzter Richtung).
> Etappe 5 (1,5 km): Vom Königsplatz
> mit Bus 100 zum Friedensengel,
> dann durch die Maximiliansanlagen
> und über die Praterinsel zur Lud-
> wigsbrücke (▶Isar, S. 206).

thek der Moderne (2002), die zentrale Werke der Klassischen Moderne versammelt, darüber hinaus werden modernes Design und großartige Grafik präsentiert. Das ***Reich der Kristalle** fasziniert die Mineralienliebhaber. Schließlich erreicht man die ❼ ****Neue Pinakothek**, die Werke großer Meister des späten 18. Jh.s bis Anfang des 20. Jh.s präsentiert. Nun folgt man der Arcisstraße zum ❽ **Alten Nördlichen Friedhof**, einem besonders schönen in der Reihe der alten Friedhöfe Münchens. An der Hauptachse des Universitätsviertels, der **Schellingstraße**, und den Querstraßen Türken- und Amalienstraße reihen sich Cafés und Kneipen, darunter echte »Sehenswürdigkeiten« der alten Bohème. Die Schellingstraße läuft auf die kunsthistorisch interessante ❾ ***Ludwigskirche** an der Ludwigstraße zu, ihr Altarfresko gilt als das größte der Welt. Zuletzt an der ****Ludwigstraße** links hinunter zum Hauptgebäude der ❿ Ludwig-Maximilians-Universität (LMU), einem heiter-würdigen Komplex am Geschwister-Scholl-Platz. Im Lichthof des Gebäudes erinnert die DenkStätte an die Weiße Rose.

Tour 4 # Altes und neues Schwabing

Start: Leopoldstraße/Giselastraße, U-Bahn-Station Giselastraße

Ziel: Leopoldstraße/Siegestor
Dauer: 3 – 4 Stunden

Schwabing ist ein (sehr) bürgerlicher Bezirk links und rechts der Leopoldstraße, geprägt von stattlichen Wohnblöcken des 19. und frühen 20. Jh.s; nahe dem Englischen Garten ist seine dörfliche Vergangenheit noch zu ahnen. Dieser Spaziergang spürt der Atmosphäre in den recht unterschiedlichen Teilen des Viertels nach, Gelegenheiten für einen Einkauf oder eine gemütliche Pause gibt es allenthalben.

Durchs das östliche Schwabing An der Ecke ❶ **Leopoldstraße/Giselastraße** eröffnete 1969 die Città 2000, Deutschlands erstes Vergnügungszentrum mit Kino, Kneipen und Läden, das wie das »Blow up« und der »Drugstore« zum Imperium der Samy-Brüder gehörte – es war einmal … (den Drugstore am Wedekindplatz gibt es immerhin noch). Man geht die Giselastraße östlich hinunter zur vornehmen Königinstraße, die am Englischen Garten entlangführt; voraus der Komplex der Allianz-Generaldirektion (1955). Nun links zur Universitätsreitschule mit seinem bekanntem Caférestaurant, durch Fenster kann man den Reitern zusehen. Etwas weiter nördlich beeindruckt das monumentale Schloss der Münchner Rückversicherung (1913). Dann links an seinem prachtvollen ummauerten Garten entlang zur Kaulbachstraße, dort rechts zur hübschen ❷ **Seidlvilla**, ein Kulturzentrum mit vielfältigem Programm. Im Zickzack (Werneckstraße, Seestraße) weiter zur Mandlstraße; am Eck rechts steht ein klassizistischer Tempel – das schönste Standesamt Münchens. Immer an noblen Häusern entlang erreicht man die Katholische Akademie, in deren Park das Schloss Suresnes (Werneckschlössl) steht, das letzte Zeugnis der Landhäuser, die sich hochmögende Leute im 18./19. Jh.s in Schwabing bauen ließen. Die Akademie nützt auch den Viereckhof, den ältesten Bauernhof des Dorfs. Nach einem Abstecher in den ❸ * **Englischen Garten**, mit einer Runde um den Kleinhesseloher See, sollte man sich die gotisch-barocke Kirche ❹ **St. Sylvester** ansehen, die um 1925 einen »Nachbarn« erhielt und einige schöne Kunstwerke birgt. Die Feilitzschstraße mit Ursulastraße, Occamstraße und Wedekindplatz bildet das Schwabinger Vergnügungsviertel mit Kneipen, Restaurants und Kleinkunstbühnen. Dann tritt man auf den Platz ❺ **Münchner Freiheit** hinaus, den der seltsame Bus-/Tram-Bahnhof auch nicht besser macht. Am Westrand des Platzes (Leopoldstr. 77) ist ein herrliches Jugendstilhaus (M. Dülfer, 1902) zu beachten; Architekturfreunde sollten sich auch die ungewöhnliche Erlöserkirche nördlich des Platzes ansehen.

Einige Schritte südlich der Münchner Freiheit biegt man westlich in die ❻ **Kaiserstraße** ein, deren Häuser von 1870 – 1900 fast ausnahmslos in der Denkmalliste stehen; Neorenaissance, Neobarock und Jugendstil wechseln sich ab, besonders hübsch die Villenreihe Nr. 4 – 12 (1884). Den **Kaiserplatz** nimmt ❼ * **St. Ursula** ein, die

Durchs das westliche Schwabing

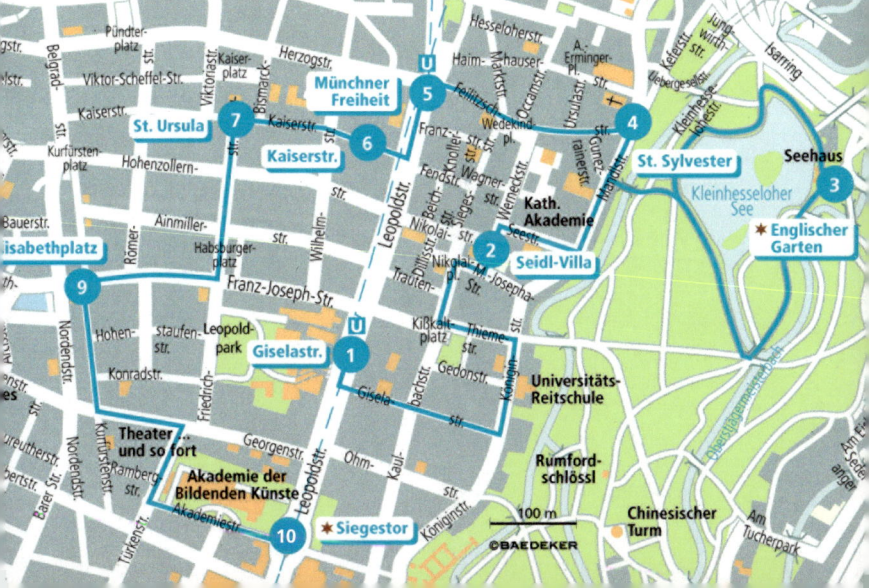

Replik einer italienischen Renaissance-Kirche; im Gasthaus »Kaisergarten« hofft man auf einen Platz draußen. Nun auf der Friedrichstraße nach Süden zur Franz-Joseph-Straße; man quert dabei die Hohenzollern- und die Ainmillerstraße (wer Zeit hat, sieht auch in diese, wegen der Architektur und der kleinen Läden). Die großzügige Franz-Joseph-Straße bringt zum ❽ **Elisabethplatz**, dem gemütlichen »Bauch von Schwabing«. Nun durch die Nordend- oder die parallele Kurfürstenstraße zur ❾ **Georgenstraße**, die die Südgrenze Schwabings markiert. Hier ist der Georgenhof (Ecke Friedrichstr.) eine gute bayerische Ess-Adresse; ein Kuriosum bilden Nr. 8 (Palais Bissing) und 10 (Pacelli-Palais), die um 1880 als symmetrisches Doppelhaus konzipiert worden waren. Die Türkenstraße – an ihr liegt das renommierte ARRI-Kino – bringt zur Kunstakademie, die Akademiestraße weiter zum ❿ * **Siegestor** auf der Leopoldstraße.

Tour 5 # An und jenseits der Isar

Start und Ziel: Ludwigsbrücke
Dauer: 3–4 Stunden

München, Stadt am Fluss – so ganz ist das nicht richtig, dennoch ist die Isar ein besonderes Plus in der Landeshauptstadt. Gern spaziert man am meist ruhig strömenden Fluss entlang, auf den Kiesbänken breitet man in der warmen Jahreszeit sein Handtuch aus. Auf der Anhöhe jenseits liegen mit Bogenhausen und Haidhausen zwei atmosphärereiche Vorstädte mit je eigenem Charakter.

Von der Ludwigsbrücke zu St. Georg in Bogenhausen

Von der ❶ **Ludwigsbrücke** beim Deutschen Museum geht man nördlich hinunter zur baumbestandenen Museumsinsel. Früher hieß sie Kohleninsel, da hier das mit Flößen transportierte Brennmaterial abgeladen wurde; stattdessen leuchtet rechts das Müller'sche Volksbad. Unter dem Wehrsteg stürzt tosend das Wasser von der Großen in die Kleine Isar. Einen Blick lohnt links der mächtige neogotische Rundbau der Lukaskirche. Nun überquert man auf dem eleganten Kabelsteg – er trug das Kabel, das den Strom vom Muffatwerk in die Stadt brachte – den Fluss, dann hält man sich links: Zwischen der Isar und dem Auer Mühlbach, teils auf einem Holzplankensteg, geht man zur ❷ **Maximiliansbrücke**, über der das * **Maximilianeum** thront, Sitz des bayerischen Landtags. Jenseits der Brücke können Fische mittels der Fischtreppe am anderen Ufer die Stufen im Fluss überwinden. Im Maxwerk von 1895, einem der ältesten noch arbeitenden Wasserkraftwerke Bayerns, gibt der Auer Mühlbach – der bei Großhesselohe von der Isar abzweigt (▶ S. 208) – noch Energie ab, bevor er in die Isar zurückdarf. Durch die lauschigen Maximilians-anlagen geht es zum ❸ ***Friedensengel,** auf seiner Terrasse genießt man den Blick über die westliche Prinzregentenstraße. Nach einem Viertelstündchen weiter durch den Park erreicht man ❹ ***St. Georg** in Bogenhausen; die barocke Dorfkirche ist ein Werk von Johann Michael Fischer und Ignaz Günther, im schönen Friedhof ruhen unter den schmiedeeisernen Kreuzen berühmte Persönlichkeiten.

»Die« Sehenswürdigkeiten ***Bogenhausens** sind die schönen, mehr oder weniger auf Außenwirkung zielenden Villen. Exemplarisch dafür die Maria-Theresia-Straße und die Möhlstraße, die St. Georg mit dem Friedensengel verbinden (ca. 1 km). Wer darauf verzichten bzw. abkürzen will, kann mit der Tram 16 auf der Ismaninger Straße zur Prinzregentenstraße fahren: Hier empfängt gleich ein Emblem dieser Prachtstraße, die ❺ ****Villa Stuck,** mit der sich Franz von Stuck, **Von St. Georg zur Ludwigsbrücke**

einer der Münchner »Malerfürsten«, in Szene setzte. Das Café dort wäre ein guter Platz für eine Pause, sonst kann man sich einen Block weiter östlich im berühmten Feinkosthaus **Käfer** mit erlesenem Proviant versorgen. Am beliebten Prinzregentenbad vorbei erreicht man das ❻ ***Prinz-regententheater,** in dessen Bau sich Klassizismus und Jugendstil verbinden; das Programm ist ebenso vielfältig wie hochklassig. Damit hat man einen guten Eindruck von Bogenhausen gewonnen. Mit der U-Bahn geht es nun nach **Haid-hausen** zum Max-Weber-Platz. Wenige Meter südlich liegt der ❼ **Wiener Platz,** eine Idylle mit Markt, Maibaum, Herbergen und dem Hofbräukeller. Auf

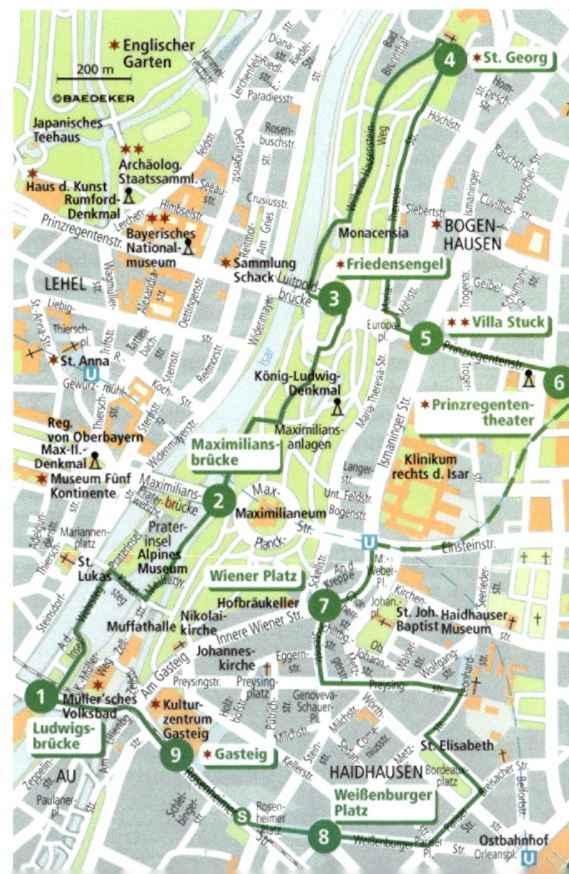

der anderen Seite der Inneren Wiener Straße (die heutige Einstein-straße war früher die Äußere Wiener Straße; sie bildeten einst die nach Osten führende Salzstraße) geht man in die hübsche Steinstra-ße mit kleinen, guten Läden, Cafés und Restaurants. Dann links in die ebenfalls charakteristische Preysingstraße, an deren Ende zwei Herbergen von der alten Vorstadt zeugen. Nun steht das »Franzosen-viertel« auf dem Programm, das nach 1870 angelegt wurde; besonders eindrücklich, wenn auch etwas eintönig, der gut 200 m lange **Bor-deauxplatz**. Über den irreführend benannten Pariser Platz erreicht man den hübschen ❽ **Weißenburger Platz**, das Zentrum eines un-prätentiösen Wohnbezirks. Am Rosenheimer Platz tritt man auf die Rosenheimer Straße hinaus, an der noch vor 150 Jahren ein Dutzend Bierkeller lagen; erst nach dem letzten Krieg wichen die Ruinen der Münchner-Kindl-Brauerei dem abscheulichen Motorama, der be-rühmte Bürgerbräukeller dem Hilton und dem GEMA-Gebäude. An Letzeres schließt der Backsteinbau des ❾ *****Kulturzentrums Gasteig** an. Unterhalb von ihm, am Beginn der Inneren Wiener Straße, lohnt sich ein Blick in die kleine Nikolaikirche aus dem 13. Jh., an die 1678 eine Loretokapelle gebaut wurde (mit Replik der Altöttinger Madon-na). Nun hat man die **Isar** wieder erreicht – bei schönem Wetter krönt man die Tour auf der Caféterrasse des Müller'schen Volksbads oder, hinter diesem, im Biergarten der Muffathalle.

Sehenswertes weiter draußen

In München   Auf den beschriebenen fünf Rundgängen lernt man die inneren Stadtbezirke kennen, aber natürlich sind weiter draußen ebenfalls Attraktionen zu entdecken. Noch zentrumsnah liegt der *****Olympia-park** im Norden der Stadt mit seinem imposanten Zeltdach und dem Fernsehturm. Beim Olympiapark erwartet ****BMW** mit seinem Museum, der BMW Welt und Werksführungen technik- und auto-begeisterte Besucher. Im Westen der Stadt sollte man das barocke Schloss ****Nymphenburg** mit seinem schönen französisch-engli-schen Park besuchen; dort ist auch das Museum für Mensch und Natur ansässig, eine Attraktion für Kinder. In unmittelbarer Nähe laden der *****Botanische Garten** und – Richtung Stadtmitte – der **Hirschgarten** ein, Letzterer mit einem großen, zünftigen Biergarten. Und am Stadtrand erwartet mit dem Schloss ****Blutenburg** (mit Michael-Ende-Museum) ein besonderes Juwel; das nahegelegene, wunderbare *****Pippinger Kircherl** ist im Allgemeinen sonntags ab 18 Uhr zugänglich. Im Süden – entlang der Isar auch zu Fuß und per Rad zu erreichen – zieht der ****Tierpark Hellabrunn** Groß und Klein an. Für Barockfreunde lohnen sich Ausflüge zu den Kirchen in *****Ramersdorf** und *****Berg-am-Laim.**

Höhepunkte in den Außenbezirken

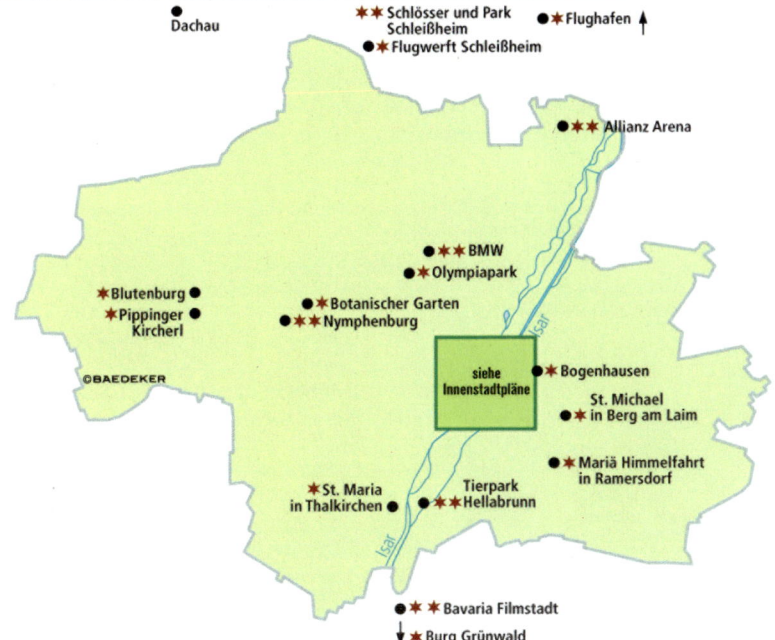

Schon außerhalb der Stadtgrenzen liegt Geiselgasteig, wo man in der
✱✱Bavaria Filmstadt die »Münchner Traumfabrik« kennenlernen
kann. Südlich von Geiselgasteig fließt die Isar in einem recht idyllischen, teils gar wildromantischen Tal (mit Wanderwegen), über dessen rechter Flanke die alte Burg von **✱Grünwald** thront. Nördlich
von München, alle mit der S-Bahn gut erreichbar, liegen Dachau,
Oberschleißheim und der Flughafen. In **Dachau**, gut 15 km nordwestlich, ist die Konzentrationslager-Gedenkstätte zu besuchen, aber
auch das Städtchen mit seinem Schloss. Oberschleißheim wartet mit
der barocken Schlossanlage **✱✱Schleißheim** mit Altem und Neuem
Schloss sowie dem Schloss Lustheim auf. Eine große Attraktion für
Luftfahrtfans ist nebenan die **✱Flugwerft Schleißheim** auf einem
der ältesten Flugplätze Deutschlands. Zwischen Freising und Erding
zieht der **✱Flughafen München** als Deutschlands zweitgrößter Airport vor allem in den Schulferien Tausende Besucher an.

Im Umland

SEHENSWERTES
VON A BIS Z

Vom Olympiapark – im Bild der Blick vom Olympiaturm –
zum Deutschen Museum, vom Hofbräuhaus zu den
Pinakotheken, von der Residenz zur Allianz Arena:
In München gibt es für jeden viel zu entdecken.

** **Allianz Arena**

✦ **nördl. A 12**

Lage: Fröttmaning
U-Bahn: U 6 Fröttmaning
FC Bayern Erlebniswelt
Tgl. 10.00 – 18.00 Uhr
(an Spieltagen des TSV 1860
geschlossen), Eintritt 12 €

Karten für Spiele: FCB Tel. 089
6 99 31-333, www.fcbayern.de
TSV 1860 Tel. 0180 5 60 18 60
www.tsv1860.de
www.allianz-arena.de

Ein neues Kapitel in der Geschichte der Fußballstadt München wurde im Mai 2005 mit der Eröffnung der Allianz Arena aufgeschlagen. Sie ist Heimat der beiden großen Münchner Clubs FC Bayern München und TSV 1860.

An der A 9 nach Nürnberg verblüfft nachts ein riesiges, bunt leuchtendes »Schlauchboot«, in klaren Nächten ist es noch von den österreichischen Bergen in über 75 km Entfernung zu erkennen. Gewaltig sind die Ausmaße des von den renommierten Basler Architekten Herzog & de Meuron projektierten Stadions: Länge 258 m, Breite 227 m, Höhe 50 m. Neu war die lichtdurchlässige Hülle: 2760 mit Luft gefüllte, rautenförmige Membrankissen lassen Wände und Dach (66 500 m² Fläche) als Einheit erscheinen und verbergen das imposante Dachtragwerk. Die Illumination hält da mit: Gab es bis 2015 drei Farben – Bayern-Heimspiel Rot, 1860 Blau, für Weder–noch Weiß –, machen nun 300 000 LEDs die buntesten Effekte möglich, z. B. als optische Umsetzung einer La Ola oder von Torjubel. Eindrucksvoll ist auch der Weg über die Esplanade von der U-Bahn und den Busparkplätzen zur Arena: Unter ihr liegt das mit 9800 Plätzen größte Parkhaus Europas. Bei nationalen Spielen finden ca. 75 000 Zuschauer Platz, bei internationalen (nur Sitzplätze erlaubt) ca. 70 000. Es gibt 54 Kartenschalter, je ein Fan-Restaurant für den FC Bayern und den TSV 1860 München mit jeweils ca. 1000 Plätzen, eine Cafébar und 28 Kioske. Der FC Bayern und der TSV 1860 finanzierten die Arena ursprünglich zu gleichen Teilen. 2006 mussten die abstiegs- und skandalgebeutelten, klammen »Blauen« bzw. »Löwen« ihren Anteil verkaufen, und 2015 konnte der FC Bayern vermelden, dass die Investition von 346 Mio. € gänzlich abbezahlt sei, nicht zuletzt dank der substanziellen Beteiligung der Allianz AG an der FC Bayern AG. Weitere Anteile an Letzterer halten Adidas und Audi.

FCB Erlebniswelt Daran kommt kein Bayern-Fan vorbei: Die FC Bayern Erlebniswelt in der Allianz Arena ist, wie es sich für einen »Rekordmeister« gehört, das **größte Vereinsmuseum Deutschlands**. Es präsentiert multimedial, inklusive eines virtuellen Franz Beckenbauer, die ruhm- und facettenreiche Geschichte des Vereins. Interessant: Vor

Heute spielt der FC Bayern in der Arena.

den lebensgroßen Aluminiumfiguren der aktuellen Mannschaft bleiben Frauen länger stehen als Männer. Fanshops der beiden Vereine
sind auch beim Hofbräuhaus in der Orlandostraße zu finden.

So heißt der Stadtteil, in dem das Stadion steht, so hieß aber auch ein **Fröttmaning**
verschwundenes Dorf. Jenseits der Autobahn ragt der **Fröttmanin-
ger Berg** mit einem Windrad auf, ein Erholungsgebiet mit Spazier-
und Schlittenwegen und großartigem Ausblick – ab 1954 aus Münchner Müll aufgetürmt. Das Dorf musste weichen, dank hartnäckiger
Bürger erhalten blieb aber die spätromanische **Kirche Heilig Kreuz**
(13. Jh.) am Nordhang des Bergs; einzigartig in Deutschland sind
ihre romanischen Fresken. Die Kirche hat einen symbolhaft halb ver-
schütteten »Doppelgänger«, den der Künstler T. Ulrichs 2006 aus
Beton schuf.

Alpines Museum

✦ **L 18**

Lage: Lehel, Praterinsel 5
S-Bahn: S 1 – 8 Isartor
U-Bahn: U 4/5 Lehel
Tram: 18 Mariannenplatz

Di. – Fr. 13.00 – 18.00, Sa., So.
11.00 – 18.00 Uhr, Eintritt 4,50 €
www.alpines-museum.de

**Seit Jahrhunderten sind Menschen von der grandiosen Hoch-
gebirgswelt der Alpen fasziniert. Bergfreunde finden im Museum des Deutschen Alpenvereins auf der Praterinsel ein ganzes Füllhorn an Interessantem und Informativem.**

War der Alpinismus anfangs eine Sache abenteuerlustiger Bildungs-
bürger, so wurde er in den ersten Jahrzehnten des 20. Jh.s zu einer
Massenbewegung; begeisterte Gipfelstürmer fanden sich in den Al-

** *Stadion für zwei Clubs*

Als Meilenstein moderner Architektur gilt die Allianz Arena, Münchens großes Stadion, das im Sommer 2006 als Austragungsort der Fußball- weltmeisterschaft eine gewichtige Rolle spielte. Die Arena entstand nach dem Entwurf der Schweizer Architekten Herzog & de Meuron und hat eine Kapazität von 70 000 bis 75 000 Plätzen. Das Projekt wurde zunächst von den Clubs TSV 1860 München und FC Bayern München finanziert, heute gehört das Stadion dem FC Bayern allein.

❶ Außenhaut

Das imposante Dachtragewerk verbirgt sich hinter 2760 rautenförmigen, mit Luft gefüllten Membrankissen. Die transparente Folienfassade hüllt die Arena mit einem LED-System in Tausende möglicher Farben.

❷ Nordkurve

Je 10 000 Sitzplätze in der Nord- und Südkurve können durch Hochklappen der Sitze in Stehplätze gewandelt werden. In der Nordkurve liegt auch das Fan-Restaurant des TSV 1860.

❸ Südkurve

Hier können sich Anhänger des FC Bayern München im Fan-Restaurant des Vereins auf ca. 1000 Plätzen versammeln.

❹ Unterer Rang

Hier können die Zuschauer das Spielgeschehen aus dem kleinsten möglichen Abstand (7,50 m) erleben.

❺ Mittlerer Rang

Durch einen Böschungswinkel von 30 Grad ist von jedem Platz aus gute Sicht gewährleistet.

❻ Oberer Rang

Wegen der extremen Neigung von 34 Grad kann man auf diesem Rang nur sitzen. Die oberste Sitzreihe des Stadions verläuft nicht weniger als 39 m hoch über dem Rasen.

❼ VIP-Logen

Für wichtige Stadionbesucher reserviert sind 106 Logen mit 1374 Plätzen.

Eindrückliche Atmosphäre im Hexenkessel

2800 Kissen aus einer 0,2 mm
dünnen Folie überspannen
die Dachkonstruktion
des Stadions.

7

3

Allianz Arena

n-
ingt
e-Bus
cke!
ark-
nan
rken
ner,
ann.

Arena-Touren

Werfen Sie einen Blick hinter die Kulissen des Stadions: In einstündigen Touren erleben Sie die Technik der Kissenhülle, die Mannschaftskabinen und den Spielertunnel, die Anlage der Tribünen und ggf. die FC Bayern Erlebniswelt. Spezialtouren versetzen Sie in die Perspektive eines VIP-Gastes.

Tgl. (außer Spieltage) 9.30 – 16.30 Uhr, Tel. 089 6 99 31-222, Eintritt 10 €

©BAEDEKER

Bitte benützen Sie für die A... fahrt zu einem Spiel unbe... die U-Bahn oder den Shutt... von der Donnersberger Bri... Für die Ausfahrt aus dem P... haus nach dem Spiel muss ... 2 Stunden rechnen, und pa... Sie, im Interesse der Anwo... keinesfalls im Viertel Freim...

1860

penvereinen zusammen. Gemälde und Dokumente, Messinstrumente, Bergsteigerausrüstungen und andere Exponate dokumentieren die Entwicklung des Tourismus und des Bergsports in den Alpen, das **Archiv** verwahrt Schätze aus der Kulturgeschichte des Raums in den letzten 250 Jahren. Sonderausstellungen befassen sich mit interessanten Aspekten, so der Erschließung und Denaturierung der Alpen für touristische und andere kommerzielle Zwecke. Die hervorragende **Bibliothek** (geöffnet Do. 12.00 – 19.00 Uhr) besitzt über 70 000 Medien – Bücher, Führer, Karten und Zeitschriften –, ihr Katalog ist online zur Recherche zugänglich, Mitglieder der Alpenvereine können Medien ausleihen. Im **Café Isarlust** mit seinem wunderbaren Garten – den Kuchen bezieht man vom Café Ruffini (▶ S. 85) – können Sie Ihren Ausflug in die Bergwelt planen.

Alter Hof

✴ **K/L 16**

Lage: nordöstlich des Rathauses
S-Bahn: S 1 – 8 Marienplatz
U-Bahn: U 3 / 6 Marienplatz

Tram: 19 Perusastr. / Nationaltheater
www.muenchner-kaiserburg.de

Im Nordosteck des damaligen Stadtmauerrings ließ Herzog Ludwig der Strenge 1253 nach der Teilung Bayerns die erste Münchner Residenz der Wittelsbacher errichten.

Kaiserburg   Aus der Glanzzeit im Mittelalter, als Kaiser Ludwig der Bayer 1328 bis 1347 von hier aus das Heilige Römische Reich regierte, sind nur unscheinbare Reste erhalten. Ende des 14. Jh.s wurde der Alte Hof zu klein, unmodern und unsicher, und man begann mit dem Bau der Neuveste (▶ Residenz). Bei den Bombenangriffen 1944/45 blieben der Torturm und der Südflügel (Burgstock) mit dem gotischen »Affentürmchen« erhalten, der Rest wurde vereinfacht wiederhergestellt. Die Rauten-Bemalung ist dem Zustand im 15. Jh. nachempfunden, der Nordteil des Komplexes wurde in erschütternder Hässlichkeit zu Luxusdomizilen und -praxen umgebaut.

Historisch Interessierte sollten den **Infopoint Museen & Schlösser** besuchen (▶ S. 325), wo in gotischen Gewölben die Geschichte der Burg und der Stadt sehr schön dargestellt wird. Sonst versorgt hier die »Landesstelle für die nichtstaatlichen Museen in Bayern« mit Material

Ein Affenturm – ?

Ein Affe aus der Hofmenagerie soll den späteren Herzog Ludwig IV. und Kaiser Ludwig der Bayer als Wickelkind auf den spitzen Helm des Erkers verschleppt und erst nach langem Zureden wieder ins Kinderzimmer zurückgebracht haben. So sagt die Legende.

über Museen und Schlösser im ganzen Freistaat. Vom Durchgang linkerhand geht es ins Restaurant »Alter Hof« (▶ S. 80), und beim »manufactum« tritt man auf den Marienhof hinaus (▶ S. 329). Oder man verlässt den Komplex nach Norden und erreicht über die Pfisterstraße (»Bäckerstraße«) das Platzl mit dem ▶ Hofbräuhaus.

Alte Münze

Mit diesem Bau nordöstlich des Alten Hofs hielt die Architektur der italienischen Renaissance in München Einzug. Als Marstall, Kunstkammer und Bibliothek ließ Herzog Albrecht V. ab 1567 eine Vierflügelanlage erstellen, die durch Gänge mit dem Alten Hof und der Neuveste verbunden wurde. Der schöne **Arkadenhof** ist in ursprünglicher Gestalt erhalten. Von 1809 bis 1983 war hier die bayerische Münze untergebracht, heute das Landesamt für Denkmalpflege.
❶ Hofgraben 4, Hof zugänglich Mo.–Do. 8.00–16.15, Fr. bis 14.00 Uhr

** Archäologische Staatssammlung

✳ K 18

Lage: Lehel, Lerchenfeldstraße 2
U-Bahn: U 4/5 Lehel
Tram: 17 Nationalmuseum
Bus: 100 Nationalmuseum

❶ Di.–So. 9.30–17.00 Uhr
Eintritt: 3 €
www.archaeologie-bayern.de

Ein hinter dem ▶ Bayerischen Nationalmuseum versteckter moderner Bau birgt Spektakuläres: kostbare Schätze und Zeugnisse aus dem Alltagsleben lange vergangener Zeiten.

Einen Steinwurf vom ▶ Haus der Kunst und dem Bayerischen Nationalmuseum entfernt taucht man in alte Zeiten ein. Das Museum, das 10 Zweigmuseen in ganz Bayern unterhält, erforscht und dokumentiert die Besiedlung Bayerns von der Altsteinzeit bis zur Zeit Karls des Großen; eine eigene Abteilung ist dem Mittelmeerraum und dem Orient gewidmet, um den frühen kulturellen Kontakt dieser Gebiete mit dem nördlichen Alpenvorland zu illustrieren. Ihren Ursprung nahm die Staatsammlung mit der Gründung der Bayerischen Akademie der Wissenschaften 1759 als Prähistorische Staatssammlung, wesentliche Impulse erhielt sie durch König Max I. Joseph und den Historischen Verein von Oberbayern. Das Museum ist wegen Umbaus voraussichtlich **von Ende 2016 bis 2020 geschlossen**; Teile werden solange an anderen Plätzen zu sehen sein. Einen Imbiss kann man im Kiosk »Fräulein Grüneis« hinter der Tram-Haltestelle nehmen, einem einstigen Klohäusl von 1904 (Mo.–Fr. ab 8.00, Sa. & So. ab 10.00 Uhr, www.fraeulein-grueneis.de).

<table>
<tr><td>**Herausragen-
de Exponate**</td><td>Funde aus den **Klausenhöhlen bei Neuessing** und aus den Wein-
berghöhlen bei Mauern belegen, dass schon in der Altsteinzeit Jäger</td></tr>
</table>

Herausragen-
de Exponate   Funde aus den **Klausenhöhlen bei Neuessing** und aus den Wein-
berghöhlen bei Mauern belegen, dass schon in der Altsteinzeit Jäger
und Sammler Bayern durchstreiften. Aus der Mittelsteinzeit stammen die Funde vom **Speckberg bei Eichstätt**. Im Raum Kelheim
besaß man in der Jungsteinzeit Werkzeuge aus Stein und Keramik,
wie die **Funde von Hienberg** belegen. Aus der Urnenfelderzeit sind
Lanzen, Schwerter und Prunkäxte erhalten. Gold- und Bernstein-
schmuck, Ornamente und die Gefäße aus dem **Schirndorfer Grä-
berfeld** sind Zeugnisse aus der Hallstattzeit. Zu den reichen Funden
aus der Latène- bzw. späten Keltenzeit gehören Tierplastiken (u. a.
Stier von Weltenburg, Eber von Lindau), Funde aus dem Obermen-
zinger Arztgrab und Relikte aus dem **Oppidum Manching**. Die römische Besetzung zwischen Donau, Iller und Salzach ist gut dokumentiert, u. a. mit Waffen aus dem **Donau-Kastell Künzing** und
Teilen des römischen Bads von Schwangau. Auch die Rekonstruktion
des berühmten Frauengrabs von Wehringen bei Augsburg beeindruckt. Aus dem frühen Mittelalter sind außer einer Moorleiche v. a.
Waffen und Schmuck erhalten, darunter kunstvolle Fibeln. Im **Fürs-
tengrab von Wittislingen** wurden eine Goldscheibenfibel und ein
Goldblattkreuz entdeckt. Modelle frühmittelalterlicher Kirchen und
Dörfer runden die Präsentation ab.

** Asamkirche

L 15

Lage: Altstadt, Sendlinger Str. 32
U-Bahn: U 1 – 3, 6 – 8
Tram: 16 – 18, 27, 28
alle Sendlinger Tor
Bus: 62 St.-Jakobs-Platz

❶ Tgl. 8.00 – 18.00 (Fr. ab 13.00) Uhr
Keine Besichtigung während der
Gottesdienste Di., Do., Fr. 17.00,
Mi. 8.30, So./Fei. 10.00 Uhr

**In der lebhaften ▸ Sendlinger Straße fallen zwei prachtvolle
Rokoko-Fassaden auf: Sie gehören zu der Kirche, die sich der
große Bildhauer, Maler und Architekt Egid Quirin Asam als
Privatkirche erbaute, und seinem Wohnhaus.**

Wer mal ein wenig abschalten will, achte auf die schmale, prachtvolle Fassade der Rokoko-Kirche, die Egid Quirin Asam mit seinem
Bruder Cosmas Damian 1733 – 1746 als sein privates Gotteshaus erbaute und ausstattete: Sie gilt als eine der ungewöhnlichsten Schöpfungen des deutschen Rokokos. Auf nur 28 × 9 m Grundfläche, aber
mit 18 m Höhe schufen die beiden eine überbordende Formensinfo-
nie in Gold, Rot- und Blautönen. Ein Gag am Rande: Aus seinem
Schlafzimmer konnte Egid Quirin Asam durch ein Fenster auf den
rechten Seitenaltar mit einer Figur seines Namenspatrons sehen.

»Theatrum
sacrum« Das zweistöckige **Portal** scheint mit seinen Säulen aus Felsen zu er-
wachsen. Über dem Erdgeschoss der hl. Johannes Nepomuk, der von
Engeln in den Himmel geleitet wird. Die ovale **Vorhalle** empfängt
mit Dämmerlicht, geschnitzten Beichtstühlen und großen Stuckfiguren (links Petrus, rechts Hieronymus), von der Decke strahlt die Sonne. Ein schönes schmiedeeisernes Gitter schließt den **Kirchenraum**
ab, der im Lauf des Tages wechselndes Licht erhält, was in diesem
»Heiligen Theater« reizvolle Effekte hat (die Asams hatten ein Faible
für raffinierte Lichtregie; das entstellende gelbe Fenster im oberen
Hochaltar datiert von 1978). Eine umlaufende Galerie teilt den Raum
horizontal, was seine extremen Proportionen mildert. Dementsprechend sind auch der Chor und der **Hochaltar** geteilt. Im unteren
Altar ein Glassarg mit der Wachsfigur des hl. Johannes Nepomuk, in
der silbernen Pyramide darüber die erhaltene Zunge (!) des hl. Johannes Nepomuk; zu Seiten des Altars ovale Bildnisse der Asams
(Kopien). Der obere Altar ist besonders großartig gestaltet. Die vier
gewendelten Säulen vor ihm spielen auf Berninis »Cathedra Petri« in
der Peterskirche in Rom an. Am Gesims darüber eine höchst expres-
sive Darstellung, die als **»Gnadenstuhl«** bezeichnet wird: Gottvater
(mit Papsttiara) beugt sich gütig über seinen soeben am Kreuz ge-
storbenen Sohn, darüber im Strahlenkranz die Taube des Heiligen
Geistes. Das **Deckengewölbe** ist, wie im Kloster Weltenburg, durch
ein Gesims von der Wand abgesetzt (in der Hohlkehle versilberte
Stuckreliefs mit Szenen aus dem Leben der hl. Johannes Nepomuk).
Im riesigen, teils rekonstruierten Deckenfresko schildert C. D. Asam

Asamkirche

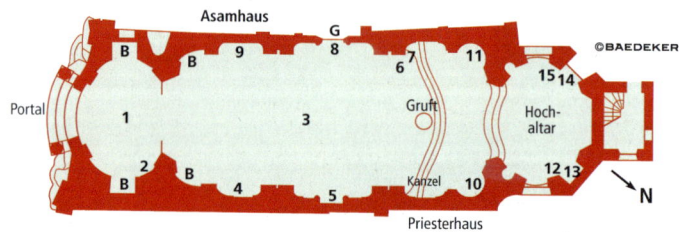

1 Marienvision
  des hl. Nepomuk
  (Deckenfresko)
2 Zech-Epitaph
  von Ignaz Günther
3 Szenen aus dem Leben
  des hl. Nepomuk
  (Deckenfresko)
4 Übergabe des Rosenkranzes
  an den hl. Dominikus
  (Wandbild)

5 Verehrung der Zungen-
  reliquie (Wandbild)
6 Kruzifix mit Schmerzensreicher Muttergottes
7 Christus und Nikodemus
  (Wandbild)
8 Vertreibung aus dem
  Tempel (Wandbild)
9 Schutzengel (Wandbild)
10 ehem. Quirinus-Altar,
   Josephsstatue

11 ehem. Ägidiusaltar,
   Statue Maria vom Sieg
12 Evangelist Johannes
   (Statue)
13 Porträt von C. D. Asam
14 Porträt von E. Q. Asam
15 Johannes der Täufer
   (Statue)

B Beichtstuhl
G Zugang zur Gruft

das Leben des hl. Johannes Nepomuk, der 1393 in Prag gefoltert und von der Karlsbrücke in die Moldau gestürzt wurde, weil er ein Beichtgeheimnis nicht preisgeben wollte; 1729 wurde er heiliggesprochen und zu einem Patron Bayerns erklärt.

Das Haus links der Kirche, aus dem 16. Jh. stammend, erwarb Egid Quirin Asam 1733, um 1735 schmückte er es reich mit weißem Stuck. Unverkennbar wurde hier die oberbayerische Lüftlmalerei plastisch umgesetzt. In der unteren Hälfte stellte Asam die künstlerische Tätigkeit des Menschen und die sinnliche Welt dar, darüber den Himmel der Antike und des Christentums. Über dem Portal stehen drei Putten für die Kunst der Asams: Architektur, Plastik und Malerei; die plastischen Figuren links und rechts für Poesie und Musik.   ***Asamhaus**

✷✷ Bavaria Filmstadt
✦ **südlich von M 8**

Lage: Grünwald-Geiselgasteig, Bavariafilmplatz 7
Tram: 25 Bavariafilmplatz
❶ Ende März – Anfang Nov. tgl. 9.00 – 18.00 Uhr (Führungen mehrmals stündlich), sonst 10.00 – 17.00 Uhr

Info-Tel. 089 64 99-20 00
Eintritt für die Filmtour:
13 €, Kinder (6 – 17 J.) 11 €
Eintritt für alle Attraktionen:
27,50 €, Kinder 21,50 €
www.filmstadt.de

Auch wenn der Vergleich kühn erscheint: Das »bayerische Hollywood« ist an der südlichen Peripherie Münchens zu finden, die Studios der Bavaria Film GmbH in Geiselgasteig. Hier wurden und werden Kinofilme und Fernsehserien produziert, die als Meilensteine in der Geschichte des Mediums gelten.

Der erste Film, den die 1919 gegründete »Münchener Lichtspielkunst AG« herstellte, war »Der Ochsenkrieg« nach Motiven von Ludwig Ganghofer, Alfred Hitchcock drehte 1925 hier seinen ersten Film mit dem vielversprechenden Titel »Irrgarten der Leidenschaften«. Die Liste der Berühmtheiten, die hier arbeiteten, ist lang, mit Regisseuren wie Orson Welles, Ingmar Bergman und Billy Wilder, Schauspielern/-innen wie Sophia Loren, Romy Schneider, Liz Taylor, Richard Burton und Heinz Rühmann. Der legendäre Horst Tappert war »Derrick«, viele Folgen erfolgreicher TV-Serien wie »Raumschiff Orion«, »Marienhof«, »Der Fahnder« und »Tatort« wurden hier gedreht, ebenso Kino-Blockbuster wie »Die unendliche Geschichte«, »Enemy Mine« und »Das Boot«. Das originalgetreu nachgebaute Innere des U-Boots war sozusagen die Keimzelle für die »Bavaria Filmstadt«, die einen Blick hinter die Kulissen vermittelt.

**Bavaria
Filmstadt**
Beeindruckend und verblüffend ist zu erleben, wie die Bilder auf der Leinwand fabriziert werden, mit welchen Tricks und welchem technischem Aufwand. Die begleitete **Filmtour** führt durch nachgebaute Straßen und herrschaftliche Villen, durch Aufnahme- und Trickfilmstudios. Kinder können auf dem Drachen aus der »Unendlichen Geschichte« reiten, im U-Boot wird der Horror der Besatzung nachvollziehbar. Ein eigener Programmpunkt (ohne Führung) ist das **Bullyversum**, eine »Filmerlebniswelt« rund um Michael Bully Herbig und seine albernen Filme mit dem speziellen Humor. Das **4D-Erlebniskino** bietet ein multimediales Erlebnis der besonderen Art, optisch, akustisch und körperlich (für schwangere Frauen und Menschen mit Herz- oder Rückenproblemen nicht geeignet).
Der Besuch aller Attraktionen dauert ca. 4 Stunden, die Filmstadt-Führung ca. 90 Minuten. Für die Filmstadt-Führung mit Erlebniskino wird an der Kasse eine Uhrzeit zugeteilt. Das Bullyversum ist immer zugänglich. Nicht unwichtig: Auf dem Gelände gibt es nur einen McDonald's, man kann sich seine Brotzeit mitbringen.

Bayerischer Rundfunk

✳ E/F 7

Lage: Maxvorstadt, Arnulfstr. 42/44
S-Bahn: S 1–8 Hackerbrücke
U-Bahn: U 1, 2, 4, 5 Hauptbahnhof
Tram: 16, 17 Rundfunkplatz

Besucherservice
Tel. 089 59 00-1 04 81, -1 04 82
www.br.de

An der Arnulfstraße westlich des Hauptbahnhofs – wenige Schritte vom Augustiner-Biergarten – ragt das hell leuchtende Hochhaus des Bayerischen Rundfunks in den Himmel. Auch im Kulturleben der Stadt ragt der Sender heraus.

**Medien-
anstalt mit
Tradition**
Ab 1924 strahlte der Münchner Hörfunksender sein Programm aus, 1934 avancierte er zum »Reichssender München«. Nach dem Zusammenbruch des Dritten Reichs hieß der Sender »Radio München«, 1949 wurde dann der »Bayerische Rundfunk« (BR) installiert. Heute strahlt der Sender fünf **Hörfunkprogramme** aus (▶ S. 328). 1954 begann man mit der Sendung von **Fernsehprogrammen**, heute liefert der BR täglich mehr als 18 Stunden für die ARD, das eigene dritte Programm und ARD-alpha. Viele Sendungen werden in den Studios in den Stadtteilen Freimann und Unterföhring produziert.

BR-Klassik
Der BR unterhält **hochrangige Klangkörper:** Das Symphonieorchester (seit 2003 unter Mariss Jansons) widmet sich hauptsächlich klassischer Musik, das Rundfunkorchester der Unterhaltungsmusik, und der Chor des BR, seit 2005 unter Peter Dijkstra, gilt als einer der

besten der Welt. Alljährlich findet Anfang September im Funkhaus der **Musikwettbewerb der ARD** statt, einer der renommiertesten seiner Art, der schon vielen Nachwuchsmusikern zu einer Weltkarriere verholfen hat. Ein Leckerbissen sind auch die Kammerkonzerte der Preisträger und die sporadisch stattfindenden **Studio-Konzerte** mit ungewöhnlichen kammermusikalischen Programmen.

Das Funkhaus München sowie die Studios in Freimann (Floriansmühlstr. 60) und Unterföhring (Rivastr. 1) können besucht werden.

Besucher-service

** Bayerisches Nationalmuseum

K 18

Lage: Lehel, Prinzregentenstr. 3
U-Bahn: U 4/5 Lehel
Tram: 18 Nationalmuseum
Bus: 100 Nationalmuseum
Museum: Di. – So. 10.00 – 17.00, Do. bis 20.00 Uhr
Krippen: Anf. Nov. – Ende Jan., sonst Anm. Tel. 089 21 12 42 27

Sammlung Bollert:
Do. – So. 10.00 – 17.00 Uhr
Eintritt: 7 €, am Sonntag 1 €
Café & Restaurant: Di. – So. 10.00 bis 17.00, Di.–Sa. 18.00 – 23.30 Uhr
www.bayerisches-nationalmuseum.de

Eine der bedeutendsten kunst- und kulturgeschichtlichen Sammlungen Europas besitzt das Bayerische Nationalmuseum: ein überwältigendes Schatzhaus für Kunst, Kunsthandwerk und Volkskunst von der Romanik bis zum Jugendstil.

Wer sich für süddeutsche Kultur und Geschichte interessiert, muss sich einen Tag für das Nationalmuseum reservieren. Gegründet wurde es 1855 von König Maximilian II. mit dem Ziel, »die interessantesten und vaterländischen Denkmäler und sonstigen Überreste vergangener Zeiten der Vergessenheit zu entreißen«. Ab 1867 war es im heutigen ▶ Museum Fünf Kontinente ansässig; da der Bau bald nicht mehr genügte, errichtete **Gabriel von Seidl**, der Münchner Meister des Historismus, 1894 – 1900 den riesigen Komplex. Er gilt als sein Hauptwerk und zitiert fast die ganze Architekturgeschichte, was ob der »malerischen« Wirkung großen Beifall fand. Innen setzt sich das Stilkonglomerat fort, denn die Gestaltung der Säle wurde auf die Exponate abgestimmt. Den Kern des Bestands bildet der **Kunstbesitz des Hauses Wittelsbach**. Höhepunkte der Ausstellung sind gotische Skulpturen und Altäre, Objekte aus Spätrenaissance, Barock und Rokoko, Porzellan, Musikinstrumente, Gobelins und die weltberühmte Krippensammlung. 2004 konnte das Museum einen besonderen Le-

»Vaterländische Denkmäler und sonstige Überreste der Vergangenheit« gibt im Bayerischen Nationalmuseum zu sehen.

ckerbissen übernehmen, die **Sammlung Bollert** mit einzigartigen Skulpturen aus Spätgotik und Renaissance (Eingang westlich des Hauptportals). Vor dem Gebäude begrüßt das **Luitpold-Denkmal**; den Prinzregenten hoch zu Ross hat Adolf von Hildebrand (▶ S. 156) 1901 – 1913 geschaffen. Im Westflügel lädt das **Caférestaurant** – mit schöner Terrasse – zu einer Pause oder einem feinen Mahl.

Erdgeschoss Der süddeutsche Raum wird im Erdgeschoss präsentiert, von der Spätantike bis zum Ende des 18. Jh.s, wobei man auch Einblick in das Schaffen benachbarter Regionen erhält (z. B. Tirol), u. a. mit Meisterwerken von Hans Multscher, Erasmus Grasser, Michael Pacher, Tilman Riemenschneider, Hans Leinberger, Johann Baptist Straub und Ignaz Günther. Barock und Rokoko haben im Westflügel ihre Heimstatt, der bis 2015 neu gestaltet wurde. Höhepunkte sind die **Seeoner Madonna** (um 1435), die großen Altäre aus der Werkstatt von **Jan Polack** (um 1500), das Landshuter Zimmer, das Tattenbach-Kabinett und das Schwanthaler-Zimmer. Zu beachten sind auch die Augsburger Webstube, die flandrischen Tapisserien sowie die großen **Modelle** der Städte Straubing, München, Landshut, Ingolstadt und Burghausen, die Jakob Sandtner zwischen 1568 und 1574 für Herzog Albrecht V. schuf.

Obergeschoss Thematische Sammlungen werden im Obergeschoss präsentiert. Dazu gehören Kostbarkeiten aus den Porzellanmanufakturen Meißen, Nymphenburg und Ansbach sowie kleineren Werkstätten. Sehenswert sind auch die von dem Nürnberger Peter Flötner geschaffenen Renaissance-Plaketten und die barocken Ölskizzen aus der

Sammlung Reuschel mit Blättern von Januarius Zick, J. A. Feicht-
mayr und F. A. Maulbertsch. Wertvolle Elfenbeinschnitzereien (wie
die Reidersche Tafel), Gold- und Silberarbeiten, Intarsien, Textilien
sowie Uhren und wissenschaftliche Geräte ergänzen die Ausstellung.

Die volkskundliche Sammlung vermittelt eine Vorstellung vom   **Untergeschoss**
Landleben früherer Zeiten: mit Bauernstuben, kunstvollen Trachten,
Schnitzereien, religiöser Volkskunst, Glas, Hafnerwaren und Masken. Ein Publikumsmagnet ist die **★★Krippensammlung** mit über
60 fantasievollen, figurenreichen Szenen; ganz köstlich die neapo-
litanische Marktstraße mit bis zu 38 cm hohen Figuren. Diese großartigen Beispiele volkstümlichen Kunsthandwerks entstanden zwischen 1700 und 1850 in Neapel und Sizilien sowie im Alpenraum
(Bayern, Tirol, Mähren, Provence), gesammelt hat sie der Münchner
Bankier Max Schmederer (1854–1917).

★ Blutenburg

✴ C 2

Lage: Obermenzing/Würmtal
S-Bahn: S 3, 4, 6, 8 Pasing + Bus 56   **Schlosskapelle:**
Bus: 56   April–Sept. 9.00–17.00,
www.blutenburg.de   Okt.–März 10.00–16.00 Uhr

**Ein beliebtes Ausflugsziel ist am westlichen Stadtrand zu fin-
den, das an der Würm gelegene Schlösschen Blutenburg.**

Nahe dem Beginn der A 8 nach Stuttgart überrascht ein wunderbares   **Schloss**
Idyll, die Blutenburg. Herzog Albrecht III. ließ ca. 1431–1440 ein
älteres Herrenhaus zu einem Jagd-
schlösschen ausbauen, mit Mauerring, Wehrtürmen und Wassergra-
ben, der von der Würm gespeist
wird. Er lebte hier mit der Bürgers-
tochter Agnes Bernauer – von einer
Hochzeit ist nichts bekannt –, der er
im nahen Untermenzing einen Hof
kaufte. (Die Geschichte ging übel
aus: Albrechts Vater ließ die Bernau-
erin aus dynastischen Gründen 1435
in der Donau ertränken.) Hervor-
ragend erhalten ist die spätgotische
Schlosskapelle, die 1488 dem hl.
Sigismund geweiht wurde. Bemerkenswert ist schon das Äußere (u. a.

der hl. Onuphrius als haariger Einsiedler), das beispielhaft ist für die meist verlorengegangene Außenbemalung spätgotischer Kirchen. Auch die Ausstattung ist herrlich. Jan Polack, der hervorragende Münchner Maler dieser Zeit (um 1435–1519), schuf die detailreichen goldgrundigen Flügelaltäre. Am Hauptaltar sind zu sehen: Christus als Weltenrichter, die Taufe Jesu (rechts), die Krönung Mariens mit der Dreifaltigkeit als drei Königen (links). Nach den ausdrucksstarken geschnitzten Apostelfiguren an den Wänden ist ihr unbekannter Urheber benannt, der »Meister der Blutenburger Apostel« oder »Blutenburger Meister«. Neben dem Sakramentshäuschen steht die in sich gekehrte Blutenburger Madonna eines ebenfalls unbekannten Meisters; die Fenster zeigen in 16 Szenen das Leben Jesu sowie Wappen der Wittelsbacher und verwandter Häuser.

Internationale Jugend-bibliothek Das Schloss beherbergt die weltweit bedeutende Internationale Jugendbibliothek, die Kinder- und Jugendliteratur mit über 600 000 Bänden in über 130 Sprachen besitzt (mit Ausleihe!) und mit ihren Veranstaltungen – Führungen, Vorträge, Tagungen, Ausstellungen etc. – das Verständnis zwischen jungen Menschen aller Nationen fördern will. Besonders interessant sind auch die »Lese-Museen« für Erich Kästner, Michael Ende und James Krüss.

Idylle am Stadtrand: Schloss Blutenburg

Sehr gut speist man in der gemütlichen **Schlossschenke** und auf ihrer Terrasse am Weiher. Im Park um die Blutenburg kann man relaxen, schön ist der 45–60 Min. lange Spaziergang auf der Grünachse »Durchblick« zum Schloss ▶Nymphenburg.

Jugendbibliothek: Studienbibliothek Mo.–Fr. 10.00–16.00 Uhr, Michael-Ende-Museum Mi.–So. 14.00–17.00 Uhr; www.ijb.de

Schlossschenke: Tgl. 10.00–22.00 Uhr, Tel. 089 8 11 98 08

Ein Spaziergang entlang der Würm nach Süden führt zu einem Juwel, der an der stark befahrenen Durchgangsstraße stehenden Kirche St. Wolfgang (Pippinger Str. 49 a). Diese schön restaurierte spätgotische Dorfkirche – neben der früheren Dorfschmiede (Kunstschmiede Baier) – ist für Oberbayern ungewöhnlich, da die meisten alten Kirchen barock umgestaltet wurden. Auch die originale Ausstattung blieb im 17./18. Jh. unangetastet. Errichtet wurde St. Wolfgang 1478–1480 auf Geheiß Herzog Sigismunds, wahrscheinlich durch die Münchner Dombauhütte. 1794 wurde der Turm durch Blitz zerstört, dann wieder aufgebaut und mit einem Spitzhelm versehen. Die Fresken im Altarraum (Passion, Marientod, Propheten, Kluge und Törichte Jungfrauen) und die Bemalung der Kanzel (Kirchenväter) stammen wahrscheinlich von Jan Polack (1478). Die Glasmalereien datieren von 1479, die drei Schnitzaltäre von 1490.

*Pippinger Kircherl

❶ Besichtigung So. ab 18.00 Uhr (Nov.–Febr. ab 18.30) vor dem Gottesdienst um 19.00 Uhr möglich, jedoch nicht in den Sommerferien Aug.–Mitte Sept.

** **BMW**

✴ B 8

Lage: Am Olympiapark
U-Bahn: U 3 Olympiazentrum
Tram: 27 Petuelring
BMW Welt: tgl. 7.30–24.00 Uhr Eintritt frei
BMW Museum: Di.–So. 10.00–18.00 Uhr, Eintritt 10 €

BMW Werk:
Führungen Mo.–Fr. 9.00–16.30, im Sommer bis 18.15 Uhr
Besucherservice:
Tel. 089 1 25 01 60 01
www.bmw-welt.com

Am Nordosteck des ▶Olympiaparks präsentiert sich der Premium-Autobauer mit eindrucksvoller moderner Architektur: dem »Vierzylinder« der Zentralverwaltung, der »Silberschale« des BMW-Museums und der eigenwilligen BMW Welt.

Die Bayerische Motoren-Werke AG (BMW) entstand 1916, als sich die Rapp Motorenwerke AG und die Gustav Otto Flugmaschinenfabrik zur Bayerischen Flugzeugwerke AG zusammenschlossen, die bald darauf umbenannt wurde.

Aus der Geschichte

BMW-Hochhaus In Gestalt eines riesigen Vierzylinders ragt das 99 m hohe BMW-Hochhaus in den Himmel. Um einen zentralen Schacht sind vier angeschnittene Zylinder angeordnet. Konzipiert wurde das 1973 in Betrieb genommene Bauwerk von dem Wiener Architekten Karl Schwanzer. Unter dem Hochhaus liegen weitläufige Fabrikationsanlagen und Parkhäuser für die Beschäftigten des Werks.

**BMW Museum Die legendären Produkte des Auto- und Motorradbauers sind in der silbernen »Schüssel« vor dem Vierzylinder zu bestaunen. Vom »Dixi« der 1920er-Jahre bis zu den herrlichen Sport- und Rennwagen der 1950er und 1960er, vom erfolgreichen Motorrad R 32 von 1932 bis zur Weltrekordmaschine von 1955 werden nahezu alle Erzeugnisse des traditionsreichen Werks raffiniert in Szene gesetzt. Auch futuristische Enwürfe werden präsentiert.

BMW Welt Spektakulär ist er, der Stahl-Glas-Bau des Wiener Architektenbüros Coop Himmelb(l)au, ein passender Begriff für das Formenkonglomerat – Doppelkegel, gewellte Dachkonstruktion, taillierter Glaskasten mit wild-kantigen Auswüchsen – will einem nicht einfallen. Der 2007 eröffnete Multifunktionsbau ist das Tor zur Marke BMW und mit ca. 3 Mio. Besuchern im Jahr der größte Publikumsmagnet in Bayern. In edlem Ambiente können Käufer ihre neuen Karossen abholen (etwa 10 % reisen aus den USA an) und künftige Kunden die aktuellen Produkte des Hauses in Augenschein nehmen. Das **Event Forum verzeichnet über 400 Veranstaltungen im Jahr, vom Jazzkonzert bis zum Kardiologen-Kongress. Die Gastronomie steht dem nicht nach: Das von Feinkost Käfer und Küchenchef Bobby Bräuer geführte **Ess-Zimmer** (französisch-mediterrane Küche) hat zwei Michelin-Sterne; weniger kostenintensiv verköstigt man sich in der Brasserie Bavarie und in den Cafeterien. Im **Junior Campus** mit Werkstatt und Labor können junge Leute entdecken, wie Autos funktionieren und gebaut werden. Eine Reihe unterschiedlicher Führungen bietet der Besucherdienst an.

BAEDEKER WISSEN ❓

Markantes Logo

Das berühmte BMW-Signet wurde aus dem der Rapp Motorenwerke abgeleitet, wobei das blau-weiße Geviert den Bezug zu Bayern zum Ausdruck bringt. Die Farben sind vom bayerischen Wappen übernommen, aber gespiegelt, da Hoheitszeichen nicht für Warenzeichen verwendet werden dürfen. Dass es einen stilisierten Propellerkreis darstellen soll, ist eine Werbelegende, die zum ersten Mal um 1929 auftauchte.

*BMW-Werk Im benachbarten Stammwerk der BMW AG fertigen rund 9000 Mitarbeiter täglich über 900 Fahrzeuge nach individuellen Kundenwünschen. Hier ist moderner Autobau hautnah zu erleben: Eine barrierefreie Produktionsmeile führt durch 12 Hallen, vom Presswerk über

Schicke Karossen im futuristischen Ambiente der BMW Welt

den Karosseriebau, die Lackiererei und den Motorenbau bis zur Fertigung der Ausstattung und schließlich zur Montage. Wegen der großen Nachfrage ist zu den Führungen frühe Anmeldung notwendig.

★ Bogenhausen

D – F 11–14

Lage: nordöstlich des Zentrums
U-Bahn: U 4

Bus: 54
Tram: 16, 18

Ein besonderes Flair strahlt der Stadtteil Bogenhausen mit seinen gründerzeitlichen Häusern und Jugendstil-Villen aus.

Östlich der Isar, parallel zum Englischen Garten, erstreckt sich das berühmte Villenviertel: Ende des 19., Anfang des 20. Jh.s haben sich hier wohlhabende Bürger schöne Domizile geschaffen, die heute bevorzugt von Botschaften und Konsulaten, Banken, Unternehmensberatern, Rechtsanwälten und ähnlichen Branchen genützt werden. Gründerzeit- und Jugendstil-Fassaden verströmen nobles Flair. Doch der Stadtbezirk mit Gartenstadt-Charakter ist groß, er umfasst auch ganz normale Siedlungen mit Einfamilienhäusern und Wohnblocks, insbesondere östlich der Richard-Strauss-Straße, dem z. T. im Tunnel verlaufenden Mittleren Ring. In den 1970er-/1980er-Jahren entstand nordöstlich von Alt-Bogenhausen der Arabellapark mit zahlreichen Büro- und Wohnbauten. Den Südrand des Viertel markiert die prunkvolle ▶ Prinzregentenstraße.

Hildebrand-haus

Hinter dem Friedensengel geht nördlich die Maria-Theresia-Straße ab, an der sich großartige Villen reihen. Eine davon (Nr. 23) ist das hübsche, repräsentative Haus, das sich der seinerzeit renommierte Bildhauer **Adolf von Hildebrand** (1847 – 1921) – er schuf u. a. den Wittelsbacherbrunnen am ▶ Lenbachplatz – 1897/1898 nach eigenen Plänen erstellen ließ. Einige seiner Plastiken sind im Haus ausgestellt. Seit 1977 ist hier die 1921 gegründete **Monacensia** zu Hause, die als Teil der Stadtbibliothek alles Gedruckte zum Thema München und Region umfasst (über 150 000 Medien). Sie verwahrt rund 300 Nachlässe und Archive von Schriftstellern, Künstlern und Wissenschaftlern, die in München tätig waren, etwa von Ludwig Thoma, Ludwig Ganghofer, Frank Wedekind, Lena Christ und der Familie Mann. Außerdem bietet sie ein großes, sehr interessantes Veranstaltungsprogramm.

❶ Wegen Neugestaltung voraussichtlich bis Herbst 2016 geschlossen. www.muenchner-stadtbibliothek.de/literaturarchiv/monacensia

＊St. Georg

Ein wenig dörfliche Atmosphäre spürt man noch im Norden Bogenhausens. Ein Spaziergang von gut 10 Min. durch die Parkanlagen an der Maria-Theresia-Straße bringt zur Kirche St. Georg, ein Rokoko-Juwel mit einem zauberhaften Friedhof. Das überraschend prachtvolle Kirchlein (mit spätgotischem Chor) wurde 1766 – 1768 nach Plänen des großen Baumeisters J. M. Fischer erstellt; der Hochaltar mit Figuren der hll. Georg, Donatus und Irene stammt von J. B. Straub, den rechten Seitenaltar mit dem hl. Korbinian in der Mitte und die Kanzel schuf Ignaz Günther; die Gewölbe malte ein Zimmermann-Schüler aus (u. a. Martyrium des hl. Georg). Unter wunderschönen schmiedeeisernen Grabkreuzen ruhen viele berühmte Persönlichkeiten, so Liesl Karlstadt, Erich Kästner, Annette Kolb, Oskar Maria Graf, R. W. Fassbinder, Walter Sedlmayr und Helmut Fischer (»Monaco-Franze«); zuletzt wurde 2015 Helmut Dietl hier bestattet, der u. a. die Serie »Monaco-Franze« und den Film »Schtonk!« drehte. Mit Tram 16 geht es zurück zum Max-Weber-Platz (▶ S. 191), oder man fährt hinüber zum ▶ Englischen Garten (Tram 18, Bus 54 oder 154).

Arabellapark

Wahrzeichen des Viertels ist der **HVB-Tower** an der Richard-Strauss-Straße, das erste Gebäude in München, das über 100 m hoch ist. Der immer noch hypermodern anmutende Verwaltungsbau der Hypo-Vereinsbank (Walther & Bea Betz, 1975 – 1981) besteht aus drei abgestuften, mit Glas und Aluminium verkleideten Prismen, die in zylinderförmigen Stelzen mit markanten Querträgern hängen. Über 3000 Menschen arbeiten hier. Um den Tower gruppieren sich weitere glas- und eloxal-verkleidete Gebäude, darunter Niederlassungen bekannter Industrieunternehmen und – für die Geschäftsreisenden – große Hotelkomplexe namhafter Ketten.

Bogenhausener Künstlerdomizil: das Hildebrandhaus

★ Botanischer Garten

✦ **D 4**

Lage: Nymphenburg,
Menzinger Str. 65
Tram: 17 Botanischer Garten
🕐 Tgl. ab 9.00 Uhr, Mai – Aug.
bis 19.00, April, Sept. bis 18.00,

Febr., März, Okt. bis 17.00,
Nov. – Jan. bis 16.30 Uhr
Eintritt: 4,50 €
www.botmuc.de

**Wie der Schlosspark ▶Nymphenburg zählt der nördlich an-
grenzende Botanische Garten zu den Plätzen, die die Münchner zu allen Jahreszeiten gern besuchen. Seine Pflanzenviel-
falt und die gärtnerische Gestaltung machen ihn zu einem der
schönsten in Europa.**

Als der alte Botanische Garten am Karlsplatz durch den zunehmen-
den Verkehr in Bedrängnis kam, legte man 1909 – 1914 einen neuen
wissenschaftlichen Garten an. Auf gut 21 ha werden, nach Pflanzen-
gesellschaften aufgeteilt, rund 16 000 Pflanzenarten kultiviert, etwa
die Hälfte davon in Gewächshäusern. Zwischen dem Schmuckhof
mit jahreszeitlich wechselnder Bepflanzung – hier kann man sich
etwas für den eigenen Garten abschauen – und dem Café liegen die
ökologische und die genetische Abteilung. Hier demonstriert man
die Gesetze der Vererbung und das Anpassungsvermögen der Pflan-
zen an sich ändernde Umwelt- und Klimabedingungen. Die Mitte
der Anlage bildet ein **Café** mit herrlichen Terrassen, große bunte
Keramikfiguren aus der berühmten Nymphenburger Porzellanmanufaktur setzen hübsche Akzente.

Botanischer Garten

Im Lauf der Jahreszeiten

In jeder Jahreszeit bietet der Garten ein anderes Bild. Über 200 Arten **Rhododendren** blühen im Mai/Juni, der **Rosengarten** lockt mit seiner Farbenpracht und seinen Düften vom Frühsommer bis in den Herbst. Als Kleinod präsentiert sich die **Farnschlucht** besonders im Frühling. Im Mai machen sich die Frösche in Großen Teich lautstark bemerkbar. Im **Alpinum** wachsen, gegliedert nach Herkunft und Höhenstufen, Hochgebirgspflanzen aus aller Welt; am schönsten ist es hier im Juni, wenn der Blaue Enzian, das orangerote Habichtskraut und der zwergwüchsige Alpenmohn blühen. Wunderschön ist der **Heidegarten** während der Ginsterblüte im Spätfrühling und der spätsommerlichen Blüte der Erika.

Gewächshäuser

Das ganze Jahr über kann man die Gewächshäuser besuchen, die verschiedenen Klimazonen gewidmet sind – dementsprechend mal kühl, mal trocken-heiß, mal schwül-warm. Hier gedeihen Schraubenpalmen, Bananenstauden, meterhohe Palmfarne und Bambusse, eine Vielfalt stachliger Kakteen, Kaffee- und Kakaosträucher, Orchideen und die »Königin der Wasserpflanzen«, die Riesenseerose *Victoria amazonica*, die im Sommer blüht. Im Haus 4 werden außer Wasserpflanzen Kannenpflanzen gezogen, die von Insekten leben. Im Winter, etwa von 20. Dezember bis 15. März, flattern dort herrliche *★tropische Schmetterlinge*, echte fliegende Edelsteine.

Brienner Straße

✦ **J/K 14/15**

Lage: Nordwestrand der Altstadt
U-Bahn: U 3/6, 4/5 Odeonsplatz

Tram: 27/28 Karolinenplatz
www.brienner-quartier.de

Vom ▶Odeonsplatz führt eine zunächst schmale Straße nach Westen. Sie entstand zu Beginn des 19. Jh.s als Teil der ▶Maxvorstadt. Großzügige Plätze, der Wittelsbacher-, der Karolinen- und der Königsplatz, akzentuieren den Boulevard.

Die Brienner Straße wurde ab 1811 auf dem »Fürstenweg« von der Residenz nach Schloss Nymphenburg angelegt. Architekten wie F. L. von Sckell, K. von Fischer und Leo von Klenze schufen das Konzept; in den stattlichen Gebäuden im Stil des Klassizismus oder der Renaissance residierten Adlige, wohlhabende Bürger und angesehene Künstler. Durch den Zweiten Weltkrieg, die neue Bebauung und die Anlage des Altstadtrings ist das ursprüngliche Bild großenteils verlorengegangen, insbesondere zwischen dem Königsplatz und dem Stiglmaierplatz. Im Ostteil der Straße bis zum Altstadtring kann man Geld ausgeben, hier reihen sich Kunstgalerien und schnieke Läden für Lifestyle-Acessoires, Mode, Innenausstattung etc., ergänzt durch einige Cafés und Restaurants.

Am prächtig-öden Wittelsbacherplatz, der sich rechts öffnet, ist die Handschrift von Klenzes erkennbar. Auf dem Platz weist der bayerische **Kurfürst Maximilian I.** zu Pferd den Weg; modelliert hat ihn der berühmte dänische Bildhauer Bertel Thorvaldsen, gegossen wurde er 1839 angeblich aus der Bronze türkischer Beutekanonen. Das rosarote **Prinz-Alfons-Palais** am Nordrand, das von Klenze selbst 25 Jahre bewohnte, dient dem Siemens-Konzern als Zentrale. Hinter ihm schließt der Siemens-Verwaltungsbau des New Yorker Stararchitekten Richard Meier (1999) an. An der Westseite das 1820 von Leo von Klenze errichtete **Palais Arco-Zinneberg**, östlich wird der Platz vom bayerischen Innenministerium begrenzt, in dem die Reste des Odeons aufgegangen sind (▶Odeonsplatz, S. 273).

Wittelsbacherplatz

Dieses erste Geschäftshaus außerhalb der Stadtmauern wurde 1812 eröffnet, der damals gepflegte Branchenmix ist bis heute erfolgreich, auch wenn von der einstigen Pracht des Luitpoldblocks nichts mehr übrig ist (www.luitpoldblock.de). Ab 1888 beherbergte der Komplex zwischen Brienner Straße, ▶Salvatorplatz und Maximiliansplatz das **Café Luitpold**, bis 1944 eines der prunkvollsten Kaffee- und Tanzhäuser der Welt. 1962 eröffnete das auf edel machende, jedoch eher mittelmäßige Café wieder, mit Restaurant, Bar, glasüberkuppeltem

Luitpoldblock

Kleine, feine Einkaufsmeile Brienner Straße

Palmengarten und Confiserie (▶S. 85). Zum Renommee trägt der »Salon Luitpold« bei, vom Tanz unter Palmen bis zur Spendenrunde für junge Flüchtlinge. Nebenan öffnet sich der Platz der Opfer des Nationalsozialismus mit einer mahnenden »ewigen Flamme«.

Almeida-Palais Dieses klassizistische Palais (Nr. 14, Ecke Altstadtring) ist ein Musterbeispiel für die ursprüngliche Bebauung. Es wurde bis 1824 nach Plänen von J.-B. Métivier für Sophie Petin errichtet, ab 1823 Baronin von Bayrstorff. Sie heiratete 1834 ihren Geliebten Prinz Carl, den Bruder König Ludwigs I.; der portugiesische Graf d'Almeida war ihr Schwiegersohn. Heute residieren hier u. a. ein Inneneinrichter für Küchen und Bäder und das Europa-Büro von South Carolina.

Karolinen-platz Zwischen 1809 und 1812 wurde der strahlenförmige Platz nach dem Vorbild der Pariser Place de l'Étoile angelegt. Die klassizistische Randbebauung ging 1944/1945 weitgehend verloren. Der 29 m hohe **Obelisk** (1833) erinnert an die 30 000 bayerischen Soldaten, die 1812 an Napoleons Russlandfeldzug teilnahmen (4000 kamen wieder zurück) – der Preis für die Königswürde, die Napoleon dem Kurfürsten Max Joseph verliehen hatte. An der Südseite das **Amerikahaus** (1957), das Informationen zu Kanada und den USA in vielfältiger Form bietet, u. a. mit über 200 Veranstaltungen im Jahr und großer Bibliothek (www.amerikahaus.de).

Volkstheater Wenige Schritte weiter westlich liegen das NS-Dokumentationszentrum und der Königsplatz (▶S. 212) jenseits der Propyläen das Lenbachhaus (▶S. 232). Kurz vor dem Stiglmaierplatz findet man rechts das Volkstheater (Brienner Str. 50; ▶S. 68), eine lebendige, immer junge Spielstätte in der Tradition des kritischen Volksschauspiels, die lange von Ruth Drexel geprägt wurde. Der Dauerbrenner hier ist, seit 2006, der »Brandner Kaspar und das ewig' Leben« in der Inszenierung von Christian Stückl: Franz von Kobells ebenso spaßige wie tief philosophische Geschichte vom Brandner Kaspar, der den Tod (den »Boandlkramer«) mit Kirschgeist abfüllt und dann beim Kartenspiel behumst, um ihm noch ein paar Jahre auf Erden abzuluchsen.

✱ Bürgersaalkirche

K 15

Lage: Altstadt, Neuhauser Str. 14
S-Bahn: S 1 – 8 Karlsplatz
U-Bahn: U 4/5 Karlsplatz
Tram: 16 – 18, 27, 28 Karlsplatz

Museum: tgl. 8.00 – 19.00 Uhr
Eintritt frei
www.mmkbuergersaal.de

Eine elegante rote Barockfassade mit einer freundlichen Madonna über dem Portal kennzeichnet diese ungewöhnliche Kirche in der Neuhauser Straße, die bis 1710 als Betsaal der Marianischen Männerkongregation erbaut wurde.

Die Marianischen Kongregationen, eine Institution der Jesuiten, hatten großen Zulauf; ihre Säle dienten zu Andachten und Versammlungen, für geistliche Musik und sakrale Schauspiele. Die Münchner Bürgerkongregation hatte im frühen 18. Jh. über 3000 Mitglieder. Die Pläne für ihren Betsaal lieferte Antonio Viscardi, ein Graubündner, der erst für Kurfürst Ferdinand Maria arbeitete, dann als Privatunternehmer erfolgreich war; 1778 wurde das Gebäude zur Kirche geweiht (1944 zerstört, rekonstruiert). Die zwei Geschosse der von Doppelpilastern gegliederten Fassade entsprechen der Aufteilung in eine Unter- und eine Oberkirche. Dem Weihemotto der Kongregation »Mariä Verkündigung« ist der **Hochaltar** gewidmet, dessen von   **Oberkirche** Andreas Faistenberger geschnitztes Holzrelief (1711) als ein Hauptwerk der bayerischen Skulptur um 1700 gilt. Die Medaillons über den Fenstern (1774) und die Gemälde in den Wandfeldern der südlichen Joche haben die Muttergottes zum Thema, unter den Fenstern Ansichten von 14 bayerischen Wallfahrtorten. Ignaz Günther schuf die Kanzel (nach 1770), von der nur die Figuren des Schalldeckels (Verkündigungsengel, Putten mit Symbolen von Glaube, Hoffnung und Liebe) den Krieg überstanden. In der Unterkirche ist der Jesui-   **Unterkirche** tenpater **Rupert Mayer** (1876 – 1945) beigesetzt, der von 1912 bis 1939 in München als Seelsorger wirkte. Als Gegner der Nationalsozialisten wurde er dreimal verhaftet und u. a. im KZ Sachsenhausen festgehalten. Er überlebte das Kriegsende nur um Monate, 1987 sprach ihn Papst Johannes Paul II. im Münchner Olympiastadion selig. Schon zu Lebzeiten als »Apostel Münchens« verehrt, wird sein Grab von vielen Gläubigen besucht, ihre Berührungen haben die Büste des Paters an der rechten Schulter glattpoliert.

Bürgerlicher Betsaal, von G. A. Viscardi aufwendig gestaltet

Museum Von der Unterkirche geht es ins kleine Museum, das an Leben und Wirken Rupert Mayers erinnert und die Geschichte der Kongregation illustriert, u. a. mit der »Madonna von Foy« und dem verehrten »Augustinerkindl«. Das Highlight ist die berühmte ****Schutzengel-Gruppe** von Ignaz Günther (1763): Der bemerkenswert androgyne Engel mit blasiertem Blick und lasziv hochgeschlitztem Rock weist mit der rechten Hand gelangweilt gen Himmel, die geziert gespreizte Linke leitet den pausbäckig-dümmlichen Buben eher widerwillig, der bösen Schlange bleibt nur die Flucht – eine sehr eigenwillige Fassung der Geschichte vom jungen Tobias und dem Erzengel Raphael.

Circus Krone

E 8

Lage: Maxvorstadt, Marsstr. 43
S-Bahn: S 1 – 8 Hackerbrücke
Tram: 16, 17 Hackerbrücke
Info: Tel. 0180 5 24 72 87

Eintritt: 20 – 50 €
www.circus-krone.de

Europas größter Zirkus hat sein Domizil auf dem Marsfeld nahe dem Hauptbahnhof. Von November bis März bezieht das weltberühmte Unternehmen hier sein Winterquartier.

Programme Die Premiere für die Winterspielzeit bis Ende März (mit drei unterschiedlichen Programmen) ist der 1. Weihnachtsfeiertag. Die Stars der Manege bieten glänzende Artistik und großartige Tierdressuren im 3000 Besucher fassenden Rundbau. In wechselnden Programmen sieht man die besten Artisten aus aller Welt. Von April bis Mitte November ist der Zirkus auf Reisen, in dieser Zeit gastieren im Krone-Bau berühmte Popmusiker, bekannte Kabarettisten und dergleichen.

Der erste Manegenbau auf dem Marsfeld wurde 1919 eröffnet. Trotz der unruhigen Zeiten der Münchner Räterepublik war die Premiere ein großer Erfolg. Drei Tage vor Weihnachten 1944 fiel der Holzbau einem Bombenangriff zum Opfer, schon ein Jahr – allen Nöten zum Trotz – später war ein provisorischer Neubau erstellt. Der heutige Rundbau wurde 1962 eingeweiht, zur Gala-Premiere konnte die Familie Sembach-Krone 3000 Gäste begrüßen. Vor dem Bau erinnert eine Bronzeplastik an den berühmten **Clown Charlie Rivel** (José Andreo Rivel, 1896 – 1983), der in Deutschland für seinen Spruch »Akrobat – schööön!« bekannt war. `Krone-Bau`

Dachau

✦ **nördlich von A 4**

Lage: 20 km nordwestlich   **S-Bahn:** S 2 Dachau

Mit dem Namen Dachaus ist das erste deutsche NS-Konzentrationslager verbunden, ein Besuch der Gedenkstätte ist Pflicht. Dachau selbst ist ein reizvolles Städtchen, vom Schloss hat man einen großartigen Blick bis zu den Alpen.

Schon im Jahr 805 wurde der im Hügelland nahe der Amper gelegene Ort urkundlich erwähnt. Von 1830 bis ins frühe 20. Jh. war hier eine der bedeutendsten Künstlerkolonien in Deutschland zu Hause, Ludwig Thoma, der Porträtist bayerischer Seelenlandschaften, lebte hier von 1893 bis 1897 als Rechtsanwalt.

SEHENSWERTES IN DACHAU

Die katholische Pfarrkirche **St. Jakob** in der Stadtmitte ist ein bemerkenswert einheitlicher Bau der Spätrenaissance (1625) nach Plänen des Münchner Hofbildhauers Hans Krumper. Von der Vorgängerkirche stammt noch der Chor, den Hofbaumeister Friedrich Sustris um 1585 umgestaltete. Unter der reichen Ausstattung ragen die Apostel an den Langhauswänden (um 1625) und die Jakobusfigur aus getriebenem Silber (um 1690) in der Sakristei heraus. In der **Gemäldegalerie** gegenüber dem Rathaus sind v. a. Werke der Dachauer Malerschule ausgestellt, auch die aktuelle Dachauer Kunstszene ist hier kennenzulernen. `Stadt`

Gemäldegalerie: Di.–Fr. 11.00 – 17.00, Sa., So. 13.00 – 17.00 Uhr, Eintritt 5 €

*Schloss Das Schloss auf einem Ausläufer des Amper-Hügellandes – mit herrlichem Blick nach München und zu den Bergen – war eine Sommerresidenz der Wittelsbacher. Der heutige Bau ist der Rest der vierflü-
geligen Renaissance-Anlage des 16. Jh.s, die Hofbaumeister Joseph
Effner im 18. Jh. umgestaltete, Treppenhaus und Westfassade (1715)

zeigen Régence-Stil. Zu Anfang des
19. Jh.s ließ König Max I. Joseph die
anderen, stark beschädigten Flügel
abreißen. Mit seiner grandiosen
Holzdecke gilt der Festsaal als **einer
der bedeutendsten Renaissance-
Säle** nördlich der Alpen, hier finden
Konzerte und Ausstellungen statt.
Ein hübscher Platz ist die Caféterrasse (Mo. geschl.) hinter dem
Schloss, über dem Obstgarten mit
Pavillons und einem Laubengang
aus 200 Jahre alten Linden.
❶ April – Sept. Di. – So. 9.00 – 18.00,
sonst 10.00 – 16.00 Uhr, Eintritt 2 €
Konzerte: Info & Karten bei der
Touristeninformation Tel. 08131 75-287

Barockgarten am Schloss Dachau

Künstler- Im 19. und frühen 20. Jh. zählte Dachau, wie etwa Worpswede, zu
kolonie den bedeutenden europäischen Künstlerkolonien. Maler wie Christian Morgenstern, Carl Spitzweg, Adolf Hölzel, Ludwig Dill und Arthur Langhammer fanden im unberührten Dachauer Moos mit seinen besonderen Lichtverhältnissen reizvolle Motive. Einige Häuser
können bei Führungen besichtigt werden (Touristeninformation).

* KZ-GEDENKSTÄTTE

Lage: Dachau-Ost, Alte Römerstr. 75   9.30, 11.00, 14.30, 15.30 Uhr
Bus: 726 vom S-Bahnhof Dachau   **Führungen:** tgl. 12.00 Uhr,
Parkplatz: März – Okt., Gebühr   Dauer 2.30 Std., Gebühr 3 €
❶ tgl. 9.00 – 17.00 Uhr, Eintritt frei   **www.kz-gedenkstaette-**
Dokumentarfilm (ab 12 Jahre):   **dachau.de**

Im Konzentrationslager Dachau trafen am 22. März 1933, nur sieben
Wochen nach der Machtergreifung, die ersten Gefangenen ein. Bis
zum 9. Mai 1945 wurden hier über 200 000 Häftlinge terrorisiert, v. a.
Juden, Sinti und Roma, Geistliche, Kommunisten und Oppositionel-
le; der Tod von etwa 32 000 Menschen ist beurkundet, sicher ist die
Zahl größer. Die Anordnung der Lagerbaracken ist noch zu erkennen. Nordwestlich außerhalb des Lagers stand das Krematorium.

Im ehemaligen Wirtschaftsgebäude wird in einer erschütternden Ausstellung die **Todesmaschinerie des NS-Regimes** dokumentiert. Für den Dokumentarfilm wird ein Mindestalter von 12 Jahren empfohlen, begleitende Erwachsene mögen sich ihrer Verantwortung bewusst sein. Das Internationale Mahnmal (N. Glid, 1968) vor dem Museum stellt stilisiert Gefangene zwischen Stacheldraht dar. Am gegenüberliegenden Rand des Geländes wurden **Sühnestätten** errichtet: die Israel-Gedenkstätte, die katholische Todesangst-Christi-Kapelle und die evangelische Versöhnungskirche. Nördlich außerhalb des Geländes liegen das 1964 eingeweihte Karmel-Sühne-kloster und ein Jugendgästehaus.

Deutsches Jagd- und Fischereimuseum

L 15

Lage: Altstadt, Neuhauser Str. 2
S-Bahn: S 1 – 8 Karlspl., Marienplatz
U-Bahn: U 4/5 Karlsplatz,
U 3/6 Marienplatz
Tram: 16 – 21, 27 Karlsplatz

❶ Tgl. 9.30 – 17.00, Do. bis 21.00 Uhr
Führung: Do. 17.30 Uhr
Eintritt: 3,50 €
www.jagd-fischerei-museum.de

In der Neuhauser Straße sind wilde Tiere aus Bronze, ein Eber und ein Wels, eine beliebte Staffage fürs Erinnerungsfoto. Sie machen auf das Museum in der ehemaligen Augustinerkirche aufmerksam, das Zeugnisse der Jagd- und Fischereikultur von der Steinzeit bis in die Gegenwart präsentiert.

Die Kirche der Augustiner wurde als erste außerhalb der Stadt Herzog Heinrichs bis 1294 erbaut und um 1450 erweitert, um 1620 als erste Münchner Kirche barockisiert. Nach der Säkularisation 1803 wurde sie für unterschiedliche Zwecke genützt, die Klosterbauten wichen um 1910 dem Polizeigebäude, das in der Fernsehserie »Löwengrube« (ab 1989) eine Hauptrolle spielte.

Augustiner-kirche

Das 1934 gegründete Museum war ein Prestigeobjekt des berüchtigten NSDAP-Stadtrats und Hitler-Vertrauten Christian Weber und ursprünglich im Schloss Nymphenburg ansässig, 1966 wurde es in der einstigen Augustinerkirche wiedereröffnet. Grundstock ist die weltberühmte **Geweih- und Trophäensammlung des Grafen Arco-Zinneberg.** Rund 1000 präparierte Wildtiere sind zu Dioramen zusammengestellt, Jagdwaffen und -utensilien vergangener Zeiten geben zusammen mit interaktiven Medien einen Einblick in das Waidwerk. In der Fischereiabteilung kann man versteinerte Urfische

Was gibt es zu sehen?

und Präparate heimischer Süßwasserfische studieren. Die ältesten Angelgeräte stammen aus der Steinzeit! Die **Wolpertinger**-Kollektion nicht versäumen – dieses erschröckliche Wesen wurde einst als Andenken für ahnungslose Preißn (Nichtbayern aller Art) erfunden. Für Kinder bietet das Museum eine Reihe interessanter Führungen an, von der Nachtpirsch bis zum Ausprobieren einer Wurfangel.

✶✶ **Deutsches Museum**

✦ **M 17**

Lage: Isarvorstadt, Museumsinsel 1
S-Bahn: S 1–8 Isartor
Tram: 16 Deutsches Museum
Bus: 132 Boschbrücke
❶ tgl. 9.00–17.00 Uhr, an den meisten Feiertagen geschlossen
Eintritt: 11 €, Familien 23 €

Kombikarte mit Verkehrszentrum und Flugwerft Schleißheim 16 €
Planetarium: fast tgl. 12.00 und 14.00 Uhr, Eintritt (zusätzlich) 2 €
www.deutsches-museum.de

Ein großer Besuchermagnet ist das Deutsche Museum, eines der bedeutendsten Technikmuseen der Welt. Auf einer Insel in der Isar werden die Errungenschaften der Natur- und Ingenieurswissenschaften anschaulich und spannend präsentiert.

Gegründet wurde das Museum 1903 von Oskar von Miller, einem Pionier der Elektrotechnik (▶ Berühmte Persönlichkeiten). Seit 1925 ist es in einem Gebäudekomplex auf der »Museumsinsel« in der Isar untergebracht, den der große Architekt des Münchner Historismus Gabriel von Seidl konzipiert hat. Später kamen eine Bibliothek, das Kongresshaus und weitere Nebenbauten hinzu.
Auf über 50 000 m² Fläche sind rund 18 000 Exponate ausgestellt, die Bestände werden laufend mit Objekten aus der aktuellen technischen Entwicklung ergänzt. Zur Erklärung und Demonstration von Sachverhalten dienen Apparate, Versuchsaufbauten, Maschinen sowie Schaubilder, Dioramen und Modelle; oft kann man »Hand anlegen«, was besonders Kinder anspricht; für junge Menschen zwischen 3 und 8 Jahren gibt es ein eigenes »Kinderreich«, wo Dinge wie ein Wasserwogengewehr und ein Schatten-Farben-Lichtspielhaus zu erleben sind. Als Bildungseinrichtung bietet das Museum die unterschiedlichsten Führungen und Vorträge an, in der Musikinstrumentensammlung finden Konzerte statt.
Zum Museum gehören das Verkehrszentrum (▶ S. 318) auf der Schwanthalerhöhe und die Flugwerft Schleißheim (▶ S. 268).
Aufgrund der anstehenden umfangreichen Sanierungs- und Umbaumaßnahmen können einzelne Abteilungen für längere Zeit geschlossen oder an anderen Orten zu sehen sein.

Die Präsenzbibliothek für Naturwissenschaften und Technik umfasst **Bibliothek** über 925 000 Bände, rund 4300 Zeitschriften sowie Schriften, Pläne, Urkunden, Patente und handschriftliche Aufzeichnungen. In der Abteilung »Libri rari« (Seltene Bücher) sind ca. 5000 vor 1750 gedruckte Quellen zusammengetragen. Die Studiensammlung mit wichtigen Dokumenten der Technikgeschichte ist nur Fachleuten zugänglich.

Die nördliche Front des Museumskomplexes an der Ludwigsbrücke **Kongressbau** bildet das 1928 – 1935 erbaute Kongresshaus, das gegenwärtig nicht genützt wird. Es war lange ein wichtiger Veranstaltungsort in München; hier wurden 1945 die Christlich-Soziale Union (CSU) und 1949 der Deutsche Gewerkschaftsbund gegründet, auch als Konzerthaus hat es seine Geschichte.

AUSSTELLUNGEN

Die Fülle von Erlebenswertem wäre selbst an einem Tag bei weitem nicht zu bewältigen, es empfiehlt sich eine Auswahl anhand der Prospekte oder des preiswerten, inhaltsreichen Museumsführers. Den bekommt man im **Museumsladen**, einem Dorado für technisches Spielzeug, Experimentierkästen etc. sowie entsprechende Literatur.

Besonders eindrücklich ist, wenn's dampft und zischt …

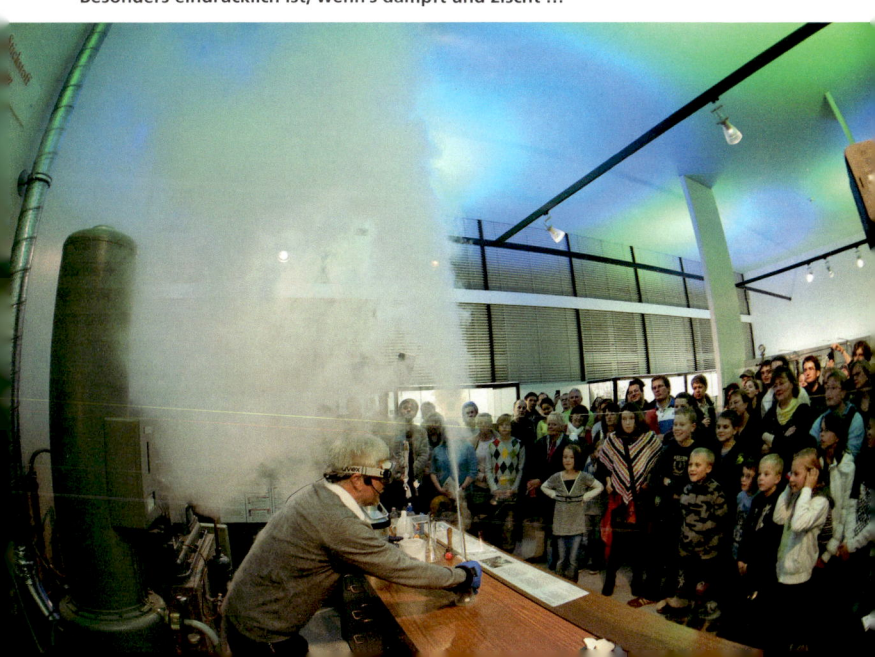

Erdgeschoss und Untergeschoss

Wie Kohle, Erze, Salz, Erdöl und Erdgas gewonnen werden, machen Modelle deutlich, auch wie eine Erdölraffinerie funktioniert, wie Eisen und Stahl erzeugt und verarbeitet werden. Im UG fährt man in ein Bergwerk ein. Beim Maschinenbau reicht die Spanne vom über 5000 Jahre alten Bohrer bis zur computergesteuerten Fertigungsanlage, vom archaischen Windrad bis zum Strahltriebwerk. Unterschiedliche »Kraftmaschinen« erzeugen mechanische Energie, die Grundlage der industriellen Tätigkeit. Die Starkstromtechnik wird u. a. in der Hochspannungsanlage effektvoll präsentiert. Tunnel-, Wasser-, Brücken- und Straßenbau werden an Modellen erläutert; man erfährt etwa, welche Probleme beim Bau der Münchner U-Bahn zu bewältigen waren. Viel Platz nimmt die Schifffahrt ein, mit dem Hochsee-Ewer »Maria HF 31« von 1880 und dem Dampfschlepper »Renzo« (1931) sowie Geräten, Maschinen und Modellen diverser Schiffstypen.

> **BAEDEKER TIPP**
>
> **!** *Unter Hochspannung*
>
> Fast täglich um 11.00, 14.00 und 16.00 Uhr herrscht im Erdgeschoss des Museums Hochspannung: Dann steht der Faraday'sche Käfig unter Strom, es zucken Blitze, und so manchem Besucher stehen buchstäblich die Haare zu Berge. Achtung: Es wird sehr laut.

Im Museumsturm hängt, sehr interessant, ein **Foucault'sches Pendel**, das die Erdrotation sichtbar macht. Im Untergeschoss geht eine Schau auf die vielfältige **Umweltbelastung** durch den Menschen und die Möglichkeiten ihrer Verringerung ein.

Das **Zentrum Neue Technologien** im Südflügel umfasst Ausstellungen zu den Themen Klimaforschung, Nano- und Biotechnik, Gentechnik, Medizintechnik und Robotik. Vorführungen, das Gläserne Labor und das **DNA-Besucherlabor** finden großes Interesse.

Luftfahrt

In der anschließenden, über zwei Stockwerke reichenden Halle hat die Luftfahrt ihr Reich, von den Anfängen der Zeit Otto Lilienthals bis zur Gegenwart. Propeller, Flugmotoren, Strahl- und Turbinentriebwerke und das Cockpit eines Verkehrsflugzeugs sind hier zu sehen, Jagdflugzeuge aus den Weltkriegen, berühmte Verkehrsflugzeuge wie die JU 52, Teile eines Airbus A 300, ein Starfighter und ein Hubschrauber MBB BO 105. Mehr zum Thema erfährt man in der Flugwerft Schleißheim (►Oberschleißheim).

Freigelände

Bei gutem Wetter kann man nach draußen gehen, wo eine Windmühle und der **Seenot-Rettungskreuzer** »Theodor Heuss« stehen, der 1957 in Dienst gestellt und 1987 nach München überführt wurde.

Erstes Obergeschoss

Außer der Luftfahrt ist dieser Stock großen **physikalischen Errungenschaften** gewidmet: u. a. den berühmten Magdeburger Halbkugeln von Otto von Guericke (1663), den elektromagnetischen Geräten von Heinrich Hertz (1889), den Röhren von Wilhelm Röntgen

(1896) und dem Labor Justus von Liebigs (1803–1873). Darüber hinaus werden Energietechnik, Optik und Kernphysik vorgestellt. Eine Apotheke aus der Zeit um 1800 führt in die Entwicklung der **Pharmazie** bis zu den modernen Medikamenten ein. Im **Ehrensaal** werden große (v. a. deutsche) Namen aus Forschung, Technik und Wirtschaft gewürdigt, nebenan ist die Geschichte des Deutschen Museums das Thema. Auch **Musikinstrumente** haben im Museum ihren Platz. Die unterschiedlichsten Tasten-, Blas- und Saiteninstrumente sind zu sehen (darunter einzigartige alte Stücke), aber auch zu hören; Konzerttermine auf der Website unter »Kalender«. Elektronische Instrumente und alte Musikautomaten sind im 2. Obergeschoss ausgestellt.

Ein Höhepunkt des Museums ist die Nachbildung der prähistorischen **Höhlengemälde von Altamira**. Sonst werden hier Techniken und Technologien vorgestellt – von den ältesten bis zu den modernsten –, die unser alltägliches Leben vielfältig erleichtern und gestalten: Keramik und Glas, Papierherstellung, Satz und Druck, Textiltechnik sowie Foto und Film. Hübsche, für viele auch nostalgische Schmankerl präsentiert die Schau mit **technischem Spielzeug**, von alten Holzbaukästen über die Metallbaukästen von Märklin und Trix bis zur Fischertechnik, mit der ganze Produktionsanlagen simuliert werden können. Über der Luftfahrthalle (s. o.) geht es mit der Abteilung für **Raumfahrt** noch höher hinaus; Raketenantriebe, Modelle von Trägerraketen, Satelliten und Sonden, die Nachbildung einer »Mercury«-Raumkapsel und ein Funktionsmodell des »Spacelab« in Originalgröße gehören zu den großen Attraktionen. **Zweites Obergeschoss**

Im dritten Obergeschoss geht es um zwei grundlegende Bereiche des menschlichen Daseins. Beim **Zählen & Messen** machen älteste und modernste Instrumente zur Bestimmung von Ausdehnung, Gewicht und Zeit staunen, ob Sonnenuhren, eine alte Uhrmacherwerkstatt oder eine hochpräzise Funkuhr, einfache Maßbänder oder ingeniöse Sextanten und Theodoliten für die Erdvermessung. Über die Photogrammetrie (Luftbildauswertung) gelangt man zur Entwicklung der Kartografie. Fortgesetzt wird die Messtechnik mit der elektronischen Datenverarbeitung, mit Mikroelektronik und Informatik. So ist u. a. ein Nachbau des ersten programmgesteuerten Rechners der Welt ausgestellt, des Z 3 von Konrad Zuse (1941); Grundlagen der Halbleitertechnik und integrierte Schaltungen werden ebenso dargestellt wie die Kristallzüchtung und die Herstellung von Computerchips. Das **Mathematische Kabinett** lädt Groß und Klein zum Rätseln und Knobeln ein. In der **Agrar- & Lebensmitteltechnik** spannt sich der Bogen von den einfachsten, uralten Geräten zur Bodenbearbeitung über landwirtschaftliche Maschinen (wie dem legendären Lanz-Bulldog) bis zur modernen Zuckerfabrik, Molkerei und Brauerei. **Drittes Obergeschoss**

Astronomie im 3.–6. OG Die Ausstellung zu **Astronomie und Astrophysik** beginnt im zentralen Rundbau im 3. OG und setzt sich bis ins 6. OG fort. Erläutert werden Aussehen und Aufbau unseres Sonnensystems und des Weltalls, Werden und Vergehen der Sterne, die Eigenschaften des Sternenlichts und die astronomischen Instrumente. Im **Planetarium** im 6. OG zaubert ein hochmoderner Zeiss-Projektor einen Himmel mit 5000 Sternen in die 15-m-Kuppel, wie er sich zu allen Zeiten und von allen Orten der Erde aus darstellt (der Vorführungsplan hängt tgl. ab 9.00 Uhr aus). Die **Sternwarte** verfügt über eine Ostkuppel mit Spiegelteleskop (Cassegrain, Bj. 1913, Spiegeldurchmesser 40 cm, Brennweite 3,6 m) und eine Westkuppel mit einem Zeiss-Refraktor (Bj. 1924, Objektivdurchmesser 30 cm, Brennweite 5 m). Vorführungen bei klarem Himmel: Westkuppel i. d. R. 10.30–11.30 Uhr, Ostkuppel 14.30–15.30 Uhr; Abendführungen außer Juni/Juli Di., Fr. 20.00 bzw. 21.00 Uhr (Info-Tel. 089 21 79-211). Auf der **Terrasse** im 6. OG sind 21 hochpräzise moderne Sonnenuhren aufgestellt, außerdem hat man von hier einen fantastischen Blick bis zu den Alpen.

✳ Englischer Garten

✴ A – E 10 – 13

Lage: nordöstlich des Zentrums
U-Bahn: U 3 Odeonsplatz
bis Münchner Freiheit
U 6 Odeonsplatz bis Studentenstadt

Tram: 18 Nationalmuseum,
Paradiesstraße, Tivolistraße
Bus: 54, 154 Chinesischer Turm

München wäre halb so schön ohne den Englischen Garten, der sich links der Isar von der Prinzregentenstraße etwa 5 km nach Norden erstreckt, bis weit über Schwabing hinaus: ein kleines Paradies fürs Dolce far niente mit »natürlichen« malerischen Bäumen, Gehölzen, Wiesen und Bachläufen.

Größter Stadtpark der Welt Der mit 375 ha größte Stadtpark der Welt ist dem (weiland in München und Bayern sehr unbeliebten) Kurfürsten Karl Theodor zu verdanken, der ab 1789 auf Vorschlag seines Beraters Benjamin Thompson, später Graf Rumford, am linken Isarufer einen großen Garten anlegen ließ (im selben Jahr wurde in Paris die Bastille gestürmt). Der sollte nach seinen Worten »nicht allein zum Vorteil und Ergötzung des Militärs, sondern auch zum allgemeinen Gebrauch als öffentlicher Spaziergang« dienen. Und nicht nur dies: Später wurden hier zu volkspädagogischen Zwecken landwirtschaftliche Musterbetriebe eingerichtet, darunter eine Schule für Ackerbau, Baumzucht und Vieharznei, eine Schweizerei (d. h. Molkerei) und eine Schäferei. Als Gestalter betätigten sich Thompson selbst, Freiherr Reinhard von Werneck und v. a. Friedrich Ludwig von Sckell. Von Werneck legte

Der Monopteros, Blickfang im Englischen Garten

1802 den Kleinhesseloher See an, von Sckell erweiterte den Englischen Garten 1799 – 1804 um die Hirschau bis zum Grundstück des Aujägermeisters.

Als »Volksgarten zur Bewegung und Geschäftserholung und zum Genusse der freien und gesunden Lebensluft« dient der Englische Garten bis heute. Das ganze Jahr über tummeln sich hier Spaziergänger, Radfahrer und Reiter, toben Hunde, treffen sich Freizeitkicker. In der warmen Jahreszeit drängen sich Tausende Sonnenanbeter, die sich in den Bächen erfrischen; als FKK-Bereich offiziell ausgewiesen ist die »Schwabinger Bucht«. Man kann mit der Pferdekutsche fahren oder auf dem Kleinhesseloher See eine Ruderpartie unternehmen. Am Chinesischen Turm und am See laden Biergärten zur Einkehr. Jenseits des Isarrings – eine hochfrequentierte vierspurige Schnellstraße, die in den 1960er-Jahren durch das Gelände geschlagen wurde – liegt der 3 km lange **Nordteil** des Englischen Gartens, die Hirschau, der wesentlich weniger frequentiert ist; hier hat man auch in der »heißesten« Jahreszeit sehr viel Platz, man kann auch mal einer Schafherde begegnen. Am Nordrand der Hirschau ist der »Aumeister« mit seinem Biergarten das lohnende Ziel einer Tour per pedes oder Rad. Übers **Isarwehr** und einen Fußgängersteg weiter nördlich kann man die Isar nach Oberföhring überqueren. Wer will, radelt an der Isar weiter über Garching bis nach Freising (Isar-Radweg Nord, vom Aumeister ca. 25 km, zurück mit der Bahn).

Aumeister: Sondermeierstr. 1, Tel. 089 1 89 31 42-0, Mo. geschl. Biergarten bei gutem Wetter tgl. geöffnet

Markante Punkte Vom **Monopteros**, einem klassizistischen Rundtempel auf einem kleinen Hügel (Leo von Klenze, 1838), hat man einen schönen Blick auf die Stadt (Sonnenuntergang!). Am **Chinesischen Turm**, errichtet 1790 als Aussichts- und Musikpagode (1951 rekonstruiert), treffen sich an schönen Tagen Besucher aus aller Herren Länder, der Biergarten mit 7000 Plätzen und Blasmusik vom Turm (am Wochenende) lassen Oktoberfeststimmung aufkommen. Nebenan dreht sich ein prachtvolles altes Karussell, im Advent gibt's hier einen netten Christkindlmarkt. Auch am **Kleinhesseloher See** kann man im Biergarten und auf der Terrasse des etwas hochgestochenen Restaurants »Seehaus« schön sitzen.

Das **Rumford-Schlössl** nördlich des Chinesischen Turms, erbaut 1791 als Offizierskasino, ist heute ein »Natur- und Kultur-Treff« für Kinder und Jugendliche.

> **BAEDEKER TIPP**
>
> !
>
> *Auf dem Teeweg*
>
> Im Südwestteil des Englischen Gartens, gleich hinter dem Haus der Kunst, lädt das Japanische Teehaus ein: Von April bis Oktober kann man hier an einem Wochenende im Monat (Sa., So. 14.00, 15.00, 16.00, 17.00 Uhr) an einer japanischen Teezeremonie teilnehmen (8 €). Info zu Führungen etc. unter Tel. 089 22 43 19, www.urasenke.de.

✳ Flughafen München

✈ **nördlich von A 12**

Lage: ca. 40 km nordöstlich
S-Bahn: S 1/8 Besucherpark
Besucherpark: 24 Std. zugänglich
(Eintritt frei, Besucherhügel 1 €)
Besucherzentrum:
März – Okt. 9.30 – 18.00,
Nov. – Febr. 9.30 – 17.00 Uhr
Besucherterrasse Terminal 2:

tgl. 8.00 – 22.00 Uhr
Flughafen-Tour: tgl. 14.30 Uhr, 9 €
A380-Tour: Sa./So. 13.30 Uhr, 14 €
Für beide Touren brauchen
Erwachsene ein Personaldokument.
Besucherservice: Tel. 089 9 75-41 33
www.munich-airport.de

Bayerns »Tor zur Welt« zieht Tausende Besucher an, die sich faszinieren lassen vom Kerosin-Flair der startenden und landenden Flugzeuge, von der erstaunlichen Technik und der weltstädtischen Architektur.

Beeindruckend sind die Dimensionen des Münchner Airports: 4 km Meter lang und 60 m breit sind die zwei parallelen Landebahnen in Ost-West-Richtung, 78 m hoch ragt der Tower auf, über 2 km erstrecken sich die Terminals. Mit fast 40 Millionen Passagieren jährlich zählt er zu den Top Ten in Europa, in Deutschland ist er nach Frankfurt die Nummer zwei. So zählt der Flughafen, der mit vielen Architekturpreisen ausgezeichnet wurde, zu den großen Attraktionen der

Hochbetrieb im »Aumeister« im Englischen Garten

bayerischen Landeshauptstadt, besonders für Familien mit Kindern. Der häufig verwendete Namen »Franz Josef Strauß« ist nicht offiziell.

Mit rund 30 000 Beschäftigten ist der Flughafen der wichtigste Arbeitgeber an der nördlichen Peripherie der bayerischen Hauptstadt, darüber hinaus zieht er viele Unternehmen an. Was, wie in München selbst, zu Vollbeschäftigung führt, aber auch zu eklatantem Mangel an bezahlbarem Wohnraum. Seit Beginn der 1960er-Jahre befasste man sich mit Plänen für einen neuen Aiport, denn der zentrumsnahe Flughafen Riem platzte aus allen Nähten. Gegen den Standort im Erdinger Moos gab es heftigen Widerstand, 5724 Klagen wurden gegen den Planfeststellungsbeschluss von 1976 eingereicht. Mit den Arbeiten beginnen konnte man erst 1987, 1992 wurde der Flughafen dann in Betrieb genommen. Derzeit geht der Kampf um eine dritte Startbahn, die die Flughafen-GmbH trotz Abnahme der Flugbewegungen für nötig hält und mit über 10 000 zusätzlichen Arbeitsplätzen schmackhaft machen will; 2012 stimmten die Münchner Bürger mehrheitlich dagegen (die Stadt ist Anteilseigner).

Wirtschaftliches und Politisches

Das 1081 m lange **Terminal 1** hat 21 Fluggastbrücken (»Finger«), dazu 60 Abstellpositionen für Flugzeuge im Vorfeld. An das Terminal sind 5 Parkhäuser und 6 Tiefgaragen mit 30 000 Stellplätzen angegliedert. Moderner ausgestattet ist das 2003 in Betrieb genommene **Terminal 2** mit 24 Fluggastbrücken, das der Deutschen Lufthansa

Terminals

> **!** *Jets hautnah*
>
> Erleben Sie, im komfortablen Bus mit kundigen Erläuterungen, aus nächster Nähe das Geschehen auf dem Flughafen: in den Terminals und im Tower, auf den Vorfeldern und an den Startbahnen. Veranstaltet werden auch A380-Touren und solche für Familien mit Kindern bis 8 Jahre (Sa., So. und in den bayerischen Schulferien).

und ihren Partnern vorbehalten ist. Verbunden werden die Terminals durch das 1999 eröffnete Dienstleistungszentrum **MAC**, das der weltweit tätige Architekt Helmut Jahn als »Stadt im Flughafen« konzipierte (im Untergeschoss liegt die **S-Bahn-Station**). Um den imposanten, von einem Glasdach überwölbten Hof gruppieren sich Läden und Büros; das **Airbräu** bietet ordentliches bayerisches Essen und gutes eigenes Bier für wenig Geld.

Für Besucher Die **Besucherterrasse** im Terminal 2 (Ebene 07) bietet einen großartigen Ausblick auf das östliche Vorfeld und die Landebahnen. Außerhalb des eigentlichen Flughafengeländes liegt der **Besucherpark** (S-Bahn-Haltestelle) mit Aussichtshügel; legendäre Verkehrsflugzeuge – eine Ju 52, eine DC-3 und eine Super Constellation – und ein Rettungshubschrauber sind dort ganz nah zu erleben. Multimediaschauen vermitteln ein eingehenderes Bild vom Flughafen.

** Frauenkirche

☆ L 16

Lage: Altstadt, Frauenplatz 1
S-Bahn: S 1 – 8 Marienplatz
U-Bahn: U 3/6 Marienplatz
Kirche: 7.00 – 19.00, Do. bis 20.30, Fr. bis 18.00 Uhr

Führungen:
Mai – Sept. Di., Do., So. 14.00 Uhr
6 €, Treff unter der Orgelempore
Turm: zur Zeit geschlossen
www.muenchner-dom.de

»Das« Wahrzeichen der bayerischen Metropole schlechthin ist der spätgotische Backsteinbau der Frauenkirche mit den beiden von »welschen Hauben« bekrönten Türmen.

Ein wenig Geschichte Der aufstrebenden Herzogsstadt war die alte Frauenkirche aus dem 13. Jh. zu klein geworden. So beauftragte die Münchner Bürgerschaft den aus der Nähe von Moosburg bei Freising stammenden **Jörg von Halspach** (auch als Ganghofer und Jörg von Polling bekannt) mit einem Neubau. In 20 Jahren (1468 – 1488) führte er einen dreischiffigen Backsteinbau auf, mit 109 m Länge und 38 m Breite die größte Hallenkirche Süddeutschlands – 20 000 Menschen hätten stehend drin Platz. Das zeigt Selbstbewusstsein, hatte München damals doch nur an die 13 000 Einwohner. Dennoch verfuhr man bescheiden, statt eines Hausteinbaus mit aufwendiger gotischer Gestaltung entschied sich der Magistrat für die heimischen Ziegel (im östlichen Umland gab es bis ins 20. Jh. viele Ziegeleien). Es entstand ein zurückhaltender, kraftvoller Bau, dem man gar eine »bäuerliche Vornehmheit« attestierte. Seit der Einrichtung des Erzbistums München-Freising 1817 ist der Dom auch **Kathedrale** und Metropolitankirche der südbayerischen Kirchenprovinzen. Von den Veränderungen im 17. und 19. Jh. ließ der Zweite Weltkrieg nichts übrig; die Rekonstruktion des schwerstens beschädigten Baus zog sich insgesamt bis 1994 hin.

Die massigen **Türme** ragen fast 100 m hoch auf: der nördliche Turm 98,57 m, der südliche 12 cm weniger. Nicht unbedeutend für den Charakter Münchens ist, dass gemäß einem Bürgerentscheid von 2004 in der Stadt nicht höher gebaut werden darf (nur wenige, vor 2004 errichtete Hochhäuser am Stadtrand sind höher). Klug eingesetzte Bauzier nimmt den Türmen die Schwere: flache Lisenen an den Ecken; Dachgesimse aus Haustein (mit Maßwerk) trennen die schmaler werdenden Geschosse, die auf der Höhe des Dachfirsts in Oktogone mit Strebepfeilern an den Ecken übergehen. Dann die erst 1525 aufgesetzten **Turmhauben**, die ungewöhnlich erscheinen; auch die Bezeichnung deutet darauf hin: »welsch« meint »fremd«. Einige rechnen sie der Renaissance zu, doch kannte Halspach durch eine zeitgenössische Schrift den Felsendom in Jerusalem, den man für den Tempel Salomons hielt und der eine Art Zwiebelkuppel besitzt: eine Anspielung also auf das Himmlische Jerusalem.

Das Äußere

Ein gemütlicher Winkel an der Frauenkirche

Auch das **Langhaus** ist über dem Sockel aus Nagelfluh sparsam gegliedert, mit großen Fenstern und flachen Lisenen dazwischen. Die Epitaphien rühren aus der Zeit, da der Dom von einem Friedhof umgeben war. Fünf Portale führen hinein, die Türflügel wurden alle von Ignaz Günther geschnitzt (1771/1772). Am West-/Hauptportal zwei wertvolle Figuren aus der alten Frauenkirche (um 1250), eine Maria mit Kind und Jesus als Schmerzensmann.

Das Innere Beim Eingang am Arsatiusportal – ein stiefmütterlicher Platz am Rande – empfängt das prunkvolle, düstere **Hochgrab für Kaiser Ludwig den Bayern** aus schwarzem Marmor, geschaffen 1619 – 1622 von Hans Krumper (es ist ein »Kenotaph«, bestattet ist Ludwig in der Krypta). Die großen Statuen stellen Herzog Wilhelm IV. (westlich) und Herzog Albrecht V. dar, die Fahnenträger an den Ecken stammen von einem älteren Grabmal (um 1595). Innen die kunsthistorisch bedeutende Deckplatte (um 1480) aus Rotmarmor, die oben den Kaiser zeigt und unten die Aussöhnung zweier Nachfahren, der Herzöge Albrecht und Ernst. In der Vorhalle, unter der Empore, ist im Boden der »**Teufelstritt**« eingelassen, eine Stelle, die eine Besonderheit des Kirchenraums offenbart: Von hier aus sind keine Fenster zu sehen außer dem im Chor (von 1622 bis 1860 sah man auch dieses nicht, da es durch den Renaissance-Hochaltar verdeckt war). Darum rankt sich die Sage, dass der Teufel mit dem Baumeister einen Pakt geschlossen und über das nur scheinbare Fehlen von Fenstern vor Zorn aufgestampft habe. Der Effekt ist in der Tat stark. Das **Mittelschiff**, von 22 oktogonalen Pfeilern eingefasst und 31 m hoch, wirkt überaus schmal und tief, erstrahlt aber aufgrund der weißen Flächen und der großen Fenster in hellem Licht. Die Einheitlichkeit und Weite beruht auch darauf, dass sich die drei fast gleich hohen Schiffe durch die ganze Länge des Raums ziehen, der Chor ist nicht abgesetzt. Das Langhaus und die Seitenkapellen bilden den Hintergrund für schöne **Skulpturen, Gemälde und Fenster** aus dem 14. – 17. Jh., fast ausnahmslos nicht am originalen Ort. In der **Krypta**, zu der Treppen vor der Chorscheitelkapelle führen, sind Mitglieder des Hauses Wittelsbach beigesetzt, darunter Kaiser Ludwig der Bayer und der letzte bayerische König, Ludwig III., sowie die Münchner Kardinäle Michael Faulhaber († 1952), Joseph Wendel († 1960) und Julius Döpfner († 1976) .

> **!** **BAEDEKER TIPP**
>
> *Musik im Dom*
>
> An der Frauenkirche wird Musik großgeschrieben, von den vier Orgeln aus der Werkstatt Jann über den Domchor bis zur Capella Cathedralis in der Tradition der Hofkantorei des 16. Jh.s unter Orlando di Lasso. Auf dem Programm stehen feierliche Gottesdienste ebenso wie besondere Konzerte. Was wann zu hören ist, ist unter www.muenchner-dom. de/kalender.html verzeichnet.

Der steinerne Schmerzensmann / Auferstandene Christus am Pfeiler links des Chors stammt aus der Zeit um 1320, die geschnitzte Maria mit Jesuskind gegenüber (um 1520) wird dem Leinberger-Kreis zugerechnet, vor dem Chor hängt ein eindringlicher großer Kruzifixus von J. Henselmann (1954). Das moderne Chorgestühl schmücken innen und außen ausdrucksvolle Apostel- und Propheten-Halbfiguren von Erasmus Grasser (1502). Die Abschlusswand des Chorgestühls zieren vergoldete Reliefs vom früheren Chorgestühl (Szenen aus dem Marienleben, Ignaz Günther 1774). Die Mariensäule trägt eine Immaculata von R. A. Boos (1780). **Hochchor**

Nördliche Turmkapelle (2): Marienaltar (1863), Marienrelief mit Stifterbildnis des Bischofs Tulbeck (um 1475).
Apolloniakapelle (3): Altarbild »Hl. Apollonia« (1690).
Dreikönigskapelle (4): Altarbild »Anbetung der Könige« (1629).
Korbinianskapelle (5): Tafeln mit Szenen aus dem Leben des hl. Korbinian und des hl. Benno (1865).
Blasiuskapelle (6): »Ecce Homo«, Johann Rottenhammer zugeschrieben (1599). Eindrucksvoller Marmorepitaph für den Stiftsdekan Balthasar Hundertpfund (1478 – 1502). Gemälde »Kindermord von Bethlehem« von Jacopo Amigoni (1720).
Sieben-Schmerzen-Kapelle (7): Figur Mater Dolorosa (17./18. Jh.). Gemälde »Christus am Kreuz«, dem Flamen Anthonis van Dyck (1599–1641) zugeschrieben; der Rubens-Schüler war v. a. in Genua und London als Porträtmaler hoch geschätzt.
Bennoportal (C): Über dem Portal Glasmalereien des 15./16. Jh.s.
Eingang zur Sakristei (8): Das riesige Bild »Mariä Himmelfahrt und Krönung« des Münchner Hofmalers Peter Candid (1620), ein Hauptwerk der Gegenreformation, hing einst im Hochaltar. Links ein farbig gefasstes Holzrelief von 1513 (»Marientod«).
Katharinenkapelle (9): J. A. Wolff, »Entrückung der hl. Katharina«, Ende 17. Jh.; Peter Candid: »Verkündigung«, »Gottvater« (1620). Am Pfeiler gegenüber Christophorus, um 1525.
Kapelle der Hofbruderschaft St. Anna und St. Georg: (10): »Hl. Anna mit Maria und Jesuskind« von S. Rottaler (um 1520), Hl. Rasso (links) des Meisters von Rabenden, Hl. Georg von Hans Leinberger (1520). Westwand: Hl. Christophorus von Hans Leinberger (um 1525). Glasgemälde »Verkündigung« (um 1500).
Sakramentskapelle (11): Neben dem gotischen Portal prachtvolles Epitaph für den Stiftspropst Ph. Dobereiner († 1576). Daneben eine Uhr, deren Figuren Erasmus Grasser um 1500 angefertigt haben soll. In der Kapelle ein Erlöser aus Stein (um 1450); Fenster »Martyrium der hl. Katharina«, geschaffen um 1500 für die Salvatorkirche.
Sebastianskapelle (12): Altarbilder von Jan Polack und dem Meister von Rabenden, um 1520. Hl. Sebastian von A. Faistenberger (1696).
Chorhauptkapelle (13): Links die großartige Schutzmantelmadonna

Nördliches Seitenschiff (Nummern ▶ Grundriss S. 178)

** *Der Münchner Dom*

Mit majestätisch aufragenden Türmen und ihren patinagrünen »welschen Hauben« ist der 1494 geweihte Dom – ein mächtiger, ruhiger Backsteinbau – das berühmte Wahrzeichen Münchens.

❶ Prunk-Hochgrab

Das von Hans Krumper im 17. Jh. gestaltete Gedächtnismal für Kaiser Ludwig den Bayern (1283–1347) zieren Bildnisse von Herzog Wilhelm IV. und Herzog Albrecht V. sowie »Genien« mit den kaiserlichen Insignien.

❷ Hochchor

Das Chorgestühl schmücken innen und außen Apostel- und Propheten-Figuren von Erasmus Grasser.

❸ Scharfzandt-Fenster

Die Glasmalerei im Fenster der Chorscheitelkapelle ist die einzige, die aus der Erbauungszeit erhalten ist.

❹ Krypta

Sie beherbergt die ältesten Gräber der Wittelsbacher in München.

❺ Sieben-Schmerzen-Kapelle

Die »Mater dolorosa« war ein Teil der barocken Ausstattung (17./18. Jh.).

Frauenkirche

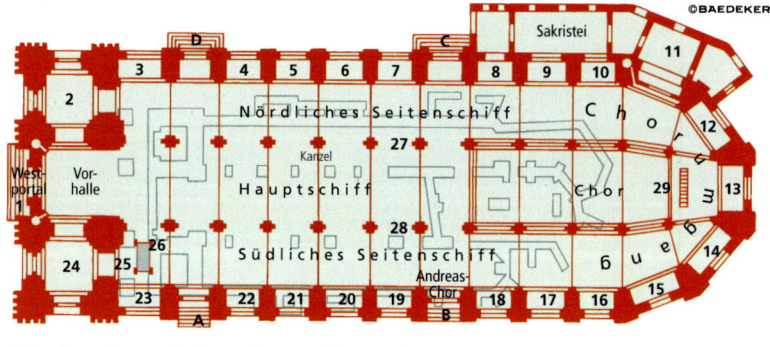

©BAEDEKER

A Arsatiusportal   B Brautportal   C Bennoportal   D Sixtusportal

Grundriss des Vorgängerbaus

1 Turmaufgang
2 Nördliche Turmkapelle (Tulbeckkapelle)
3 Apolloniakapelle
4 Dreikönigskapelle
5 Korbinianskapelle
6 Blasiuskapelle
7 Sieben-Schmerzen-Kapelle
8 Sakristeieingang
9 Katharinenkapelle
10 Kapelle der Hofbruderschaft St. Anna und St. Georg

11 Sakramentskapelle (Ehem. Sakristei)
12 Sebastianskapelle
13 Chorhauptkapelle
14 Kapelle Mariä Opferung (Arsatiuskapelle)
15 Rupertuskapelle (Altöttinger Kapelle)
16 Johann-Nepomuk-Kapelle
17 Bennokapelle
18 Taufkapelle
19 Geburt-Christi-Kapelle
20 St. Georgs- und Margaretenkapelle

21 Mariä-Verkündigungs-Kapelle
22 Bartholomäuskapelle
23 Kongresskapelle (Ecce-Homo-Kapelle)
24 Südliche Turmkapelle (Sendlingerkapelle)
25 Hl. Christophorus
26 Kenotaph für Kaiser Ludwig den Bayern
27 Burchard-Epitaph
28 Ligsalz-Epitaph
29 Zugang zur Krypta

Das Bild der Schutzmantelmadonna von Jan Polack in der Chorhauptkapelle gilt mit seinem prachtvollen Kolorit und der individuellen Gestaltung der Personen als eines seiner besten Werke. Gestiftet wurde es von der Familie Sänftl. Die Ähren auf Marias Mantel sind eine spätere Zutat.

Schlanke Pfeiler tragen die hoch angesetzten Netzgewölbe, deren Grate wie beim Halspachschen Original ockergelb getönt sind.

Der Kenotaph Kaiser Ludwigs des Bayern prangte einst prominent im Chor, heute steht er abseits im Eck. Die bedeutende spätgotische Deckplatte im Inneren ist leider kaum zu erkennen.

Detail des Scharfzandt-Fensters: der auferstandene Christus, flankiert von den Aposteln Matthias und Thomas sowie dem Stifterpaar, umrahmt von Architektur in Gold und Silberweiß.

von Jan Polack (um 1510), in der Achse in einem Glasschrein das Marien-Gnadenbild der Münchner Bürger von 1659. Das Fenster (1493) schuf der berühmte Straßburger Meister Peter Hemmel von Andlau; benannt ist es nach dem Stifter, dem Ratsherrn Wilhelm Scharfzandt. An der Rückseite des Chorgestühls hängen Bildtafeln des Memminger Altars von Hans Strigel (um 1500).

Südliches Seitenschiff

Arsatiuskapelle (14): Silberrelief »Hl. Arsatius im Grab« (1496). Darüber die Mitteltafel eines Kreuzaltars (um 1445). Wertvolle Glasgemälde: »Heilsspiegelfenster« (um 1480) sowie »Jesus im Tempel«, »Rotgrüne Passion« und »Heilige Drei Könige«, die vom Vorgängerbau stammen (um 1425).

Rupertuskapelle (15): Altarbild »Der hl. Rupert übergibt der Gottesmutter das Gnadenbild von Altötting« von J. A. Wolff (um 1680).

Johann-Nepomuk-Kapelle (16): Vorstellreliquiar mit Reliquien des hl. Johann Nepomuk (1730). Bildnis des hl. Nepomuk (M. Steidl, 1703). Glasmalerei: Sieben Freuden Marias (um 1425).

Bennokapelle (17): Benno-Reliquiar von 1601, an der Westwand eine Truhe mit dem Mantel des hl. Benno. Der hl. Benno von Meißen († 1106) wurde 1580, als seine Reliquien nach München kamen, zu einem der Schutzpatrone Münchens und Bayerns bestimmt. Glasgemälde: Szenen aus dem Leben der hl. Agnes und des hl. Sebastian (15. Jh.).

Taufkapelle (18): Barocker Taufstein aus Rotmarmor. Altarbilder »Taufe Jesu«, »14 Nothelfer« von M. Steidl (1703). Spätgotische Bildwerke zeigen Johannes den Täufer und den Evangelisten Johannes.

Christi-Geburt-Kapelle (19): Altarbild »Anbetung der Hirten« in Caravaggio-Nachfolge, spanisch oder neapolitanisch. Über dem Epitaph für Julius Kardinal Döpfner († 1976) die Enthauptung des Paulus, um 1605.

Margaretenkapelle (20): Altarbild mit hl. Margarete und hl. Georg, um 1630. Totenschilde der Stifterfamilie Ligsalz und ein spätgotischer hl. Nikolaus, Patron der Bäcker.

Mariä-Verkündigungs-Kapelle (21): Altarbild »Verkündigung« von Joachim von Sandrart (1646). Die modernen Fenster stellen die Genesis dar (1959).

Bartholomäuskapelle (22): Eine schöne Salzburger Pietà, um 1400, mit originaler Bemalung, außerdem Altarbilder »Gottvater« und »Martyrium des hl. Bartholomäus von W. Schöpfer (1627).

Kongresskapelle (23): Fenster (1964) zur Erinnerung an den Eucharistischen Weltkongress, der 1960 in München stattfand. Hier erinnert eine Grabplatte an den großen Barockbaumeister Johann Michael Fischer († 1766), der nicht nur Gotteshäuser und Klöster, sondern auch die »Gemüther erbauet« habe.

Südliche Turmkapelle (24): Grabmal für Jörg von Halspach, den Erbauer des Doms. Glasmalerei »Leben Jesu« (15. Jh.).

Friedhöfe

❶ April–Aug. 8.00–20.00, Sept., Okt. bis 19.00, Nov.–Febr. 8.00–17.00, März 8.00–18.00 Uhr

Auf vielen Münchner Friedhöfen sind bedeutende Persönlichkeiten bestattet – eine andere Art, sich der Geschichte der Stadt zu nähern. Aber nicht nur dies: Sie sind grüne Oasen mit besonderer Atmosphäre, in denen man Ruhe findet.

Informationen über die Lage bestimmter Gräber findet man auf der Website friedhof.stadt-muenchen.net. Diverse Veranstalter (▶ S. 111) bieten Friedhofsführungen an, ebenso die Städtischen Friedhöfe selbst (gratis, frühzeitige Anmeldung unter Tel. 089 2 31 99-3 25).

ALTER NÖRDLICHER FRIEDHOF
❶ Maxvorstadt, Arcisstr. 45   ✛ D/E 9 U-Bahn 2/8 Josephsplatz, Tram 27/28

Eröffnet 1868, nachdem der Alte Südfriedhof (s. u.) zu klein geworden war. Im Zweiten Weltkrieg verwüstet und aufgegeben, ist er heute eine grüne Oase in den Häuserfluchten, unter den alten Bäumen lesen Studenten, laufen Jogger, picknicken Familien (was die Grenzen des Schicklichen ab und zu überschreitet). Er steht unter Denkmal- und Landschaftsschutz, alteingesessene Familien pflegen immer noch die Gräber ihrer Vorfahren.

✳ ALTER SÜDLICHER FRIEDHOF
❶ Isarvorstadt, Eingänge Stephansplatz, Thalkirchner Straße, Kapuzinerstraße   ✛ G 9 – U-Bahn 3/6 Goetheplatz, Bus 58/62

Angelegt 1563 außerhalb der Stadtmauer für arme Leute, im 17. Jh. Pestfriedhof, seit 1944 nicht mehr genützt. Erweiterungen 1821 mit einem Arkadenhalbkreis und bis 1850 durch F. v. Gärtner mit einem quadratischen »Campo Santo«. Auf diesem romantisch zuwuchernden Friedhof ruhen viele Prominente der Königlich Bayerischen Residenzstadt, viele Namen sind auch auf Straßenschildern zu sehen.

Joseph von Fraunhofer (1787–1826), Optiker, Alte Arkaden 12
Friedrich von Gärtner (1792–1847), Architekt, Neue Arkaden 175
Leo von Klenze (1784–1864), Architekt, Neue Arkaden 171
Ferdinand von Miller (1813–1887), Erzgießer, Mauer rechts 79
Ludwig von Schwanthaler (1802–1848), Bildhauer, Neue Arkaden 1
Carl Spitzweg (1808–1885), Maler (5-17-10)

* ## BOGENHAUSER FRIEDHOF
❶ Bogenhauser Kirchplatz 1 ✦ E 11 – Tram 16
▶ S. 156

* ## WALDFRIEDHOF
❶ Großhadern, Haupteingang Fürstenrieder Straße 288 ✦ J/K 3/4
U-/S-Bahn Harras + Bus 52; U-Bahn Holzapfelkreuth

Nicht nur Münchens größter und Deutschlands zweitgrößter Friedhof (161,3 ha), sondern auch ein besonderer und besonders schöner. Stadtbaurat Hans Grässel (1860–1939), der vier weitere Friedhöfe der Stadt konzipierte, schuf hier ab 1907 einen neuen Typus, der in ganz Europa aufgegriffen wurde, eben den »Waldfriedhof«. Er nützte einen bestehenden Wald, in dem unterschiedlich geartete und gestaltete Gräberbezirke locker verteilt sind; die Wege werden teilweise tatsächlich zu Waldpfaden. Im neuen Teil im Westen, in den 1960er-Jahren angelegt, wird das Naturerlebnis noch größer, mit einem See an der Aussegnungshalle und fast unberührten Langgraswiesen, ein Biotop, wie man es selbst auf dem Land selten findet.
Wen es in der warmen Jahreszeit nach einem Biergarten verlangt, findet ihn mit dem »Waldheim« am Nordwesteck des neuen Teils.

Im Alten Südlichen Friedhof

Heidi Brühl (1942–1991), Schlagersängerin, 142e-UW-31
Lena Christ (1881–1920), Schriftstellerin, 44-3-1
Michael Ende (1929–1995), Schriftsteller, 212-W-3
Werner Heisenberg (1901–1976), Physik-Nobelpreisträger 163-W-29
Paul Heyse (1830–1914), Literatur-Nobelpreisträger, 43-W-27
Kurt Huber (1893–1943), Mitglied der »Weißen Rose«, 21-W-22
Franz von Lenbach (1836–1904), Künstler, M-li-81
Leni Riefenstahl (1902–2003), Filmregisseurin, 509-W-4
Franz von Stuck (1863–1928), Künstler, 95-W-16
Frank Wedekind (1864–1918), Dichter, 17-W-88
Fritz Wunderlich (1930–1966), Sänger, 212-W-18

OSTFRIEDHOF
❶ Giesing, St.-Martin-Str. 1, Nebeneingang Regerstraße ✦ H 10/11
Tram 15/25, 17/27 Ostfriedhof, St.-Martin-Straße

Als ersten seiner Großfriedhöfe legte Hans Grässel den Ostfriedhof
1894–1900 an, im Anschluss an den seit 1817 existierenden Auer
Friedhof. Griechisch-römische Formen zeigt die imposante Aussegnungshalle an der St.-Martin-Straße mit Kuppel und weit ausgreifen-
den Kolonnaden. Das bekannteste unter den großen Familiengrä-
bern liegt gleich hinter der Eingangshalle: das Mausoleum, in dem
Rudolph Moshammer (▶ S. 243) und seine Mama Else bestattet sind;
ganz in der Nähe singt Peter Kreuder noch einmal »Sag beim Abschied leise servus«. Die würdevolle Trauerhalle (Grässel, 1929) beim
Krematorium ist März–Okt. bei Führungen zugänglich.

Toni Berger (1921–2005), Schauspieler, 077-02-7
Rex Gildo (L. Hirtreiter, 1936–1999), Schlagersänger, 122-1-21
Friedrich Hollaender (1896–1976), Komponist, 60-1-20
Peter Kreuder (1905–1981), Komponist, 55-19-2
Martha Mödl (1912–2001), Opernsängerin, 040-6-3
Hjalmar Schacht (1877–1970), Reichsbankpräsident und Reichs-
  wirtschaftsminister, 055-19-7
Erni Singerl (1921–2005), Schauspielerin, 56-11-3
Barbara Valentin (1940–2002), Schauspielerin, M-li-183
Thomas Wimmer (1887–1964), Oberbürgermeister, 61-1-2

FRIEDHOF AM PERLACHER FORST
❶ Stadelheim, Stadelheimer Str. 24 ✦ K 11
U-Bahn: 3 Fasangarten, 1 Mangfallplatz; Tram 17 Schwanseestraße

Der 1931 angelegte Friedhof wird vor allem als Grabstätte von Mitgliedern der »Weißen Rose« besucht, die im Gefängnis Stadelheim

nebenan hingerichtet wurden: Unter eisernen Kreuzen und weißen Rosen ruhen Sophie und Hans Scholl sowie Christoph Probst (Nr. 73-1-18/19) und Alexander Schmorell (076-1-26); Professor Kurt Huber ist hingegen auf dem Waldfriedhof bestattet. Auch einige tausend KZ-Opfer haben hier ihre letzte Ruhe gefunden.

ALTER ISRAELITISCHER FRIEDHOF
❶ Sendling, Thalkirchner Straße 240 ✦ J 7 – U-Bahn 3 Brudermühlstraße

Die Grabsteine auf dem alten jüdischen Friedhof zeugen vom Aufstieg der Gemeinde im 19. Jahrhundert. Der 1816 kurz nach der Gründung der Israelitischen Kultusgemeinde eingeweihte Ort des »ewigen Lebens« wurde 1908 geschlossen, als der neue Friedhof an der Garchinger Straße eröffnet wurde (auch dieser von Grässel angelegt). Zugänglich nur in Führungen, Info: Kultusgemeinde Tel. 089 20 24 00-100, Volkshochschule Tel. 089 4 80 06-62 20.

Gärtnerplatz- und Glockenbachviertel
✦ M 15/16

Lage: Isarvorstadt
U-Bahn: 1/2/7/8, 3/6 Sendlinger Tor, 1/2/7 Fraunhoferstraße
Tram: 16/18 Reichenbachplatz,
17 Müllerstraße, 18 Fraunhoferstraße
Bus: 52/62 Gärtnerplatz, 132 Fraunhoferstraße

In der Isarvorstadt südlich der Altstadt wird das leichte Leben großgeschrieben. Hier stöbert man in den vielen kleinen Läden nach Besonderem, hier trifft man sich nach Büroschluss, hier feiert man bis zum frühen Morgen.

Gärtnerplatz-viertel Vom ▶Viktualienmarkt geht man durch lebhafte Vorstadtstraßen zum hübschen runden **Gärtnerplatz** – mit gleichnamigem Theater, mit Blumenrondell und Brunnen –, von dem Straßen strahlenförmig ausgehen. Wie zu vermuten, wurde das Karree zwischen der Frauenstraße und der Isar ab 1861 planmäßig angelegt, v. a. mit mehrstöckigen Mietshäusern als Geldanlage. Benannt ist der Platz nach dem Hofarchitekten Friedrich von Gärtner, der wie sein Erzfeind Leo von Klenze in Form einer Büste anwesend ist. Tagsüber sitzt man gemütlich in einem Café oder, in der warmen Jahreszeit, auf dem Rondell, abends treffen sich dort die Party-People (bis zum Ende der Vorstellungen müssen die Treppen des Theaters frei bleiben). Die Anwohner sind genervt vom Lärm, der oft bis in die frühen Morgen dauert,

Süßes Nichtstun vor dem Gärtnerplatztheater

und von den zurückgelassenen Müllbergen. Die Flaschen holen sich Menschen, die das Pfand brauchen können.

Die Kirche des **Herz-Jesu-Klosters** weiter östlich erbaute Alexander von Branca, der auch die Neue Pinakothek (▶ S. 225) entwarf, bis 1955. In dem nüchternen, schmal-hohen Raum in Sichtbeton fällt Licht von oben auf den Altar, ein Werk von Fritz Koenig, dem Schöpfer der »Kugelkaryatide N.Y.« am World Trade Center, die 9/11 schwer beschädigt überstand. An der Isar residiert in einem mächtigen Glas-Eloxal-Palazzo (von Gerkan, Marg & Partner, 1972) das **Europäische Patentamt**, wesentlich bescheidener gibt sich das **Deutsche Patentamt** einige Meter weiter nördlich. Jenseits der Isar der Komplex des ▶ Deutschen Museums.

Münchens zweites großes Musiktheater ist, als einziges Staatstheater in Deutschland, der leichten Muse gewidmet, mit Oper, Operette, Musical und Tanz (▶ S. 67). Das wirtschaftlich erfolgreiche Bürgertum, das sich im Viertel niederließ, wollte auch ein eigenes Theater für die »volkstümlichen Spielgattungen« haben. Zur Finanzierung gründete man eine AG, entworfen und errichtet wurde der spätklassizistische Bau 1864/1865 von F. M. Reiffenstuel, einem Zimmereiunternehmer in der Isarvorstadt. Die Anlage und der prächtige Zuschauerraum des bürgerlichen Theaters sind – man war wer – dem königlichen Nationaltheater nachempfunden. 1872 jedoch rettete Ludwig II. das Haus aus dem Bankrott, die Nazis machten es zur »Bayerischen Staatsoperette«; in der ersten Nachkriegsvorstellung 1948 wurde »Eine Nacht in Venedig« gegeben, unter der Regie und Mitwirkung von Gustav Gründgens. Nach umfassender Modernisierung soll das Theater ab Ende 2016 wieder bespielt werden.

Gärtnerplatztheater

Glockenbach-
viertel

Südwestlich jenseits der Fraunhoferstraße schließt das Glockenbachviertel an, das zusammen mit dem Gärtnerplatz als buntes, weltoffe-
nes Ausgehquartier bekannt ist. Einen besonderen Ruf hat es als
Schwulenviertel gewonnen, heute spielt das auch noch eine Rolle; die
meisten der freundlichen Wirtshäuser und Cafés sind jedoch normale Etablissements. Der Bereich der **Müllerstraße** zwischen Sendlinger Tor und Hans-Sachs-Straße zählt mit seinen Clubs und Kneipen
zur Münchner »Feierbanane«, mit Remmidemmi auf der Straße bis
in die frühen Morgen. Als »Sehenswürdigkeit« ist mit besonderer
Empfehlung der **Alte Südliche Friedhof** (▶ S. 181) im Westen des
Viertels zu nennen. An seinem Rand fließt der Westermühlbach, der
namengebende Glockenbach ist unter die Erde verbannt. Aus Man-
gelsituationen bezüglich Proviant für den Isarstrand oder die nächt-
liche Brotzeit hilft der **Kiosk an der Reichenbachbrücke** (5 – 6 Uhr
morgens geschl.), u. a. mit über 100 Sorten Bier. Benachbart die
mächtige zweitürmige Kirche **St. Maximilian** (H. v. Schmidt, 1901),
die sich stilistisch zwischen Romanik und Jugendstil bewegt.

✱ Kulturzentrum Gasteig

✧ M 18

Lage: Haidhausen, Rosenheimer Str. 5
S-Bahn: S 1 – 8 Rosenheimer Platz
Tram: 15/25 Rosenheimer Platz,
16 Am Gasteig

🕐 tgl. 8.00 – 23.00 Uhr
www.gasteig.de

**Jenseits der Ludwigsbrücke am Müller'schen Volksbad ragt
eine Backstein-Burg auf, der 1985 eröffnete »Gasteig« – Münchens großes Kultur-, Bildungs- und Kongresshaus.**

Auch für den München-Gast ist der Gasteig interessant. Hier kann
man sich über alle Kulturtermine informieren und Eintrittskarten
besorgen, die Musikhochschule veranstaltet fast täglich kostenlose
Mittags-, Ladenschluss- und Studiokonzerte, die Volkshochschule hat ein großes Programm interessanter Vorträge und Ausstellungen, und in der Stadtbibliothek liegen die aktuellen Tageszeitungen
aus. Der Name Gasteig kommt von »gacher Steig«, d. h. »steiler
Weg«; der einst steile Anstieg nach ▶ Haidhausen war für die Och-
sen- und Pferdewagen durchaus beschwerlich. Den Aufgang an der
Südseite des Komplexes akzentuieren eine 32 m hohe Edelstahl-Stele
von Alf Lechner und eine »Nivea-Dose« (»Gerundetes Blau«) von
Rupprecht Geiger. Das Gebäude, über das einige Feingeister die Nase
rümpfen (Architekten: C. F. Raue, E. Rollenhagen, G. Lindemann, G.
Grossmann), beherbergt die Münchner Philharmonie, die Hochschule für Musik und Theater, die Volkshochschule und die Zentrale

Andrang beim Filmfest im Gasteig

der Stadtbibliothek. Die Institutionen und ihre vielfältigen Veranstaltungen, etwa 1800 im Jahr, ziehen an die 2 Mio. Besucher an; unter ihnen ragen die Münchner Bücherschau und das Filmfest (▶S. 88) heraus. Das Foyer im ersten Stock wird auch für Ausstellungen genützt. Für eine kulinarische Pause stehen eine Cafeteria und das Restaurant »Gast« zur Verfügung, oder man begibt sich in die Kellerstraße hinter dem Gasteig: In Nr. 17 kredenzt die Konditorei Wölfl im Wohnzimmercafé herrlichen Kuchen, das irische Pub »Molly Malone's« (Nr. 21) ist Fluchtpunkt für alle Expats und Anglophilen.

Der größte Saal ist die ganz mit Holz ausgekleidete **Philharmonie** mit 2387 Plätzen und einer großen Klais-Orgel. Seine Akustik wird gern kritisiert, Leonard Bernstein empfahl seinerzeit gar »Burn it!«. Der Musikkritiker Joachim Kaiser bevorzugte Block B, Reihe 8, aber auch dort kann es passieren, dass man den Geigensolisten stellenweise kaum vernimmt. Durchaus ordentlich hört man große Orchester- und Chorwerke auf den obersten (billigsten) Rängen. Bis 2021 soll im Werksviertel (▶Haidhausen) ein Konzertsaal mit Weltniveau gebaut werden; auch der Umbau des Saals im Gasteig wird erwogen, nur weiß man nicht, wo auf Jahre hinaus die Konzerte stattfinden und die Orchester proben sollen. Kleinere Räume sind der Carl-Orff-Saal (bis 598 Plätze), der Kleine Konzertsaal (bis 191 Plätze) und die Black Box (bis 225 Plätze).

Veranstaltungsräume

An der Ostseite des Gasteigs überrascht eine große Tröte, der Musikbrunnen. Er steht vor dem Gebäude der GEMA (Gesellschaft für musikalische Aufführungs- und mechanische Vervielfältigungsrechte), und vor diesem erinnert eine Platte im Boden an den berühmt-

Am Gasteig

berüchtigten Bürgerbräukeller, der bis 1979 hier stand. Der Schreiner **Johann Georg Elser** aus dem schwäbischen Hermaringen verübte dort am 8. November 1939, nach mühevoller Vorbereitung ohne jede Unterstützung, sein Attentat auf Adolf Hitler. Seit 1933 hielt Hitler hier immer am 8. November vor Teilnehmern des Putschversuchs 1923 eine Rede. Als die Bombe explodierte, hatte Hitler aufgrund unerwarteter Umstände seine Rede schon beendet und den Saal verlassen. Am 9. April 1945 wurde Elser im Konzentrationslager ▶ Dachau umgebracht. Eine Installation an der Türkenschule (Türkenstraße, ▶ Maxvorstadt) erinnert an seine mutige Tat.

Grünwald

✳ **südlich von M 8**

Lage: 12 km südlich
Tram: 25 Grünwald

www.gemeinde-gruenwald.de

An Münchens südlicher Peripherie hausten Karl Valentin zufolge vor langer Zeit edle Ritter. Heute ist der nicht zur Landeshauptstadt gehörende Vorort berühmt als eine der reichsten Gemeinden Deutschlands.

Das hoch über dem bewaldeten rechten Isarufer liegende Grünwald ist dank seiner Burg und der reizvollen Umgebung ein beliebtes Ausflugsziel. Hier kann man auch erlebnisreiche Wanderungen beginnen beziehungsweise bei Radtouren einen Stopp einlegen. Der Anstieg von der Isarbrücke ist nicht lang, aber knackig. An Sehenswertem im engeren Sinn gibt es nur die **Burg** (s. u.); interessant wäre eine kleine Rundfahrt: Schöne Villen wechseln ab mit teuren Zeugnissen schlechten Geschmacks, häufig hinter hohen Mauern. Der alte Ortskern liegt zwischen der Burg und der Kreuzung an der Durchgangsstraße; der gehobene **Alte Wirt** an Letzterer tischt Bayerisches und Internationales aus Bio-Zutaten auf (tgl., Tel. 089 64 19 34-0). Für Klassikfreunde unbedingt einen Ausflug wert sind die Konzerte internationaler Starkünstler im **August-Everding-Saal** (Ebertstr. 1, Karten Tel. 089 6 41 04 71).

∗ Burg Grünwald

Die einen alten Isarübergang bewachende Burg wurde erstmals im 12. Jh. als Besitz der Grafen von Andechs urkundlich erwähnt. Herzog Ludwig der Strenge erwarb die Veste 1293, im 15. Jh. wurde sie für die Hochzeit Albrechts IV. umgebaut. Drei Jahrhunderte diente sie dann als Jagdschloss, Gefängnis oder Pulvermagazin. Heute unterrichtet hier ein Zweigmuseum der ▶ Archäologischen Staatssammlung München über die 1000-jährige Geschichte der Burg und das Thema »Burgen in Bayern«. Spiel- und Medienstationen erläutern –

besonders für Kinder – die Entwicklung der Burgen im Mittelalter; veranstaltet werden auch Familiensonntage und Workshops. Bei gutem Wetter kann man im idyllischen Burghof Kaffee und Kuchen genießen. Um den 20. Juli wird das Burgfest gefeiert. Von Burgfried, Torbau und Zinnenturm bietet sich ein herrlicher Ausblick auf München, den Starnberger See und die Alpen.

❶ Karsamstag – 1. Nov. Mi. – So. 10.00 – 17.00 Uhr, Eintritt Turm 1 €, Ausstellungen 2,50 €

Hackenviertel

✴ L 15 / 16

Lage: Südwestliche Altstadt
S-Bahn: Karlsplatz, Marienplatz
U-Bahn: Karlsplatz, Marienplatz, Sendlinger Tor
Tram: Karlsplatz, Sendlinger Tor

Etwas im Abseits liegt das ruhige, verwinkelte Altstadtviertel zwischen Marienplatz, Stachus und Sendlinger Tor. Hier sei, so werben die ansässigen Geschäfte, das »echte München« zu finden – nun, ein Bummel lohnt sich durchaus.

Im ältesten Geschichtsbuch der Stadt wird das Viertel 1369 als »Hacken« erwähnt, »Hag« steht für ein eingezäuntes Stück Land. Dass hier, zwischen den lebhaften Achsen Kaufinger-/Neuhauser Straße (▶S. 241) und ▶Sendlinger Straße, keine Hinterhof-Atmosphäre aufkommt, dafür sorgen einige noble alte Paläste, in denen gute, traditionsreiche Geschäfte und Restaurants ansässig sind. Hoflieferanten waren das gediegene Weinhaus Neuner (▶S. 80) und das Einrichtungshaus Radspieler (▶S. 108) im klassizistischen Palais Rechberg an der Hackenstraße; es besitzt den letzten erhaltenen Privatgarten in der Altstadt. Heinrich Heine, der 1827/28 dort wohnte, war öfter Gast in der Wirtschaft **Hundskugel**, der ältesten der Stadt – seit 1440 (Ecke Hotterstraße, heute »Stiftung Sternenstaub«, gegründet von Jürgen Todenhöfer). Das Restaurant Landersdorfer & Innerhofer (▶S. 78) nebenan versorgt in seinem kleinen Ladenbistro mit einem Imbiss (Mo.– Fr. 10.00 – 15.00 Uhr). Auf dem einstigen Areal des Süddeutschen Verlags (Süddeutsche Zeitung, Abendzeitung) an der Sendlinger Straße lockt heute die Ladenpassage **Hofstatt** Käufer an. Der Färbergraben mit seinem Parkhaus, noch ein Schandfleck in der Altstadt, soll neu bebaut und neuzeitlich genützt werden.

Für Barockfreunde lohnt ein Blick in diese kleine Kirche (Damenstiftstr. 1; hier wird die Messe übrigens nach dem Tridentinischen Ritus gelesen), errichtet 1732 – 1735 nach Plänen von J. B. Gunezrainer. Der in Rosa, Blau, Weiß und Gold gehaltene Raum entspricht

Damenstiftskirche St. Anna

– anders als die gleich alte St.-Anna-Kirche im Lehel – italienischer Tradition und ähnelt stark der Dreifaltigkeitskirche (▶ S. 282). Der Stuck stammt von E. Q. Asam, die Fresken von C. D. Asam (Vorraum »Engelskonzert«, Hauptraum »Glorie von Anna und Maria«, Altarraum »Huldigung der Engel«). Im Hauptaltar eine »Hl. Anna Selbdritt« nach J. Ruffini, davor ein Abendmahl (18. Jh.) mit überlebensgroßen Figuren. Bemerkenswert sind auch die Bilder in den Seitenaltären, »Verherrlichung des hl. Franz von Sales« von B. A. Albrecht (rechts) und »Mariä Heimsuchung« von G. Desmarées (links). Wenige Schritte südlich auf der anderen Straßenseite die feine Rokoko-Fassade des Palais Lerchenfeld (I. A. Gunezrainer, 1726), in dem die Städtische Friedhofsverwaltung untergebracht ist.

Allerheiligen-kirche am Kreuz Jörg von Halspach baute nicht nur die Frauenkirche, sondern auch die Friedhofskirche der Peterspfarrei (um 1480), die ein spitzer hoher Turm in der Kreuzstraße signalisiert. Nach Auflassung des Friedhofs 1789 wurde sie säkularisiert, heute wird sie v. a. von den englischsprachigen Katholiken Münchens genützt (Messe So. 18.00 Uhr). Bemerkenswert: das Hochaltar-Gemälde »Maria erscheint Augustinus« von J. Rottenhammer (1614), Rokoko-Tabernakel von J. B. Straub, Fragment eines gotischen Freskos über dem zugemauerten Ostportal (Christus in der Mandorla), Kruzifix über dem Westportal (Leinberger-Schule, um 1520), Bronze-Epitaph für den Bankier Götz (Auferweckung des Lazarus, Hans Krumper 1627).

Haidhausen

✦ F/G 10/11

Lage: Rechts der Isar
S-Bahn: S 1–8 Rosenheimer Platz, Ostbahnhof
U-Bahn: U 4/5 Max-Weber-Platz

Tram: 15/25
Max-Weber-Platz, Rosenheimer Platz
16/19 Max-Weber-Platz

Auf der Höhe östlich von Altstadt und Isar liegt ein beliebtes, atmosphärereiches Wohnquartier. In seiner heutigen Form entstand es nach der Eingemeindung Haidhausens 1854, es gilt als Musterbeispiel einer gründerzeitlichen Vorstadt.

Als München im 18./19. Jh. rasch wuchs, entstanden außerhalb der Stadt bescheidene ein- oder mehrgeschossige **Herbergen**, meist aus Holz erbaute Häuschen für kleine Handwerker, Tagelöhner und noch Ärmere, die sich nicht in München niederlassen durften. Sie konnten sich Stockwerke oder einzelne Zimmer mieten, was die Architektur dieser Häuser bedingte: mit außenliegenden Treppen und Balustraden, mit mehr Türen als Fenstern. Solche Herbergen sind besonders

Wiener Platz mit dem »Haidhauser Dom« im Hintergrund

an der Kirchen- und Preysingstraße erhalten. Haidhausen war auch, wie kaum eine andere Vorstadt, die »Kellerstadt« der Brauereien; im Bereich Rosenheimer Straße/Wiener Straße zählte man um 1800 über 50 **Bierkeller** (erhalten ist nur noch der Hofbräukeller). Haidhausen stellt sich als fast geschlossenes Wohnviertel dar, das von einheitlichen Mietshäusern der Gründerzeit geprägt ist. In jüngerer Zeit Schritt für Schritt saniert, besitzt es ein eigenes schönes Flair, mit vielen kleinen Läden und Restaurants sowie vielfältigem Kulturleben; die Mieten entsprechen der gutbürgerlichen Lebensqualität, dennoch ist man von Chichi und Luxus weit entfernt.

Was gibt es wo?

Sehenswertes im engeren Sinn weist das Viertel zwischen der ▶ Prinzregentenstraße, der Bahntrasse am Ostbahnhof und der Rosenheimer Straße (nach Südwesten schließt die Obere Au an) kaum auf. Markante Wahrzeichen sind an der Ludwigsbrücke der Kulturtempel ▶ Gasteig, weiter nördlich das ▶ Maximilianeum und schließlich der Friedensengel; die Maximiliansanlagen dazwischen sind für einen schönen Spaziergang geschaffen. Hinter dem Maximilianeum liegt der **Max-Weber-Platz**, ein U-Bahn-Tram-Knotenpunkt; wenige Schritte östlich (Einsteinstraße) das Unionsbräu, einer der letzten erhaltenen Brauereikomplexe Münchens mit schöner Wirtschaft, in den Kellern ist der berühmte Jazzclub Unterfahrt zu Hause (▶ S. 64). Mit Maibaum, Marktstandln und kleinen Herbergen bildet der **Wiener Platz** das atmosphärereiche Zentrum Nord-Haidhausens; passend liegt hier der Hofbräukeller, eine große, gute Wirtschaft mit schönem Biergarten (▶ S. 198; nicht mit dem Hofbräuhaus verwech-

! *Ein Museum für die Kartoffel*

Was wäre die deutsche Küche ohne die Kartoffel und Pfanni ... Sehr sehenswert ist das Museum auf dem Gelände der einstigen Pfanni-Fabrik, das sich mit dem Thema Kartoffel beschäftigt, auch in kunsthistorischer (!) Sicht. Grafinger Straße 2 Tel. 089 40 40 50, Fr. 9.00 – 18.00, Sa. 11.00 – 17.00 Uhr, Eintritt frei www.kartoffelmuseum.de

seln). Einen optischen Akzent setzt gegenüber der »Haidhauser Dom« St. Johann Baptist (1879), der Zielpunkt der Maximilianstraße werden sollte. Mit ihren Kneipen gilt die Wörthstraße weiter östlich als »zweites Schwabing«. Durch kleine Straßen gelangt man nach Süden zum Rosenheimer Platz; nebenan beginnt mit dem Weißenburger Platz das bis zum Ostbahnhof reichende **Franzosenviertel,** das zwischen 1870 und 1900 nach Plänen des Stadtbaurats Arnold Zenetti entstand. Benannt sind die Straßen meist nach Orten von Schlachten im Deutsch-Französischen Krieg 1870/71. Den schönen **Weißenburger Platz** zieren Blumenrabatten und der Brunnen (1853) aus dem 1931 abgebrannten Glaspalast; im Advent gibt's einen hübschen Christkindlmarkt. Schlichte Wohnstraßen mit Läden des täglichen Bedarfs bringen zum Ostbahnhof (der Bahnhof von 1871 wurde im Zweiten Weltrieg zerstört).

Herbergen   In der Preysingstraße stehen noch zwei unterschiedliche Herbergen. Das **Üblackerhäusl** (Nr. 58), ein eingeschossiger Steinbau, war bis 1974 bewohnt und fungiert nun als Herbergenmuseum, das mit Mobiliar aus dem Bestand des Münchner Stadtmuseums eingerichtet ist. Hier finden Ausstellungen zur Sozialgeschichte des Viertels statt, interessant sind auch die Führungen, die das Museum veranstaltet. Der mehrgeschossige **Kriechbaumhof** aus Holz (Nr. 71) wurde 1976 demontiert und 1985 rekonstruiert. Heute nützt der Deutsche Alpenverein das Haus als Jugendtreffpunkt.
Üblackerhäusl: Mi., Do. 17.00 – 19.00, Fr., So. 10.00 – 12.00 Uhr
Haidhausen-Führungen Tel. 089 4 80 20 61, www.freunde-haidhausens.de

Werksviertel   Im Industrieviertel hinter dem Ostbahnhof, wo einst Pfanni-Knödel hergestellt wurden, entstand ab 1996 eines der größten Veranstaltungszentren Europas: der Kunstpark Ost, der 2003 zur »Kultfabrik« mutierte; hinzu kamen die »Optimolwerke« nebenan. Zur hohen Zeit gab es hier über 30 Bars, Discos und Clubs, über 300 000 Besucher zählte man im Monat. Tempi passati: Unter dem Namen Werksviertel wird das Areal neu gestaltet, apostrophiert als eines der »interessantesten Städtebauprojekte in München«. Wie zu erwarten, sind Restaurants und ein 4-Sterne-Hotel, Showrooms und Büros geplant – mit Blumenwiese auf dem Dach, die von Schafen »gemäht« wird. Und man hofft, dort im Jahr 2021 die lang ersehnte neue Philharmonie eröffnen zu können (▶Kulturzentrum Gasteig).

★ Haus der Kunst

✳ **J 17**

Lage: Lehel, Prinzregentenstraße 1
Tram: 18 Nationalmuseum /
Haus der Kunst
Bus: 100 Königinstraße
❶ tgl. 10.00–20.00,

Do. bis 22.00 Uhr
Eintritt: 8–10 €
www.hausderkunst.de

Gleich nach der Machtübernahme gab Adolf Hitler das »Haus der Deutschen Kunst« am Englischen Garten in Auftrag, heute ist es eine international renommierte Ausstellungsstätte für zeitgenössische Kunst.

Den Beginn der ▶ Prinzregentenstraße am Südrand des ▶ Englischen Gartens markiert das bombastische, 160 m lange Haus der Kunst mit dorischer Säulenkolonnade. 1933 gab Hitler den NS-Kultbau beim geschätzten Architekten P. L. Troost in Auftrag (von ihm stammen auch die NS-Bauten am Königsplatz), 1937 wurde er mit der »Großen Deutschen Kunstausstellung« eröffnet, bis 1944 fand hier alljähr-

Kunsthaus …

Haus der Kunst bei der Ausstellung »So Sorry« von Ai Weiwei (2009)

lich diese Propagandaschau der Nazi-Kunst statt. Nach dem Krieg war er das Kasino der US-Armee, später beherbergte er für zwei Jahrzehnte die Staatsgalerie Moderner Kunst, d. h. Werke, die die Nazis als »entartet« verfemt hatten (heute in der Pinakothek der Moderne); die legendären Faschingsbälle trugen dem Haus den Namen »Haus der Brunst« ein. Seit 2003 dient es Kunstausstellungen ohne geografische, konzeptuelle oder kulturelle Grenzen; Chris Dercon, Direktor bis 2011 (dann ging er an die Tate Gallery London), machte es zu einer international angesehenen Institution. Die Archivgalerie dokumentiert die wechselvolle Geschichte des Hauses bis heute.

… und Treffpunkt

Aber nicht nur wegen der Kunst kommt man hierher: Im Untergeschoss des Westflügels ist das **P 1** ansässig, Münchens bekannteste Schicki-Micki-Disco. Die herrlich pompöse **Goldene Bar** (▶ S. 64) besitzt eine riesige Terrasse zum Englischen Park hin. Weltberühmt ist der **Eisbach** östlich des Hauses, trotz seiner geringen Breite: Von der Brücke kann man den Surfern zuschauen, die auf der stehenden Welle herumturnen. Wenige Schritte sind das ▶ Bayerische Nationalmuseum, die ▶ Archäologische Staatssammlung und die ▶ Sammlung Schack entfernt.

★ Heilig-Geist-Kirche

✦ **L 16**

Lage: Altstadt, Tal 77
S-Bahn: S 1 – 8 Marienplatz
U-Bahn: U 3/6 Marienplatz

Bus: 52 Marienplatz, 62/132 Viktualienmarkt

Beim Alten Rathaus markiert die Heilig-Geist-Kirche den Übergang zum Viktualienmarkt: ein kunsthistorisches Kleinod mit Rokokoschmuck der Brüder Asam.

Der Bau

Das Spital, das Herzog Ludwig der Kehlheimer 1208 außerhalb der Stadtmauer errichten ließ, erhielt bis 1392 eine stattliche gotische Hallenkirche. 1726 – 1730 wurde sie von J. G. Ettenhofer repariert und von den **Brüdern Asam** in herrlichem Rokoko neu gestaltet. Nach dem Abbruch des Spitals 1885 verlängerte F. Löwel das Langhaus um 3 Joche und gestaltete die sehr gelungene, repräsentative Fassade im Stil Viscardis. Eine Laternenkuppel ziert den 1730 errichteten Turm. 1944/45 bis auf die Außenmauern zerstört, dauerte die Wiederherstellung der Kirche bis 1975.

Das Innere

Vom Viktualienmarkt betritt man die Kirche durch die Maria-Schmerzen-Kapelle mit einer verehrten Pietà von 1910. In der Vorhalle ist das Bronze-Grabmal für Herzog Ferdinand von Bayern in die Wand eingelassen, geschaffen 1608 von Hans Krumper. Das sehr harmonisch und ansprechend wirkende Innere ist ohne weiteres als dreischiffige Halle mit Chorumgang zu erkennen, in der die Flucht der schlanken Säulen auf den Hauptaltar zustrebt. Er wurde 1730 von N. Stuber geschaffen, einem Cousin der Asams; das Gemälde von Ulrich Loth (1644) zeigt die Ausgießung des Hl. Geistes auf Maria und die Apostel, die flankierenden Engelsfiguren stammen von J. G. Greiff (1730). Die vier vorderen Deckenfresken im Mittelschiff (K. Manninger nach C. D. Asam) zeigen den Hl. Geist als Spender der Sieben Gaben, Erzengel und Engel, die Gründung des Hl.-Geist-Spitals und König David. Wandbilder von Peter Horemans – dem aus Antwerpen stammenden Hofmaler Herzog Karl Albrechts – im linken und rechten Seitenschiff illustrieren ebenfalls die Sieben Gaben des Hl. Geistes. Zu beachten sind auch der spätgotische Kruzifixus (um 1510) in der Kreuzkapelle sowie der Marienaltar im linken Seitenschiff mit der seit Jahrhunderten als wundertätig verehrten »Hammerthaler Madonna« (um 1440) – so zauberhaft albern ist das Jesuskind selten dargestellt.

Hirschgarten

✦ E 5

Lage: Nymphenburg,
südlich der Arnulfstraße
S-Bahn: S 1 – 8 Hirschgarten

Bus: 62 Steubenplatz
Tram: 16/17 Steubenplatz

Mächtige Eichen, Buchen und Kastanien prägen den schönen Landschaftspark nahe dem Schloss Nymphenburg.

Den ca. 27 ha großen Hirschgarten ließ Kurfürst Karl Theodor 1791 anlegen. In eingezäuntem Wald ästen damals Damhirsche, Steinböcke und anderes Hochwild, sehr zum Vergnügen von Ausflüglern. Der Oberjägermeister erhielt das Schankrecht, was die Beliebtheit des Gartens enorm steigerte. Ende des 19. Jh.s wurde in unmittelbarer Nähe ein rummelplatzähnlicher Volksgarten eröffnet. Heute wird ein Teil des Hirschgartens als **Biergarten** genützt, mit 8000 Plätzen gilt er als der größte in Europa (▶ S. 198). Auch Kinder kommen in dieser Freizeitoase – die nahtlos in den großen Park übergeht – auf ihre Kosten, es gibt Feuerstellen, Picknickplätze und ein Karussell.

BAEDEKER TIPP

!

Magdalenenfest

Eine Woche lang um den 22. Juli findet im Hirschgarten ein Volksfest zu Ehren der hl. Magdalena statt, der Schutzpatronin von Nymphenburg. Nichts Großartiges, dafür nette Jahrmarktatmosphäre mit Schiffsschaukel und Schießbuden, mit Zuckerwatte, Magenbrot, Töpfen u. a. mehr.

Ein Prosit der Gemütlichkeit!

Was hat den Engel Aloisius veranlasst, seine Pflicht zu vergessen, sodass die bayerische Staatsregierung noch heute vergebens auf göttlichen Ratschlag wartet? Er ist ins Hofbräuhaus gegangen, hat sich eine Maß bestellt, und dann no ane und no ane …

Die Münchner und ihr Bier, das gehört zusammen wie Bayern und die Lederhose, wie Neuschwanstein und der »Kini«. Geht es ums Bier, treibt es sogar die sonst eher braven Münchner auf die Straße – wie 1844, als der Bierpreis um einen halben Kreuzer erhöht werden sollte und die tobende Menge 50 Brauhäuser niedermachte. Oder wie vor einigen Jahren, als ein großer Demonstrationszug gegen die gerichtlich verfügte abendliche Schließungszeit des Großhesseloher Biergartens protestierte. Ein Anwohner (womöglich ein zugezogener Preiß) hatte gegen den Lärm geklagt. Von großem Interesse war auch die Frage, ob es rechtens sei, das Bier auf dem Oktoberfest aus Containern und nicht mehr aus Fässern (»Hirschen«) auszuschenken, oder wie die Oktoberfestwirte aus einem 100-Liter-Fass über 110 Maß herausbekommen. Zur Klärung dieses Sachverhalts wende man sich an den »Verein gegen betrügerisches Einschenken« (www.vgbe.de) in München daselbst.

À propos Maß: Die traditionellen **Keferloher** – Keferloh ist ein kleiner Weiler östlich von München – aus Salzsteingut halten das Bier schön kühl und waren früher als Waffe bei Wirtshausraufereien beliebt. Dass sie weitgehend durch **Glaskrüge** ersetzt wurden, ermöglicht die bessere Kontrolle des Aus-

schanks. Üblich sind auch Halbliter-Krüge aus Ton oder Glas, absolut verpönt ist jedoch das 0,4-l-Glas, die »Preißnmaß«. Wer nur ein kleines Bier haben will, bestellt sich einen »Schnitt« und wartet, bis sich der Schaum gesetzt hat.

Ozapft is!

Biergenuss kennt keine Jahreszeiten. Das erkennt man zum Beispiel daran, dass an sonnigen Wintertagen in dem einen oder anderen Biergarten der Schnee von Tischen und Bänken gewischt wird. Doch gibt es auch bestimmte Daten: Dies sind v. a. der **Josefitag** (19. März), um den herum der Starkbier-Anstich ansteht; und der Tag im September, an dem der Oberbürgermeister das erste **Wiesn-Fass** anstich und verkündet: »Ozapft is! Auf eine friedvolle Wiesn!«

Gabriel Sedlmayer

Seinen Ruf verdankt das Münchner Bier vor allem Gabriel Sedlmayer, der im 19. Jh. in seiner Spatenbrauerei **brautechnologische Pionierarbeit** leistete. Er tauschte sich mit Kollegen in ganz Europa aus, betrieb seine Brauerei als erster mit Dampfkraft, tüftelte mit **Carl von Linde** an der Kühlung des Biers und korrespondierte mit Louis Pasteur über die Gärung. Er stritt vehement für das untergärige, weil besser haltbare Bier und brachte das dunkle malzige »Münchner« heraus, das neben Pilsner und Wiener weltbekannt wurde.

Edler Stoff

Das »Münchner« wurde vom herberen Hellen (11–12 % Stammwürze, etwa 5 % Alkohol) als meistgetrunkenes Bier abgelöst. Das Märzenbier wurde ursprünglich im März für den Herbst eingebraut; in München feiert es als Oktoberfest-/Wiesn-Bier fröhliche Urständ – Achtung: Es hat ca. 6,5 % Alkohol. Selbstverständlich machen die Münchner Brauereien auch Export (Edelstoff, Edelhell, Spezial), Pils und Weißbier (Weizenbier). Etwas »Stehvermögen« fordert der Doppelbock, dunkel, malzig und dennoch herb, mit 6,5–7% Alkohol und je nach Brauerei mehr oder weniger sinnvollem Namen, der auf »-ator« endet. Übrigens hat der Verein Münchner Brauereien 1998 die Bezeichnung »Münchner Bier« als geschützte geographische Angabe (g.g.A.) eintragen lassen.

Die Brauereien

Etwa 7 Mio. hl jährlich produzieren die Münchner Brauereien. Zählte man 1790 noch 60 Braustätten (bei 40 000 Einwohnern), so gibt es nur noch sechs große, genau genommen sogar nur vier. Paulaner-Thomasbräu und Hacker-Pschorr gehören der Brau Holding International an, einem Joint Venture der Unternehmensgruppe Schörghuber und der Heineken N. V. Löwenbräu, der größte Münchner Brauer, holte Spaten und Franziskaner ins Boot; mittlerweile wurde das Trio der Gruppe Anheuser-Busch InBev einverleibt, dem größten Braukonzern der Welt, der z. B. auch Beck's herstellt. Eigenständige Brauhäuser sind das Staatliche Hofbräuhaus und das Augustiner, das einzige in Privatbesitz. Vielen gilt das Augustiner als das beste in München, jedenfalls muss die Brauerei keine Werbung machen. Nennenswerte Kleinbrauereien, teils mit längerer Tradition, teils jüngere Vertreter der »Craft-beer«-Bewegung: Airbräu (im Flughafen), Bavariabräu, Crew Ale, Forschungsbrauerei, Giesinger und Richelbräu.

Augustiner Bräu
Münchens ältestes Brauhaus, gegründet 1328.
www.augustinerkeller.de
Hacker-Pschorr Bräu
1972 gebildet aus den Brauereien Hacker (1417) und Pschorr (1422).
www.hacker-pschorr.de
Staatliches Hofbräuhaus
Seit 1589 (▶S. 201)
Löwenbräu
Die größte Brauerei in München, gegründet im 14. Jh.
www.loewenbraeu.de
Paulaner Brauerei
1928 gegründet, auf eine Klosterbrauerei zurückgehend.
www.paulaner.de

Spaten-Franziskaner-Bräu
1922 aus dem 1395 gegündeten Spatenbräu und dem Franziskaner-Leistbräu gebildet.
www.franziskaner-weissbier.de

Kleine Paradiese

Nur halb so schön wäre das Biertrinken in München, gäbe es nicht die Biergärten, diese wunderbaren Orte ruhiger oder auch sehr lärmiger Lebensfreude unter mächtigen Kastanien. Wobei »Biergarten« ein jüngerer Begriff ist; früher ging man »auf den Keller«. Das kam so: Einst war das Brauen im Sommer verboten (es bestand die Gefahr, dass es sauer wurde), weshalb die Brauer ihr Bier in Kellern unter schattenspendenen Bäumen lagerten. Dort wurde der Gerstensaft im Sommer gleich ausgeschenkt. Den Wirten war dies eine sehr unliebsame Konkurrenz, sie protestierten beim König. Max I. Joseph gewährte dann 1812 den Brauern salomonisch das Schankrecht, jedoch unter der Auflage, dass sie kein Essen verkaufen durften. Deshalb muss man auch heute in einem »echten« Biergarten, anders als in einem »Wirts-« oder »Gastgarten«, nur die Getränke erwerben, und viele Leute bauen sich aus mitgebrachten Sachen eine veritable Tafel auf. Doch gibt es natürlich immer einen Imbissstand, wo man sich Spare Ribs mit BBQ-Sauce, Weiß- oder Bratwürste, einen Steckerlfisch oder einen Obatzdn holt, dazu Brezen und Radi. Wenn der Biergarten zu einem Gasthaus gehört, gibt es auch einen Bereich mit gedeckten Tischen, an denen man restaurantmäßig bedient wird.

Hofbräuhaus
Altstadt (▶ S. 201)
Zwar kein echter Biergarten, aber herrlich und mitten in der Stadt.

Am Chinesischen Turm
Bus 54/154, Tram 28 Tivolistraße
Im Englischen Garten beim malerischen Chinesischen Turm, meist gut besucht. 7000 Plätze. Auch schön: der Biergarten beim Seehaus am Kleinhesseloher See.

Augustiner-Keller
Arnulfstr. 52, U 16/17 Hackerbrücke
Der Publikumsmagnet westlich des Hauptbahnhofs, in der Stadt und doch einer der schönsten Biergärten. 5000 Plätze.

Hofbräukeller
Haidhausen, Wiener Platz
U 4/5, Tram 16 Max-Weber-Platz
Ein beliebter, traditionsreicher Keller, noch am originalen Ort. 2000 Plätze – bei maximal dicht gedrängten Tischen und Bänken. Für Kinder gibt's einen kleinen Spielplatz, für Größere eine Strandbar. (▶ S. 191)

Hirschgarten
Nymphenburg, Hirschgarten 1
Tram 16/17 Steubenplatz (▶ S. 195)
Mit 8000 Plätzen der größte, mit Rotwild und Karussell bei Familien beliebt. Augustiner-Bier aus dem Holzfass – den Maßkrug holt und spült man selbst!

Zum Flaucher (▶ S. 207)
U 3 Thalkirchen. Idyllische Oase (1200 Plätze) auf einer Isar-Insel, nördlich des Flauchersteigs und der mit (Nackt-)Badern und Gril-

Biergarten am Kleinhesseloher See im Englischen Garten

lern belegten Kiesbänke. Nur per Rad oder zu Fuß zu erreichen.

Löwenbräukeller
Nymphenburg, Stiglmaierplatz
U 1, Tram 20/22 Stiglmaierplatz
Ein echter, riesiger Bierpalast, eröffnet 1883, und seit 1890 eine Faschingshochburg. 1000 Menschen haben im Terrassen-Biergarten an der lebhaften Kreuzung Platz. Am westlichen Ende der ▶Brienner Straße gelegen.

Max-Emanuel-Brauerei
Adalbertstr. 33 (▶S. 78)
»Nur« 700 Plätze, dafür der einzige echte Biergarten im Bereich Maxvorstadt/Schwabing.

Schlösselgarten
Bogenhausen/Cosimapark
Tram 16 Schlösselgarten
Kleiner Platz am zünftigen Wirtshaus in Schrebergarten-Idylle.

Menterschwaige
Harlaching, Menterschwaigstr. 4
Tram 15/25 Menterschwaige
Einer der ältesten Biergärten, für Radler und Wanderer »der« Zwischenstopp am Isar-Hochufer zwischen Harlaching und Grünwald.

Parkcafé
Maxvorstadt, Sophienstr. 7
S-Bahn/U-Bahn/Tram Karlsplatz
Ruhiger Ort im Alten Botanischen Garten, nahe dem hektischen Stachus. Beliebt ist auch der Sonntagsbrunch im Parkcafé.

Zum Aumeister (▶S. 171)
Schwabing, Sondermeierstr. 1
U 6 Freimann + 10 Min. zu Fuß
Das zünftige (Radel-)Ziel ganz am Nordrand des Englischen Gartens. 3000 Plätze, Spielplatz für Kinder.

Waldwirtschaft Großhesselohe
Pullach, Georg-Kalb-Str. 3, tgl.
Ein auch von Promis und Preißn frequentierter Klassiker, mit dem Rad leicht zu erreichen – immer an der Isar entlang. Von April bis Oktober gibt's Oldtime-Jazz.

✶✶ Hofbräuhaus

✦ **L 17**

Lage: Altstadt, Am Platzl 9
S-Bahn: S 1 – 8 Marienplatz
U-Bahn: U 3/6 Marienplatz
Tram: 19 Nationaltheater

Bus: 52 Marienplatz
🕐 tgl. 9.00 - 23.30 Uhr
www.hofbraeuhaus.de

Keine Adresse in München ist berühmter als dieser »Tempel bayerischer Gemütlichkeit«. Hier stemmen (auch) Männer in Lederhose und Frauen im Dirndl den Maßkrug, nebenan begießen Fußballfans Sieg oder Niederlage ihrer Mannschaft, versuchen »Preißn« aus aller Welt mit den ungewohnt großen Krügen und dem ungewohnt starken Bier klarzukommen.

Immer sehr lebhaft geht es auf dem »Platzl« zu, dem kleinen, eigentlich intimen Platz, den das Hofbräuhaus prägt. Das Hard Rock Café – im Haus der Platzl-Bühne, auf der Volkssänger wie Bally Prell und der Weiß Ferdl auftraten – und andere Kneipen im Umkreis sorgen ebenfalls für Auftrieb, in der Orlandostraße nebenan profitieren Souvenirläden und die Fanshops von FC Bayern und TSV 1860 von den Touristenhorden. Auf der anderen Seite des Platzls wird's feiner, hier regiert der allgegenwärtige TV-Koch Alfons Schuhbeck. Zu seinem Reich gehören das prachtvolle Restaurant im Orlandohaus, die Eisdiele nebenan, der Gewürzladen ums Eck und die edlen Südtiroler Stuben gegenüber; Büro und Kochschule sind in den teils noch mittelalterlichen Bürgerhäusern an der Westseite des Platzls ansässig, sehenswert ist die hübsche Passage dort. Das stattliche Orlando-Haus (1899) steht am Platz des Hauses von Orlando di Lasso (um 1532 – 1594); der bedeutende Komponist war ab 1564 Leiter der Münchner Hofkapelle. Zur Maximilianstraße hin säumen kleine, feine Läden die Straße (berühmt die Pralinen von »Elly Seidl«).

Das Platzl

Angefangen hat es 1589, als Herzog Wilhelm V. ein Bräuhaus zur Versorgung von Hof und Gesinde errichten ließ. 1610 erlaubte Maximilian I. auch der Stadtbevölkerung den Genuss des Gerstensafts, was das Geschäft lukrativ machte. Erst 1828, mit einem Dekret König Ludwigs I., entstand eine »richtige« Gastwirtschaft. 1896 wurde die Brauerei in den Vorort Haidhausen verlagert (▶ S. 191) und das Hofbräuhaus in der Stadt zur Großgaststätte umgebaut, deren Ruf als Ort der Geselligkeit sich rasch über die Grenzen der Stadt ausbreitete. Bald kannte man auch in anderen Städten (etwa in Las Vegas seit 2004, seit 2011 in Berlin) das Lied »In München steht ein Hofbräuhaus, oans, zwoa, gsuffa …«.

Das Hofbräuhaus

Zu ruhiger Stunde in der Schwemme des Hofbräuhauses

In der **Schwemme** im Erdgeschoss – zeitweise wird wegen Überfüllung der Zugang verwehrt – können 1300 Gäste zu den Klängen der Blaskapelle den Maßkrug stemmen. Trotz der japanischen, chinesischen, italienischen etc. Besucher, die staunend und fotografierend einfallen, ist das Haus keine Touristenfalle und keine Bierdimpfl-Bude; Küche, Atmosphäre und Service stimmen ebenso wie die Preise, die Kapellen spielen meist richtige, gute Volksmusik – man kann sich also wohlfühlen. Es ist mithin kein Zufall, dass 111 Stammtische hier ihre Heimstatt haben. Stammgäste verwahren ihren »Keferloher« (Tonkrug) in den beiden Maßkrugsafes; die Warteliste dafür ist lang. In den schönen **Stuben** im ersten Stock speist man relativ edel, für Events stehen der Festsaal und der Wappensaal zur Verfügung. Und der Innenhof mit seinem Löwenbrunnen ist in der warmen Jahreszeit einer der **hübschesten Wirtsgärten** der Stadt.

> **?** **BAEDEKER WISSEN**
>
> *»Ha – le – luja!«*
>
> In einer Nische neben der Schanktheke prangt ein Wandgemälde, das nach einer Vorlage von Gertraut und Walter Reiner entstand. Es zeigt den Dienstmann Nr. 172 Alois Hingerl aus der berühmten Geschichte von Ludwig Thoma, der als »Münchner im Himmel« vom Frohlocken und vom Manna so gar nichts hielt. Er versackte im Hofbräuhaus, statt seinen Auftrag zu erfüllen, und seitdem wartet die bayerische Staatsregierung auf den göttlichen Ratschlag.

✳ Hofgarten · Staatskanzlei

✳ K 16/17

Lage: Nordrand der Altstadt
U-Bahn: U 3/6, 4/5 Odeonsplatz   **Bus:** 100 Odeonsplatz

Nach Ideen der italienischen Gartenbaukunst wurde zu Beginn des 17. Jahrhunderts der Hofgarten angelegt, der sich nördlich der ►Residenz ausbreitet – vom Frühjahr bis in den warmen Spätherbst ein wunderbarer Platz zum Nichtstun.

Vom ►Odeonsplatz gewährt ein Tor Zugang zum Hofgarten, der 1613 bis 1617 aus dem alten Burggarten entstand. Die **Arkaden** zwischen der Residenz und dem Bazargebäude sind mit großen Bildern geschmückt (ursprünglich 16), gemalt 1826 und 1827–1829 von einer Schar junger Akademie-Schüler, die große Ereignisse in der 800-jährigen Geschichte Bayerns unter den Wittelsbachern verherrlichen. Im Nordflügel der Arkaden, der »Churfürstlichen Galerie« (1780/81), sind das bedeutende Deutsche Theatermuseum (s. u.), der

Oase im Stadtgetriebe, mit Diana-Tempel und Theatinerkirche

Münchner Kunstverein (▶S. 101), Antiquitätenläden und Kunstgalerien ansässig, davor treffen sich die Pétanque-Freunde. Das Tambosi und Schumann's Bar haben Tische draußen stehen, einer der idyllischsten Plätze Münchens für ein kleines Mahl oder einen Kaffee. Kastanien, Linden und Ahorn spenden Schatten, geometrische Blumenrabatten leuchten in der warmen Jahreszeit in allen Farben. Mittelpunkt des Gartens ist ein hübscher **Renaissance-Tempel** (1616), bekrönt von einer üppigen Bronze-Diana (Hubert Gerhard, 1594), die später umgetauft und von Hans Krumper mit neuen Attributen versehen wurde: Als »Tellus Bavarica« (Bayerische Lande) präsentiert sie deren Reichtümer: Getreide, Wild, Wasser und Salz. Im Parterre mit seinen Muschel-Nischen spielt gerne mal ein Musiker, hier treffen sich Tanzbegeisterte zu Salsa (Mi.-, So.abend), Tango (Fr. abend) und Swing (So.nachmittag; www.swingandthecity.com).

Einen großen Kulturschatz verwahrt das Deutsche Theatermuseum, gestiftet von Hofschauspielerin Clara Ziegler (1844 – 1909) und 1910 eröffnet. Mit einem riesigen Fundus von Theaterbauplänen – darunter der Nachlass von Gottfried Semper – und Entwürfen zu Bühnenbildern, Kostümen und Requisiten wird hier die Geschichte des deutschsprachigen Theaters umfassend dokumentiert. Hinzu kommen die größte Theaterfotosammlung der Welt sowie Tausende von Manuskripten, Regiebüchern, Programmheften, Briefen, Kritiken und Tonträgern. Die öffentlich zugängliche Bibliothek umfasst etwa 130 000 Bände, vor allem Manuskripte, Partituren, Zeitschriften und Literatur zur Theatergeschichte.

*Deutsches Theatermuseum

❶ Galeriestr. 4 a, Ausstellungen: Di. – So. 10.00 – 16.00 Uhr, Eintritt 4 €

Aus dem Dornröschenschlaf erwacht: Freizeitgelände Isar mit ...

Staatskanzlei Im Osten wird der Hofgarten durch den 200 m langen Glas-Stahl-Bau der Staatskanzlei (1993) begrenzt, der unter heftigen Konflikten zwischen CSU-regiertem Land und SPD-gelenkter Stadt zustande kam. Herzstück des »Bayerischen Kremls«, auch »Palazzo Prozzi« und nach dem Bauherrn »Straußoleum« genannt, ist der Torso des 1906 eröffneten und 1944 zerstörten Bayerischen Armeemuseums. Über 300 Menschen arbeiten in der Regierungszentrale des Freistaats. Am Nordrand des Baus sind Reste von Renaissance-Arkaden aus dem 16./17. Jh. erhalten, die beim Bau der Staatskanzlei abgebrochen werden sollten; nach Protesten wurden sie wenigstens konserviert. Im Rasenparterre vor der Hauptfront des Mittelbaus – der Eingang der Staatskanzlei liegt auf der anderen Seite am Altstadtring – beeindrucken ein Reiterstandbild (1911) des ersten Wittelsbacher Herzogs Otto († 1183) sowie ein Kriegerdenkmal von 1926.

Prinz-Carl- Vom Hofgarten geht man nordöstlich zum ▶ Haus der Kunst und
Palais zum ▶ Englischen Garten. Man passiert dabei ein Mahnmal für den Widerstand in der NS-Zeit und den berühmten **»Harmlos«**, einen nackten Marmorjüngling (F. J. Schwanthaler, 1803), benannt nach dem Anfang der Widmungsinschrift und in alter Zeit Treffpunkt von Liebespaaren. Linker Hand liegt der wildromantische **Finanzgarten**, wegen seiner Denkmäler auch Dichtergarten genannt, ein hügeliges Wäldchen mit verschlungenen Pfaden – ein Refugium mitten in der Stadt, unter dem Reste der Stadtbefestigung liegen. Dann folgt das feine **Prinz-Carl-Palais**, in der der Namensgeber, der Bruder König Ludwigs I., zwischen 1825 und 1875 residierte. Erbaut wurde es um 1805 von Karl von Fischer, v. a. die Fassade, mit Säulenportikus und

... St. Maximilian (links) und dem Deutschen Museum

ionischen Pilastern zwischen den Fenstern, gilt als musterhaft für den Frühklassizismus. Heute ist es Amtssitz des bayerischen Ministerpräsidenten und wird auch zur Repräsentation genützt.

** Isar

✦ A – M 7 – 13

Verlauf: Grünwald – Unterföhring

In alten Zeiten die wirtschaftliche Lebensader der Stadt, hat der Fluss Münchens heute eine andere, aber ähnlich wichtige Funktion – als Freizeitpark und Badestrand, geschaffen durch eine aufwendige Renaturierung.

»Isara« nannten die Kelten den Fluss, der im Karwendel in Tirol entspringt und nach 295 km bei Deggendorf in die Donau mündet. Das Münchner Stadtgebiet durchquert er auf einer Länge von 13,7 km von Südwesten nach Nordosten bei einem Gefälle von etwa 40 m. Ist südlich der Stadt, etwa vom Tierpark Richtung Wolfratshausen, der Fluss tief ins Gelände eingeschnitten (die Großhesseloher Brücke überquert ihn in gut 30 m Höhe), ist im Zentrum nur das »Isarhochufer« östlich des Flusses deutlich sicht- und spürbar; zwischen Grünwald und Bogenhausen führen schöne Wege und Straßen an der Hangkante entlang. Im Westen ist der Geländesprung weit weniger prägnant, an der blickt kann man über die Theresienwiese und die Stadt. Das mittelalterliche München hielt respektvoll Abstand von

Ein wenig Geographie und Geschichte

der Isar, denn sie war, wie es 1381 hieß, ein »frei gewaltig wazzer«, das in einem breiten Tal mäanderte und mit den Überschwemmungen immer wieder den Lauf änderte. Und es war ein unverzichtbarer Transportweg: In Form von Flößen kam aus den Bergen des Oberlands Bau- und Brennholz (für den Dachstuhl der Frauenkirche z. B. brauchte man über 2200 Baumstämme), und auf den Flößen kam allerhand Handelsgut mit, so etwa Tölzer Bier für die durstige Residenzstadt. Dafür wurde, teuer und mühevoll, eine Fahrrinne freigehalten. Um 1780 gingen im Jahr allein von Tölz etwa 4000 Flöße ab; 1864 landeten in München – der Rekord – 11 145, zwischen Ludwigs- und Maximiliansbrücke lag der größte Floßhafen Europas. Schon in der ersten Hälfte des 19. Jh.s wurde der Fluss gezähmt, begradigt und in Deiche und Betonmauern gefasst, ebenso seine Nebenbäche, die die Stadt durchzogen (ein bayerisches Venedig); er trieb Mühlen, Sägen, Schmiedehämmer und drei Kraftwerke, lieferte Wasser und spülte die Abfälle fort. Mit dem Bau der Eisenbahn verschwanden die Flöße (bis auf die beliebten Gaudifahrten, ▶ Baedeker Tipp rechts); nach der Industrialisierung wurden die Stadtbäche überflüssig und überdeckt. Und die Isar vergessen.

Renaturie-rung Ein junger SPD-Stadtrat brachte 1985 den »Isar-Plan« ein, der besseren Hochwasserschutz durch eine Renaturierung vorsah. Von 2000 bis 2011 dauerte es dann und 35 Mio. € kostete es, der Isar zwischen der Großhesseloher Brücke und dem Deutschen Museum eine fast natürliche Erscheinung zu geben. Betonwände, Flussschwellen, Weltkriegsschutt wurden entfernt, Felsblöcke im Flussbett platziert, Auwiesen und neue Seitenarme angelegt. Diese Renaturierung gibt der Isar wieder Leben (man sieht auch wieder Forellen etc.) und bereichert die »seelische Topographie« der Stadt ganz wesentlich und sehr angenehm, ein Erfolg, der Fachleute aus aller Welt anzieht. Ein Wort zur Wasserqualität bzw. zum Baden: Offiziell ist im Stadtgebiet Baden verboten, aus rechtlichen Gründen, weil sich die Qualität des Isarwassers nicht beeinflussen lässt. Doch ist das Wasser i. A. sauber, man kann unbesorgt baden, außer nach starken Regenfällen.

Von der Ludwigs-brücke nach Oberföhring Die Ludwigsbrücke steht etwa dort, wo einst Heinrich der Löwe seine Brücke bauen ließ. Gegenüber dem Deutschen Museum geht man hinunter zum **Vater-Rhein-Brunnen** (A. v. Hildebrand, 1902), aufgestellt 1903 im damals deutschen Straßburg und seit 1932 hier. Im Sommer vermittelt der »Kulturstrand« mit Sand, Musik und Cocktails Urlaubsflair. Über das **Isarwehr** Nr. 6, in dem Strom erzeugt wird, zur Praterinsel; dort können sich Bergfreunde im ▶ **Alpinen Museum** des DAV umsehen. Links des Kanals die mächtige neogotische **Lukaskirche** (1897); durch das große Loch in der Ufermauer fließt der Fabrikbach ab, der unter dem Lehel zum Englischen Garten strömt. Auf der nach dem Wiener Park benannten **Praterinsel** hatte ab 1870 Anton Riemerschmid seine Spiritus-Likör-Essigfabrik, seit 1988 wird sie für Ateliers und Veranstaltungsräume genützt. Auch hier gibt's im Sommer einen Strand mit Bar (»Praterstrand«). Dann über den eleganten **Kabelsteg** in die idyllischen, 1857 – 1861 geschaffenen **Maximiliansanlagen**, durch die man zum Maximilianeum (▶ S. 245) und zum Friedensengel (▶ S. 279) gelangt. Ca. 1 km weiter ist die **St.-Georgs-Kirche** in Bogenhausen (▶ S. 156) einen Besuch wert. Von dort bringt die Tram 16 zurück ins Zentrum. Mit dem Rad kann man an der Isar entlang weiterfahren bis Unterföhring (ca. 4 km), unterwegs interessant sind das große **Isarwehr** (Anschluss zum ▶ Englischen Garten) und in Oberföhring die Kirche St. Lorenz. In **Oberföhring**, das seit dem Jahr 750 bezeugt ist, lag die Brücke, die Heinrich der Löwe zerstörte. St. Lorenz geht in romanische Zeiten zurück und besitzt ein weites, prachtvoll barock gestaltetes Inneres (um 1680) mit Rokoko-Ausstattung (Mitte 18. Jh.). Unweit nördlich kann man sich im Biergarten des Gasthauses Sankt-Emmerams-Mühle rekreieren, oder man überquert die Isar zum Englischen Garten mit dem Aumeister (▶ S. 171).

St.-Emmerams-Mühle: tgl. ab 10.00/11.00 Uhr, Tel. 089 95 39 71

! BAEDEKER TIPP

Eine Floßfahrt, die ist …

Wer sich rechtzeitig um einen Termin kümmert, kann morgens um 9 Uhr in Wolfratshausen ein Floß besteigen – und dann geht es feucht-fröhlich durch die malerische Landschaft gen München. Dabei kann das Floß schon mal gegen Felshindernisse krachen, ein Höllentempo erreicht es auf den Rutschen neben den Wehren. Nachmittags endet der nasse Spaß an der Floßlände in Thalkirchen. Info unter www.flossfahrt.de.

Südwestlich des Deutschen Museums beginnen die Überschwemmungsflächen an der Isar, die bis ▶ Grünwald reichen und zu »den« Freizeitarealen der Stadt zählen. »Lebensqualität pur« sagen Spaziergänger und Sonnenanbeter, andere sagen anderes: Im Sommer wird ab dem späten Nachmittag auf den Kiesbänken gegrillt, eine Qualmwolke liegt über dem Fluss, Anwohner müssen die Fenster geschlossen halten. Auf den Kiesbänken zwischen dem **Flaucher**, einem kleinen Wald am Westufer mit beliebter Wirtschaft (▶ S. 198), und der Thalkirchner Brücke beim Tierpark nimmt das dann »Ballermann«-Formen an, Tausende hinterlassen Müll und noch Unangenehmeres, wegen der Glasscherben im Kies sollte man dort nicht barfuß gehen. Aber sonst ist es wirklich schön. Man kann also bei der **Reichenbachbrücke** hinuntersteigen und mit Blick auf das Heizkraftwerk

Von der Reichenbachbrücke nach Großhesslohe

Süd am östlichen Flussufer entlanggehen, die Wittelsbacher Brücke und die Braunauer Eisenbahnbrücke unterquerend; bei Letzterer sorgt ein traditionsreicher Kiosk für den kleinen, dennoch wichtigen Bedarf. Hinter der Brudermühlbrücke folgt am anderen Ufer besagter **Flaucher**, zu dem ein holzbeplankter Steg hinüberführt. Bei der Thalkirchner Brücke kann man in den Tierpark gehen oder hinüber nach ▶ **Thalkirchen** und Maria Einsiedel wechseln, zum Freibad und zur Zentrallände. Am Südende des Zoos überquert der **Marienklausensteg** den Fluss, ein interessanter Ort: Südlich der Großhesseloher Brücke zapft der Kraftwerkskanal die Isar an; damit der Auer Mühlbach, ehedem der wichtigste Stadtbach, auch in trockenen Zeiten Wasser hat, führt ein Düker unter dem Fluss durch! Für die Flößer war die Passage bei Großhesselohe gefährlich, und darauf geht auch die skurrile Marienklause am Ostufer zurück, ein hölzernes Kapellchen von 1866 mit Marienfigur und vielen Votivgaben. Den Weg setzt man westlich der Isar fort, am Werkskanal, auf dem die Flöße vorbeigleiten. Nach der Pause im schön gelegenen **Gasthof Hinterbrühl** – mit Biergarten – geht man man noch das kurze Stück zur Großhesseloher Brücke, dann rechts steil hinauf zur S-Bahn.
Gasthof Hinterbrühl: tgl. ab 10.00 Uhr, Tel. 089 79 44 94

* Isartor · Valentin-Karlstadt-Musäum

∗ L 17

Lage: Altstadt, Tal/Isartorplatz
S-Bahn: S 1 – 8 Isartor
Tram: 16/18 Isartor
Bus: 132 Isartor
Valentin-Musäum: Mo., Di., Do. 11.01 – 17.29, Fr., Sa. 11.01 – 17.59,

So. 10.01 – 17.59 Uhr
Eintritt: 2,99 €
Führungen: jeden geraden Sa. im Monat um 15.01 Uhr
www.valentin-musaeum.de

Münchens besterhaltenes Stadttor im Südosten der Altstadt beherbergt mit dem Valentin-Karlstadt-Musäum eine der originellsten Sehenswürdigkeiten der Stadt.

Isartor Das Isartor am Ende des Tals (▶Marienplatz) ist das einzige Stadttor, das fast ganz erhalten blieb (1833 und nach dem Zweiten Weltkrieg restauriert). Es gehörte zum zweiten Befestigungsring, der zwischen 1285 und 1347 unter Herzog Ludwig IV. entstand. Die Turmuhr an der Westseite geht rückwärts, ein kleiner Hinweis auf das Valentin-Karlstadt-Musäum. Die Ostseite bekam 1835 ein monumentales Gemälde (B. Neher), das den sagenhaften Einzug Herzog Ludwigs IV. nach der Ampfinger Schlacht 1322 in München zeigt; sein Sieg über den Habsburger Friedrich den Schönen war ein wichtiger Schritt auf dem Weg zur Kaiserwürde (1328). Im Winter gibt's im Hof Feuerzangenbowle aus einem riesigen Kessel, dazu läuft der Filmklassiker mit Heinz Rühmann. Und wer hier ein menschliches Rühren verspürt, sei auf das Sportgeschäft Globetrotter jenseits der großen Kreuzung verwiesen: Die Toiletten im Untergeschoss stammen aus der Transsib (für Damen) bzw. aus einem Flugzeug (für Herren).

Der Südturm beherbergt ein Museum, das an den »Linksdenker« Karl Valentin (»Falentin« gesprochen, es heißt ja auch »Vogel« und nicht »Wogel«) und seine Partnerin Liesl Karlstadt erinnert (▶ S. 59): mit Fotos, Dokumenten und einer **Curiositäten-Schau** – dem pelzbesetzten Winterzahnstocher, einer geschmolzenen Schneeskulptur, dem »Gefangenen Franzosn« etc. Auch der Nagel ist zu sehen, an den der Großmeister des schrägen Humors seinen Schreinerberuf hängte. Im Kino laufen Valentin-Filme in voller Länge. Auch bekannte Volkssängerinnen und Volkssänger von damals, die mit ihren Vorträgen im Bamberger Hof, im Platzl und anderen Lokalitäten erfreuten, lässt das Museum Revue passieren; zu ihnen gehörten etwa Hans Blädel, der Weiß Ferdl und die »Ratschkathl« Ida Schumacher. Im dritten Stock lädt das **Turmstüberl** mit der Einrichtung aus dem legendären Schwabinger Café Größenwahn ein (Tel. 089 29 37 62).

* Valentin-Karlstadt-Musäum

Karlsplatz (Stachus) · Lenbachplatz

✴ K 15

Lage: Westrand der Altstadt
S-Bahn: S 1 – 8 Karlsplatz (Stachus)
U-Bahn: U 4/5 Karlsplatz (Stachus)

Tram: 17 – 21, 27, 28 Karlsplatz bzw. Karlsplatz Nord

In den 1960er-Jahren als verkehrsreichster Platz Deutschlands bekannt, markiert der »Stachus« den westlichen Eingang zur quirligen Fußgängerzone und zur Altstadt.

Der Platz vor dem Karlstor, angelegt nach dem Abbruch der Stadtbefestigung ab 1791, wurde nach dem Kurfürsten Karl Theodor benannt; im Volksmund heißt er jedoch »Stachus«, weil der Fürst in München sehr unbeliebt war. Dieser Name rührt wohl von Eustachius Föderl, der um 1750 hier eine Wirtschaft betrieb. Der Bau des Altstadtrings und der Fußgängerzone nahm dem Platz seinen Charakter als großstädtische Drehscheibe zwischen Hauptbahnhof und der Altstadt. Sehr lebendig ist er dennoch, hier eilt man zur

Karlsplatz

Vom Stachus geht's hinein in die Altstadt.

Tram oder zur U- bzw. S-Bahn im mehrstöckigen Untergrund, im ersten Untergeschoss versorgt man sich im modernen Einkaufszentrum mit dem Notwendigen.

Seinen besonderen Charakter erhält der Platz durch das Halbrondell aus neobarocken Geschäftshäusern, das den Besucher mit offenen Armen empfängt. Gabriel von Seidl war auch hier um 1900 am Werk (▶Bayerisches Nationalmuseum). Die McDonald's-Filiale soll die umsatzstärkste in Deutschland sein, bei sommerlichen Temperaturen toben Kinder gern im Springbrunnen (1972). In die Altstadt (Neuhauser Straße) geht es durch das dreibogige **Karlstor** (Neuhauser Tor), eine Reminiszenz an den zweiten Ring der Stadtbefestigung. Es wurde 1861 erneuert und hat seitdem keinen Mittelturm mehr.

Justizpaläste   Ein monumentaler, hell leuchtender Prachtbau dominiert den Platz im Nordwesten. Der **Alte Justizpalast**, 1887–1897 von Friedrich von Thiersch erstellt, manifestiert – wie auch die Paläste am Lenbachplatz (s. u.) – den Bürgerstolz der Gründerzeit. Die Schmalseite zum Karlsplatz ist mit einem halbrunden Mittelrisalit als Schauseite gestaltet. Eine neuartige Konstruktion aus Eisen und Glas war die 67 m hohe Kuppel über dem grandiosen zentralen Treppenhaus. Westlich schließt das **Neue Justizgebäude** an, das als neogotischer Backsteinbau mit Treppengiebeln und Uhrtürmen einen ganz anderen Eindruck macht – es stammt aber ebenfalls von F. von Thiersch (1906–1908), der den Kontrast bewusst wählte.

Alter Botanischer Garten   Nördlich werden die Justizgebäude vom Alten Botanischen Garten flankiert, einer grünen Oase mit Neptunbrunnen (J. Wackerle, 1937) und nettem Biergarten. Letzterer gehört zum Parkcafé, einem beliebten Bistro für Jung(gebliebene)e. Am Lenbachplatz (s. u.) führt ein

klassizistisches Portal (1812) in die Anlage. Exotische Bäume erinnern an seine ursprüngliche Funktion als Garten für Wissenschaft
und Forschung, den F. L. von Sckell 1804–1814 anlegte. An der
Nordseite des Parks wurde 1854 der aufsehenerregende »Glaspalast«
für Münchens erste Internationale Industrieausstellung errichtet, ein
Monument der modernen industriellen Bautechnik. Er wurde 1931
durch Feuer zerstört, mit ihm ging eine Ausstellung von bedeutenden Gemälden deutscher Romantiker zugrunde.

Nach Nordosten geht der Karlsplatz nahtlos in den Lenbachplatz und **Lenbachplatz**
dieser in den Maximiliansplatz über, beide eigentlich nur eine hochfrequentierte mehrspurige Straße (Teil des Altstadtrings) mit einem
»Park« in der Mitte. Vor diesem plätschert Wasser in den **Wittelsbacherbrunnen**, wohl der schönste Brunnen in München. Das Werk
des Bildhauers Adolf von Hildebrand (1895) im Stil des römischen
Barocks feierte die Rohrleitung, die auf Initiative des Chemikers Max
von Pettenkofer gebaut worden war und München erstmals mit sau-
berem Wasser aus dem Mangfalltal versorgte. Ein Jüngling auf einem
Wasserross und eine Frau auf einem Wasserstier symbolisieren die
Kraft und segensreiche Wirkung des feuchten Elements, sobald es
der Mensch gebändigt hat.

Finanzielle Potenz signalisieren die grandiosen Gebäude an der Nord- *** Paläste am**
seite des Platzes. Das **Palais am Lenbachplatz** (Nr. 2), bis 2007 die **Lenbachplatz**
Bayerische Börse, wurde 1896/98 für die Deutsche Bank errichtet. Die
Börse residiert nun am Karolinenplatz, hier trifft sich im Heart, einem
der beliebtesten Clubs der Stadt, die junge Schickeria. Benachbart das
Bernheimer-Haus (F. v. Thiersch/M. Dülfer 1887–1889), das sich der
weltweit renommierte Kunst- und Antiquitätenhändler Lehmann
Bernheimer als Wohn- und Geschäftshaus bauen ließ; der Urenkel
musste es veräußern (Käufer war der Bauspekulant Jürgen Schneider,
der 1993 bankrott ging). Außer einem Einrichtungshaus und einem
Promi-Friseur hat hier PricewaterhouseCoopers ein Büro, im rückwärtigen Trakt an der Ottostraße liegt der glamouröse Martini Club
mit der längsten Bartheke Münchens. Auch den letzten, aus drei Häusern zusammengesetzten Komplex (neobarock mit Jugendstilelemen-
ten, 1888–1907) nutzen Läden als noble Adresse.

Gegenüber der einstigen Börse errichtete Gabriel von Seidl für die **Künstlerhaus**
etablierten Münchner Künstler und ihre großbürgerliche Gefolgschaft ein Veranstaltungshaus mit geschwungenen Giebeln, Innenhof
und niedrigeren Flügeln. Die ursprüngliche aufwendige Ausstattung
ist nur teilweise erhalten, an ihr war auch Franz von Lenbach beteiligt. Heute bietet das Haus Raum für ein vielfältiges Kulturprogramm
mit Theater, Musik, Ausstellungen etc. (www.kuenstlerhaus-muc.de).
Zwei frequentierte Restaurants laden hier ein: The Grill (Mo.–Sa. ab

18.00 Uhr) und die Osteria (Mo.–Sa. ab 11.00, So. ab 12.00 Uhr). Über dem Künstlerhaus sieht man den rückwärtigen Trakt des Kaufhauses Oberpollinger aufragen – dort stand die mächtige **Hauptsynagoge** (1887), die im Juni/Juli 1938 auf Anordnung Hitlers abgerissen wurde, »aus verkehrstechnischen Gründen«, wie es in der NS-Zeitung »Der Stürmer« hieß. An der Ecke Herzog-Max-Straße/Maxburgstraße erinnert ein Gedenkstein an sie.

Maxburg Weiter nach Norden. Der damals avantgardistische **BMW-Pavillon** (Sep Ruf/Theo Pabst, 1956) dient dem Autobauer als Schau- und Eventraum (tgl. geöffnet). An der Pacellistraße dann das nüchterne **Justizgebäude** derselben Architekten, das von einem seltsamen Turm geziert wird: Er ist das einzige Relikt der sog. Wilhelminischen Veste, die Herzog Wilhelm V. am Platz von 54 Bürgerhäusern errichten ließ; im 17. Jh. erhielt sie den Namen Maxburg, als Kurfürst Maximilian Philipp das Ensemble als Residenz nutzte. Das **Café Kreutzkamm** hat hier seine zweite Münchner Filiale. Hier beginnt die zum ▶ Promenadeplatz führende Pacellistraße.

** **Königsplatz**

Lage: Maxvorstadt, nordwestlich der Altstadt
U-Bahn: U 2/8 Königsplatz
Tram: 27/28 Karolinenplatz
Bus: 100 Königsplatz

J 14

München hat nicht nur an Italien Anleihen genommen, sondern auch an der griechischen Antike: Mit den Propyläen, der Glyptothek und der Antikensammlung präsentiert sich der Königsplatz als prachtvoll-unterkühltes Ensemble.

Der Platz und seine Geschichte Für Bayerns »griechische Exkursion« und des Herrschers Traum vom Isar-Athen steht der Königsplatz. Der antikenbegeisterte Kronprinz Ludwig beauftragte Leo von Klenze mit der Konzeption eines repräsentativen Stadteingangs im Westen. Auch Vorstellungen des Architekten Karl von Fischer flossen ein, der ein »Forum der Künste« als Gegenpol zum »Forum der Wissenschaften« an der ▶ Ludwigstraße schaffen wollte. Klenze begann 1816 mit dem Bau der Glyptothek, abgeschlossen wurden die Arbeiten mit der Fertigstellung der Propyläen 1862. Das Dritte Reich nützte die prunkvolle Kulisse für Massenaufmärsche, 1933–1935 wurde der Platz zur **Akropolis Germaniae** in der »Hauptstadt der Bewegung« umgestaltet. Ein Belag aus Granitplatten und die monumentalen Bauten am Ostrand des Platzes, die durch die Entfernung der Bäume an der Arcisstraße in die Anlage einbezogen wurden, gaben dem Königsplatz ein neues Ge-

sicht. Den **Führerbau** an der Arcisstraße, in dem 1938 das Münchner
Abkommen unterzeichnet wurde, nützt heute die Hochschule für
Musik und Theater, die **Verwaltung der NSDAP** an der Katharina-
von-Bora-Straße (▶Baedeker Wissen S. 218) beherbergt u. a. die
Staatliche Graphische Sammlung. (▶S. 217). Die beiden »Ehrentempel« für die beim Putschversuch 1923 Erschossenen, an der Kreuzung mit der Brienner Straße, wurden 1947 gesprengt, die Sockel
sind noch erhalten. An der Brienner Straße, wo das »Braune Haus«
stand, hält das **NS-Dokumentationszentrum** die Verbrechen des
Nationalsozialismus und die Bedeutung Münchens als »Hauptstadt
der Bewegung« in Erinnerung (▶S. 217). Jenseits der Propyläen steht
das ▶**Lenbachhaus**, das wie der Königsplatz zum ▶**Kunstareal
München** im weiteren Sinn zählt (Übersichtsplan siehe dort).

Im Westen beherrscht den Königsplatz ein Prachttor im dorischen   ***Propyläen**
Stil (innen korinthisch), das von Klenze nach dem Vorbild der Propyläen der Athener Akropolis gestaltete (1846–1862). Nach Osten
ist es auf den Karolinenplatz mit seinem Obelisken ausgerichtet
(▶Brienner Straße), nach Westen ging die Straße zum Schloss Nymphenburg ab. Die Giebelplastiken am Mittelbau verherrlichen den
Freiheitskampf der Griechen gegen die Türken 1821–1829. Als die
Propyläen gebaut wurden, war Otto, Sohn des philhellenisch gesinn-
ten Ludwig I., König der Griechen, und er dankte im selben Jahr ab,
in dem der Bau fertig war. Die Friese unter den Turmfenstern schuf
L. von Schwanthaler (▶Theresienwiese, Bavaria).

Stolzes Isar-Athen, heute nimmt man es gemütlich: die Glyptothek

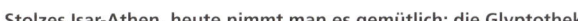

✴✴ GLYPTOTHEK

❶ Di. – So. 10.00 – 17.00, Do. bis
20.00 Uhr. **Führung:** Do. 18.00 Uhr
Eintritt: Mit Antikensammlungen
6 €, So. 1 €
Theater im Innenhof: Karten

Tel. 089 3 00 30 13 und 0171
3 00 62 59 (10.00 – 19.00 Uhr)
www.theaterspieleglyptothek.de
**www.antike-am-koenigsplatz.
mwn.de**

Die Nordseite des Königsplatzes nimmt Münchens ältestes Museum
ein, die Glyptothek mit einer der **bedeutendsten Sammlungen antiker Skulpturen in Europa.** Ihr Name ist von griechisch »glyphein«
für »meißeln« abgeleitet. Im Auftrag Kronprinz Ludwigs erwarben
Agenten 1811 – 1814 in Ägypten, Griechenland und Italien antike
Skulpturen von der Archaik bis zur römischen Kaiserzeit, u. a. die
einzigartigen Giebelfiguren des Aphaia-Tempels (um 500 v. Chr.), die
1811 auf der Insel Ägina ausgegraben worden waren. Leo von Klenze
errichtete 1816 – 1830 den klassizistischen Bau; im Giebel über den
ionischen Säulen steht die Göttin Athene als Schirmherrin der grie-
chisch-antiken Kunst. Ein schöner Platz ist der **Innenhof** mit seinem
Café (▸S. 84); von Mitte Juli bis Mitte September werden hier unter
den Sternen nervenzerfetzende griechische Tragödien und neuzeitliche Auseinandersetzungen mit den antiken Stoffen gespielt.

Ausstellung   Die Kunstwerke – vielfach römische Kopien griechischer Skulpturen
– werden chronologisch präsentiert, von archaischer Zeit über die
griechische Klassik und den Hellenismus bis in die römische Kaiserzeit und die Spätantike. Ausführliche Erläuterungen geben Infotafeln
an den Wänden und ausliegende Werkbeschreibungen. Saal I: archai-
sche Jünglinge des 6. Jh.s v. Chr., u. a. der **Kuros von Tenea**, Weih-
reliefs und ein Hermes-Kopf. Saal II: Der **Barberinische Faun** – der
höchst lasziv drapierte, berauscht schlafende Satyr (griechisch, um
220 v. Chr.) – ist benannt nach dem Palazzo Barberini in Rom, wo er
früher stand. Das **Haupt der Me-
dusa Rondanini** ist ebenfalls eine
antike Kopie. Saal III: ein Athene-
Kopf, der Kopf eines Jünglings sowie die Diomedes-Statue. Saal IV:
Grabrelief der Mnesarete und
ein Frauengrabmal in Form eines
Salbgefäßes. Saal V: Statue der griechischen Göttin Eirene. Saal VI:
Grabreliefs, u. a. von einem Jüngling als Jäger mit Hund. Die West-
giebelgruppe des **Tempels von
Ägina** – dargestellt ist die zweite
Belagerung Trojas durch Aias – ist

BAEDEKER TIPP

! *Königliches Open-Air*

Im Sommer ist der Königsplatz die
eindrucksvolle Kulisse für Konzerte (und Kinoevents, ▸S. 67, 70),
Stars wie Anna Netrebko und
Jonas Kaufmann treten hier auf.
Allerdings muss man für einen
einigermaßen akzeptablen Platz
mindestens 100 € berappen, die
besten kosten über 300 €. Ein
Fernglas tut gute Dienste. Info
und Karten bei München Ticket.

in Saal VII aufgebaut. Saal VIII ist heute Café. Saal IX enthält die Ostgiebelgruppe des Tempels, die die erste Belagerung Trojas durch Telamon und Herakles darstellt, zudem eine **Sphinx** vom Dach des Tempels von Ägina. Saal X: ein Demosthenes-Bildnis, ein Aphrodite-Kopf und **Alexander-Bildnisse**. Saal XI: Büste des römischen Kaisers **Augustus** (reg. 31 v. Chr. – 14 n. Chr.) mit der Bürgerkrone, römische Porträtbüsten, das große Relief »Hochzeit des Poseidon« und ein Bodenmosaik aus einer römischen Villa. Saal XII: der kolossale **Apollon Barberini** und eine Sta-

Barberinischer Faun

tue des Kaisers Domitian als Sonnengott. Saal XIII: der berühmte, köstliche **Knabe mit der Gans** und die Trunkene Alte. Im Hof ein Bronze-Nachguss eines Bildnisses des römischen Kaisers Hadrian, der von 117 bis 138 n. Chr. regierte.

** STAATLICHE ANTIKENSAMMLUNGEN

🕐 Di. – So. 10.00 – 17.00, Mi. bis 20.00 Uhr
Führung: Mi. 18.00 Uhr

Eintritt: Mit Glyptothek 6 €, So. 1 €
www.antike-am-koenigsplatz. mwn.de

Der noch schlichtere Tempel an der Südseite des Platzes, erbaut 1838 – 1848 von G. F. Ziebland, war als Ausstellungsgebäude für die zeitgenössische Kunst gedacht; im Lauf der Zeit wurde es u. a. von der Kunstakademie, der Münchner Künstlergenossenschaft und der »Secession« genützt. Die Mitte des Giebels über den korinthischen Säulen ziert die Bavaria, die für den Aufschwung der bayerischen Kunst stehen soll. Seit 1967 ist hier eine der bedeutendsten Sammlungen **griechischer, etruskischer und römischer Kleinkunst** zu bewundern, von der Kykladenkultur des 3. Jts v. Chr. bis zur Spätantike im 5. Jh. nach Christus. König Ludwig I. konnte einige hervorragende Sammlungen erwerben, u. a. aus dem Nachlass von Lucien und Caroline Bonaparte, Geschwistern Napoleons.

Die Sammlung des Hauses wird in den Räumen I und II des Erdgeschosses präsentiert, gemäß dem beschränkten Platz nur zum Teil; der größere Rest des Geschosses wird für Wechselausstellungen ge-

Erdgeschoss

nützt. Ausgestellt sind allerlei Erzeugnisse der Töpferkunst, Vasen, Trinkschalen, Mischkrüge, Amphoren etc.; die handwerkliche und künstlerische Meisterschaft sind einfach überwältigend. Als Beispiele genügen mögen die **Exekias-Schale** (um 530 v. Chr.), eines der schönsten antiken Gefäße, und die **Amphore des Andokides-Malers** (um 520 v. Chr.), die den Übergang vom schwarzfigurigen zum rotfigurigen Stil dokumentiert.

Obergeschoss Bronzebeschläge und -kessel, Kleinbronzen, Tongefäße und Skulpturen aus Etrurien und italische Prachtgefäße. Griechische Landschaften von Carl Rottmann (1797 – 1850) zieren die Wände.

Untergeschoss Präsentiert werden hier etruskischer und römischer Goldschmuck und Silberarbeiten, griechische Bronzen und Terrakotten sowie antikes Glas. Die Highlights: die »Schöne« (3. Jh. v. Chr.), die noch ihre ursprünglichen zarten Farben erhalten hat; das Diadem Loeb (um 150 v. Chr.), eine der herrlichsten Goldarbeiten aus der Antike; das »Mädchen von Beröa«, ein hellenistisches Bronze-Meisterwerk (um 100 v. Chr.); der kunstvoll gearbeitete Diatretglasbecher aus Köln (römisch, um 400 n. Chr.); der goldene Totenkranz aus Armento (4. Jh. v. Chr.) und das Mumienporträt eines Jünglings aus dem römischen Ägypten (um 140 n. Chr.).

Der Blick aus dem NS-Dokumentationszentrum hinaus geht auf den ehemaligen »Führerbau«.

** STAATLICHE GRAPHISCHE SAMMLUNG

❶ Katharina-von-Bora-Str. 10
Studiensaal: Do. 10.00–13.00,

14.00–18.00 Uhr, Tel. 089 28 92 76
16, **www.sgsm.eu**

Neben den Kabinetten in Berlin und Dresden gilt die Graphische
Sammlung München als bedeutendste Sammlung von Zeichnungen
und Druckgraphik in Deutschland. Ihr Bestand mit ca. 400 000 Blättern umfasst alle Epochen vom 12. Jh. bis zur Gegenwart. Schwer-
punkte sind altdeutsche und niederländische Werke (u. a. Dürer und
Rembrandt), italienische Zeichnungen, deutsche Zeichnungen des
19. Jh.s und internationale Graphik der Gegenwart. Leider ist die
Unterbringung sehr bescheiden, Ausstellungsraum steht der Sammlung in der Pinakothek der Moderne (▶S. 227) zur Verfügung.

** NS-DOKUMENTATIONSZENTRUM

❶ Brienner Straße 34
Di.–So. 10.00–19.00 Uhr
Eintritt: 5 €

Tel. 089 2 33-6 70 14
**www.ns-dokumentationszentrum-
muenchen.de**

Genau 70 Jahre nach dem Ende des Zweiten Weltkriegs wurde das
NS-Dokumentationszentrum eröffnet – so lange dauerte es, bis München einen Ort schuf, der an den nationalsozialistischen Terror und
die Vergangenheit der Stadt als »Hauptstadt der Bewegung« erinnert.
Der schildert, wie Adolf Hitler und die Nazi-Ideologie an die Macht
kamen, wie die staatstragenden Großbürger und Industriellen willig
und gewinnträchtig kooperierten, wie sich der »kleine Mann« mit
seinen Ängsten und Machtphantasien für den Nationalsozialismus
begeisterte, wie schließlich das Dritte Reich einen unfassbar grau-
samen, umfassenden Vernichtungskrieg gegen »innere« und »äußere
Feinde« führte. Erzählt wird aber auch davon, dass viele Menschen
zum Widerstand fähig waren und wie man nach 1945 in München
mit dieser Vergangenheit umging.
Der weiße Kubus der Architekten Georg Scheel Wetzel, erbaut am
Platz des »Braunen Hauses«, der Zentrale der NSDAP, markiert den
Ort der Täter. Teils über zwei Geschosse reichende schmale Fenster
öffnen den Ausblick nach allen Seiten und holen so die bedeutsame
Umgebung in die Schau. Die Ausstellung beginnt im 4. Obergeschoss
und leitet den Besucher durch vier Geschosse mit zeitlich aufeinan-
derfolgenden Themenbereichen, mit dem Grundgedanken »Warum
München? Und was geht uns das heute an?« Die Darstellung be-
schränkt sich bewusst auf schriftliche und fotografische Dokumente,
die eingehend erläutert werden; man braucht also »Stehvermögen«.
Am Wochenende ist natürlich viel Gedränge.

Ein schweres Erbe

Neben Berlin, Nürnberg, Hamburg und Linz war München in der NS-Zeit eine der fünf »Führerstädte«. Hier war die NSDAP gegründet worden, hier wurde nach dem niedergeschlagenen Putsch von 1923 der Mythos von den »Blutzeugen der Bewegung« gepflegt, hier hatten die zentralen Parteistellen ihren Sitz. Für Hitler war München die »Hauptstadt der Kunst und unserer Bewegung«. Am Ende dieser »Bewegung« war München zu 50 Prozent zerstört.

▶ **Anfang …**
Wahlergebnisse der
NSDAP in München

1928	1930	1932	1933
2,6	18,3	37,4	43,9

in Prozent

- ■ KPD
- ■ SPD
- ■ Zentrum
- ■ Sonsti…
- ■ DNVP
- ■ NSDA…

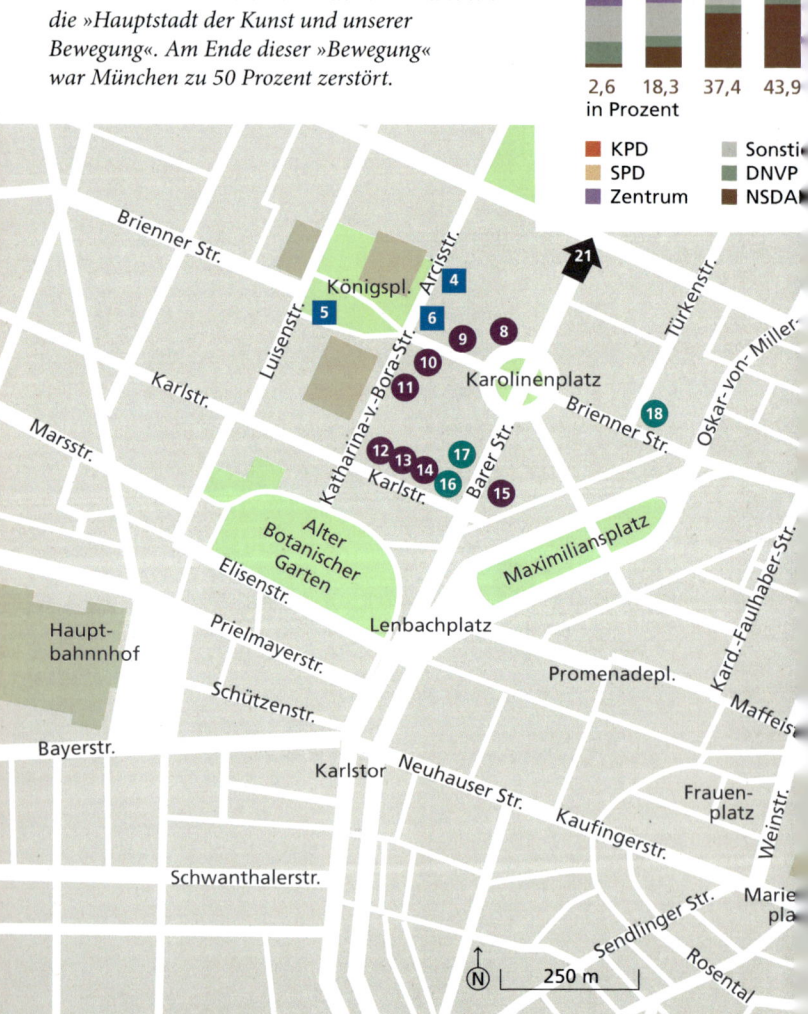

… und Ende

Durch die insgesamt 74 alliierten Luftangriffe auf München wurden ca. 81 500 Wohnungen ganz oder teilweise zerstört. Die Altstadt wurde dabei fast komplett vernichtet.

gesamte Stadt: 50 % zerstört — Altstadt: 90 % zerstört

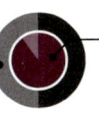

Tote	6632
Verletzte	15 800
Obdachlose	300 000

▶ **SCHAUPLÄTZE**

1 Hofbräuhaus Umbenennung der »Deutschen Arbeiterpartei« in »Nationalsozialistische Deutsche Arbeiterpartei« im Februar 1920

2 Feldherrnhalle Niederschlagung des Hitlerputsches 1923

»Ewige Wache« an der Feldherrnhalle

3 Ausstellung »Entartete Kunst«, Galeriestr. 4

4 »Führerbau« mit Hitlers Arbeitszimmer; Ort des Münchner Abkommens 1938, Arcisstr. 12 (heute Hochschule für Musik)

5 Königsplatz Aufmarschplatz; Ort der Bücherverbrennung vom 10. Mai 1933

6 »Ehrentempel« für die Toten des Putsches von 1923

7 Bürgerbräukeller (Haidhausen) Ausgangspunkt des Hitlerputsches; Ort des Attentats von Georg Elser 1939

DIENSTSTELLEN DER NSDAP

8 Oberstes Parteigericht der NSDAP, Karolinenplatz 4

9 Braunes Haus, Parteizentrale ab 1930; seit 2014 NS-Dokumentationszentrum

10 Stab des »Führer-Stellvertreters« (bis 1941), Brienner Str. (ehem. Päpstl. Nuntiatur)

11 Verwaltung der NSDAP, Katharina-v.-Bora-Str. 10

12 Reichspressestelle der NSDAP, Karlstr. 18

13 Reichsführung NS-Dt. Studentenbund, Karlstr. 16

14 Reichsjugendführung, Karlstr. 14

15 Reichspropagandaabteilung, Karlstr. 6–8

TERRORZENTRALEN

16 Reichsführung SS, Karlstr.10

17 Oberste SA-Führung, Barer Str. 7–11

18 Gestapo-Hauptquartier (Wittelsbacher Palais), Brienner Str.10

SONSTIGE

19 Haus der Deutschen Kunst

20 Hitlers Privatwohnung, Prinzregentenplatz 16

21 Zentralverlag der NSDAP, Schellingstr.

✴ ✴ Kunstareal München

◆ E 9

Lage: Maxvorstadt
Tram: 27/28 Pinakotheken
U-Bahn: U 2 Königsplatz,
Theresienstraße
Bus: 100 Pinakotheken

In der Umgebung der Museen
gibt es kaum Parkplätze.
www.kunstareal.de

Das alte und neue Kunstzentrum der bayerischen Metropole mit Museen von Weltrang und privaten Galerien: So viel Kunst auf so wenig Raum ist einzigartig.

Schon der ▶ Königsplatz mit der Glyptothek und der Antikensammlung sowie das ▶ Lenbachhaus zählen zum Kunstareal, das sich nach Nordosten mit weiteren Häusern von Weltrang fortsetzt: mit dem Museum Ägyptischer Kunst, mit Alter und Neuer Pinakothek, der Pinakothek der Moderne und dem Museum Brandhorst. Seit einiger Zeit verlagert sich die Kunstszene mit ihren Galerien von der Maximilian- und Brienner Straße in die Umgebung des Kunstareals. Auch wem der Sinn nach Schönem und Interessantem aus der Natur steht, wird hier mit dem Paläontologischen und dem Geologischen Museum sowie dem »Reich der Kristalle« fündig.

✴ ✴ STAATLICHES MUSEUM ÄGYPTISCHER KUNST

Lage: Gabelsbergerstraße 35
❶ Di. 10.00 – 20.00,
Mi.– So. 10.00 –18.00 Uhr

Eintritt: 7 €, Sonntag 1 €
www.smaek.de

Der Bau An der Gabelsbergerstraße beeindruckt ein riesiger, völlig schmuckloser Gebäuderiegel, der durch seine »Glashaube« und das lebhafte Material der Wände dennoch nicht kalt und brutal wirkt: die 2011 eröffnete **Hochschule für Fernsehen und Film** (Architekt: Peter Böhm). Vor dem rechten Teil ragt eine nackte Wand auf, ein »ägyptisches Tor«: Eine breite Rampe führt hinunter zum Eingang des unterirdischen Museums, das nicht zu den Großen der Branche zählt, dafür zu den besonders qualitätvollen. In nüchternem, aber kongenialem Beton-Ambiente präsentiert es hervorragende Exponate aus **5000 Jahren ägyptischer Geschichte** bis in koptische Zeit; die altägyptische Sammlung gilt als eine der bedeutendsten der Welt. Der ungewöhnliche Ort wird auch gerne für ungewöhnliche Events aus Literatur und Musik genützt. Die seltsame gebückte, armlose Figur auf dem Rasen vor dem Gebäude, die Skulptur »Present Continuous« des Niederländers Henk Visch, verursacht natürlich Stirnrunzeln. Ein roter »Gedankenstrahl« ringt von der Stirn hinunter ins Museum, was die Verbindung von Vergangenheit und forschender Gegenwart versinnbildlichen soll.

Die Sammlungen gehen auf Herzog Albrecht V. (16. Jh.) und vor allem auf König Ludwig I. zurück. Plastiken und Kultgegenstände, Papyri und Schmuck aus allen Epochen der ägyptischen Geschichte umfasst die Ausstellung. Einige herausragende Stücke: Eine Frauenstatue aus dem ältesten Bereich des Tempelbezirks von Abydos sowie ein dünnwandiger Kelch aus Grünschiefer sind vorzügliche Arbeiten aus der **Reichseinigungszeit** um 3000 v. Christus. Eine Familiengruppe des Dersenet aus Granit, Scheintüren aus dem Grab des Meni und Szenen einer Schlachtung aus dem Grab des Nianchnesut in Sakkara gehören dem **Alten Reich** an. Aus dem **Mittleren Reich** stammen das Kultbild des Krokodilgotts Sobek aus Bronze und Gold und die Figur eines hohen Beamten, eines der ältesten ägyptischen Werke aus Kupfer. Kunstwerke des **Neuen Reichs** sind ein Löwenkopf aus Kalkstein, der Kopf einer Sphinx Amenophis' II., eine Würfelstatue des Bekenchons, die den Hohepriester des Amun zur Zeit Ramses' II. darstellt, und Waffen aus Sichem. Um 1450 v. Chr. entstand der »Münchner Kelch«, das älteste sicher zu datierende Gefäß aus Glas. In der **Spätzeit**, zwischen 700 und 300 v. Chr., wurden eine Osiris-Bronzefigur sowie der Goldschatz der Königin Amanischacheto aus ihrer Pyramide bei Meroe (Sudan) gefertigt. Schöne Beispiele **koptischer Kunst** aus dem 4. bis 9. Jh. n. Chr. sind bemalte Keramik und ein Glasintarsienbild, das einen Jüngling zeigt.

Einige große Werke

Saal »Jenseitsglauben« mit der Sargmaske der Königin Sat-djehuti

✴✴ ALTE PINAKOTHEK

Lage: Barer Str. 27
❶ Di. 10.00 – 20.00,
Mi.–So. 10.00 –18.00 Uhr
Eintritt: 4 €, So. 1 €
Wegen Sanierung sind bis 2018
Teile der Sammlungen zeitweise
nicht zugänglich.

Für zwei der drei Pinakotheken,
das Museum Brandhorst und die
Sammlung Schack gibt es eine
Kombi-Tageskarte (12 €); sie lohnt
sich nur, wenn man an einem Tag
mindestens drei Häuser besucht.
www.pinakothek.de

Der Bau Nördlich gegenüber der Filmhochschule steht ihr architektonischer
Vorgänger, ein mächtiger, 127 m langer und 37 m breiter Bau im Stil
eines venezianischen Renaissance-Palasts, der eine der bedeutendsten Gemäldegalerien der Welt beherbergt. (Auf der langen Bank an
der Südseite zur Gabelsbergerstraße sitzt man, mit Ausnahme des
Hochsommers, gerne in der Sonne.) Da seine Kunstsammlung zu
wenig Platz hatte, beauftragte König Ludwig I. den Hofarchitekten

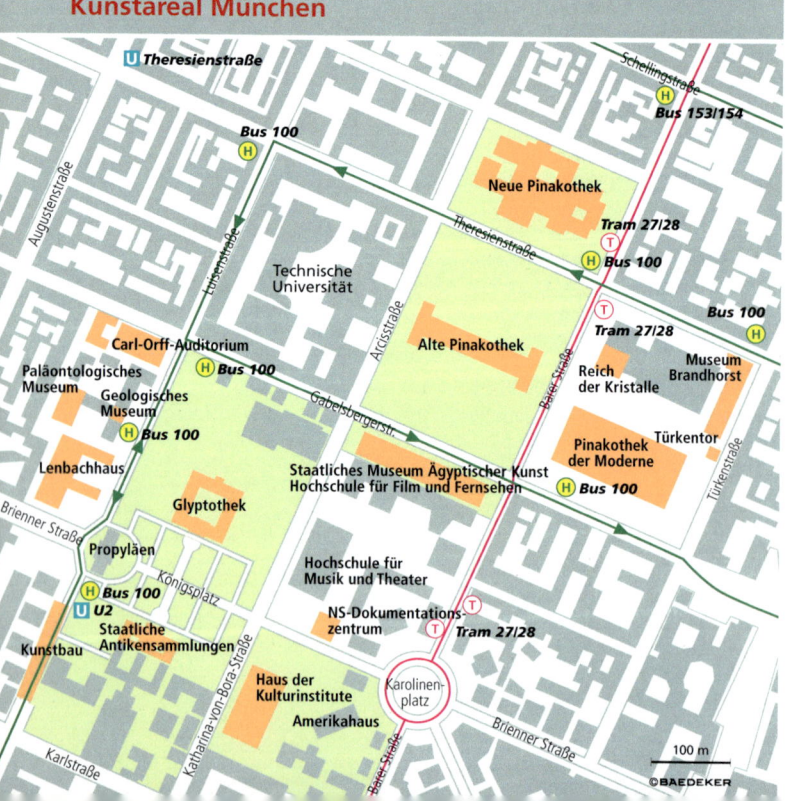

Kunstareal München

Leo von Klenze mit dem Bau der Galerie (1826–1836), damals die größte der Welt; aufgrund ihrer funktionalen Konzeption wurde sie Vorbild für ähnliche Bauten in Brüssel, Rom, St. Petersburg und anderen Metropolen. Nach der teilweisen Zerstörung im Zweiten Weltkrieg wurde sie bis 1957 rekonstruiert, wobei **Hans Döllgast** – der »Architekt des Wiederaufbaus« in München – die Wunden außen und innen bewusst nur mit einfachen Backsteinwänden schloss. Gleichzeitig verlegte er den Eingang von der Schmalseite an der Barer Straße in die Gebäudemitte und baute an der Südseite eine großartige, gebäudehohe Doppeltreppe ein. Sie ersetzte den langen Gang im ersten Stock, der dem Bürgertum als Treff zum Flanieren und Repräsentieren gedient hatte. Heute nimmt man im **Café Klenze** in stilvollem Ambiente den Afternoon Tea. Den Nordprospekt akzentuieren einige Skulpturen, darunter eine Plastik von Henry Moore.

Etwa 700 Meisterwerke in 19 Sälen und 47 Kabinetten repräsentieren alle Schulen der europäischen Malerei vom 14. bis Ende des 18. Jh.s. Grundstock waren die Historienbilder zu weltlichen und biblischen Themen, die Herzog Wilhelm IV. um 1530 malen ließ, darunter Altdorfers »Alexanderschlacht«. Die berühmten Gemälde Albrecht Dürers, wie die »Vier Apostel«, erwarb Kurfürst Maximilian I. Kurfürst Max Emanuel, der Anfang des 18. Jh.s in Brüssel im Exil lebte, brachte über 100 Werke großer Flamen, Holländer und Franzosen mit; so verfügt die Alte Pinakothek über eine der größten Rubens-Sammlungen der Welt. Durch die Säkularisation um 1803 kam Kunst aus Kirchen und Klöstern hinzu. Im Zug der Koalitionskriege gegen Frankreich zur selben Zeit wurden die wittelsbachischen Sammlungen aus Mannheim, Zweibrücken und Düsseldorf nach München gebracht. Ludwig I. kaufte intensiv in Italien, dazu erwarb er 1827 die Sammlung Boiserée mit alten deutschen und niederländischen Meistern und 1828 die Sammlung der Fürsten Oettingen-Wallerstein.

Die Sammlungen

Altdeutsche Maler des 15./16. Jh.s: Stefan Lochner (Hauptmeister der Kölner Malschule), »Maria auf der Rosenbank« (um 1440); Hans Baldung Grien, »Pfalzgraf Philipp der Kriegerische« (1517). Unter den Historienbildern Herzog Wilhelms IV. ragt die »Alexanderschlacht« von Albrecht Altdorfer (1529) heraus, ein grandioses »Wimmelbild« mit Tausenden Figuren: der Sieg Alexanders bei Issos über Persien als Parallele zur zeitgenössischen Abwehr der Osmanen. Matthias Grünewald, »Die Heiligen Erasmus und Mauritius« (um 1520). Albrecht Dürer, »Selbstbildnis im Pelzrock« (1500) und »Vier Apostel« (1526). Michael Pachers Kirchenväter-Altar (um 1480) lässt den Einfluss der italienischen Renaissance erkennen.
Deutsche Maler des 16./17. Jh.s: Adam Elsheimer, »Flucht nach Ägypten« (1609), durch die wunderbare Verbindung von Natur und Poesie ein bedeutendes Werk der Landschaftsmalerei.

Einige große Werke

Altniederländische Maler des 15.–17. Jh.s: Rogier van der Wey-
den, »Anbetung der Heiligen Drei Könige« (um 1455); Hans Mem-
ling, »Sieben Freuden Marias«; Dieric Bouts, Flügelaltar »Perle von
Brabant« (um 1465); Lucas van Leyden, »Madonna mit dem Jesuskind, der hl. Magdalena und dem Stifter«; Jan Gossaert, »Danae«. Im
16./17. Jh. traten weltliche Motive in den Vordergrund: Cornelis van
Dalem, »Landschaft mit Gehöft«; M. van Reymerswaele, »Steuerein-
nehmer mit Frau«, Pieter Brueghel d. Ä., »Schlaraffenland« (1566),
»Kopf einer alten Bäuerin«; Jan Brueghel d. Ä., »Blumenstrauß«.
Flämische Maler des 17. Jh.s: Adriaen Brouwer, »Das Gehör«; Jakob Jordaens, »Satyr beim Bauern«; Jan Siberecht, »Viehweide mit
schlafender Frau«; Anthonis van Dyck, »Ruhe auf der Flucht«. Unter
den 46 Werken von **Peter Paul Rubens** das »Selbstporträt mit Isa-
bella Brant in der Geißblattlaube« und der »Raub der Töchter des
Leukippos«. **Holländische Maler des 17. Jh.s:** Frans Hals, »Willem
van Heythuysen«; Jan van Goyen, »Dorf am Fluss«; Abraham van
Bayeren, »Stillleben mit Hummer«; Jacob van Ruisdael, »Waldland-
schaft mit aufziehendem Gewitter«. Von **Rembrandt** ein Selbstbildnis und der Passionszyklus für Frederik von Oranien.
Italienische Maler: Giotto, »Letztes Abendmahl« (um 1306); Leo-
nardo da Vinci, »Madonna mit Nelke« (um 1473), eines der wichtigsten Werke der italienischen Renaissance in der Alten Pinakothek;
Raffael, »Heilige Familie aus dem Haus Canigiani« (um 1505), »Madonna aus dem Haus Tempi« (um 1507); Sandro Botticelli, »Bewei-
nung Christi« (nach 1490); Filippo Lippi, »Maria mit dem Kind« (um
1465); Guido Reni, »Himmelfahrt Mariä« (1642); G. B, Tiepolo, »Anbetung der Könige« (1753). Von Tizian, dem Meister der venezianischen Hochrenaissance, »Kaiser Karl V. sitzend« (1548) – mit dem
berühmten Tizian-Rot – und die »Dornenkrönung« (1570/1571).
Französische Maler des 17./18. Jh.s: Claude Lorrain, »Seehafen bei
aufgehender Sonne«, »Verstoßung der Hagar«; Nicolas Poussin, »Ru-
hendes Mädchen«, »Midas und Bacchus«; François Boucher, »Ma-
dame de Pompadour«; J.-B. Chardin, »Rübenputzerin«.
Spanische Maler des 17. Jh.s: El Greco, »Entkleidung Christi«; Die-
go Velázquez, »Junger spanischer Edelmann«; Bartolomé Estéban
Murillo, »Trauben- und Melonenesser«.

✦✦ NEUE PINAKOTHEK

Lage: Barer Str. 29
Eingang: Theresienstraße
❶ Mi. 10.00 –20.00,

Do.–Mo. 10.00 –18.00 Uhr
Eintritt: 7 €, Sonntag 1 €
www.pinakothek.de

Der Bau Ein Museum für zeitgenössische Kunst – d. h. »Gemälde aus diesem
und künftigen Jahrhunderten« – zu schaffen war eine revolutionäre

Idee König Ludwigs I., und so kam München zu einer großartigen Galerie mit bedeutsamen und berühmten Gemälden und Plastiken vom späten 18. Jh. bis zum Anfang des 20. Jh.s, mithin vom Klassizismus bis zum Jugendstil. Ludwig ließ 1846 – 1853 auf eigene Kosten einen »Zwilling« zur Alten Pinakothek erstellen; im Zweiten Weltkrieg z. T. zerstört, wurde er 1975 – 1981 durch einen Neubau ersetzt. Architekt **Alexander von Branca**, der sonst für klare, eindeutige Formen bekannt war, schuf einen formal unentschiedenen, etwas betulichen Bau; seine Idee, mit traditionellen Elementen wie Rundbögen und Dachschrägen den »reinen Schematismus der Moderne« zu vermeiden, stieß auf viel Kritik. Lichtführung und Präsentation sind jedoch ausgezeichnet. Im Westtrakt des Komplexes sind die Direktion der Bayerischen Staatsgemäldesammlungen und wissenschaftliche Einrichtungen untergebracht. Im tieferliegenden Teil des Ostflügels kann man im **Restaurant Hunsinger** mit seiner schönen Terrasse am Wasserbecken relaxen (▶ S. 80).

Über 4500 Gemälde und 300 Plastiken umfasst der Bestand, präsentiert wird weniger als ein Zehntel, aber das »hat es in sich«. Den Grundstein legte Ludwig I. 1841 mit dem Kauf der Kollektion seines Architekten Leo von Klenze. 1868 waren schon 400 Kunstwerke zusammengekommen. Wichtige Erweiterungen waren die Schenkung von Konrad Fiedler (1891, Werke von Marees) und die Erwerbungen durch Museumsdirektor Hugo von Tschudi (1909 – 1911), darunter höchst bedeutende Werke französischer Impressionisten – viele Besucher kommen nur ihretwegen in die Neue Pinakothek.

Die Sammlung

Große Romantik in der Neuen Pinakothek

Internationale Kunst Die Französische Revolution bewirkte eine Hinwendung zum Bürgerlichen, die Darstellung folgte nach wie vor dem klassischen Stil. Richtungweisend wurde das Werk »Anne-Marie-Louise Thélusson, Comtesse de Sorcy« von J. L. David (1790). Wichtige Akzente im 18./19. Jh. setzte die englische Porträt- und Landschaftsmalerei, etwa Thomas Gainsborough, »Landschaft mit Hirte und Herde« (1784), und William Turner, »Ostende« (1844).

Deutsche Malerei In der deutschen Frühromantik rückt das Naturerlebnis in den Vordergrund (C. D. Friedrich, »Riesengebirgslandschaft mit aufsteigendem Nebel«, um 1820); auch in stimmungsvollen Interieurs äußert sich das romantische Lebensgefühl (G. F. Kersting, »Junge Frau beim Schein einer Lampe nähend«, 1825). Carl Rottmann trat mit Zyklen italienischer und griechischer Landschaften hervor (»Sikyon mit Korinth«, um 1836; »Marathon«, 1848). Ein geschätzter Porträtmaler war Josef Stieler (Bildnis J. W. von Goethe, 1828). Im 19. Jh. hielten sich viele deutsche Künstler in Italien auf. Zum quasi-religiösen Kreis der Nazarener gehörten u. a. J. Schnorr von Carolsfeld und F. Overbeck (»Italia und Germania«, 1828). Um 1850 betonte der Biedermeier das Bürgerlich-Beschauliche, etwa M. von Schwind (»Der Besuch«, um 1852) und F. G. Waldmüller (»Die Erwartete«, 1860). Spätromantik und Realismus sind durch französische und deutsche Meister vertreten. Hochberühmt sind Carl Spitzwegs Werke wie »Der arme Poet« (1839) und »Der Institutsspaziergang« (um 1860). Für Adolph von Menzel war das Zusammenspiel von Farben und Licht von großer Bedeutung (»Wohnzimmer mit Menzels Schwester«, 1847). In der Gründerzeit waren Porträts und Bilder mit historischen Szenen beliebt (C. Th. von Piloty, »Seni vor der Leiche Wallensteins«, 1855; A. Feuerbach, »Abschied der Medea«, 1870), aber auch Bilder aus der ländlichen Welt (W. Leibl, »Bildnis der Frau Gedon«, 1869; F. von Defregger, »Das letzte Aufgebot«, 1872). Eher ein Außenseiter im Kunstbetrieb war Hans von Marées, der u. a. mit den »Hesperiden« (1885–1887) vertreten ist. Andere wandten sich dem Geheimnisvollen und Symbolhaften (Symbolismus) zu, etwa Arnold Böcklin, »Pan im Schilf« (1858). Für den sozialen Realismus engagierte sich u. a. Max Liebermann (»Frau mit Geißen in den Dünen«, 1890). Als Porträtmaler reüssierte Lovis Corinth (Bildnis Eduard Graf von Keyserling, 1900). Ein neues Lebensgefühl verkörperte um die Jahrhundertwende der Jugendstil, vertreten u. a. durch Gustav Klimt, in dessen »Margaret Stonborough-Wittgenstein« (1905) Naturalistisches und geometrisches Ornament miteinander verwoben sind.

Französische Malerei Auch in Frankreich gab es der Spätromantik und dem Realismus verpflichtete Maler, etwa Eugène Delacroix, »Clorinde befreit Olindo und Sophronia« (um 1856), J.-F. Millet, »Bauer beim Pfropfen eines Baums« (1855) und Honoré Daumier, »Das Drama« (um 1860). Die größte Attraktion in der Neuen Pinakothek sind die **französischen Impressionisten**. Einige Höhepunkte: Edouard Manet, »Frühstück im Atelier« (1868); Claude Monet, »Die Seinebrücke von Argenteuil« (1874); Edgar Degas, »Die Büglerin« (um 1869). Bei Paul Cézannes »Bahndurchstich« (1870) ist schon eine Abkehr von der Impression zugunsten der formalen Reduktion festzustellen. Große **Wegbereiter der Moderne** sind Vincent van Gogh (u. a. »Sonnenblumen«, 1888; »Blick auf Arles«, 1889) und Paul Gauguin (»Bretonische Bäuerinnen«, 1886; »Die Geburt«, 1896).

Skulpturen

Außer Gemälden sind in der Neuen Pinakothek auch Plastiken der genannten Kunstepochen ausgestellt, z. B. Marmorskulpturen der Klassizisten Antonio Canova und Bertel Thorvaldsen sowie Bronzearbeiten von Auguste Rodin und Aristide Maillol.

∗∗ PINAKOTHEK DER MODERNE

Lage: Barer Str. 40
❶ Di.–So. 10.00–18.00,
Do. bis 20.00 Uhr

Eintritt: 10 €, So. 1 €, Mi. frei
www.pinakothek.de
www.architekturmuseum.de

Der Bau

Im Jahr 2002 wurde das mit 12 000 m² Fläche größte deutsche Museum für moderne Kunst eröffnet, eine nicht gerade einladend wirkende graue Beton-Schuhschachtel (Architekt: Stephan Braunfels). Obwohl ästhetisch eher ärmlich, wird der Bau weithin enthusiastisch gefeiert. Nachdem er 120 Mio. € verschlungen hatte, musste er schon 2013 saniert werden. Innen erwartet Kühlschrank-Atmosphäre, immerhin eröffnen sich beeindruckende Durchblicke zwischen den verschachtelten Raumfolgen auf mehreren Ebenen. Das praktische wie gefühlsmäßige »Sammlungszentrum« bildet die 25 m hohe, glasüberkuppelte Rotunde in der Mitte, in der auch ungewöhnliche Konzerte stattfinden (»Nachtmusik der Moderne«).
Das Museum präsentiert **bildende und angewandte Kunst des 20./21. Jahrhunderts**, und zwar in vier eigenständigen Einrichtungen: Sammlung Moderne Kunst, Staatliche Graphische Sammlung, Architekturmuseum der TU München und Neue Sammlung (The Design Museum). In wechselnden Ausstellungen wird das vielfältige künstlerische Schaffen der Gegenwart präsentiert.

∗∗ Sammlung Moderne Kunst

Hier ist alles vertreten, was in der Malerei und Plastik des 20. Jh.s Rang und Namen hatte – einzigartige Meisterwerke der Klassischen Moderne. Dazu kommen aus dem reichen Bestand der Staatlichen Gemäldesammlungen Fotografie, Videokunst und andere neuzeitliche künstlerische Formen. Wichtige Richtungen und Namen: Fauves und Expressionisten (Matisse, Heckel, Beckmann, Kirchner), Blauer

Tempel für Kunst des 20./21. Jahrhunderts: Pinakothek der Moderne

Reiter (Münter, Marc, Kandinsky), Kubismus und Futurismus (Boccioni, Braque, Chagall, Delaunay, Gris, Léger), Surrealismus (De Chirico, Ernst, Dalí, Magritte), Neue Sachlichkeit (Dix, Grosz, Schad); eine eigene Kategorie ist Pablo Picasso. Die italienische Moderne ist Thema der Schenkung Marino & Marina Marini. Minimal Art von Carl Andre und Donald Judd sowie Arbeiten von Andy Warhol stehen für die nordamerikanische Moderne. Auch Werke von Beuys, Kiefer, Polke und Gursky sind zu sehen.

Neue Sammlung Die Neue Sammlung (The Design Museum) zeigt modernes Design und Highlights des modernen Kunsthandwerks. Die Palette reicht von Jugendstil, Werkbund und Art-déco über das Bauhaus und die 1960er- und 1970er-Jahre bis zur Gegenwart, verkörpert in handwerklichen Einzelstücken und in industriellen Serienprodukten. Bizarre Designermöbel stehen neben Alltagsgegenständen, Plattenspieler der 1950er-Jahre treffen auf Hightech-Sportgerät des 21. Jh.s.

Graphische Sammlung Die Staatliche Graphische Sammlung (▶ S. 217) wartet auf ein eigenes Museum; wann das realisiert wird, steht in den Sternen. Bis dahin sind hier wechselnde Ausstellungen aus dem riesigen, fantastischen Bestand zu sehen – trotz des Provisoriums ein Muss.

Architektur-museum Das Architekturmuseum der TU München präsentiert großartige Architekturzeichnungen, Modelle und Fotografien.

MUSEUM BRANDHORST

Lage: Türkenstr. 19
❶ Di.–So. 10.00–18.00,
Do. bis 20.00 Uhr

Eintritt: 7 € (bei Sonderausstellungen 10 €), So. 1 €
www.pinakothek.de

Ein Hingucker ist das Museum Brandhorst an der Türkenstraße, dessen Fassade 36 000 bunte Keramikstäbe zieren (Architekten: Sauerbruch Hutton, Berlin, 2009). Anette und Udo Brandhorst fanden im
Freistaat Bayern einen Partner, der bereit war, für ihre Sammlung ein
eigenes Museum zu bauen und zu unterhalten, was wegen der frag-
würdigen künstlerischen Relevanz ziemlich heftig kritisiert wurde.
Im Zentrum der Sammlung stehen 170 Arbeiten des US-Amerika-
ners Cy Twombly (1928–2011), im Hauptsaal des Museums hängt
der 12-teilige »Lepanto«-Zyklus, dessen Bedeutsamkeit sich nicht
jedem erschließt. Darüber hinaus verfügt die Galerie über ca. 700
Werke des 20. Jh.s, u. a. von Andy Warhol (über 100 Arbeiten), Sig-
mar Polke, Georg Baselitz, Damien Hirst und Gerhard Richter.

Twombly-Tempel

MUSEEN DER BAYERISCHEN STAATSSAMMLUNG FÜR PALÄONTOLOGIE UND GEOLOGIE

Lage: Geologie: Luisenstr. 37, Palä-
ontologie: Richard-Wagner-Str. 10
❶ Mo.–Do. 8.00–16.00,
Fr. 8.00–14.00 Uhr; 1. So. im Monat

10.00–16.00 Uhr, mit Führungen,
Vorführungen etc.
Eintritt: frei
www.palmuc.de

Die beiden Museen der Staatlichen Naturwissenschaftlichen Sammlungen Bayerns widmen sich der Entwicklung und Vielfalt des Lebens auf der Erde, den Wechselbeziehungen zwischen den Organis-
men und mit dem System Erde sowie den geologischen Grundlagen.
In der Geologie geht es um das Wesen und Werden der Erde, den
permanenten Wandel der Erdkruste und die Bodenschätze. Ausführ-
lich werden u. a. der geologische Bau und die Gesteinsentwicklung
der Ostalpen sowie die Entstehung fossiler Brennstoffe (Kohle, Erdöl,
Erdgas) dargestellt. An Gesteinsbrocken lernt man, Strukturen und
Formen der gesteinsbildenden Minerale zu erkennen.

Geologisches Museum

Nicht nur für Kinder Aufregendes birgt das monumentale Gebäude
von der vorletzten Jahrhundertwende: eine Schau versteinerter Lebe-
wesen aus den wichtigen Perioden der Erdgeschichte. Highlights
sind der Urvogel *Archaeopteryx bavarica*, der größte und der kleinste Dinosaurier Bayerns, der Schädel eines Dreihorn-Sauriers aus Wy-
oming (USA) und allen voran das Skelett eines Riesenelefanten im
Lichthof, der vor ca. 10 Mio. Jahren im Raum Mühldorf (Inn) lebte.

*Paläonto-logisches Museum

✳ REICH DER KRISTALLE

Lage: Theresienstr. 41
🕐 Di. – So. 13.00 – 17.00 Uhr

Eintritt frei, **www.mineralogische-staatssammlung.de**

Wertvolle Mineralien und Kristalle

Hochkarätig ist die Mineralogische Staatssammlung mit ihren rund 20 000 Exponaten im wahrsten Sinn des Worts: Hier glitzern Diamanten und andere Edelsteine, Gold und andere Metalle. Die Anfänge des Museums gehen ins 18. Jh. zurück, als sich Stein- und Mineralienkabinette großer Beliebtheit erfreuten. Den Grundstock der Kollektion bildete die berühmte Sammlung von Eugène de Beauharnais, Herzog von Leuchtenberg. Glanzstücke sind der König-Ludwig-Diamant, ein Rubellit-Kristall und v. a. der Takowaja-Smaragd aus der Leuchtenberg-Sammlung, der als schönster russischer Smaragd gilt. Entstehung und Eigenschaften von Mineralien werden erläutert, effektvoll präsentiert werden Mineralien aus bayerischen Lagerstätten, Quarze aus dem Alpenraum sowie gediegenes Gold und Platin aus dem Ural – und Meteoriten aus allen Erdteilen.

Lehel

✴ **E/F 10/11**

Lage: Östlich der Altstadt
U-Bahn: U 4/5 Lehel
Tram: 17, 18, 19

Bus: 100 Haus der Kunst

Beiderseits der äußeren Maximilianstraße, zwischen der Prinzregentenstraße im Norden und dem Isartor im Süden, erstreckt sich das Lehel – früher St.-Anna-Vorstadt genannt –, ein schönes, gehobenes Wohnviertel mit noblen Gebäuden aus Biedermeier, Historismus und Jugendstil.

Man kann sich kaum vorstellen, dass dieses gediegene Viertel westlich der Isar einmal eine arme Vorstadt war. Im Lehel – Alteingesessene sagen »Lechl« – wohnten seit den Tagen Ludwigs des Bayern Menschen, denen man wegen ihrer Armut die Niederlassung in der Stadt verweigerte. 1724 wurde es dem Burgfrieden einverleibt und damit zur ältesten Münchner Vorstadt. Um die Mitte des 19. Jh.s begann im Zug der großen Stadterweiterung die Umgestaltung, die einfachen Herbergen verschwanden. An der Thierschstraße haben Architekten wie Max Littmann und Emanuel von Seidl Spuren hinterlassen, die Liebigstraße und die Reitmorstraße säumen stattliche Palazzi aus der Zeit von 1870 bis 1900, aus Historismus und Jugendstil (z. B. Reitmorstraße 23, M. Dülfer). Als »Sehenwürdigkeiten« sind nur der St.-Anna-Platz und seine Kirchen zu nennen.

Der St.-Anna-Platz über der U-Bahn-Station Lehel bildet mit den feinen Bürgerhäusern – in Nr. 2 verbrachte Lion Feuchtwanger seine Kindheit – ein besonders hübsches, denkmalgeschütztes Ensemble (Abb. ▶ S. 6). In jüngerer Zeit »entdeckt«, ziehen einige Cafés und Restaurants die kleine Schickeria an, aber Qualität und Preise sind o. k. (für abends muss man reservieren). Am Donnerstagnachmittag wird's beim Wochenmarkt fast ländlich.

* St.-Anna-Platz

Dominiert wird der Platz von einer mächtigen Basilika im Stil der rheinischen Romanik, eines der besten Zeugnisse des Historismus in München (Gabriel von Seidl, 1892). Auf der Portalhalle steht die ikonographisch einzigartige Bronzefigur »Christus als apokalyptischer Reiter« mit Bogen und Ölzweig (Ferdinand von Miller, 1910). Das schlichte Innere ist mit Ziboriumsaltar und Radleuchter byzantinisch gestaltet; die plastische Ausstattung schuf Prof. A. Pruska. Das große Apsisfresko (R. von Seitz, 1892) – Gottvater, thronender Christus, hl. Anna (roter Mantel) und Maria sowie die Apostel – galt den Zeitgenossen als beste Schöpfung der damaligen Kirchenmalerei. Den schönen doppelschaligen Paradiesbrunnen vor der Kirche hat ebenfalls Gabriel von Seidl entworfen.

* Pfarrkirche St. Anna

Gegenüber, mit einfacher Fassade, steht die erste Rokoko-Kirche Altbayerns und eine der schönsten dazu (1944 zerstört, Rekonstruktion bis 1979). Das intime Gotteshaus, eine Schöpfung **Johann Michael Fischers** (1727 – 1733), besitzt einen ovalen Hauptraum, an den Altarraum und Vorhalle anschließen; Fischer vereinte damit Längs- und Zentralbau zu einem neuen, eleganten Typus. Wände, Säulen und Kapitelle, alles ist gekurvt, was dem Raum eine wunderbare Harmonie und Geschlossenheit gibt. Ausgestaltet wurde er von den Brüdern Asam und J. B. Straub. Von Straub stammen v. a. Hochaltar mit Tabernakel und Anbetungsengel sowie die Kanzel, von E. Q. Asam die Stuckfiguren; die Altarbilder der vorderen Seitenaltäre, von C. D. Asam, sind die einzigen original erhaltenen. Das **Hochaltarbild** (K. Manninger nach C. D. Asam) zeigt die hl. Anna, die mit ihrer Tochter Maria in der Heiligen Schrift liest, das **Deckenfresko** die Erhebung der hl. Anna in den Himmel. Im mittleren Seitenaltar rechts eine Oberarmreliquie des **hl. Antonius von Pa-**

* Klosterkirche St. Anna im Lehel

? BAEDEKER WISSEN

Meister des Rokokos

Hinter seinem Schüler Ignaz Günther tritt Johann Baptist Straub (1704–1784) etwas zurück, doch unverkennbar ist, dass jener in der besten Werkstatt Münchens gelernt hat. Aus einer schwäbischen Künstlerfamilie stammend, wurde Straub 1737 unter Kurfürst Karl Albrecht Hofbildhauer. Er schuf auch Hochaltäre in St. Michael in Berg am Laim und St. Georg in Bogenhausen, in der Umgebung war er in Schäftlarn, Andechs und Dießen tätig.

dua, die Kaiser Ludwig der Bayer und Wilhelm von Occam 1330 aus Rom mitbrachten. Ein wunderbarer Rahmen ist der Raum für Konzerte, u. a. mit dem Chor von St. Anna. Das **Kloster** wurde 1725 für Hieronymiten-Mönche errichtet, die die Seelsorge in der Vorstadt versahen; seit 1827 sind die Franziskaner damit betraut, die auch für Obdachlose sorgen. Bis 1972 unterhielten sie hier eine Hochschule, heute ist das Kloster Sitz der Deutschen Franziskanerprovinz.

✹✹ Lenbachhaus

✦ **J 14**

Lage: Maxvorstadt, Luisenstr. 33
U-Bahn: U 2/8 Königsplatz
Bus: 100 Königsplatz
❶ Di 10.00 – 21.00, Mi. – So.

10.00 – 18.00 Uhr, **Eintritt** 10 €
www.lenbachhaus.de

Toskanisch mutet die in einem hübschen Garten gelegene Villa des »Malerfürsten« Franz von Lenbach an, die 1891 unter Mitwirkung des Künstlers von Gabriel von Seidl erbaut wurde. Seit 1929 beherbergt sie die Städtische Galerie.

Das Haus   Vor den Propyläen – in nächster Nähe zum damaligen Kunstzentrum – ließ sich der »Malerfürst« **Franz von Lenbach** (▶Berühmte Persönlichkeiten), in Zusammenarbeit mit dem vielbeschäftigten Architekten Gabriel von Seidl, als Wohnsitz und Atelier eine toskanische Villa (1887 – 1890) erbauen. Im Südflügel lagen die Ateliers (der Nordflügel kam 1924 hinzu); die restaurierten Privatgemächer vermitteln einen Eindruck von der Ausstattung, die im Zweiten Weltkrieg großenteils verlorenging. Das charmante Haus mit idyllischem Garten, das den steifen Propyläen leichtes Italien entgegensetzte, wird von einem goldglänzenden Kubus konterkariert, den der britische Stararchitekt Norman Foster bis 2013 errichtete. Den Schriftzug für die Fassade, der eine Antiqua- und eine Groteskschrift kombiniert, entwarf der in München geborene Thomas Demand; in der Eingangshalle hängt das »Wirbelwerk« des Dänen Olafur Eliasson, das die Farbigkeit des Blauen Reiters aufgreift. Ein schöner Platz ist die Terrasse des **Restaurants Ella** mit Blick auf die Propyläen.
Ella: Di.–Sa. 9.00–1.00, So. 9.00 – 21.00 Uhr, Tel. 089 70 08 81 77

Die Sammlung   Ihre Bekanntheit verdankt die Städtische Galerie, die seit 1924 im Lenbachhaus ansässig ist, seiner einmaligen Sammlung von Werken des Künstlerkreises **Blauer Reiter**, der etwa von 1910 bis 1914 bestand: Paul Klee, August Macke, Franz Marc, Alexej Jawlensky, Wassily Kandinsky, Gabriele Münter und andere, die mit unterschiedlichen Motiven und Ergebnissen um neue Ausdrucksmöglichkeiten

Hauptthema im Lenbachhaus ist der »Blaue Reiter«.

rangen. Allein von Kandinsky sind über 90 Bilder im Bestand. Neben dem frühen 20. Jh. sind auch berühmte **Maler des 19. Jh.s** vertreten, die in München tätig waren, etwa Carl Spitzweg, Wilhelm Leibl, Franz von Defregger und Lovis Corinth. Mit Kunst nach 1945, darunter Kelly, Beuys, Warhol und Kiefer, setzt die Galerie ihre Sammeltätigkeit fort. Viel Tageslicht und LEDs mit variabler Farbtemperatur setzen die Werke in Szene. Für interessante Wechselausstellungen wird der unterirdische **Kunstbau** in der U-Bahn-Station nebenan genützt (separater Eingang, Eintrittskarten im Kubus).

** Ludwigstraße · Universität · Siegestor

———— ✦ E 10

U-Bahn: U 3/6 Odeonsplatz – Universität

Vom ▸Odeonsplatz zieht die einst »monumentalste Straße Europas« nach Norden zum Siegestor. Kronprinz bzw. König Ludwig I., ein glühender Verehrer der klassischen Antike, ließ die nach ihm benannte Prachtmeile ab 1818 anlegen.

»Ich will aus München eine Stadt machen, die Teutschland so zur Ehre gereichen soll, dass keiner Teutschland kennt, wenn er nicht München gesehen hat.« Zu diesem hehren Ziel holte Ludwig den Architekten **Leo von Klenze** nach München. Dieser entwarf das Gesamtkonzept des ca. 1 km langen und gut 30 m breiten, baumlosen Boulevards. Er gestaltete den Südteil mit Formen des Klassizismus

»Straße der Wissenschaften«

Zum Oktoberfest: Trachtenumzug in der Ludwigstraße

und der italienischen Frührenaissance; für die Gestaltung des Nord-
teils in romanischen Formen (z. T. in Ziegelbauweise) zeichnete
Friedrich von Gärtner verantwortlich, von Klenzes Erzrivale und
Nachfolger im Amt des Hofarchitekten. Der geschlossene herrschaftliche Gesamteindruck wird durch den Stilwechsel jedoch nicht be-
einträchtigt. Gärtner hielt sich an Klenzes Konzept: lange Gebäude-
fronten, einheitliche Traufhöhe und schmale Straßeneinmündungen.
Achtung beim Bummel an der Ludwigstraße: Die Radfahrer haben
es immer sehr eilig und keinen Blick für hinderliche Fußgänger.

Bayerische Vier Heroen der griechischen Antike – Thukydides, Homer, Aristo-
Staatsbiblio- teles und Hippokrates (urspr. Ludwig von Schwanthaler; Kopien), im
thek Volksmund die »Vier Heiligen Drei Könige« – zieren die Freitreppe
vor dem 152 m langen Gebäudekomplex. Friedrich von Gärtner
orientierte sich mit dem mächtigen Ziegelbau (1832 – 1843) an der
Architektur italienischer Paläste der Frührenaissance. Die grandiose
Treppenhalle im Vestibül wäre für so manche Stadtbibliothek groß
genug. Begründet 1588 von Herzog Albrecht V., führt die Bibliothek
heute über 10 Mio. Bände (davon ca. 1 Mio. digitalisiert) und 63 000
Zeitschriften; sie besitzt viele kostbare Handschriften und Inkuna-
beln. Hervorzuheben sind auch die Sonderbestände wie Nachlässe,
Autographen, Exlibris, Porträts, Bilder und Karten, darunter über
800 Atlanten und weit über 200 000 geografische Kartenwerke.
Sammlungsschwerpunkte sind Altertumswissenschaften, Geschichte, Musik und Literatur aus dem ost- und südosteuropäischen Raum;
bedeutend sind auch die Orient- und die Fernost-Sammlung.
❶ Ludwigstr. 16. Allgemeiner Lesesaal Mo. – So. 8.00 – 24.00 Uhr
Information: Tel. 089 2 86 38-23 22, www.bsb-muenchen.de

Einen Akzent in der Front der Ludwigstraße setzt die Universitätskirche St. Ludwig, die als **bedeutendster Sakralbau der deutschen Romantik** gilt. Das hell leuchtende Gotteshaus mit seiner 71 m hohen »italienischen« Doppelturmfassade wurde 1829 – 1844 nach Plänen von Friedrich von Gärtner erbaut. Die Fassade ist nicht nur auf die Schrägansicht von der Ludwigstraße her angelegt, sie bildet auch den wirkungsvollen Abschluss der von Westen einmündenden Schellingstraße (▶ Maxvorstadt). Von Gärtner stellte die Kirche in Beziehung zur Theatinerkirche (▶ Odeonsplatz) am Südende der Ludwigstraße, deren kreuzförmigen Grundriss und Doppelturmfassade man hier wiederfindet. In den Nischen über der Vorhalle stehen Christus und die vier Evangelisten, die L. von Schwanthaler 1832 – 1835 schuf. Das weite, düstere, kühle Innere beherrscht das Chorfresko von Peter von Cornelius (»Jüngstes Gericht«, 1836 – 1840), das größte Altarbild der Welt. Von Cornelius, Mitglied der 1809 gegründeten Malergruppe der »Nazarener« und ab 1824 Direktor der Münchner Kunstakademie, stammen auch die Fresken in der Vierung und in den Querarmen.

* St. Ludwig

Ein »Forum der Wissenschaften« ließ König Ludwig I. in den 1830er-Jahren am nördlichen Ende der Prachtmeile errichten. Es sollte den Gegenpol zum »Forum der Künste« bilden, dem ▶ Königsplatz. Die Universität, ein großzügiger, symmetrisch angelegter Komplex links und rechts des **Geschwister-Scholl-Platzes**, entstand 1835 – 1840 (F. v. Gärtner). Sie wurde zur Heimat der 1472 von Herzog Ludwig dem Reichen in Ingolstadt gegründeten Hochschule, die 1800 auf Veranlassung von Kurfürst Maximilian IV. Joseph nach Landshut und 1826 von König Ludwig I. nach München verlegt wurde.
Am 18. Februar 1943 ließen die Geschwister Sophie und Hans Scholl (▶ Berühmte Persönlichkeiten) Flugblätter mit dem Titel »Die Weiße Rose« in den Lichthof der Universität flattern. Die beiden wurden denunziert, Tage später vom »Volksgerichtshof« zum Tode verurteilt und wenige Stunden später im Gefängnis Stadelheim auf der Guillotine hingerichtet. In einem Saal am Lichthof erinnert die **DenkStätte Weiße Rose** an den Widerstand gegen den Nationalsozialismus; vor dem Haupteingang der Universität bildet ein Bodendenkmal Flugblätter, Porträtfotos und einen Abschiedsbrief von Willi Graf ab.
DenkStätte: U 3/6 Universität, Mo. – Fr. 10.00 – 16.00, Sa. 12.00 – 15.00 Uhr, Eintritt frei, www.weisse-rose-stiftung.de

Ludwig-Maximilians-Universität

Die Große Aula im Hauptgebäude der Universität, ein Hörsaal mit über 700 Plätzen, wird auch für Konzerte, Lesungen, Universitätsbälle etc. genützt. Der prächtige Jugendstil-Saal (G. Bestelmeyer, 1911) ersetzte einen viel kleineren Friedrich von Gärtners. Von W. Koeppen, einem Schüler von Franz von Stuck, stammen das großartige Mosaik des Sonnengottes und die Medaillons. Ein Prometheus und

* Große Aula

ein Herkules aus Granit tragen die Empore. Hier beriet die Landesversammlung 1946 über die neue bayerische Verfassung. Der unübersehbare Spruch aus den Satiren des Horaz, »Nil sine magno vita labore dedit mortalibus«, gibt den Studenten zu bedenken: »Nichts gab das Leben den Sterblichen ohne große Mühe.«

Georgianum Der schlichtere Komplex gegenüber dem Hauptgebäude der Universität, ebenfalls von F. von Gärtner, beherbergt das Max-Joseph-Stift (Juristisches Seminar, links) und das Georgianum, das zweitälteste katholische Priesterseminar der Welt, das 1494 von Herzog Georg dem Reichen gestiftet wurde und mit der Universität von Ingolstadt via Landshut nach München kam. Das Georgianum besitzt eine großartige Sammlung sakraler Kunst vom 11. bis 19. Jh., darunter Passionstafeln aus dem 15. Jh., Monstranzen, ein Triumphkreuz, Plastiken, liturgisches Gerät und Messgewänder. Gleich südlich des Georgianums liegt das nette Studentencafé CADU (Café an der Uni, tgl. ab 8.00 bzw. 9.00 Uhr). Seine Räume waren früher Teestube und Billardzimmer des Ordinariats, in dem Joseph Ratzinger, später Papst Benedikt XVI., als Student wohnte.
❶ Professor-Huber-Platz 1, Anmeldung Tel. 089 2 86 20-1
www.herzoglichesgeorgianum.de

Das Siegestor, würdiger Abschluss des Prachtboulevards Ludwigstraße. Im Hintergrund die Ludwigskirche.

Das dreibogige, von einer Bavaria mit Löwen-Quadriga bekrönte Monument am Nordende der Ludwigstraße markiert den nördlichen Haupteingang zur bayerischen Hauptstadt. Es wurde bis 1852 von Friedrich von Gärtner nach dem Vorbild des Konstantinsbogens in Rom geschaffen und ehrt die bayerischen Soldaten der Befreiungskriege 1813–1815. Die im Zweiten Weltkrieg zerstörten Teile wurden nicht wieder rekonstruiert; 1958 erhielt das Tor die Inschrift »Dem Sieg geweiht, im Krieg zerstört, zum Frieden mahnend«. Jenseits des Siegestors setzt sich der Boulevard unter dem Namen Leopoldstraße als Hauptverkehrsader und Vergnügungsmeile von ▶ Schwabing zur Münchner Freiheit fort.

Siegestor

Wenige Schritte westlich des Siegestors werden Studenten in Malerei, Grafik, Bildhauerei und Kunsterziehung ausgebildet. Der wuchtige Bau im Renaissance-Stil – 230 m lang mit vorspringenden Seitenflügeln – verkörpert so recht die Ambitionen der Gründerzeit. Erbaut wurde er 1874–1885 nach Plänen von G. von Neureuther. Einen starken Kontrast bildet der Erweiterungsbau des Wiener Büros Coop Himmelb(l)au (2005). Die Akademie veranstaltet Ausstellungen, auch im U-Bahnhof Universität (Tel. 089 38 52-0, www.adbk.de).

Akademie der Bildenden Künste

** Marienplatz · Rathäuser

—————————————— ✦ L 16

Lage: Mitte der Altstadt
S-Bahn: S 1–8 Marienplatz
U-Bahn: U 3/6 Marienplatz   **Bus:** 52/132 Marienplatz

Wohin strömen Touristen aus aller Herren Länder? Wo feiern Münchner Fußballfans ihre Idole? Und wo findet einer der schönsten Christkindlmärkte Deutschlands statt? Auf dem Marienplatz, der »guten Stube« der bayerischen Metropole.

Das lebhafte Herz Münchens ist seit eh und je der Marienplatz. Hier ging die Salzstraße zwischen Reichenhall und Augsburg durch, hier fanden Turniere statt, und bis 1807 diente er als Marktplatz. Alles beherrscht das Neue Rathaus an der Nordseite, östlich von ihm stehen das gehobene Kaufhaus Beck und das Alte Rathaus, schräg gegenüber der Kaufhof von 1972 – für ihn wurde ein Jugendstil-Kaufhaus, das den Zweiten Weltkrieg kaum beschädigt überstanden hatte, abgerissen – eine der schlimmsten Bausünden in München. Die Marmorsäule in der Mitte des weiten Platzes trägt eine »Patrona Bavariae« (s. u.; Abb. ▶ S. 9).

Mittelpunkt Münchens

Freien Blick auf den Marienplatz haben die Glockenspiel-Figuren
am Neuen Rathaus.

Mariensäule Die Mariensäule – sie bildet den Nullpunkt der bayerischen Landes-
vermessung, auch die Entfernungsangaben an den Autobahnen nach
München beziehen sich auf sie – wurde 1638 aus Dankbarkeit dafür
errichtet, dass die Residenzstädte München und Landshut während
der schwedischen Besatzung im Dreißigjährigen Krieg unbeschädigt
blieben. Die Rotmarmorsäule trägt eine vergoldete Marienstatue auf
der Mondsichel: Die »Patrona Bavariae« hat der bedeutende Renais-
sancekünstler Hubert Gerhard vor 1598 für ein nicht realisiertes
Grabmal Wilhelms V. in der Michaelskirche gefertigt, später stand
sie im Hochaltar der Frauenkirche. Die Engelchen am Sockel, auch
sie hervorragende Werke (um 1640 gegossen), kämpfen gegen Pest,
Krieg, Hungersnot und Ketzerei.

Fischbrunnen Der Brunnen vor dem Neuen Rathaus wurde 1866 unter Verwendung von Bronzefiguren von einem Vorgänger aufgestellt. Jedes Jahr
am Aschermittwoch – seit 1426 wird der Brauch gepflegt– wäscht die
Münchner Obrigkeit (Oberbürgermeister etc.) im Fischbrunnen ihre
Geldbeutel. Wer mitmacht, hat für den Rest des Jahres keine Geld-
sorgen. So heißt es jedenfalls.

** NEUES RATHAUS

Die Stadtverwaltung brauchte im 19. Jh. mehr Platz. Für das neue **Neogotischer** Rathaus mussten über 20 Häuser weichen, auch das »Landschafts- **Prachtbau** gebäude«, in dem 1554–1807 die Landstände tagten. Das Neue Rathaus im Stil der flandrischen Gotik, ein Komplex aus Backstein und Muschelkalk-Haustein mit sechs Höfen, wurde zwischen 1867 und 1909 nach Plänen von Georg Hauberrisser errichtet. Zunächst (bis 1874) entstand der symmetrische Ostteil, dann die rückwärtigen Trakte und zuletzt der Westteil mit dem 85 m hohen Turm. Auf seiner Spitze wacht das **Münchner Kindl**; die Figuren an der Fassade stellen nicht nur Herzöge, Kurfürsten und Könige dar, sondern auch Münchner Originale. Das berühmte **Glockenspiel** im Turm, das seit 1908 erklingt, zieht Tausende Zu-schauer an. Täglich um 11.00 und 12.00 Uhr, März–Okt. auch 17.00 Uhr, drehen sich zu volkstümlichen Melodien die Figuren in Szenen der Stadtgeschichte. Oben wird die Hochzeit Herzog Wilhelms V. mit Renata von Lothringen 1568 mit-samt Ritterturnier dargestellt, unten der Schäfflertanz (▶ S. 87), der real alle sieben Jahre auf dem Marien-platz aufgeführt wird (wieder 2019). Und um 21.00 Uhr bringen ein Nachtwächter und der Friedensengel das Münchner Kindl zu Bett.

> **?** *Ein echtes Münchner Kindl*
>
> **BAEDEKER WISSEN**
>
> Für die Münchner Wappenfigur auf dem Rathausturm ließ Bild-hauer Anton Schmid seinen 9-jäh-rigen Sohn Ludwig Modell stehen. Der wurde auf väterliches Geheiß Koch und Konditor, bis er seine komödiantische Ader entdeckte und als Ludwig Schmid-Wildy zum begnadeten und berühmten Volksschauspieler wurde († 1982).

Über 600 Angestellte der Stadt arbeiten in den 400 Zimmern des Ge-bäudes, viele historische Räume sind öffentlich zugänglich. Im Erd-geschoss ist die **Touristen- und Stadtinformation** zu finden, außer-dem die Rathausgalerie (▶ S. 102) und die Rathauskantine (▶ S. 80). Im riesigen **Ratskeller** kann man in bayerischer und fränkischer Küche schwelgen (tgl. geöffnet). Vom **Rathausturm** hat man einen herrlichen Blick über die Stadt.

Aussichtsplattform: Mai–Sept. tgl. 10.00–19.00, sonst nur Mo.–Fr. 10.00–17.00 Uhr (mit Aufzug zu erreichen)
Touristen- und Stadtinformation: Mo.–Fr. 10.00–19.00, Sa. 10.00 bis 17.00, So. und Feiertag 10.00–14.00 Uhr

Links oder rechts am Neuen Rathaus vorbei, feine kleine Läden pas- **Marienhof** sierend, geht es zum Marienhof. Unter dem Rasen liegen Reste der mittelalterlichen Häuser, die 1944 den Bomben zum Opfer fielen. An der Ostseite dominiert der prächtige Bau des berühmten Luxus-Lebensmittelhändlers **Dallmayr** – das Angebot des einstigen Hoflie-feranten ist exquisit (und teuer) und wird so wunderbar präsentiert, dass man zumindest eine Kleinigkeit erstehen sollte, um das Ambiente zu genießen. Ebenso exquisit ist sein Restaurant (2 Michelin-Sterne), im Café speist man fast preiswert. Im hässlichen modernen Anbau links von Dallmayr gibt der gehobene Konsument bei **Manufactum** Geld für Dinge aus, die er zum Leben braucht, dazwischen liegt der Durchgang zum ▶Alten Hof.

Dallmayr: Mo.–Sa. 9.30–15.00 Uhr. Restaurant: Di.–Fr. ab 19.00, Sa. ab 12.00 Uhr (letzte Bestellung 13.30 Uhr) und ab 19.00 Uhr. Café: Mo.–Sa. (außer Feiertag) 9.30–19.00 Uhr. Tel. 089 21 53-100, www.dallmayr.de

✳ ALTES RATHAUS

Zinnengiebel und spitze Türmchen An der Ostseite des Marienplatzes leuchtet die Zinnengiebelfront des Alten Rathauses mit ihren spitzen Türmchen, daneben der mit Gemälde und großer Uhr versehene alte Rathausturm. Den Vorgängerbau aus dem frühen 14. Jh. ersetzte **Jörg von Halspach**, gleichzeitig mit der Frauenkirche, 1470–1480 durch den spätgotischen Neubau. Nach den Umgestaltungen gemäß herrschender Mode, besonders in Spätrenaissance und Barock, wurde das Alte Rathaus in den 1860er-Jahren regotisiert, auch eine Durchfahrt ins Tal und ein Durchgang für Fußgänger wurden geschaffen. Die schweren Schäden aus dem Zweiten Weltkrieg wurden bis 1975 beseitigt, als die Rekonstruktion des 55 m hohen Rathausturms abgeschlossen war.

Das Innere glänzt mit spätmittelalterlicher Handwerkskunst. Das hölzerne Tonnengewölbe mit Ziergurten, goldenen Sternen und herrlichem Wappenfries von 1478 in Deutschlands »vollkommenstem gotischem Saal« unterstreichen dies ebenso wie die Moriskentänzer (Originale im ▶Stadtmuseum), die berühmten Figuren, die der aus der Oberpfalz stammende Holzschnitzer **Erasmus Grasser** im 15. Jh. schuf. Im Ratsaal tagten die Vertreter der Stände, feierten Patrizierfamilien Bälle, wurden hochrangige Besucher empfangen; heute dient er der Stadt München zu vergleichbaren Zwecken.

Im Turm des Neuen Rathauses ist das ✳**Spielzeugmuseum** sehenswert, mit alten Eisenbahnen, Blechautos, Plüschtieren und Teddybären, hübsch gekleideten Puppen und liebevoll zusammengestellten Puppenstuben. Und dann sollte man noch der **Julia** an der Südseite einen Besuch abstatten, eine Gabe der Partnerstadt Verona, Symbol der tragisch endenden großen Liebe. Mit einem Griff an ihre rechte blankpolierte Brust beschwören Paare, dass es ihnen besser ergehe, und offensichtlich haben immer wieder welche Grund, sich mit Blumen zu bedanken.

Nebenan steht die ▶Heilig-Geist-Kirche, und an sie schließt sich unmittelbar der ▶Viktualienmarkt an.

Spielzeugmuseum: tgl. 10.00–17.30 Uhr, Eintritt: 4 €, Kinder 1 €
www.spielzeugmuseum-muenchen.de

ZWISCHEN KARLSPLATZ UND ISARTOR

Die Achse Kaufingerstraße/Neuhauser Straße, die vom Marienplatz westlich zum ▶Karlsplatz führt, gilt als umsatzstärkste Einkaufsstraße Deutschlands mit den höchsten Ladenmieten. In dieser ca. 900 m langen Fußgängerzone haben die üblichen Kleider-, Schuh-, Parfüm- und Elektronikläden den guten Einzelhandel fast ganz verdrängt; das jüngste Exempel ist der schauerliche SportScheck-Glaskasten gegenüber von ▶Michaelskirche und Alter Akademie, Letztere soll ebenfalls dem Kommerz gewidmet werden. Kauflustige und/oder Touristen aus aller Welt – 16 000 pro Stunde wurden mal gezählt, 10 000 sind der Schnitt – quetschen sich zwischen Betonblumentrögen und Straßenmusikern aus aller Welt. Am Sonn- oder Feiertag, wenn die Läden zu sind, liegen die Straßen ziemlich verwaist da.

Kaufingerstraße/ Neuhauser Straße

Einen besonderen Platz für eine Pause findet man im noblen **Kaufhaus Oberpollinger**: Das Restaurant im 5. Stock besitzt eine der schönsten Dachterrassen in München (Mo.–Sa. 9.00–20.00 Uhr). Einen Hinweis verdient auch die Brauereigaststätte *Augustiner (Neuhauser Straße 27; ▶S. 77), ein selten gewordenes Exempel für die Münchner Gaststättenkultur der Prinzregentenzeit, die Gemütlichkeit mit großstädtischem Flair verband. Wie außen signalisiert, liegt links die Bierhalle, rechts das Restaurant. Die grandiose Ausstattung (1897) in heiterem Neobarock mit Stuck und allegorischen Ge-

Gaststättenkultur der Prinzregentenzeit gibt es noch im Augustiner.

mälden entwarf Emanuel von Seidl, der Bruder des bekannteren Gabriel von Seidl. Emanuel schuf als Innenarchitekt die typischen Münchner Bierhallen und lieferte mit seinem leistungsfähigen Betrieb gleich die ganze Einrichtung. Ein Juwel ist der glasüberkuppelte Muschelsaal im Restaurant, der Arkaden-Innenhof wird sommers zum lauschigen Wirtsgarten. Außerdem liegen an bzw. nahe der Kaufingerstraße-/Neuhauser Straße die ▶ Frauenkirche, das ▶ Deutsche Jagd- und Fischereimuseum und die ▶ Bürgersaalkirche.

Tal Vom Alten Rathaus verläuft das »Tal«, die alte Straße der Herbergen, nach Osten zum ▶ Isartor. Das **Weiße Bräuhaus** (Tal 7, ▶ S. 78) vis-à-vis der ▶ Heilig-Geist-Kirche zählt zu den guten Traditionsgasthäusern Münchens; sonst ist das Tal eine wenig aufregende Einkaufsstraße. In der südlich abgehenden Sterneckerstraße lädt das älteste Bürgerhaus der Stadt (1327) zum Besuch: Hier klärt das *** Bier- und Oktoberfestmuseum** über das Münchner Bier und seine Herstellung auf, auch über den Unterschied zwischen einer Maß und einer Preißn-Maß, ein Stockwerk ist dem größten Volksfest der Welt und seiner Geschichte gewidmet. Ein gemütliches Bierstüberl fehlt nicht.
Bier- und Oktoberfestmuseum: Di.–Sa. 13.00–18.00 Uhr, Eintritt: 4 €, www.bier-und-oktoberfestmuseum.de. Bierstüberl: Mo. 18.00–24.00, Di.–Sa. 13.00–24.00 Uhr

* Maximilianstraße · Maximilianeum

K / L 16–18

Verlauf: Vom Max-Joseph-Platz zum Maximilianeum

Tram: 19 Nationaltheater – Maximilianeum

Armani, Bulgari und Hermès, Designermode von Anne Fontaine und Gucci, das Nobelhotel Vier Jahreszeiten Kempinski – fast alles, was edel und teuer ist, findet man in der Maximilianstraße, Deutschlands bekanntestem Luxusboulevard.

»Die« Pracht-Einkaufsmeile Münchens führt vom Max-Joseph-Platz nach Osten zur Isar; ihren krönenden Abschluss bildet jenseits des Flusses das Maximilianeum. Im Gegensatz zur strengen Architektur der ▶ Ludwigstraße seines Vaters suchte König Maximilian II. Joseph »seinen« Boulevard locker zu gestalten, öffentliche Bauten, Geschäfte, Hotels, Restaurants und Grünanlagen sollten sich abwechseln. Das damals nicht allgemein geschätzte gestalterische Konzept, später **Maximilianstil** genannt, lieferte Friedrich Bürklein 1851–1853, der sich an Gotik und Renaissance orientierte. Die heute durch den Alt-

In der Maximilianstraße darf's gern etwas mehr sein.

stadtring zweigeteilte Avenue verbindet das Stadtzentrum mit den Vorstädten ▶ Lehel und ▶ Haidhausen.

Von 1944 bis 2003 gähnte zwischen Opernhaus und dem Hotel Vier Jahreszeiten (▶ S. 118) eine Lücke, die mit den Maximilianshöfen geschlossen wurde: Hinter eine rekonstruierte Bürklein-Fassade (Potemkin lässt grüßen) wurde eine imposante verglaste Struktur gestellt, mit Probengebäude und Kartenverkauf des Nationaltheaters, mit Büros und dem Lounge-Restaurant Brenner Grill, einer beliebten »Bühne«. Der **Marstall** (L. v. Klenze, 1822) diente als Hofreitschule, heute nützt ihn das Residenztheater als Requisitenlager und Werkstatt sowie als Bühne für avantgardistische Produktionen. Hier befindet man sich an der Rückseite der ▶ Residenz.

Maximilianshöfe

Im Haus Maximilianstr. 14 hatte der unvergessliche Rudolph Moshammer, der 2005 ermordet wurde, seinen Herrenmodeladen (jetzt Blancpain). Die Kammerspiele in Haus Nr. 26 zählen zu den bedeutendsten Sprechtheatern Deutschlands, entsprechend groß ist die Nachfrage. Ihr Programm reicht von der Klassik bis zum aktuellen Experiment, das mit dem Intendanten Matthias Lilienthal (seit 2015) weiter ausgebaut wird. Ein Erlebnis ist das **Schauspielhaus**, das einzige erhaltene Jugendstil-Theater Deutschlands (Max Littmann/Richard Riemerschmid, 1900/1901). Der ovale Zuschauerraum hat nur 757 Plätze und fordert mit exotischen Farben: schräges Lindgrün, dazu Rot und Gold; rekonstruiert wurde der Bühnenvorhang von Riemerschmid. Mit gläserner Spitze, verglaster Terrasse und ebensol-

* Münchner Kammerspiele

chen Übergängen zum Schauspielhaus setzen die neuen Trakte (Gustav Peichl, 2001) hinter der Maximilianstraße einen frischen Akzent: das **Neue Haus** (Falckenbergstr.) und das **Blaue Haus** (Hildegardstr. 1) mit dem Werkraum. Als Logenplatz an der Maximilianstraße hat das kleine Restaurant-Café »Kulisse« eine treue Klientel aus dem Theater und der Promi-Szene. Ein beliebter, unprätentiöser Treffpunkt ist auch das Restaurant Conviva im Blauen Haus.
Kammerspiele: ▶ S. 68. **Kulisse:** Mo.–Sa. 8.30–1.00, Sa., So. ab 17.00 Uhr. **Conviva:** Mo.–Sa. 11.00–1.00, So. 17.00–1.00 Uhr, Aug.–Anf. Sept. geschl.

Regierung von Oberbayern

Jenseits des Altstadtrings erstreckt sich nördlich der Maximilianstraße der über 170 m lange Monumentalbau der Regierung von Oberbayern, errichtet 1856–1864 in prächtiger Neorenaissance von Friedrich Bürklein – ein Muster für den Maximilianstil. Er verfügt über einen Arkadengang und ist durch Risalite, Türmchen und originelle architektonische Elemente gegliedert. Von der Substanz des im Zweiten Weltkrieg schwer getroffenen Gebäudes blieb nur die schöne Terrakotta-Fassade erhalten. Ein schmaler Durchlass im Gebäude führt ins ▶Lehel zum St.-Anna-Platz, am unteren Ende ist das **GOP Varieté-Theater** ansässig (www.variete.de). Ein würdiges Pendant stellt das ▶Museum Fünf Kontinente gegenüber dar.

Schicker Platz für die Pause: Maximilianshöfe

Zu Ehren von **Maximilian II. Joseph**, König von 1848 bis 1864, wurde 1875 in der äußeren Maximilianstraße ein imposantes Bronze-Monument errichtet, gegossen von Ferdinand von Miller. Die kleinen Figuren am Rotmarmorsockel symbolisieren die Tugenden der Staatskunst; vier Kinder halten die Wappen der bayerischen Stämme: Bayern, Schwaben, Franken und Rheinpfalz.

Max-monument

Mit dem Maximilianeum vor Augen überquert man auf der Maximilianbrücke die Isar. Sie wurde nach Plänen von Arnold Zenetti bis 1864 erstellt und 1905 von Friedrich von Thiersch erneuert. Recht imposant ist die steinerne Pallas Athene von Franz Drexler (1906), hübsche Jugendstil-Ornamente zieren die Geländer.

Maximilians-brücke

Über der Isar thront mit eindrucksvoller Neorenaissance-Front das Maximilianeum, in dem seit 1949 der **Bayerische Landtag** residiert (▶Abb. S. 110). König Maximilian ließ Bürklein ein »Athenäum« errichten (1857–1874), eine Ausbildungsstätte für begabte junge Männer und hohe Staatsbeamte, auch eine Gemäldegalerie sollte eingerichtet werden. (Immer noch erhalten hier Elite-Studenten – seit 1980 auch weiblichen Geschlechts – freie Kost und Logis.) Die Schauseite zur Innenstadt ist mit Terrakotta verblendet, den von Arkaden flankierten Mittelbau zieren Mosaiken auf Goldgrund und ein Engel. Mehrmals jährlich werden hier Ausstellungen zu allerlei politischen oder kulturellen Themen veranstaltet.

*Maximi-lianeum

> ! **BAEDEKER TIPP**
>
> *Frühstück im Maximilianeum*
>
> Von ca. 10. Mai bis 20. August (11.00 – 17.00 Uhr) lädt die Landtagsgaststätte zum »Sonntagscafé«, besonders schön sitzt man auf der Terrasse. Auch Führungen werden veranstaltet.
> Im vorderen Teil der Gaststätte können auch die Besucher des Landtags essen. Und wer's mal festlich haben will, bucht ein sommerliches Diner mit Musik (www.koeniglich-tafeln.de).

Weiter östlich liegt der Max-Weber-Platz (▶Haidhausen), nebenan der Wiener Platz mit dem Hofbräukeller plus beliebtem Biergarten.
Landtag: Wer eine Sitzung des Landtags besuchen will, melde sich an der Ostpforte an (Personalausweis nötig). Die historischen Räume sind nur am Tag der offenen Tür im November zugänglich. Info: www.bayern.landtag.de

Die idyllischen Parkanlagen am rechten Isarufer unterhalb des Maximilianeums – sie reichen vom ▶Gasteig bis zum Friedensengel, mit Fortsetzung bis zur Max-Joseph-Brücke in Bogenhausen – erfreuen sich mit ihren alten Bäumen bei Spaziergängern, Radlern und Nichtstuern großer Beliebtheit. Angelegt wurden sie 1856 – 1866 von Hofgärtner Carl von Effner. Denkmäler erinnern an Ludwig II. und andere Persönlichkeiten. Die Schotterbänke an und in der Isar sind ideale Plätze, um ein Handtuch auszubreiten.

Maximilians-anlagen

Maxvorstadt

⟶ **D – F 7/8**

Lage: nordwestlich des Zentrums
U-Bahn: U 2 Königsplatz,
Theresienstraße, Josephsplatz

Tram:
27 Pinakotheken – Schellingstraße

Die Maxvorstadt, die sich westlich der Ludwigstraße zwischen dem Stadtzentrum und Schwabing ausdehnt, hat zwei Gesichter. Studentisches Leben prägt den Bereich um die Institute der beiden großen Universitäten, großartige Architektur nach griechischen und italienischen Vorbildern das klassizistische München mit der ▶ Ludwigstraße, dem ▶ Königsplatz und den bedeutenden Museen im ▶ Kunstareal.

Stadterweiterung des 18./19. Jh.s Die Maxvorstadt ist eine frühe Erweiterung der Kernstadt, die man schon Ende des 18. Jh.s in Angriff nahm, und benannt nach dem ersten König, Max I. Joseph. Ebenso wie bei der Anlage der ▶ Ludwigstraße und der ▶ Brienner Straße wurden dafür namhafte Architekten engagiert. Im **Universitätsviertel** – das nicht, wie viele meinen, zu Schwabing gehört, die Grenze bildet die Georgenstraße – zwischen Ludwig- und Arcisstraße, Theresien- und Adalbertstraße, bestimmen kleine Läden, Buchhandlungen und Antiquariate, Kneipen und Cafés die lebhafte Szene. Einige bemerkenswerte Gebäude: Schellingstr. 26 (M. Dülfer, 1897), Türkenstr. 4 (Palais Dürckheim, F. J. Kreuter, 1844), Türkenstraße 30 (F. J. Kreuter, 1845), Richard-Wagner-Straße (überwiegend L. Romeis, um 1900). Für das Hauptgebäude der Ludwig-Maximilians-Universität ▶ Ludwigstraße.

Lokale mit Tradition Nachdem die großen Highlights unter anderen Stichwörtern verzeichnet sind, sollen noch einige kleinere im Univiertel erwähnt werden. Im fast gediegenen **Atzinger** (Schellingstr. 9) treffen sich seit Generationen Studenten; hier wurde 1958 die Künstlergruppe SPUR gegründet, auch Joseph Ratzinger, später Papst, war hier Gast. Der **Schellingsalon** (Schellingstr. 54) ist ein kleines Wunder: eine echte Wirtschaft mit guter Hausfrauenküche zu kleinsten Preisen, den größten Teil des Gastraums nehmen, nach Art eines Wiener Caférestaurants, Billardtische ein. 1872 gegründet, sah der Salon berühmte Gäste wie Lenin und Hitler, der wegen Zechprellerei Lokalverbot erhielt; der kleine F. J. Strauß holte hier Bier für seinen Vater. Ein prächtiges Interieur von 1887 besitzt das **Café Altschwabing** (Schellingstr. 56), Stil und Karte entsprechen dem Üblichen. Als ältestes italienisches Restaurant Münchens gilt die 1890 gegründete **Osteria Italiana** (Schellingstr. 62); weitgehend erhalten ist die schöne Ausstattung mit dunkler Täfelung und Kassettendecke, idyllisch der kleine Hof (die Küche wird dem Ambiente gerecht). Oskar Maria Graf

Die Universitäten sorgen für eine große Kneipendichte.

traf sich hier mit Redakteuren des »Simplicissimus«, Hitler zur gleichen Zeit mit seinen Spießgesellen. Das Café Schneller (Amalienstr. 59) war ein echtes »Oma-Café«, jetzt ist es ein neuzeitliches Einfachlokal; Kuchen und Eis sollen gut sein. Die bekannteste Künstlerkneipe Münchens war zu Anfang des 20. Jh.s der **Alte Simpl** (Türkenstr. 57). Legendär seine Wirtin Kathi Kobus, die den Leuten vom »Simplicissimus« das Bier brachte; die rote Bulldogge, das Maskottchen der Satirezeitschrift, ist immer noch präsent. Der **Türkenhof** (Türkenstr. 78) hat als gemütliches Studentenlokal einen guten Ruf. Nebenan die Türkenschule mit einer Lichtskulptur, die an das Attentat Georg Elsers auf Hitler erinnert (▶ S. 188); sie leuchtet um 21.20 Uhr für eine Minute, zu dem Zeitpunkt, als die Bombe im Bürgerbräukeller hochging. Die 1880 gegründete Max-Emanuel-Brauerei (Adalbertstr. 33) hat auch einen echten Biergarten, im Saal wird getanzt – Salsa, Rock'n'Roll, Standard & Latein etc.

An der Karlstraße am Südrand des Viertels liegt das Benediktinerkloster St. Bonifaz, das im Grund weit über Bayern hinaus bekannt ist – sein anderer Standort ist nämlich der »Heilige Berg« Andechs mit der berühmten Brauerei. Die **Basilika** ist der kümmerliche Rest der von G. F. Ziebland 1834–1847 in byzantinischem Stil errichteten Kirche. Nach der Zerstörung im Zweiten Weltkrieg wurde der Südteil mit der Säulenhalle wieder aufgebaut, den Nordteil ersetzte eine moderne Klosteranlage. Im östlichen Seitenschiff sind Ludwig I. und seine evangelische Ehefrau Therese von Sachsen-Hildburghausen bestattet. Mit den Einnahmen aus seinen Wirtschaftsbetrieben finanziert das Kloster seine Obdachlosenarbeit in der Stadt. Gegenüber ist ein Symbol für das andere München zu bewundern, die ebenso luxuriöse wie tote Siedlung der **Lenbachgärten** (2006–2009), deren Wohnungsbesitzer die meiste Zeit in New York oder sonstwo leben.

St. Bonifaz

St. Michael, ein Markstein in der Geschichte des Sakralbaus

** Michaelskirche

K 15

Lage: Altstadt, Neuhauser Str. 56
S-Bahn: S 1–8 Karlsplatz,
Marienplatz
U-Bahn: U 4/5 Karlsplatz,
U 3/6 Marienplatz
Tram: Karlsplatz (Stachus)

❶ Mo., Fr.
10.00 – 19.00,
Di. 8.00 – 20.15,
Mi., Do., Sa. 8.00 – 19.00,
So. 7.00 – 22.15 Uhr
www.st-michael-muenchen.de

Herzog Wilhelm der Fromme ließ zwischen 1579 und 1597 die Michaelskirche errichten: eine machtvolle Manifestation der Gegenreformation und der erste große Kirchenbau in Süddeutschland nach dem Mittelalter, der für unzählige barocke Sakralbauten zum Vorbild wurde.

Die Front   Die ungewöhnliche Fassade in der Neuhauser Straße, eine eindrucksvolle Bilderwand, lässt nicht unbedingt auf eine Kirche schließen, zumal ein Turm fehlt. Herzog Wilhelm V. »der Fromme«, ein Vorkämpfer der Gegenreformation, holte den 1540 gegründeten Jesuitenorden nach München und ließ für ihn Kirche und Kolleg errichten. In der vergoldeten Nische zwischen den Portalen kämpft der Erzengel Michael gegen das Böse (also die Protestanten), ein grandioses Werk von Hubert Gerhard (1588); darüber stehen für die

Christianisierung Bayerns wichtige Herzöge, Könige und Kaiser, ganz oben schließlich Christus als Retter der Welt.

In zwei Phasen entstand dieses größte Gotteshaus der Renaissance nördlich der Alpen. Die erste Kirche (1583 – 1588) bekam das nach der Peterskirche in Rom zweitgrößte Tonnengewölbe überhaupt (20 m weit, 28 m hoch). Man fürchtete, es würde nicht halten, doch statt seiner stürzte 1590 der Turm ein und zerstörte den Chor. Der in Italien geschulte Niederländer Friedrich Sustris (um 1540 – 1599) setzte in der zweiten Bauphase bis 1597 ein Querhaus – eigentlich nur große Seitenkapellen – und einen längeren neuen Chor an das unbeschädigte Langhaus. Im Zweiten Weltkrieg wurde die Kirche großenteils zerstört, bis 1983 dauerte die mühevolle Rekonstruktion. **Der Bau**

Das Innere ist ganz Macht und Pracht, den in Weiß gehaltenen klassizistischen Formen der Renaissance gibt das Gold der frühbarocken Ausstattung schöne Akzente. Die Architektur orientiert sich an der Mutterkirche der Jesuiten Il Gesù in Rom, die ab 1568 erbaut und 1584 – ein Jahr nach Baubeginn der Michaelskirche – geweiht wurde; unter Verzicht auf deren Vierungskuppel entstand ein Wandpfeilersaal mit Emporen, ein Typus, der die barocke Sakralarchitektur des 17./18. Jh.s entscheidend prägte. Den durch einen Triumphbogen abgesetzten, erhöhten Chor beherrscht der dreistöckige **Hochaltar**, ein Werk des Augsburgers Wendel Dietrich (1589); das Altarbild »Sieg des hl. Michael über Luzifer« malte Christoph Schwarz 1587. Vier Bronzereliefs von Hubert Gerhard (um 1595) – drei am Hochaltar, eines am Volksaltar – waren für das Grabmal bestimmt, das sich Wilhelm V. unter dem Triumphbogen errichten lassen wollte, es wurde jedoch nicht ausgeführt. In den **Seitenkapellen** hervorzuheben: 2. Kapelle rechts: Gemälde des hl. Sebastian (Hans von Aachen, um 1590); 3. Kapelle rechts: Reliquienschrein der hll. Cosmas und Damian (Bremen, um 1400), Gemälde von Antonio Viani; rechtes Querhaus: Bronzekreuz von Giovanni da Bologna mit einer hl. Magdalena von H. Reichle (1595); 3. Kapelle links: Gemälde von Peter Candid (1587) und Altarfiguren von J. B. Straub; linkes Querhaus: Grabdenkmal für Eugène de Beauharnais, den Schwiegersohn von König Max I. Joseph (Bertel Thorvaldsen, 1828). Unter dem Chor liegt die **Fürstengruft**, in der 41 Wittelsbacher beigesetzt sind, darunter der Stifter der Michaelskirche Herzog Wilhelm V., Kurfürst Maximilian I. (ebenfalls ein glühender Anführer der Rekatholisierung) und der unglückliche König Ludwig II. **Das Innere**

An die Michaelskirche schließt die Alte Akademie an, ein Komplex mit vier Höfen, den Friedrich Sustris 1585 – 1597 als Jesuitenkolleg errichtete. Nach der Aufhebung des Jesuitenordens 1773 brachte man hier die Bibliothek und das Archiv des Hofs unter, außerdem eine **Alte Akademie**

Maler- und Bildhauerschule – daher der Name. 1826–1840 war die Alte Akademie Sitz der von Landshut nach München verlegten Universität. Im rückwärtigen Teil residiert heute das Ordinariat der Erzdiözese München-Freising, den vorderen erwarb 2015 ein österreichischer Investor, dem auch das Luxus-Kaufhaus Oberpollinger weiter unten gehört; er soll für Läden, Gastronomie, Büros und Wohnungen genützt werden. Der 6 m hohe **Brunnen** (H. Wimmer, 1962) vor der Alten Akademie ehrt mit Szenen aus der Oper »Salome« den großen, 1864 in München geborenen Komponisten Richard Strauss.

✷ Müller'sches Volksbad

✦ **M 18**

Lage: Haidhausen, Rosenheimer Str. 1
S-Bahn: S 1–8 Isartor
Tram: 17 Isartor, 18 Dt. Museum
Bus: 131 Ludwigsbrücke

Bad: tgl. 7.30–23.00 Uhr
Eintritt: Normalpreis 4,30 €
www.swm.de

Der mächtige gelbe Bau an der Ludwigsbrücke mit dem ungewöhnlichen Turm ist »nur« ein Badehaus – mit seiner Jugendstil-Neobarock-Architektur aber eines der schönsten Europas.

Über die hübsche Terrasse des Cafés (▶ S. 85) betritt man den großartigen Komplex, bei dem Architekt Carl Hocheder Formen römischer Thermen und orientalischer Badehäuser großzügig mit Barock und Jugendstil vermengte (1897–1901). Seine Entstehung verdankt das Bad dem Münchner Ingenieur Karl Müller, der der Stadt fünf Häuser vermachte mit der Auflage, ein Badehaus für das unbemittelte Volk zu errichten. Das einst modernste Bad Europas besitzt zwei Schwimmhallen: Zur großen Halle hatten früher nur Herren Zutritt, zur kleinen nur Damen. Letzteres gilt heute Di. 15.00–20.00 Uhr, sonst dürfen dort alle ins 30 °C warme Wasser. Darüber hinaus gibt es ein römisch-irisches Schwitzbad und Wannenbäder, eine Reminiszenz an die Zeiten, da ein eigenes Bad ein seltener Luxus war. Im »Zamperlbad« konnten die Bürger ihre Hunde waschen.

Muffathalle Hinter dem Volksbad liegt einer der Fixpunkte der Münchner Musik-, Kunst- und Party-Szene. Das 1894 als erstes Elektrizitätswerk der Stadt erbaute **Muffatwerk** (kombiniertes Wasser- und Dampfkraftwerk mit Schornstein) wurde in den 1990er-Jahren umgebaut und als Muffathalle zum Szenetreff (▶ S. 65). In seinem kleinen Biergarten kann man wunderbar abhängen. In der Nähe führt der elegante **Kabelsteg** (1898, ▶ S. 207) über die Isar zur Praterinsel; sein Name rührt daher, dass hier der im Muffatwerk erzeugte Strom per Kabel in die Innenstadt und zur Straßenbahn geleitet wurde.

Baden gehen in München

Im Sommer ist man für Erfrischung dankbar, und zu allen Jahreszeiten können Sportliche zwischendurch einige erholsame Bahnen absolvieren.

Die Freibäder haben, mit Ausnahme des Dante-Freibads, Mai – Sept. 9.00 – 18.00 Uhr geöffnet, an heißen Tagen bis 20.00 Uhr. Info unter www.swm.de, Tel. 089 23 61-50 50.

Naturbad Maria Einsiedel
Thalkirchen, Zentralländstr. 28
Münchens schönstes Freibad mit kühlem Wasser von der Isar (▸S. 309).

Schyrenbad
Giesing, Claude-Lorrain-Str. 24
Im ältesten Freibad der Stadt (1847) finden unter alten Bäumen bis zu 7500 Menschen gut Platz (na ja). Zentrumsnah und schön gelegen.

Prinzregentenbad
Bogenhausen, Prinzregentenstr. 80
Klein, familiär und beliebt. Schwimmen ist nicht so wichtig, das 25-m- und das Erlebnisbecken sind rasch voll. Im Sommer gibt's fürs Ferienfeeling einen Sandstrand mit Bar.

Dantebad
Gern, Postillonstr. 17
Winter: Do.–Mo. 7.30 – 23.00 Uhr
Im beheizten 50-m-Außenbecken treffen sich die Eisernen: zu jeder Jahreszeit, bei jedem Wetter! Danach in die Sauna oder ins Dampfbad. Aber auch im Sommer ist die große Anlage sehr attraktiv.

Georgenschwaige
Schwabing, Belgradstr. 195
Wer keine Bespaßung braucht, sondern einfach Ruhe, ein nettes Gelände mit Bäumen und ein großes Schwimmbecken, ist nördlich des Luitpoldparks (▸S. 306) richtig.

Michaelibad
Berg am Laim, H.-Wieland-Str. 24
Die längste Rutsche der Stadt (84 m), 50-m-Becken, 10-m-Sprunganlage, Strömungskanal, FKK-Bereich und Saunalandschaft: Hier gibt es für jeden etwas (▸S. 300).

Jugendstil-Pracht im Volksbad

Cosimabad
Bogenhausen, Cosimastr. 5
Im 33-m-Becken des Hallenbads brechen sich die Wellen: Badespaß wie am Meer. Besonders im Winter schön sind die Heißsprudelbecken innen und außen und die skandinavische Saunalandschaft.

Olympia-Schwimmhalle
Olympiapark, tgl. 7 – 23 Uhr
Unterm legendären Zeltdach zählt der Sport! Mit 50-m-Becken, 10-m-Sprunganlage, Whirlpool, Sauna etc.

* Museum Fünf Kontinente

—————————— ✦ **L 17**

Lage: Lehel, Maximilianstr. 42
U-Bahn: U 4/5 Lehel
Tram: 18/19 Maxmonument   **Eintritt:** 5 €
❶ Di. – So. 9.30 – 17.30 Uhr   www.museum-fuenf-kontinente.de

Deutschlands zweitgrößtes ethnologisches Museum wartet mit einem reichen Bestand einzigartiger Exponate auf: eine Zeitreise zu den alten Kulturen des Orients, Süd- und Ostasiens, West- und Zentralafrikas sowie Nord- und Südamerikas.

Das Museum An der ▶Maximilianstraße östlich des Altstadtrings erstreckt sich gegenüber der Regierung von Oberbayern ein ebenso großartiger Palazzo. Erbaut 1859 – 1863 im gotischen Perpendicular-Stil als ▶Bayerisches Nationalmuseum, beherbergt er seit 1926 das Staatliche Museum für Völkerkunde, seit 2014 Museum Fünf Kontinente. Mit seinen kunsthandwerklichen Exponaten aus aller Welt und etwa 135 000 Bilddokumenten gehört es zu den bedeutendsten Häusern seiner Art in Europa. Seinen Ursprung hat das Museum in einem Kunstkabinett, das Herzog Albrecht V. im 16. Jh. einrichtete; unter Ludwig II. wurden die außereuropäischen Exponate 1862 in einer ethnographischen Galerie zusammengefasst.
Nicht nur Museumbesucher nehmen im **Café max2** einen Imbiss, wenn möglich draußen unter den Arkaden.

Afrika Unter dem Motto »Lebendige Traditionen – kreative Gegenwart« werden die Objekte der Afrika-Sammlung präsentiert. Highlights sind Masken, Skulpturen und Kunstwerke aus Westafrika, Elfenbeinschnitzereien und Bronzearbeiten aus Oberguinea. Auch Werke zeitgenössischer Künstler haben hier einen Platz gefunden.

Orient Hier sind religiöse und profane Objekte aus der muslimischen Welt zwischen Atlas und Indus versammelt: Meisterwerke der Kalligraphie wie reich verzierte Keramik des 12. Jh. aus dem Irak und Iran, ein Gartenpavillon aus weißem Marmor, die Fliesenfassade einer Moschee aus dem 17. Jh. oder großartig geschnitzte Hausportale. Alle lassen erkennen, wie sehr man geistige Schönheit, Kunstfertigkeit und meisterhafte Architektur schätzte.

Nordamerika Eindrucksvoll sind Zeugnisse der Nordwestküstenindianer und der Bewohner Alaskas. Neben dem ältesten noch erhaltenen Kajak aus der Arktis kann man hier geschnitzte Vogelmasken, Tier-Amulette, bemalte Schilde, Kunsthandwerk aus Walross-Elfenbein, reich verzierte Mokassins und vieles mehr bestaunen. Einmalig in europäischen Museen ist die Sammlung zeitgenössischer Specksteinskulpturen der Inuit.

Hier geht es vor allem um die Kultur der Inka, des mächtigsten Herrschergeschlechts des Kontinents; aber auch andere Hochkulturen in Regionen, die heute zu Peru oder Bolivien gehören, werden vorgestellt: mit Götter- und Kriegerfiguren, Masken, Schmuck, Gefäßen, Keramik, Textilien und anderen kunsthandwerklichen Produkten. **Südamerika**

Einzigartige Objekte illustrieren den Alltag und die religiösen Vorstellungen der Menschen in den unendlichen Weiten des Pazifiks. Jahrhundertealte Fischfangmethoden mit Speeren, Reusen, Netzen und hochentwickelten Angelhaken setzten sie ein, um aus dem Meer zu holen, was sie zum Leben brauchten. **Südsee**

** **Nationaltheater**

$\star$ K 16/17

Lage: Altstadt, Max-Joseph-Platz 2
U-Bahn: Marienplatz, Odeonsplatz
S-Bahn: Marienplatz
Tram: 19 Nationaltheater

Tel. 089 21 85 10 25
www.bayerische.staatsoper.de

Der prunkvolle Theaterbau am Max-Joseph-Platz gehört als Heimat der traditionsreichen Bayerischen Staatsoper zu den bedeutendsten Musikbühnen der Welt. Diesen Ruhm hat es nicht nur Intendanten wie Günther Rennert, August Everding und Sir Peter Jonas zu verdanken, sondern auch großen Dirigenten wie Hans von Bülow, Bruno Walter, Wolfgang Sawallisch und Zubin Mehta.

Den Max-Joseph-Platz, neben dem Königsplatz und dem Odeonsplatz die dritte prächtige Bühne der Stadt, gibt es erst seit Anfang des 19. Jh.s. Seit 1284 stand hier ein Franziskanerkloster, das in der Säkularisation 1803 abgerissen wurde; zu dieser Zeit gab es schon Pläne für den Südflügel der Residenz (Königsbau) und ein neues Nationaltheater. Es dauerte dann noch etwas, bis der Königsbau mit seiner mächtigen, den Palazzi Pitti und Rucellai in Florenz nachempfundenen Rustica-Fassade und die Tempelfront des Nationaltheaters fertiggestellt waren. **Max-Joseph-Platz**

Im Winkel zwischen Residenz und Opernhaus liegt der Eingang zum **Residenztheater**, »Resi« genannt (Sprechtheater, seit 2011 unter Martin Kušej; Karten ▶S. 68). Im Süden flankiert die Loggia der

In den Arkaden der Residenzpost mit Blick auf das Nationaltheater

Residenzpost den Platz, in seiner Mitte sitzt gemütlich grüßend – anstatt landesherrlich zu stehen – sein Namensgeber: Maximilian I. Joseph, der erste König Bayerns (reg. 1806 – 1825; Entwurf Leo von Klenze, enthüllt 1835). An der Westseite des Platzes residieren edle Läden, einen Blick sollte man in den **Eilleshof** werfen: Eilles, einst königlicher Hoflieferant, hält feine Kolonialwaren wie Tee und Kaffee feil; dahinter liegt ein spätgotischer Laubenhof (um 1550), dessen Altanen ursprünglich offen waren. Der Hof ist Teil der Ladenpassagen zwischen Residenz-, Perusa- und Theatinerstraße.

Bau und Bühne Das Opernhaus, mit rund 2100 Plätzen das drittgrößte der Welt, entstand zwischen 1811 und 1818 als »Königliches Hof- und Nationaltheater«. Hofarchitekt Karl von Fischer schuf einen großartigen

»griechischen« Musentempel. 1823 fiel das Opernhaus einer Brand-
katastrophe zum Opfer, doch schon zwei Jahre später war es – unter
Leo von Klenze und leicht verändert – wiederhergestellt. Im Zweiten
Weltkrieg wurde der Bau fast völlig zerstört; die Rekonstruktion dauerte bis 1963, in alter Pracht erstrahlt er erst seit 1988.
Im Giebel über der korinthischen Säulenhalle sind Apollo und die
neun Musen dargestellt, das Mosaik im Giebel des Bühnenhauses
zeigt Pegasus mit den Horen. Auch
das Innere ist klassisch-griechisch
gestaltet: dorisch die Eingangshalle,
ionisch das Treppenhaus und die Ionischen Säle (in Weiß-Blau), korinthisch das angemessen prachtvolle
königliche Foyer (in Purpur und
Gold). Der imposante Zuschauerraum mit fünf Rängen und einer
Königsloge ist in Rot, Elfenbein,
Taubenblau und Gold gehalten. Unter König Ludwig II., der Richard
Wagner glühend verehrte, wurden
hier »Tristan und Isolde« (1865),
»Die Meistersinger« (1868), »Rhein-
gold« (1869) und »Die Walküre« (1870) uraufgeführt. Im Juli kommen Opernfans aus aller Welt zu den **Opernfestspielen**, die 1875 ins
Leben gerufen wurden.

❶ Karten ▶ S. 67. Führungen mehrmals wöchentlich 14.00 Uhr, Karten
im Opernshop Marstallplatz 5, Eintritt 7 €

! | BAEDEKER TIPP

Oper vor der Oper

Bei den Premieren läuft das er-
lauchte Publikum in großer Robe
auf und erklimmt auf rotem Teppich mehr oder weniger elegant
die Stufen vor dem Opernhaus.
Drinnen bieten die hohen Fenster
in den Foyers im ersten Stock den
schönsten Logenplatz der Stadt:
mit Blick auf den (gegebenenfalls
illuminierten) Max-Joseph-Platz.

Die Südseite des Platzes – hier beginnt die Maximilianstraße (▶ S.
300) – nimmt die Loggia der Residenzpost ein, ein gehobener Platz
für den Cocktail oder das Diner (Restaurant Kuffler). Am Anfang
stand das Palais Törring-Jettenbach (1754), damals das größte und
prächtigste Adelspalais Münchens, an dem erstklassige Baumeister
und Künstler arbeiteten; erhalten sind nur einige überlebensgroße
Figuren von J. B. Straub (im Bayerischen Nationalmuseum). König
Ludwig I. ließ es 1838 von L. von Klenze zum ersten Postamt Bayerns
umbauen, Vorbild für die Loggia war das Ospedale degli Innocenti
in Florenz (Fresken von J. G. Hiltensperger). Außer den denkmalgeschützten Fassaden – Fassaden sind wichtig in München – ist alles
neu: Ab 2009 entstand für ca. 350 Mio. € ein Komplex mit Büros und
Münchens teuersten Appartements, hier hat die Luxusmarke Louis
Vuitton ihren Deutschland-Sitz inklusive 1300 m² großem Flagship-
Store; das Verkaufsteam parliert in 24 Sprachen. Hinter dem Investor,
Lenhart Global Investment, steht der Moskauer Oligarch A. Roten-
berg, ein Vertrauter des russischen Präsidenten Putin.

Restaurant Kuffler: tgl. 10.00 – 1.00 Uhr, Tel. 089 242 24 84-0

***Residenz-
post**

✦✦ Nymphenburg

D 4

Lage: Nymphenburg
Tram: 17 Nymphenburg,
12, 16, 17 Romanplatz
Bus: 51, 151 Nymphenburg
oder Romanplatz
Schloss: April – 15. Okt. tgl. 9.00 bis
18.00, 16. Okt.– März 10.00 –16.00
Uhr (Parkburgen im Winter geschl.)

Park:
Mai – Sept.
6.00 – 21.30, April, Oktober bis
20.00, Nov.– März bis 18.00 Uhr
Eintritt: Schloss 6 €, Gesamtkarte
11,50 €, im Winter 8,50 €
www.schloss-nymphenburg.de

Der Freude des Kurfürsten Ferdinand Maria über die Geburt des Thronfolgers verdankt München nicht nur die Theatinerkirche, sondern auch die große barocke Anlage von Schloss und Park Nymphenburg im Westen der Stadt. Einst Refugium der bayerischen Herrscher, zieht sie das ganze Jahr über Besucher an, ob die Sonne scheint, ob's regnet oder schneit.

Schlösser und Park Nymphenburg

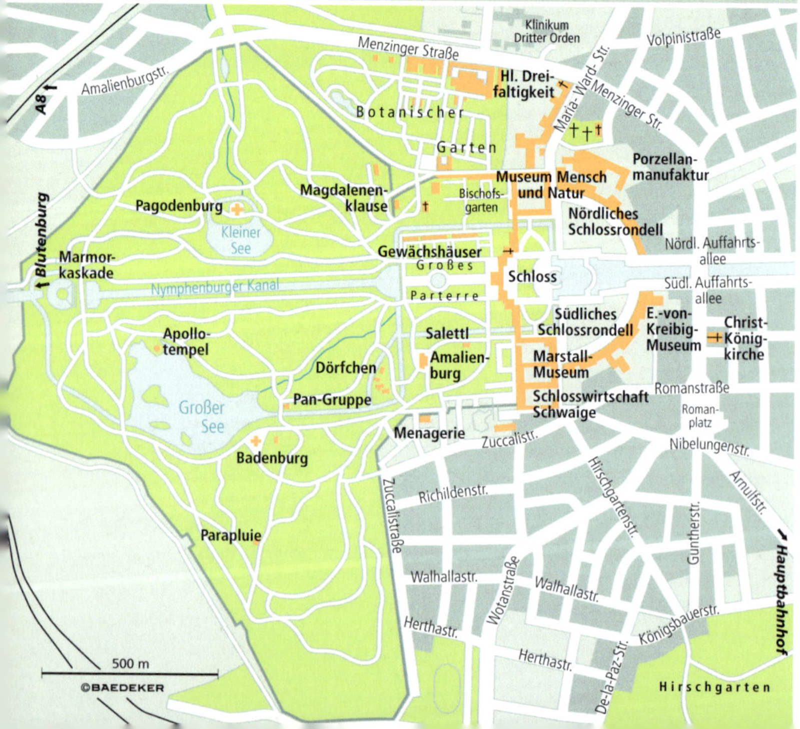

Menzinger Straße
Klinikum Dritter Orden
Volpinistraße
Amalienburgstr.
A 8
Hl. Drei-faltigkeit
Maria-Ward-Str.
Menzinger Str.
B o t a n i s c h e r
G a r t e n
Porzellan-manufaktur
Magdalenen-klause
Bischofs-garten
Museum Mensch und Natur
Pagodenburg
Blutenburg
Kleiner See
Nördliches Schlossrondell
Nördl. Auffahrts-allee
Marmor-kaskade
Gewächshäuser
Nymphenburger Kanal
G r o ß e s
P a r t e r r e
Schloss
Südl. Auffahrts-allee
Apollo-tempel
Salettl
Südliches Schlossrondell
E.-von-Kreibig-Museum
Christ-Königkirche
Dörfchen
Amalien-burg
Marstall-Museum
Großer See
Pan-Gruppe
Schlosswirtschaft Schwaige
Romanstraße
Roman-platz
Menagerie
Zuccalistr.
Nibelungenstr.
Badenburg
Zuccalistraße
Richildenstr.
Hirschgartenstr.
Guntherstr.
Arnulfstr.
Hauptbahnhof
Parapluie
Wotanstraße
Walhallastr.
Walhallastr.
Königbauerstr.
Herthastr.
Herthastr.
De-la-Paz-Str.
H i r s c h g a r t e n
500 m
©BAEDEKER

** SCHLOSS NYMPHENBURG

Die einstige Sommerresidenz der bayerischen Kurfürsten und Könige bildet eine symmetrische Anlage von über 600 m Länge. Als Geschenk für seine Frau Henriette Adelaide ließ Kurfürst Ferdinand Maria 1664–1675 durch Agostino Barelli einen einfachen Pavillon errichten; sein Sohn, der »Türkenbezwinger« Max II. Emanuel, fügte 1704 durch Enrico Zuccalli und Antonio Viscardi niedrige Galerien und die Seitenpavillons an. Die heutige Gestalt des Mittelpavillons schuf Hofbaumeister Joseph Effner 1716; ab 1730, unter Karl Albrecht, erstellte er die äußeren Flügel und das Rondell mit den Beamtenhäusern, das das Zentrum einer »Carlstadt« werden sollte. Älter als das Schloss selbst ist der südlichste Seitenbau; den »Schwaighof« erwarb Ferdinand Maria, heute lädt hier die stilvoll-barocke Schlosswirtschaft mit Biergarten ein (tgl. 11.00–24.00 Uhr).

Anlage

> **BAEDEKER TIPP**
>
> ! *Musik im Schloss*
>
> Fast das ganze Jahr über ist im Schloss Nymphenburg klassische Musik zu hören, vom Neujahrskonzert zum Nymphenburger Sommer (Kammermusik), von festlichen Konzerten bis zur Adventsmusik (Info unter www.schloss-nymphenburg.de, www.nymphenburgersommer.de, Karten bei München Ticket). Anfang Juli lädt die Stadt zur Serenade vor der Badenburg am See ein (Decke und Picknick mitbringen, 18.00 Uhr, gratis. www.muenchen.de, »Serenade im Park«).

Hier liegt der Zugang zum Schloss, im **Museumsladen** sind u. a. schöne Souvenirs nach historischen Vorbildern zu bekommen. Über drei Geschosse reicht der prachtvolle **Steinerne Saal** (Festsaal), ein Hauptwerk des höfischen Münchner Rokoko, das Johann Baptist Zimmermann, dessen Sohn Franz und François Cuvilliés gestalteten und das seit der Fertigstellung 1758 unverändert blieb. Das Deckenbild und die Wandgemälde verherrlichen die Göttin Flora.

Mittelpavillon

Rechts des Eingangs betritt man das nach französischem Geschmack gestaltete Nördliche Salettl mit einem großen Bildnis Max Emanuels als erfolgreicher Feldherr (Joseph Vivien, 1711). Das folgende Vorzimmer besitzt eine Kassettendecke (1675) und schönen Régence-Dekor; im Gobelinzimmer hängen Brüsseler Wandteppiche von 1720. Das Schlafzimmer birgt die **Kleine Schönheitengalerie** Max Emanuels mit Porträts französischer Hofdamen; im zierlichen Schreibkabinett zeigt ein Gemälde Kurfürst Max III. Joseph an der Drehbank. Die **Große Schönheitengalerie** Max Emanuels mit Porträts von Damen am Hof des »Sonnenkönigs« Ludwig XIV. schuf Pierre Gobert um 1715. Im Wappenzimmer ein Teppich mit dem Allianzwappen von Kurpfalz und Pfalz-Sulzbach, gewebt 1756 in Mannheim. Im Karl-Theodor-Zimmer zeigt ein Bild den Kurfürsten

Nordflügel

als Georgiritter (1781), zwei weitere seine Ehefrauen. In der weiß getäfelten Nördlichen Galerie – einst Zugang zum (heute nicht zugänglichen) Prunkappartement Max Emanuels – sind Bauprojekte des Kurfürsten porträtiert; die Veduten von F. J. Beich (1722/23) geben interessante Einblicke in die Planung der Bau- und Gartenanlagen. Im äußeren nördlichen Pavillon liegt die ab 1702 nach Plänen von Enrico Zuccalli errichtete **Schlosskapelle**. Im oberen Teil der Westwand sind Oratorien für die höfische Gesellschaft eingebaut. Das Deckengemälde hat das Leben der hl. Magdalena zum Thema. Das Allianzwappen Bayern – Polen am Altar erinnert an die Heimat der zweiten Gemahlin Max Emanuels, Therese Kunigunde.

* Museum Mensch und Natur

Dieses Museum im Westteil des inneren Nordpavillons ist besonders für ältere Kinder interessant, die hier die Entwicklungsgeschichte der Erde, die Entwicklung des Lebens, die Biologie des Menschen, Aufbau und Funktion des Nervensystems und des Gehirns sowie Umweltfragen näher kennenlernen. Allgemeiner Beliebtheit erfreut sich die Präsentation »Spielerische Naturkunde – nicht nur für Kinder«; echt erschütternd wirkt der Erdbebensimulator.

Im Südosteck des Pavillons, zum Parkplatz hin, arbeitet eines der **Pumpwerke**, das der geniale Maschinenbauer Joseph von Baader für die Wasserspiele konstruierte; seit 1808 lässt es die Fontäne im Rondell aufsteigen.

❶ Di., Mi., Fr. 9.00–17.00, Do. 9.00–20.00, Sa., So. 10.00–18.00 Uhr, Eintritt 3,50 €, unter 18 Jahren Eintritt frei; Erdbebensimulator: So. 11.00 bis 17.00 Uhr, Eintritt 2,50 €, Kinder ab 6 J. 1,50 €; www.mmn-muenchen.de

Schloss Nymphenburg

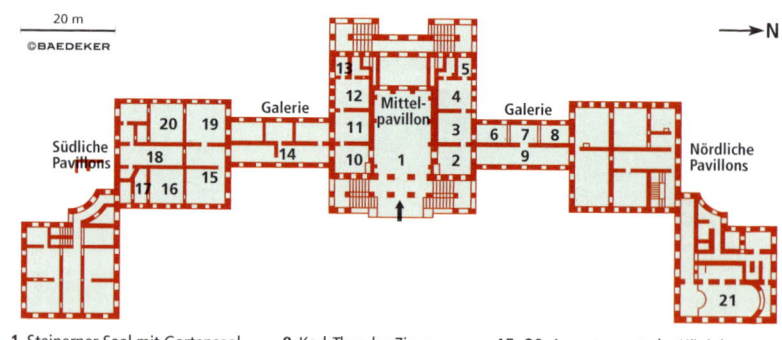

1 Steinerner Saal mit Gartensaal	8 Karl-Theodor-Zimmer	15–20 Appartement der Königin
2–5 Appartement des Kurfürsten	9 Nördliche Galerie	15 Schönheitengalerie
6 Große Schönheitsgalerie	10–13 Appartement der Kurfürstin	König Ludwigs I.
7 Wappenzimmer	14 Südliche Galerie	21 Schlosskapelle

Sommerresidenz nach italienischer Art

Südflügel

Vom Haupteingang geht man in das Südliche Salettl mit weiß-goldener Täfelung, im folgenden Vorzimmer mit roter Damast-Wandbespannung zeigt ein Gemälde Kurfürst Ferdinand Maria und seine Frau Henriette Adelaide in standesgemäßer Kleidung (S. Bombelli, 1666). Vom Schlafzimmer der Kurfürstin gelangt man in das wunderschöne Lackkabinett mit chinesischen Lackplatten (17. Jh.). Auch in der Südlichen Galerie sind Veduten bayerischer Schlösser zu sehen, gemalt um 1750/1760 von F. J. Beich, N. Stuber und J. Stephan. Die Südlichen Pavillons bergen u. a. den um 1807 klassizistisch ausgestatteten Speisesaal mit der berühmten **Schönheitengalerie Ludwigs I.**; die 36 wunderbaren Porträts von Frauen aus allen Schichten der Münchner Gesellschaft hat Joseph Stieler zwischen 1827 und 1850 gemalt. Besonders zu beachten: Lola Montez, die Tänzerin und Mätresse Ludwigs I., über die der König »stolperte«, und die »Schöne Münchnerin«, die Schusterstochter Helene Sedlmayer, deren Münchner Tracht Ludwig gekauft hatte. Im Arbeitszimmer der Königin – das Mobiliar von 1810 ist mit Erlenmaser furniert – hängen Porträts von Ludwig I. und seiner Gemahlin. In der Kleinen Galerie ist ein Stillleben von Jan Fyt beachtenswert. Empire-Mobiliar aus Paris ziert den Blauen Salon, das Audienzzimmer Königin Carolines. Erhalten ist auch ihr Schlafzimmer von 1815, in dem Kronprinzessin Marie am 25. August 1845 Ludwig II. zur Welt brachte.

* Marstallmuseum

In den kurfürstlichen Stallungen im Südflügel werden Prunkwagen und -schlitten, Pferdegeschirre und Zaumzeug aus der Zeit der Kurfürsten und Könige präsentiert. Schier erschlagen wird man von der Pracht des Prunkwagens König Ludwigs II. Ein bedeutender »Zeitzeuge« ist auch die Karosse des Kurfürsten Karl Albrecht mit angeschirrtem Achterzug, ein Meisterwerk der Pariser Wagenbaukunst: Er kam 1742 in Frankfurt am Main bei der Krönung des Kurfürsten zum Kaiser Karl VII. zum Einsatz.

**Museum Nymphenburger Porzellan

Über dem Marstallmuseum erhält man Einblick in die hohe Kunst der Nymphenburger Porzellanmanufaktur (s. u.), über 1000 Stücke zeigen die Bandbreite vom Rokoko bis zum Jugendstil. Den Grundstock bildete die Sammlung von Albert Bäuml, der die Manufaktur 1887 pachtete. Ganz zauberhafte Werke sind etwa die »Italienischen Komödianten« von Franz Anton Bustelli (s. u.) und die um 1770 von Dominikus Auliczek geschaffenen Figuren.

Staatliche Porzellanmanufaktur

Seit 1761 ist am nördlichen Schlossrondell die von Kurfürst Max III. Joseph 1747 gegründete Porzellanmanufaktur ansässig. Schon ihr erster Modellmeister, der aus dem Tessin stammende **Franz Anton Bustelli**, hat ihr ab 1754 mit seinen Rokoko-Schöpfungen zu bestem Ruf verholfen. Bis heute werden hier nach alten und modernen Entwürfen kostbare Stücke produziert. Der Laden liegt am Odeonsplatz.

Erwin-von-Kreibig-Museum

Im südlichen Schlossrondell lädt das zu Ehren des Schwabinger Malers und Grafikers Erwin von Kreibig (1904 – 1961) eingerichtete Museum zum Besuch. Außer interessanten Gemälden werden auch viele Plakate, Zeichnungen und Karikaturen präsentiert.
❶ Di.–Do., Sa., So. 14.00 – 17.00 Uhr

* SCHLOSSPARK

Der herrliche, ca. 180 ha große Park erstreckt sich vom Schloss etwa 1,5 km nach Westen, in Nord-Süd-Richtung misst er ca. 2,1 km. Seine Achse bildet der **Nymphenburger Kanal**, dessen Wasser im Westen über eine Marmorkaskade in den Park plätschert, in zwei Armen um das Schloss herumgeführt wird, östlich davor das Wasserbecken speist und dann – begleitet von Alleen (▶ S. 263) – schnurgerade weiter nach Osten fließt. Ein 1671 angelegter italienischer Garten wurde ab 1715 zur Barockanlage nach französischer Art umgestaltet, und zwar von Dominique Girard, der direkt von Versailles kam, und dem Hofarchitekten Joseph Effner. Das **Große Parterre** ist mit Göttern und Vasen aus Sterzinger Marmor geschmückt, die vorzügliche Künstler

BAEDEKER TIPP

!

Gondeln im Schlosspark

Genießen Sie, wie die Herrschaften damals, eine romantische Fahrt auf dem großen Schlosskanal in einer echten Gondel. April – Mitte Okt. bei schönem Wetter, ab 10.00 Uhr, 15 €, Kinder bis 7 Jahre in Begleitung gratis. Reservierung Tel. 0175 6 00 04 68, www.gondel-nymphenburg.de

wie R. A. Boos, Ignaz Günther und J. B. Straub entwarfen. Das **Pal-menhaus** nördlich des Großen Parterres ist ein hübsches Café (März – Okt. 11.00 – 18.00, Sa., So. ab 10.00 Uhr; sonst Mo. geschl.). Der Barockgarten geht nahtlos in den **englischen Landschaftspark** über, ein wunderbares Spazierrevier, angelegt zwischen 1804 und 1823 von F. L. von Sckell, der auch den ▶ Englischen Garten gestalte-te. Der Nordostteil des Parks ist seit 1914 ▶ Botanischer Garten, es gibt einen direkten Zugang.

Malerische Bauten zieren den Park: Amalienburg, Badenburg, Pago-denburg und Magdalenenklause (alle im Winter nicht zugänglich). Fantastisch schön, ein Juwel des höfischen Rokoko, ist das Schlöss-chen, das Kurfürst Karl Albrecht für seine Gemahlin Maria Amalia von Österreich erbauen ließ (F. Cuvilliés, 1734 – 1739), die Ausstat-tung besorgten J. B. Zimmermann und J. J. Dietrich. Den einzigarti-gen Spiegelsaal mit seinen Silber-Rocaillen auf zartblauem Grund schmücken Sinnbilder der Jagd. Gemälde aus der Werkstatt von Georges Desmarées zeigen das fürstliche Paar im Reitkostüm bzw. auf der Jagd. In Silber und Gold präsentiert sich das Jagdzimmer mit Jagd- und Tierbildern. Selbst die Küche (holländische Kacheln) und die Hundekammer sind atemberaubend schön gestaltet.

* * Amalien-burg

Der herrliche Spiegelsaal im Schlösschen Amalienburg

Am Weg vom Schloss zur Amalienburg steht das **Salettl**, ein hübscher, 1799 für Kronprinz Ludwig erbauter Pavillon. Das **Dörfchen** südwestlich der Amalienburg stellt eine Häusergruppe dar, wie sie in höfischen Barockgärten beliebt waren. Das Brunnenhaus datiert von 1803; das Pumpwerk, das Joseph von Baader hier installierte, gilt als die älteste ununterbrochen arbeitende Maschine Europas.

Badenburg   Eine extravagante Idee des Kurfürsten Max Emanuel war es, sich ein luxuriöses **Badehaus** erstellen zu lassen (J. Effner, 1718 – 1721) – wohl das erste in Europa, inspiriert von den Bädern, die Max Emanuel auf seinen Feldzügen auf dem Balkan kennenlernte. Das große beheizbare Badebecken ist mit holländischen Kacheln ausgekleidet (erhalten ist noch alte Heizanlage), auf einer Balustrade konnten Gäste dem Spektakel zusehen. Den über zwei Geschosse reichenden, heiteren Festsaal prägt ein großes Deckengemälde von Jacopo Amigoni (»Apollo im Sonnenwagen«). Das Vorzimmer zieren chinesische Papiertapeten mit Vogel-, Schmetterlings- und Blumenmotiven, die Tapeten im Schlafzimmer zeigen mannshohe Figuren. Nordöstlich des Schlösschens ziert die Gruppe »Pan mit Ziegenbock« (P. Lamine, 1815) die Szenerie. Am gegenüberliegenden Ufer des **Großen Sees** – im Winter, wenn zugefroren, eine schöne, beliebte Schlittschuhbahn – ließ Ludwig I. 1865 nach einer Idee Leo von Klenzes den Apollotempel (Monopteros) errichten.

Kaskade   Vielen Spaziergängern dient die Marmorkaskade am Westrand des Parks als Wendepunkt. Man kann aber auch zum Schloss ▶Blutenburg weitergehen (45 – 60 Min.), zunächst am Kanal entlang, dann jenseits der S-Bahn auf der Grünachse »Durchblick«, die übrigens auch auf F. L. von Sckell zurückgeht. Die Liegefiguren der Kaskade (Giuseppe Volpini, 1717) symbolisieren Donau und Isar; die übrigen Figuren, geschaffen zwischen 1720 und 1775, stellen Minerva und Herkules, Flora und Äolus, Mars, Neptun und Tethys dar.

Pagodenburg   Einer Pagode ähnelt das hübsche Lusthaus (J. Effner, 1716 – 1719) in französischem Barock gar nicht, dafür ist es, gemäß der damaligen »Chinamode«, fantasievoll chinesisch ausgestattet. Das Salettl im Erdgeschoss ist mit holländischen Kacheln in Blau-Weiß gehalten, die winzigen Kabinette im Obergeschoss zieren chinesische Tapeten und schwarz- bzw. rotgrundige Lackmalerei. Demgegenüber präsentiert sich das Ruhezimmer in feinem Régence.

Magdalenen- klause   Die nördlich des Großen Parterres abseits gelegene Klause ist ein frühes Beispiel der »Ruinenarchitektur«, die in barocken Parks beliebt wurde. Max Emanuel ließ sich die Einsiedelei 1725 – 1728 von Effner erstellen. Innen besitzt sie einfache, getäfelte Wohnräume und eine Kapelle, die mit Muscheln, Kieseln und Stuck-Korallen ausgekleidet ist. Die Deckenbilder sind der Büßerin Maria Magdalena gewidmet, Kruzifix und Leuchter aus Walknochen geschnitzt.

Ein Nymphenburg-Besuch wäre unvollständig ohne einen Spazier- gang auf einer der Lindenalleen, die den Nymphenburger Kanal vom Schlossrondell aus ca. 1,5 km nach Osten begleiten. Man kann ihn auch damit beginnen, d. h. nach ca. 10-minütigem Gang von der U- Bahn-Station Rotkreuzplatz: Peu à peu erschließt und steigert sich das Bild der Schlossanlage, deren bescheidene Bauteile recht erra- tisch zustande kamen, dennoch eine schöne Geschlossenheit und Harmonie ausstrahlen. Im Winter tummeln sich auf dem Kanal Eis- stockschützen und Kinder beim Eishockey. Der **Hubertusbrunnen**, der das Ende des Kanals so schön markiert, steht erst seit 1954 hier; nach einem Entwurf von Adolf von Hildebrand wurde er 1903 – 1907 vor dem ▸ Bayerischen Nationalmuseum errichtet. Ca. 300 m südlich des Hubertusbrunnens ist in der Lachnerstraße ein Juwel des moder- nen Sakralbaus zu finden, die **Herz-Jesu-Kirche** (▸ S. 46). Die Win- thirstraße bringt wieder zur U-Bahn-Station Rotkreuzplatz.

* **Auffahrts- alleen**

** Oberschleißheim

✦ **nördlich von A 8**

Lage: 12 km nördlich
S-Bahn: S 1 Oberschleißheim
Schlossanlage und Flugwerft sind

von der S-Bahn
zu Fuß in 10 –15 Min. zu erreichen.

Das beliebte Ausflugsziel im Norden Münchens: Sein groß- artiges Schloss ist ein Höhepunkt barocker Architektur und Gartenkunst, das Luftfahrtmuseum residiert auf dem ältesten noch erhaltenen Flugplatz Deutschlands.

* ALTES SCHLOSS SCHLEISSHEIM

Herzog Wilhelm V. »der Fromme«, der 1579 die Regierung ange- treten hatte, übertrug sie 1597 seinem Sohn Maximilian, um ein kontemplatives Leben zu führen. Er kaufte einige einsame »Moos- schwaigen« (Bauernhöfe) im Dachauer Moos und ließ nicht weniger als neun Klausen und Kapellen errichten. Ende des 16. Jh.s kam ein Gutshof dazu. Maximilian ersetzte ihn 1617–1623 durch das Alte Schloss, ein schlichtes Renaissance-Herrenhaus mit großen Wirt- schaftstrakten (nach dem Zweiten Weltkrieg weitgehend neu aufge- baut). Das ▸ Bayerische Nationalmuseum präsentiert hier unter dem Titel »Das Gottesjahr und seine Feste« etwa 6000 Exponate zur reli- giösen Alltags- und Festkultur verschiedener Völker, außerdem eine

Ausstellung zur historischen Landeskunde West- und Ostpreußens. Im Südosteck liegt die Schlosswirtschaft mit schattigem Biergarten. Sie soll bis ca. 2017 renoviert werden; das Ausweichquartier, die »Schlossalm«, soll »authentisches Alpenflair« (!) vermitteln, was hier passt wie die sprichwörtliche Faust aufs Auge.

❶ wie Neues Schloss. Schlossalm: Di.–So. 11.30–23.00 Uhr, Tel. 089 3 15 15 55. Biergarten bei schönem Wetter tgl. geöffnet

✲✲ NEUES SCHLOSS SCHLEISSHEIM

❶ April–Sept. Di.–So. 9.00–18.00, sonst Di.–So. 10.00–16.00 Uhr Wasserspiele April–Mitte Sept. tgl. 10.00–16.00 Uhr

Eintritt: Altes Schloss 3 €, Neues Schloss 4,50 €, Schloss Lustheim 3,50 €, alle Schlösser 8 € www.schloesser-schleissheim.de

Der Bau und seine Geschichte

Das Neue Schloss war vierflügelig geplant, blieb aber aufgrund der Zeitläufte unvollendet; dennoch gehört es zu den monumentalsten barocken Schlossanlagen Europas. Bauherr Kurfürst Max II. Emanuel hatte erfolgreich gegen die Türken gefochten und befand sich auf dem Höhepunkt der Macht; er hoffte auf die Kaiserwürde und brauchte etwas entsprechend Repräsentatives. Aus demselben Grund mischte er im Spanischen Erbfolgekrieg mit, was ihm und dem Land schlecht bekam. Die erste Bauphase ab 1701 unter Enrico Zuccalli endete 1704, als Max Emanuel nach der Schlacht von Höchstädt ins Exil gehen musste; ab 1719 wurden die Arbeiten unter Joseph Effner fortgeführt und 1727 eingestellt. An der prunkvollen Ausstattung arbeiteten die besten Künstler der Zeit, vor allem J. B. Zimmermann, C. D. Asam (▶Berühmte Persönlichkeiten) und Jacopo Amigoni; ihr besonderer Reiz liegt in der Kombination des »italienischen« Spätbarocks mit dem beginnenden französischen Rokoko. Stuck und Ausmalung nehmen zur Ehre des »Türkenbezwingers« vielfach Bezug auf die Türkenkriege.

> **!** BAEDEKER TIPP
>
> *Musik im Neuen Schloss*
>
> Im prachtvollen Festsaal ist im Sommer eine »andere Welt« zu erleben, bei Mozart oder Vivaldi, bei einer Italienischen Nacht oder Ravels Bolero. Informationen unter www.schloesser-schleissheim. de (»Aktuelles«), Karten u. a. bei München Ticket (▶S. 67).

Das Schloss

Der 330 m lange Riegel des Schlosses besteht, nach französischer Art, aus einem 169 m langen dreiteiligen Mittelbau, der durch Arkaden mit Eckpavillons verbunden ist; die mächtigen Kamine haben venezianische Vorbilder. Das hervorragende **Mittelportal** und sein Pendant auf der Parkseite schnitzte Ignaz Günther 1736. Die **Eingangshalle** wird von Rotmarmorsäulen getragen, die Flachkuppeln der Decke enthalten illusionistische Malereien. Der Gartensaal ist mit

Grisaillemalerei (N. G. Stuber) und Stuck mit Seetieren (G. Volpini) geschmückt. In den anschließenden Flügeln liegen die Appartements des Kurprinzen und der Kurprinzessin, die seit 1978 die **Galerie europäischer Barockmalerei** aus den Beständen der Alten Pinakothek in München beherbergen.

Ins erste Geschoss führt ein eindrucksvolles **Treppenhaus** mit Säulen aus grünem Marmor, es gilt als beste architektonische Leistung Zuccallis. Das Kuppelfresko von C. D. Asam zeigt Venus in der Schmiede des Gottes Vulcanus, den Stuck (Türkentrophäen) schufen J. B. Zimmermann und Charles Dubut.

Auch den zweigeschossigen **Großen Saal** haben Zimmermann und Dubut stukkiert. Das Deckenfresko (J. Amigoni) zeigt den Kampf zwischen Aeneas und König Turnus um die Prinzessin Lavinia. Der **Viktoriensaal**, einst der Speisesaal, gilt mit seinem Régence-Dekor als einer der schönsten Barockräume. Seinen Namen hat er von den Bildern mit Schlachten der Türkenkriege (F. J. Beich). Die nicht weniger als 61 m lange **Galerie** öffnet sich mit elf Fenstertüren zum

Neues Schloss Schleißheim

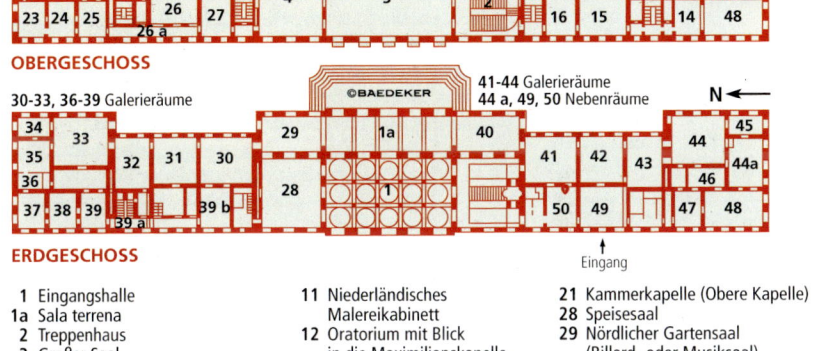

OBERGESCHOSS

22-27 Galerieräume

ERDGESCHOSS

30-33, 36-39 Galerieräume
41-44 Galerieräume
44 a, 49, 50 Nebenräume

N

Eingang

©BAEDEKER

1 Eingangshalle	**11** Niederländisches Malereikabinett	**21** Kammerkapelle (Obere Kapelle)
1a Sala terrena	**12** Oratorium mit Blick in die Maximilianskapelle	**28** Speisesaal
2 Treppenhaus	**13** Oratorium mit Altar	**29** Nördlicher Gartensaal (Billard- oder Musiksaal)
3 Großer Saal	**14** Empore der Großen Kapelle	**30** Raum mit Schlossmodell
4 Viktoriensaal	**16** Dokumentationsraum	**34** Stuckaturkabinett
5 Große Galerie	**17–21** Appartement der Kurfürstin	**35** Drechselzimmer
6–11 Appartement des Kurfürsten	**17** Vorzimmer	**36** Blaues Kabinett
6 Vorzimmer	**18** Audienzimmer	**40** Südlicher Gartensaal
7 Audienzzimmer	**19** Paradeschlafzimmer	**45** Blaues Kabinett
8 Paradeschlafzimmer	**20** Wohnzimmer (Großes Kabinett)	**46** Sakristei
9 Wohnzimmer (Großes Kabinett)		**47** Vorraum der Großen Kapelle
10 Rotes Kabinett (Jagdzimmer)		**48** Große Kapelle (Maximilianskapelle)

Das Neue Schloss, ein »bayerisches Versailles«

Park. Sie war für Gemälde bestimmt, die Max Emanuel in den Niederlanden erworben hatte – u. a. 12 Bilder von Rubens – und heute in der Alten Pinakothek (▶Kunstareal) zu bewundern sind. Hier hängen Werke anderer großer Künstler, u. a. von Pieter Brueghel d. Ä., David Teniers, Tintoretto und Paolo Veronese.

Auf der Parkseite beiderseits der Galerie liegen die in Rot, Beige und Gold bzw. in Silber, Blau und Gelb gehaltenen **Paradezimmer** des Kurfürsten und der Kurfürstin. Hier kann man wundervolle Brüsseler Gobelins (18. Jh.) bestaunen. Durch alle Geschosse des Schlosses reicht die **Maximilianskapelle** (J. Effner, Ch. Dubut); ihr Deckenfresko schuf C. D. Asam.

✳ SCHLOSSPARK

Der Park, eine der wenigen erhaltenen barocken Gartenanlagen in Deutschland, wurde bis 1705 von Zuccalli und dann 1720 von Dominique Girard gestaltet, einem Mitarbeiter von André Le Notre, der als Gartenarchitekt des Sonnenkönigs den Park von Versailles schuf. Die Form des Parks war durch das Schloss Lustheim als Point de vue und durch die seitlichen Kanäle festgelegt. Vor dem Neuen Schloss leuchtet ein Blumenparterre mit Springbrunnen und Kaskade, daran schließen sich geometrische Boskette mit doppeltem Ring an. Der Park wird von einem Mittelkanal durchflossen – das Wasser kommt von der Isar –, außen verlaufen schöne Lindenalleen.

Wasserspiele: April – Mitte Sept. tgl. 10.00 – 16.00 Uhr

SCHLOSS LUSTHEIM

Dieses »italienische Gartencasino« – der Name war Programm – wurde 1684 – 1688 von Zuccalli erbaut, als Geschenk des Kurfürsten Max Emanuel für seine 16-jährige Braut, die Kaisertochter Maria Antonia. Es steht auf einer runden, von Kanälen umgebenen Insel; imaginäres Vorbild war die Insel Kythera, die vielbesungene Insel der Liebe und Glückseligkeit. Zentrales Element ist der zweigeschossige Festsaal, an den die Appartements für Kurfürst und Kurfürstin anschließen. Als erster profaner Freskenzyklus des Barocks in Deutschland gelten die Deckenfresken von Francesco Rosa, G. Trubillio und J. A. Gumpp, die die Jagdgöttin Diana verherrlichen. Die Gemälde im großen Saal zeigen Szenen von höfischen Jagden.

Seit 1971 beherbergt das Schloss die weltberühmte Sammlung der Stiftung Ernst Schneider mit Meißener Porzellan. Die über 2000 Exponate sind chronologisch und thematisch geordnet, von der Gründung der Manufaktur 1710 bis in die Zeit des Siebenjährigen Kriegs um 1760. Ganz herrliche Stücke sind die Augustus-Rex-Vasen, die Elefantenleuchter von 1735 und die Tierfiguren von J. J. Kändler. Die von J. G. Höroldt (1696 – 1775) bemalten Service wurden an zahlreiche Fürstenhöfe geliefert; darunter sind Stücke aus dem von Friedrich dem Großen entworfenen »Möllendorf-Service« und aus dem nicht minder berühmten »Schwanenservice« des Grafen Brühl.

** Meißener Porzellan

Das Schlösschen wird vom ganz ausgemalten Pavillon für die Pferde (Norden) und vom Renatuspavillon (Süden) flankiert, den Zuccalli als Renatuskapelle gestaltete, ein Meisterwerk des Hochbarocks.

Pavillons

Schlösser und Park Schleißheim

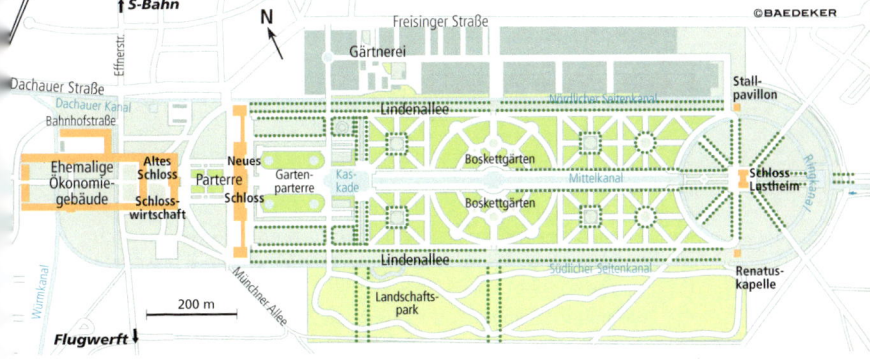

✳ FLUGWERFT SCHLEISSHEIM

🕐 tgl. 9.00 – 17.00 Uhr
Eintritt: 6 €, Kombikarte 16 €

Führungen: Mo. – Fr. 11.30 Uhr
www.deutsches-museum.de

Ein wenig Geschichte
Südlich des Schlosses liegt der Flugplatz, der von 1912 bis 1919 der Königlich-Bayerischen Fliegertruppe als Stützpunkt diente. In den 1920er-Jahren starteten und landeten hier Passagierflugzeuge, außerdem war hier die Deutsche Verkehrsfliegerschule ansässig. Im Dritten Reich war er einer der wichtigsten Militärflugplätze in Süddeutschland, aus seiner Jagdfliegerschule gingen bekannte Piloten

wie Adolf Galland und Werner Mölders hervor, ab 1943 wurde von hier aus die radarunterstützte Nachtjagd trainiert. Nach dem Kriegsende nutzte US-Militär den Platz bis 1968. (In der Nähe errichteten die Amerikaner den Sender »Radio Free Europe«, das Pendant zu den Propagandasendern des Ostblocks.) Später diente er der Bundeswehr und dem Bundesgrenzschutz. Heute sind hier eine Staffel der Bundespolizei und sechs Luftsportvereine ansässig (www.flugplatz-schleissheim.de). 1992 wurde die Flugwerft als Zweigstelle des Deutschen Museums (▶ S. 166) eröffnet.

Segelflugzeuge und Senkrechtstarter

Flugtag
Tausende kommen an einem Wochenende Anfang Juli zum »Fly-in« alter Fluggeräte, bei dem man einen Rundflug mit einer Ju 52 (Fa. Dachsel, Tel. 08157 90 02 79, www.ju-52.com), einer Antonow AN 2 (www.freunde-der-antonow.de) oder einem Zeppelin unternehmen kann (www.zeppelinflug.de). Dachsel bietet von Oberschleißheim aus auch weitere Rund- und Streckenflüge mit einer JU 52 an.

Gebäude und Exponate
In der **Werfthalle** von 1918 (Eingangshalle) ist Fluggerät zu sehen, das in der Geschichte des Platzes eine Rolle spielte, vom Otto-Doppeldecker und dem Jagdflugzeug Fokker D VII über das Schulflugzeug Udet U 12 Flamingo und den Fieseler Storch (1939) bis zum Muskelkraft-Rekordflugzeug Muscular 2 von 1985. Darüber hinaus werden einmotorige Flugzeuge präsentiert, die von Privatpersonen genützt werden. Im Durchgang zur Kommandantur ist die Frühzeit der Luftfahrt das Thema, mit Ballonen, Instrumenten, einem Nachbau des Segelapparats von Otto Lilienthal und einem Vollmoeller-

Motorflugzeug von 1910. In der **Kommandantur,** dem ältesten Bau, wird die Geschichte des Flugplatzes dokumentiert, dazu wirft man einen Blick in die Wetterwarte und die Funkerschule. Vom Turm blickt man über das Gelände mit den Junkers-Werkshallen und dem Tower der US-Einheiten (und das Schloss). Dann passiert man die **Werkstatthalle,** in der marode Maschinen restauriert werden, eine Galerie erlaubt

BAEDEKER TIPP

! *Der »Kleine Schleißheimer«*

Im Laden des Schleißheimer Schlosses ist der »Kleine Schleißheimer« zu haben, ein aus den Früchten der historischen Obstgärten hergestellter Likör in verschiedenen Sorten. Äpfel, Quitten und Zwetschgen werden zu aromatischen Bränden veredelt.

Einblick in die Arbeiten. Die **Große Ausstellungshalle** lässt die Luftfahrtgeschichte Revue passieren: mit alten und neuen Hightech-Hängegleitern; mit Militärmaschinen von der Heinkel HE 111 über die MIG 15 bis zum Eurofighter; mit Senkrechtstartern, die es trotz glänzender Technik nicht zur Serienreife gebracht haben; mit großen und winzigen Hubschraubern und schließlich mit einer Sammlung von Kolbenmotoren und Strahltriebwerken. Der letzte Publikumsmagnet ist die dreistufige Europa-Rakete aus den 1970er-Jahren.

✶✶ Odeonsplatz

✦ K 16

Lage: Nordrand der Altstadt, Maxvorstadt
U-Bahn: U 3/6, 4/5 Odeonsplatz

Nirgendwo ist München »italienischer« als am Odeonsplatz. Der großzügige Platz zwischen der Theatinerkirche, der Feldherrnhalle und der ►Residenz, am Beginn der großartigen ►Ludwigstraße, steht für die Ambitionen des 1806 geschaffenen Königreichs Bayern.

Die italienische Atmosphäre hat ihren handgreiflichen Grund: Sowohl die Theatinerkirche wie die Feldherrnhalle sind berühmten italienischen Vorbildern recht genau nachgebildet, ebenso der monumentale Prospekt der zum Siegestor führenden Ludwigstraße (►S. 233). Wenn die Sonne im zeitigen Frühjahr die Menschen auf die Terrasse vor dem Café Tambosi lockt, ist die Illusion perfekt. Links hinter dem Siegestor, in dunstiger Ferne, erkennt man Zeichen des »neuen« Münchens: die beiden Highlight Towers in der Parkstadt Schwabing (►S. 306). Noch eine Anmerkung: Offiziell gehört der Platz zwischen der Theatinerkirche und der Residenz zur ►Theatiner- bzw. zur Residenzstraße; der Odeonsplatz schließt erst nördlich an, wird aber spontan als Beginn der Ludwigstraße empfunden.

Logenplatz am Café Tambosi, mit Feldherrnhalle und St. Kajetan

✳ FELDHERRNHALLE

König Ludwig I. ließ die Feldherrnhalle 1841–1844 als Blickfang am Südende der ▶Ludwigstraße errichten. Hofarchitekt Friedrich von Gärtner (▶Berühmte Persönlichkeiten) konzipierte die 20 m hohe Arkadenhalle nach dem Vorbild der berühmten Loggia dei Lanzi in Florenz. Die **Bronzestatuen**, gegossen 1844 nach Entwürfen Ludwig von Schwanthalers, stellen den Feldherrn Tilly (1559–1632, links) und Carl Philipp von Wrede (1767–1838, rechts) dar. Der König hatte sich eine Ehrenhalle für das bayerische Heer gewünscht, doch wie Lion Feuchtwanger spottete, war »der eine kein Bayer und der andere kein Feldherr«. Das Denkmal für die bayerische Armee in der Mitte fertigte der königliche Erzgießer Ferdinand von Miller, von dem auch die Bavaria an der Theresienwiese stammt. Die **Löwen** an der Freitreppe (1906) charakterisiert der Volksmund so: »Der gegen die Residenz murrt, der gegen die Kirche schweigt.« 1933 wurde an der Ostseite des Sockels ein Denkmal enthüllt, das die »Blutzeugen der Bewegung« feierte, die beim Putschversuch Adolf Hitlers am 9. November 1923 mit dem »Marsch zur Feldherrnhalle« umgekommen waren; 1945 wurde es beseitigt. Eine Platte an der Fassade der Residenz gegenüber erinnert an die getöteten Polizisten. An die Feldherrnhalle schließt das **Preysing-Palais** an (▶Theatinerstraße).

** THEATINERKIRCHE ST. KAJETAN

Ein Prachtstück und eines der bekanntesten Wahrzeichen der bayerischen Hauptstadt ist die ocker leuchtende Theatinerkirche St. Kajetan; sehr eindrucksvoll wirkt der zweitürmige Komplex mit der
hohen Kuppel vom Hofgarten aus. 1662, nach der Geburt des lange
ersehnten Thronfolgers Max Emanuel, stifteten Kurfürst Ferdinand
Maria und seine Frau Henriette Adelaide von Savoyen zum Dank die
Kirche mit einem Kloster. Adelaide holte italienische Theatinerpatres
(der Orden wurde 1524 von Gaetano von Thiene begründet) als Seelsorger an den Hof; seit 1954 wird St. Kajetan von Dominikanern be-
treut. Im Zweiten Weltkrieg schwer beschädigt, wurde sie bis 1955
wiederhergestellt. Bei der Messe am Sonntag um 10.30 Uhr singt die
Vokalkapelle – Nachfolgerin der Königlichen Hofkapelle – Messen
und Motetten von der Renaissance bis ins 19. Jahrhundert.

Das Konzept einer Kreuzkuppelkirche geht auf den Bologneser Bau-   **Äußeres**
meister Agostino Barelli zurück, der die erste Bauphase von 1663 bis
1674 leitete. Sein Nachfolger Enrico Zuccalli aus Roveredo vollendete die Kuppel, gestaltete das Innere und fügte bis 1696 die Türme an,
die von Barelli nicht vorgesehen waren; die skurrilen Schnecken un-

Theatinerkirche St. Kajetan

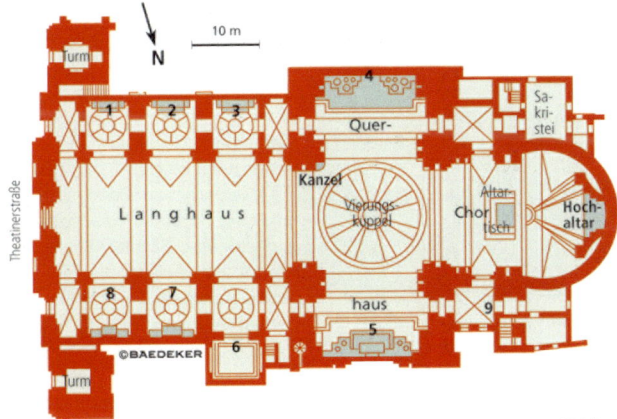

1 Gemälde der sel. Margareta
  von Savoyen von A. v. Triva (um 1665)
2 Kreuzabnahme, Gemälde
  eines Tintoretto-Schülers
3 St. Andreas Avellinus von K. Loth (1677)

4 St.-Kajetan-Altar mit Bild
  von J. v. Sandrart (1667–1671)
5 Marienaltar mit Bild
  von C. Cignani (1676)
6 Grabkapelle für Max II. Joseph († 1864)

7 Schutzengelbild
  von A. Zanchi (17. Jh.)
8 Cäcilienaltar mit Bild
  von P. Liberi und Triva
  (17. Jh.)
9 Zugang Fürstengruft

ter den Turmhelmen sind von S. Maria della Salute in Venedig inspiriert. Der Entwurf Barellis war nicht auf der Höhe der Zeit, hielt er sich doch sehr genau an die Mutterkirche der Theatiner S. Andrea della Valle in Rom, die ab 1591 entstand und ihrerseits die berühmte römische Hauptkirche der Jesuiten Il Gesù zum Vorbild hatte. Diese Genealogie gilt auch für die **Fassade**, die erst 1765–1768 von François Cuvilliés dem Bau vorgeblendet wurde. Die Heiligenfiguren in den Nischen schuf R. A. Boos ab 1767 nach Zeichnungen von Ignaz Günther. Im Giebel prangt das Allianzwappen Bayern–Sachsen; Kurfürst Max III. heiratete hier nämlich 1747 Maria Anna von Sachsen. Die Laterne auf der Kuppel trägt als Wetterfahne einen – Löwen. Im rekonstruierten Klostertrakt südlich der Kirche ist u. a. das bayerische Kultusministerium untergebracht, im Hof lockt die Terrasse des Cafés Arzmiller (▶ S. 84).

Inneres Das Innere, ganz im Zeichen geistlicher und weltlicher Herrschaft, lässt mit klassizistischen Formen noch die Nähe zur Renaissance erkennen (▶ Michaelskirche). Es ist kraftvoll gegliedert, Gurtbögen gliedern das Tonnengewölbe, 71 m hoch ragt die **Kuppel** über die Vierung. Der prunkvolle weiße, früher möglicherweise bunte Stuck prägte entscheidend den Wessobrunner Stil und damit den süddeutschen Barock. Den **Hochaltar** ziert ein Gemälde des Rubens-Schülers Caspar de Crayer (Maria mit Heiligen, 1646); im linken Quer-

haus-Altar die »Fürbitte des hl. Kajetan bei der Pest in Neapel« (J. Sandrart, 1671), im rechten eine »Heilige Sippe« von C. Cignani (1676). In der weißen Pracht sticht die aus dunklem Holz geschnitzte **Kanzel** von Andreas Faistenberger heraus, die – nota bene – nicht zum Volk gewandt ist, sondern zur Fürstenloge. Bemerkenswert auch die die wiederhergestellte **Chorschranke** mit überlebensgroßen Evangelisten aus Lindenholz (!) von Balthasar Ableithner (um 1675).

Eine Kirche nach höfischem Geschmack

Fürstengruft In der Gruft unter dem Hochaltar sind außer dem Stifterpaar weitere Mitglieder des Hauses Wittelsbach beigesetzt, darunter Kurfürst Max II. Emanuel, Kaiser Karl VII., Kurfürst Max III. Joseph, Kurfürst Karl Theodor, König Max I. Joseph, König Otto von Griechenland sowie Prinzregent Luitpold und Kronprinz Rupprecht. König Ludwig I. ließ sich in St. Bonifaz (▶ Maxvorstadt) bestatten.
Fürstengruft: Mai–2. Nov. 10.00–13.30, 14.00–16.30 Uhr

Nördlich schließt an St. Kajetan das klassizistische **Palais Moy** an, das Leo von Klenze bis 1819 errichtete. Der Mercedes-Benz-Schauraum leitet angemessen zur ▶ Brienner Straße über, und gegenüber präsentiert die Porzellanmanufaktur Nymphenburg ihre Preziosen (nette Souvenirs lassen sich schon für geringes Geld erstehen).

Palais Moy

Das Odeon – also Konzerthaus –, nach dem der Platz benannt ist, hat von Klenze bis 1828 erbaut; 1944 zerstört, sind seine Reste als glasüberdachter Innenhof des **Innenministeriums** erhalten (links hinter dem Reiterdenkmal für Ludwig I., 1862). Nördlich folgt das **Finanzministerium**, ursprünglich Leuchtenberg-Palais, erstellt 1816 – 1821 für Eugène de Beauharnais, den Schwiegersohn von König Max I. Joseph. Als Vorbild diente der römische Palazzo Farnese. Das **Bazargebäude** (Leo von Klenze, 1826), mit dem Café Tambosi und seiner Terrasse, begrenzt den Odeonsplatz im Osten und bildet zugleich den westlichen Abschluss des ▶ Hofgartens. Seinen Namen hat es von den Geschäften, die hier untergebracht sind. Ansässig sind hier auch die berühmte Bar »Schumann's« (▶ S. 64) und das »Filmcasino« mit Bistro und dem Dinner Club Lazy Moon.

Odeonsplatz im eigentlichen Sinn

✳ Olympiapark

✦ C 7/8

Lage: 5 km nordwestlich des Stadtzentrums
U-Bahn: U 3 Olympiazentrum
www.olympiapark.de

Besucherservice:
Tel. 089 30 67-24 14

Für die XX. Olympischen Sommerspiele 1972 wurde der einstige königlich-bayerische Truppenübungsplatz Oberwiesenfeld zum großzügigen Sportpark umgestaltet. Eine Ikone der modernen Architektur ist das berühmte elegante Zeltdach.

Auf dem beliebten Freizeitgelände wird immer noch Sport getrieben, vor allem aber bietet es Platz für große Popkonzerte (in der Olympiahalle und im Stadion), für das Sommerfestival mit Rummelplatz, Musik im »Theatron« und Feuerwerk; im Südwestteil des Parks findet das Sommer-»Tollwood« statt (▶ S. 89).

Weithin sichtbares Wahrzeichen ist der 291 m hohe Olympiaturm, nach dem Nürnberger Fernmeldeturm das zweithöchste Bauwerk Bayerns. Er besitzt zwei Körbe, den Postkorb mit Telekom-Anlagen und den Aussichtskorb. Dort kann man im **Restaurant 181** bei 360°-Ausblick fein speisen. Von den Plattformen in 190 m Höhe hat man einen herrlichen Blick über München, bei Föhn rücken die Al-

✳✳ Olympiaturm

pen in greifbare Nähe. Das **Rockmuseum Munich** in 200 m Höhe erinnert an berühmte Stars, die z. T. schon im Olympiapark aufgetreten sind, u. a. mit signierten Gitarren von Frank Zappa, Pink Floyd, ZZ Top und den Rolling Stones.

Olympiaturm: Tgl. 9.00 – 23.30 Uhr (letzte Auffahrt), Eintritt inkl. Rockmuseum 5,50 €. Rockmuseum: www.rockmuseum.de

Restaurant 181: Tel. 089 35 09 48-181, www.restaurant181.com

**Olympia-stadion und -hallen

Das Olympiastadion, die Große und die Kleine Olympiahalle und die Olympiaschwimmhalle wurden 1968 – 1972 nach Plänen der Architektengemeinschaft Behnisch und Partner errichtet. Das spektakuläre, 74 800 m² große **Zeltdach**, das Stadion und Hallen überspannt (▶Abb. S. 138), entwickelte der Architekt Frei Otto: ein Stahlnetz, das an 12 bis zu 81 m hohen Masten hängt und mit Acrylglas gedeckt ist. Entscheidende Impulse erhielten die Konstrukteure aus ihrer Beschäftigung mit der Oberflächenspannung von Seifenblasen.

Im **Olympiastadion**, das 78 000 Zuschauer fasst, wurden bis zur Fertigstellung der ▶Allianz Arena Spiele des FC Bayern München, des TSV 1860 München und der deutschen Fußball-Nationalmannschaft ausgetragen. Heute ist es Schauplatz von Leichtathletik- und anderen Wettkämpfen sowie von Popkonzerten; hier sorgten z. B. Madonna, Udo Jürgens, Michael Jackson und Bruce Springsteen für volles Haus. Auch in der großen **Olympiahalle** (12 500 Plätze) finden Sportveranstaltungen, Konzerte und andere Events für ein großes Publikum statt. Die **Olympia-Schwimmhalle** gehört zu den größten ihrer Art in Europa. Wenn keine Wettbewerbe ausgetragen werden, tummeln sich hier »Normalschwimmer«.

Olympia-Schwimmhalle: tgl. 7.30 – 23.00 Uhr, www.swm.de

Eissport-zentrum

Das **Eissportstadion** (6050 Plätze) wurde 1967 als Boxhalle errichtet und als solche ins Olympiagelände übernommen; hier üben Eislaufbegeisterte ihre Pirouetten oder tanzen bei der Disco. Das benachbarte Eislaufzelt wurde zur **SoccArena** umfunktioniert: Auf kleinen Feldern kicken 5 gegen 5 Freizeitsportler, eine temporeiche Sache. Vom **Info-Pavillon** (Besucherdienst) gehen die Rundfahrten mit dem Parkbähnchen aus. Beim Besucherdienst bucht man auch die Stadion-Touren (Zeltdach-Tour, Flying Fox etc.).

Eissportstadion: Unregelmäßige Zeiten, Info unter www.olympiapark.de

Schwindelfrei sollte man sein bei der Stadiondach-Tour.

Das »Sea Life« vor dem Eissportzentrum wurde in Zusammenarbeit mit Greenpeace gestaltet. In 33 Aquarien und von einem Glastunnel aus sind über 8000 Wassertiere zu bestaunen: furchterregende Haie, schlaue Kraken, putzige Seepferdchen und viele andere. *** Sea Life München**
❶ Tgl. 10.00 – 19.00/18.00/17.00 Uhr, Eintritt über 14 Jahre 16,95 € (online ab 9,95 €), www.visitsealife.com

Vor den Sportstätten breitet sich der Olympiasee aus, der vom Nymphenburg-Biedersteiner Kanal gespeist wird. Im **Theatron** am Nordufer wird Musik gemacht, insbesondere beim Pfingstfestival und beim Musiksommer. Auf der Halbinsel am Südufer gibt es einen Bootsverleih, eine Sommerstockbahn und einen Streetballplatz. **Olympiasee**
Theatron: www.theatron.de (►S. 90)

Südlich des Sees ragt der 50 m hohe Olympiaberg auf, der aus Trümmern der im Zweiten Weltkrieg zerstörten Stadt aufgetürmt wurde. Spaziergänger kehren sommers wie winters gern in der kleinen, schön hemdsärmeligen **Olympia-Alm** ein (tgl. ab 12.00 Uhr), dem höchstgelegenen Biergarten Münchens. Übrigens ist der Olympiaberg ideal geeignet, um sich die **Konzerte im Olympiastadion** anzuhören, beim Picknick und ganz kostenlos. **Olympiaberg**

Südwestlich des Olympiabergs liegt versteckt in einer Schrebergartenanlage eine russisch-orthodoxe Kapelle mit kleinem Museum. Diese **Ost-West-Friedenskirche** hat ein russischer Eremit namens Väterchen Timofej errichtet, der sich 1952 mit seiner Frau am Oberwie- **Orthodoxe Kapelle** senfeld niederließ, am Rand des damaligen Flugfelds. Als er 2004 starb, war er längst zu einem Wahrzeichen Münchens geworden.

❶ In der Regel tgl. von ca. 11.00 bis 17.00 Uhr, im Sommer länger

Olympisches Dorf

Nördlich des Mittleren Rings breitet sich das Olympische Dorf aus. Den größeren Teil der Siedlung nahmen die Männerunterkünfte ein, die Flachbauten am Ring beherbergten die Frauen. Alle wurden in Eigentums- bzw. Studentenwohnungen umgewandelt. Was man nicht von vornherein annehmen würde: Man wohnt sehr gern hier, viele Bewohner gehören noch zur Generation der Erstbezieher.
Am 5. September 1972 verübten palästinensische Terroristen im Athletendorf einen Anschlag auf die Mannschaft Israels, bei dem elf Teammitglieder, ein Polizist und fünf Terroristen getötet wurden.

BMW

Wer vom U-Bahnhof Olympiapark zum Olympiagelände geht, passiert die spektakuläre ▶ BMW Welt.

Uptown München

Westlich des Olympiaparks, am Mittleren Ring, ragt der nach dem Hauptnutzer Telefónica mit »O₂« gekennzeichnete Wolkenkratzer Uptown München (2004) empor, mit 146 m Höhe das nach dem Olympiaturm höchste Bauwerk Münchens und eines der hässlichsten dazu. Es gab den Anstoß zu dem Bürgerbegehren 2004, das Bauten untersagte, die höher sind als die Türme der Frauenkirche (99 m).

Olympiapark

* Peterskirche

✶ L 16

Lage: Altstadt, Rindermarkt 1
S-Bahn: S 1 – 8 Marienplatz
U-Bahn: U 3/6 Marienplatz
Bus: 52 Marienplatz, 62 Viktualien-
markt, 132 Rindermarkt

Turm: Sommerzeit Mo.–Fr.
9.00–18.30, Sa., So. 10.00–18.30,
Winterzeit jeweils bis 17.30 Uhr
Eintritt: 2 €. **www.alterpeter.de**

**Auf dem Petersbergl, einer Anhöhe, die lange vor der Grün-
dung der Stadt besiedelt war, steht Münchens älteste Pfarrkirche. Ihr berühmter Turm wird liebevoll »Alter Peter« genannt.**

Über der Metzgerzeile am Westrand des ▶ Viktualienmarkts ragt die
Peterskirche auf (Abb. ▶ S. 22), die ins 12. Jh. zurückgeht. Im Zweiten
Weltkrieg wurde sie weitgehend zerstört, aber schnellstens wieder
aufgebaut, was den Münchnern sehr am Herzen lag. An St. Peter
wird Kirchenmusik großgeschrieben (viele Aufführungstermine).
Kern des Baus ist, wie innen trotz der barocken Umgestaltung gut
erkennbar, eine gotische **Pfeilerbasilika**, die nach dem Stadtbrand
des Jahres 1327 errichtet wurde (geweiht 1368). Die markante Chor-
partie aus Backstein, eine barocke Drei-Konchen-Anlage nach dem
Vorbild des Salzburger Doms, entstand bis 1636. 1753 – 1756 wurde
dann das Langhaus neu gestaltet: Ignaz Günther gliederte die Wände
mit römischen Bauelementen, Johann Baptist Zimmermann sorgte
für den Stuck und die Fresken (Leben des hl. Petrus).
Ein Prunkstück des katholischen Barocks ist der 20 m hohe **Hochaltar** (1730–1734) von Egid Quirin Asam und Nikolaus Stuber, der
sich an Berninis Kathedra Petri im römischen Petersdom orientiert.
In der Gloriole ganz oben schwebt die Taube des Hl. Geistes, im Al-
taraufsatz thront eine Petrus-Figur von Erasmus Grasser (1517), die
erst um 1730 die Tiara erhielt. Die Statuen der vier Kirchenväter
stammen ebenfalls von E. Q. Asam. Günther schuf die beiden **Seitenaltäre** (links Corpus Christi, rechts Mariahilf, um 1756); feinstes
Rokoko zeigt sein Retabel in der nördlichen Turmkapelle.
Von den älteren Werken hervorzuheben sind die Flügelbilder des
spätgotischen Hochaltars von Jan Polack (1517) und das Dreikönigs-
Triptychon (»Pötschner-Altar«, 1477) im Chor, in der ersten nördlichen Seitenkapelle der »Schrenk-Altar«, ein Steinretabel im Weichen
Stil (um 1405, Kreuzigung und Jüngstes Gericht) und die Marmor-
epitaphe von Erasmus Grasser in der Westwand. Der Taufstein
stammt von Hans Krumper (1620; Deckel um 1750).

Um 1386 wurde der eigenartige, 92 m hohe Turm errichtet, der auf **Turm**
dem Westwerk ruht; er ersetzte die beiden zerstörten Türme, die auf
den »Schultern« der Fassade standen. 1607 erhielt er seine charakte-

?

So lang der Alte Peter ...

Das Lied »So lang der Alte Peter / am Petersbergl steht«, eine Komposition von Carl Lorens, war eigentlich auf den Wiener Steffl (Stefansdom) gemünzt. Ab dem 13. Januar 1948 verwendete der Bayerische Rundfunk die erste Zeile des Lieds als Pausenzeichen, aber ohne die letzte Silbe und den letzten Ton: »So lang der Alte Pe -«. Sofort nach der Einweihung der wiederaufgebauten Kirche 1954 wurde die Zeile vervollständigt: »So lang der Alte Peter«. Seit 1971 verwendet Radio Bayern 3 eine Variante als Jingle für seine Verkehrsmeldungen.

ristische **Laternenhaube**, die mit einem Obelisken und einem Papstkreuz bekrönt ist (drei Querbalken). Von der offenen Galerie hat man, nach Bewältigung von 306 Stufen, einen großartigen ****Blick über die Stadt** und zu den Alpen – besonders schön bei Föhn (bei schlechtem Wetter kann der Turm geschlossen bleiben). Nicht weniger als acht **Uhren** verkünden die Zeit, schon 1381 wurde am Mittelteil des Turms die erste Uhr montiert, die an der Laternenhaube kamen ab 1621 hinzu. Das Geläut besteht aus sieben **Glocken**, die älteste ist die »Zwölferin« von 1362, die schwerste und tiefste die sieben Tonnen schwere Jubiläumsglocke von 1958 (Ton: tiefes F). Im Untergeschoss des Turms hängt hinter einem Gitter das Arme-Sünder-Glöcklein aus dem frühen 14. Jh., das bei Hinrichtungen auf dem Marienplatz läutete. An Sonn- und hohen Feiertagen, am Sa. 15.00 Uhr (Einläuten des Sonntags) und am So. 18.00 Uhr (Totengedenken) hört man das volle Geläut.

Prinzregentenstraße
✦ E/F 10/11

Lage: Nordöstlich der Altstadt
Bus: 100 Museenlinie
U-Bahn: U 4 Prinzregentenplatz

Tram: 18 Nationalmuseum, 16 Friedensengel/Villa Stuck

Die letzte große Magistrale des 19. Jahrhunderts wurde zwischen 1891 und 1912 angelegt. Benannt wurde sie nach dem beliebten Prinzregenten Luitpold, der nach dem Tod König Ludwigs II. 1886 die Regierungsgeschäfte übernahm. Im Westteil trennt sie das ▶Lehel vom ▶Englischen Garten, jenseits der Isar ▶Bogenhausen von ▶Haidhausen.

Westteil Die Gestaltung der Prinzregentenstraße verrät einen ganz anderen Geschmack als die ▶Ludwigstraße, deren schnurgerade Fluchten Ende des 19. Jh.s als langweilig empfunden wurden: Versetzte Häuserfronten, Straßenkrümmungen und sich unvermutet öffnende Plätze bringen Abwechslung ins Bild. Der Abschnitt links der Isar, am Rand des Englischen Gartens, versammelt einige große Kulturinstitutionen Münchens: das ▶ Haus der Kunst (Nr. 1), die ▶ Archäologische Staatssammlung (in der beim Eisbach abzweigenden Lerchenfeldstraße), das ▶ Bayerische Nationalmuseum (Nr. 3) und die ▶ Sammlung Schack (Nr. 9).

Auf der 1900/1901 erbauten Luitpoldbrücke (Prinzregentenbrücke)   **Ostteil**
überquert die Verkehrsachse die Isar; die Figuren hier symbolisieren
die Landesteile Bayern, Franken, Schwaben und Pfalz. Ihr optisches
Ziel ist der eindrucksvolle *****Friedensengel**, der an den Frieden von
Versailles 1871 erinnern soll; 1896, 25 Jahre später, wurde der Grundstein gelegt. Von der Terrasse der Anlage (1891) mit Freitreppe und
Springbrunnen hat man einen herrlichen Blick auf die Stadt (Tipp:
mit Picknickkorb den Sonnenuntergang genießen).
Der Tempelunterbau hat die Korenhalle der Athener Akropolis zum
Vorbild, der vergoldete, 3,5 m hohe Engel die Nike des Paionios; er
wurde 1897 aus Bronze gegossen und thront auf einer 23 m hohen
korinthischen Säule. Den Unterbau zieren Jugendstil-Mosaiken und
ein Konterfei Ludwigs II., der an diesem fantastischen Ort ein
Opernhaus für Richard Wagner bauen wollte. Die Münchner verwei-
gerten ihm allerdings Gefolgschaft und Geld.
Hinter dem Friedensengel geht links die Maria-Theresia-Straße ab;
im **Hildebrand-Haus** dort ist die Monacensia ansässig, das »literarische Gedächtnis Münchens« (▶ Bogenhausen). Prinzregentenstraße
Nr. 60 ist die großartige **Villa Stuck** (s. u.). Das Haus Nr. 73 auf der
anderen Seite beherbergt den Luxus-Lebensmittelhändler **Käfer**, der
Laden ist ebenso edel wie die Käfer-Schänke (▶ S. 79). Im Sommer
trifft man sich im Freibad **»Prinze«** (Prinzregentenbad), im Winter
fährt man hier Schlittschuh. Den Endpunkt der Prinzregentenstraße
für den Besucher bildet das **Prinzregententheater** (s. u.).

Entspannter Sonnenuntergang zu Füßen des Friedensengels

Villa Stuck Zwischen griechisch-römischer Antike, Orient, Renaissance und Jugendstil bewegt sich die höchst repräsentative Villa mit Atelier und herrlichem Garten, die sich der Münchner »Malerfürst« **Franz von Stuck (1863–1928) zwischen 1897 und 1914 erstellen ließ – 34 Jahre alt, Star der Münchner Secession und jüngster Professor der Akademie. Vor dem dorischen Säulenportal wacht eine Bronze-Amazone, Stucks plastisches Hauptwerk; Reliefs zieren das Obergeschoss und die Eingangshalle, Letztere mit einer Kopie der in der Glyptothek (▶Königsplatz) ausgestellten Medusa Rondanini. Im Erdgeschoss liegen die großartigen Wohnräume. Die bis ins Kleinste vom Künstler entworfene Dekoration lässt erkennen, dass er von den pompejanischen Malereien sehr beeindruckt gewesen sein muss. Hier hängen auch wichtige Gemälde von ihm, so das wegen seiner schwülstigen Erotik seinerzeit skandalöse Werk »Die Sünde« und der über 2 m große »Wächter des Paradieses«. Unter den Bronzefiguren die »Tänzerin«, die Stucks Ehefrau Mary porträtiert, und der »Athlet«, ein Selbstbildnis des Künstlers. Das Programm ergänzen Ausstellungen zu Themen aus dem historischen und künstlerischen Kontext von Stucks und der Bildenden Kunst der Zeit um 1900. Hinter dem Gebäude liegt der Künstlergarten, der pompejanische Vorbilder mit Kunst des 19. Jh.s verbindet – ein wunderbarer Platz zum Entspannen (Caférestaurant mit Tischen draußen, Mo. geschl.).

❶ Di.–So. 11.00–18.00 Uhr, 1. Fr. im Monat bis 22.00 Uhr, Eintritt ganzes Haus 9 €, historische Räume 4 €; www.villastuck.de

*Prinzregententheater Ludwig II. wollte für **Richard Wagner**, den er glühend verehrte, von Gottfried Semper am Isar-Hochufer ein Festspielhaus erstellen lassen, das durch eine Prachtstraße mit Wagners Residenz in der Brienner Straße verbunden werden sollte. Doch der war davon nicht begeistert, auch die Regierung und die Münchner Bürger opponierten. Schließlich wurde 1900/1901 das Theater gebaut (Architekt: Max Littmann). Nach aufwendiger Restaurierung, eine Großtat des unvergessenen Intendanten August Everding, wurde das Haus 1996 wieder eröffnet, natürlich mit Wagners »Tristan und Isolde«. Die nicht unbedingt glückliche pompejanische Innengestaltung lehnt sich stark an das Vorbild an, das Bayreuther Festspielhaus. Der steil ansteigende Zuschauerraum des »demokratischen« Theaters bietet auf allen Plätzen ausgezeichnete Sicht und Akustik, aber

Tristan und Isolde

Im Frühjahr 1864 von König Ludwig II. nach München gerufen, hielt Richard Wagner sich nur kurz in der Stadt auf. Denn aufgrund seines engen Verhältnisses zum Herrscher und der horrenden Summen, die dieser für ihn aufwendete, gab es Zoff zwischen König und Kabinett sowie den Münchner Bürgern. So verließ der Komponist Ende 1865 die Stadt. In dieser Zeit – er wohnte in der Brienner Str. 37 – wurde u. a. »Tristan und Isolde« uraufgeführt.

Villa Stuck, das angemessene Domizil eines Malerfürsten

auch nicht sehr bequeme und zum Knarzen neigende Holzklappses-
sel. Das Programm umfasst vielerlei von Lesungen über Konzerte bis
zur Oper, da das Haus der Bayerischen Theaterakademie, der Staatsoper und dem Gärtnerplatztheater als Spielstätte dient. Zwei Stunden
vor Veranstaltungsbeginn öffnet das Theaterrestaurant **Prinzipal**, das
auch für den Imbiss in der Pause sorgt (Tel. 089 41 07 48 26).

Promenadeplatz · Kardinal-Faulhaber-Straße

— ✳ K 15/16

Lage: Nordwestliche Altstadt   **Tram:** 19 Theatinerstraße

**Im etwas abseits nördlich der ▶ Frauenkirche liegenden Kreuz-
viertel öffnet sich der langgestreckte Promenadeplatz. Einst
der Salzmarkt, reihen sich hier und an der Pacellistraße exklusive Läden. Und seit dem 19. Jahrhundert geben sich im Hotel
Bayerischer Hof hochmögende Gäste die Klinke in die Hand.**

Auf dem baumbestandenen Platz erinnern Standbilder an den bayerischen Kurfürsten Max II. Emanuel, die Komponisten Orlando di
Lasso (ab 1563 Leiter der Hofkapelle) und Christoph Willibald Gluck
sowie den Geschichtsschreiber Lorenz von Westenrieder; ein sehr
seltsames Aluminium-Denkmal ist dem Grafen Montgelas gewidmet. Am Südrand des Platzes (Nr. 15) das reich mit Régence-Stuck
geschmückte Haus, das Hofbaumeister J. B. Gunezrainer 1726 kaufte

und umbaute. Ein hübsches Detail ist die Rundbogennische mit der Madonna. Am östlichen Ende geht die Kardinal-Faulhaber-Straße nach Norden ab; westlich setzt sich der Platz in der Pacellistraße fort, an der die Dreifaltigkeitskirche einen Blick wert ist (s. u.).

Bayerischer Hof

Fast die ganze Nordseite des Platzes nimmt das Hotel Bayerischer Hof ein, seit dem 19. Jh. eine der ersten Adressen der Stadt (▶ S. 118). Einbezogen ist seit 1969 auch das Palais Montgelas (1813) ganz rechts, erbaut für Joseph Graf von Montgelas, der als »Superminister« König Maximilians I. Joseph das moderne Bayern schuf. Im Hotelkomplex ist auch das Boulevardtheater »Kleine Komödie« ansässig, im Nightclub gastieren Größen des Jazz. Feine kleine Läden, etwa für Mode, alte Uhren und Gmunder Papier, residieren im Erdgeschoss des Komplexes, in Gewölben des 15. Jh.s kredenzt der Palaiskeller Bayerisches (Eingang an der Kardinal-Faulhaber-Straße). Auch Michael Jackson stieg im Bayerischen Hof ab, weshalb der Orlando di Lasso vor dem Haus zu einem Jackson-Heiligtum mutierte.

Kardinal-Faulhaber-Straße

Prächtige Paläste begleiten die Kardinal-Faulhaber-Straße. Links, wenige Schritte vom Palaiskeller, sollte man den Blick zu Boden richten: Eine Gedenkplatte ist in den Gehsteig eingelassen, die einen Körperumriss zeigt. Hier wurde am 21. Febr. 1919 Ministerpräsident **Kurt Eisner** erschossen, der am 8. Nov. 1918 den Freistaat Bayern ausgerufen hatte (nicht den »Volksstaat«, wie auf Betreiben der CSU geschichtsklitternd formuliert). Täter war der rechtsnationale Student Anton Graf von Arco auf Valley. Auf der anderen Steite das rosa getünchte **Palais Porcia** (Nr. 12, im Besitz der HypoVereinsbank). Enrico Zuccalli erstellte es bis 1694 für die Gräfin Fugger, wobei erstmals in München Formen italienischer Barockpalazzi verwandt wurden. 1733 schenkte Kurfürst Karl Albrecht das Palais seiner Geliebten, der späteren Fürstin Porcia. François Cuvilliés gestaltete den Palast 1736 im Stil des Rokoko um (Balkongitter und Stuck von J. B. Zimmermann). Nebenan ein Durchgang zu den Fünf Höfen (▶ Theatinerstraße). In Haus Nr. 10, einem neobarocken Bankgebäude von 1896, hat der renommierte Koch Ali Güngörmüş sein Restaurant »Pageou« (▶ S. 78). Im **Palais Holnstein** (Nr. 7) residiert seit 1821 der Bischof der Erzdiözese München-Freising, erbaut hat es Cuvilliés 1735 – 1737 für die Gräfin Holnstein, eine weitere Geliebte des Kurfürsten Karl Albrecht. Die Fassade ist am Palais Porcia orientiert.

* Dreifaltigkeitskirche

Wenige Schritte westlich des Promenadeplatzes fällt in der Häuserfront diese Kirche auf, die einzige in München, die im Zweiten Weltkrieg unversehrt blieb. Wie Tafeln im Vorraum verkünden, stand an ihrer Wiege ein Gelübde: Als die Stadt 1704 im Spanischen Erbfolgekrieg von Brand und Plünderung bedroht war, gelobten Adel, Geistlichkeit und Bürgertum (als weltliche Dreifaltigkeit), der himmli-

schen Dreifaltigkeit eine Kirche errichten zu lassen. Hofbaumeister
G. A. Viscardi lieferte die Pläne, nach seinem Tod 1713 führten J. G.
Ettenhofer und E. Zuccalli den Bau zu Ende. Das Innere der Kreuzkuppelkirche wirkt mit weißer, klassizistisch geprägter Architektur
hell und großzügig. Das 1716/1717 entstandene Gemälde von J. A.
Wolff und J. Degler im Hochaltar zeigt Maria mit einem reuigen Sün-
der, darüber die Dreifaltigkeit; unten ist die Frauenkirche zu erkennen. Im rechten Seitenaltar bildet der hl. Joseph das Zentrum des
Gemäldes (J. Ruffini, 1718), die Figuren von Johannes und Petrus
schuf A. Faistenberger. Der linke Seitenaltar ist mit einem Bild der hl.
Theresia von Avila (J. Degler) und Figuren von B. Ableitner (Johannes vor dem Kreuz, hl. Elias) ausgestattet. Das Kuppelfresko von
Cosmas Damian Asam (1715), das mit seinen Armen den Grundriss
nachzeichnet und an einigen Stellen – kühn! – den Stuck unterbricht,
stellt in bewegten, teils dramatischen Szenen die Kämpfe der irdi-
schen Welt dar, über der sich die Vision des offenen Himmels mit der
Dreifaltigkeit öffnet. Rechts neben dem nordöstlichen Fenster hat
sich der Künstler verewigt: mit Allongeperücke und einem Apothe-
kengefäß, was auf seinen Namenspatron anspielt, der Arzt war.

Ramersdorf

⊹ **H 12**

Lage: ca. 3 km südöstlich
des Zentrums, Aribonenstraße
U-Bahn: U 2 Karl-Preis-Platz   **Bus:** 55/155 vom Ostbahnhof

**Seit dem Mittelalter ist die Mariä-Himmelfahrt-Kirche im süd-
östlichen Stadtteil Ramersdorf einer der wichtigsten Wall-
fahrtsorte in Altbayern.**

Wo die von Salzburg kommende A 8 auf den Mittleren Ring stößt,
signalisiert der Turm der barocken Kirche Mariä Himmelfahrt eine
kleine Idylle. Mit ummauertem Kirchhof, spätgotischem Mesner-
haus, einem kurfürstlichen Jagdhaus und dem Alten Wirt nebenan
hat sich noch etwas Dorfatmosphäre erhalten. Das »Ramersdorfer
Kircherl«, auch als »Maria Ramersdorf« bekannt, ist **eine der ältesten und bedeutendsten Wallfahrtsstätten Bayerns**, was v. a. auf
den angeblichen Splitter vom Kreuz Christi zurückgeht, den Kaiser
Ludwig der Bayer 1377 als Geschenk des Gegenpapstes aus Rom mit-
brachte. Am Platz einer älteren Kirche wurde bis 1412 ein neuer Bau
im spätgotischen Stil errichtet, 1675 bekam er seine hochbarocke
Ausstattung, 1792 der gotische Turm seinen Helm. Herausragend
unter der prächtigen, kunsthistorisch bedeutenden Ausstattung sind
der Hochaltar mit dem Gnadenbild der thronenden Madonna

*Maria
Ramersdorf

(C. Pader, um 1465), der Kreuzaltar von Erasmus Grasser (1482; Flügel bemalt von Jan Polack, 1483), Votivbilder und das Tafelbild einer Schutzmantelmadonna von Polack (um 1503). Weitere spätgotische Bildwerke zeigen die hll. Sylvester und Wolfgang sowie die heiligen Frauen Elisabeth, Barbara, Katharina und Margarethe. Die letzteren drei werden oft zusammen als die »Drei heiligen Madl« abgebildet (»Margret mit dem Wurm, Barbara mit dem Turm, Katharina mit dem Radl, das sind die drei heiligen Madl«). Die Votivtafeln im Chor stammen aus dem 17./18. Jahrhundert. – Im gemütlichen **Alten Wirt** isst man gut, im kleinen Biergarten trifft sich sommers die Nachbarschaft (tgl. 9.30 – 24.00 Uhr, Tel. 6 89 18 62, mit Zimmern).

** **Residenz**

✴ **K 16/17**

Lage: Nördliche Altstadt
U-Bahn: U 3/6, 4/5 Odeonsplatz
Tram: 19 Nationaltheater
Bus: 100 Odeonsplatz
Residenz mit Schatzkammer:
April –15. Okt. tgl. 9.00 – 18.00,
16. Okt. – März 10.00 –17.00 Uhr
Eintritt 7 €, mit Schatzkammer 11 €
Wegen Generalsanierung können
bestimmte Teile **auf längere Zeit
geschlossen** sein (gegenwärtig
der Königsbau, die Schatzkammer
ist jedoch geöffnet).

Cuvilliéstheater: April – Juli,
Mitte Sept. – Mitte Okt. Mo. – Sa.
14.00 – 18.00, So. ab 9.00 Uhr,
Aug. – Mitte Sept. tgl. 9.00 – 18.00,
Mitte Okt.– März Mo. – Sa. 10.00
bis 17.00 Uhr, Eintritt: 3,50 €
Gesamtkarte (Museum,
Schatzkammer, Theater): 13 €
Staatliche Münzsammlung:
Di. – So. 10.00 – 17.00 Uhr
Eintritt: 2,50 €
www.residenz-muenchen.de

**Als »Herzkammer Bayerns« fungierte ein halbes Jahrtausend
lang die Residenz der bayerischen Herzöge, Kurfürsten und
Könige. Seit dem 16. Jahrhundert entstand die Schlossanlage,
die von den bekanntesten Künstlern und Kunsthandwerkern
ihrer Zeit mit wundervollem Mobiliar, kostbaren Tapisserien
und prachtvollen Bildern ausgestattet wurde.**

**Ein wenig
Geschichte**

Begonnen hat es mit der Neuveste, die 1385 im Nordostwinkel des
Mauergürtels errichtet wurde, nachdem die Alte Veste (▶ Alter Hof)
zu klein und unsicher geworden war. 1470 und 1500 wurde sie zu
einer Wasserburg ausgebaut, im 16. Jh. bedeutend erweitert; so ließ
Herzog Albrecht V. das Antiquarium errichten und Wilhelm V. den
Grottenhoftrakt. 1611 – 1619, unter Kurfürst Maximilian I., entstand
die sog. Alte Residenz, ein Prachtbau der Spätrenaissance. Die von
den Hofbaumeistern Joseph Effner und Enrico Zuccalli geleiteten
Umbauten der Barockzeit fielen 1729 einem Brand zum Opfer. Unter

den Kurfürsten Karl Albrecht und Max III. Joseph kamen im 18. Jh. die Reichen Zimmer, die Kurfürstenzimmer und das Residenztheater hinzu. König Ludwig I. gab der Residenz mit dem Königsbau, dem klassizistischen Festsaalbau und der Allerheiligen-Hofkirche den glanzvollen Abschluss, verwirklicht von Leo von Klenze, der ab 1816 Hofbaumeister war. Ludwig II. richtete sich im nordwestlichen Pavillon des Gebäudes ein, mit Blick auf Hofgarten und Theatinerkirche; 1869 ließ er auf dem Dach des Festsaalbaus einen Wintergarten anlegen, der unter einer 10 m hohen Glaskuppel eine exotisch-tropische Szenerie schuf (schon 1897 abgebaut). Nach weitgehender Zerstörung im Zweiten Weltkrieg dauerte die Wiederherstellung des Schlosskomplexes bis in die Mitte der 1990er-Jahre.

Die heutigen Fronten entstanden im Wesentlichen in zwei Phasen. Die gestrenge Spätrenaissance-Westfassade an der **Residenzstraße** datiert von Beginn des 17. Jh.s; architektonische Gliederung und Dekor sind gemalt. Großartigen Schmuck erhält sie durch zwei mit Rotmarmor eingefasste **Portale**; die Sprenggiebel tragen Liegefiguren der Kardinaltugenden (H. Krumper,. um 1615). Zum Rotmarmor der Portale passt wunderbar die Patina der flankierenden **Bronzelöwen** (H. Gerhard/C. di Palagio, um 1595) mit blankgeriebenen Nasen unter dem Wappenschild – kaum ein Passant versäumt es, sich Glück zu sichern. Im nördlichen Portal liegt der Zugang zur **Pfälzer Residenzweinstube** (▶ S. 80), in der man die Spezialitäten des einstigen linksrheinischen Bayerns verkosten kann. Auch die **Patrona**

Fassaden

Prachtvolle Portale an der Residenzstraße

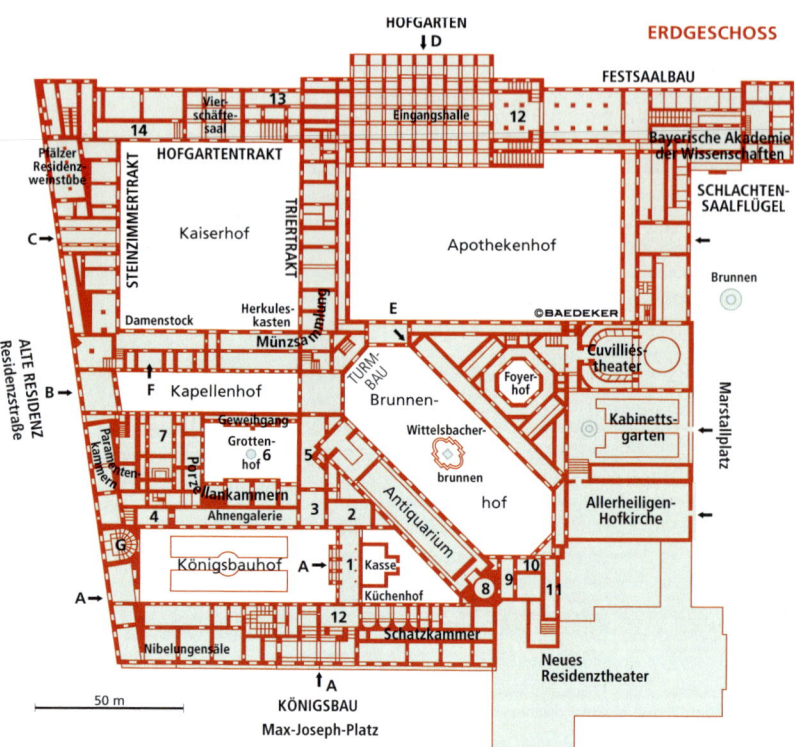

HOFGARTEN
↓ D

ERDGESCHOSS

FESTSAALBAU

Vier-
schäffe-
saal

13

14

Eingangshalle

12

Bayerische Akademie
der Wissenschaften

Pfälzer
Residenz-
weinstube

HOFGARTENTRAKT

SCHLACHTEN-
SAALFLÜGEL

STEINZIMMERTRAKT

TRIERTRAKT

Kaiserhof

Apothekenhof

C

Brunnen

Damenstock

Herkules-
kasten

Münzsammlung

E

©BAEDEKER

Cuvilliés-
theater

Marstallplatz

ALTE RESIDENZ
Residenzstraße

B

F Kapellenhof

Gewölbgang

Grotten-
hof

TURM-
BAU

Brunnen-

Foyer-
hof

Kabinetts-
garten

Paramenten-
kammern

7

Porzellankammern

6

5

Wittelsbacher-

brunnen

Allerheiligen-
Hofkirche

4

Ahnengalerie

3

2

hof

Antiquarium

G

Königsbauhof

A →

1

Kasse

8

9

10

11

A →

Küchenhof

12

Schatzkammer

Nibelungensäle

Neues
Residenztheater

50 m

↑ A

KÖNIGSBAU

Max-Joseph-Platz

A Eingang Residenzmuseum
B Eingang Kapellenhof
C Eingang Kaiserhof
D Eingang Herkulessaal
E Eingang Cuvilliéstheater
F Eingang Max-Joseph-Saal
G Königin-Mutter-Treppe

1 Vestibül
2 Erster Gartensaal
3 Zweiter Gartensaal
4 Porzellankabinett
5 Grottenhalle
6 Perseusbrunnen
7 Hofkapelle

8 Oktogon
9 Torweg
10 Raum mit Herkulesrelief
11 Gang mit zwei Gemälden
12 Garderobe
13 Östlicher Gang
14 Westlicher Gang

Boiariae (»Patronin Bayerns«, Madonna auf der Mondsichel, mit Krone, Szepter und Jesuskind) schuf H. Krumper 1616. Der Königsbau am **Max-Joseph-Platz** (19. Jh.) hat den Palazzo Pitti in Florenz zum Vorbild. Die klassizistische Fassade des Festsaalbaus am **Hofgarten** entstand zu Beginn des 19. Jahrhunderts.

Höfe Von den sieben Höfen sind drei – Kaiserhof, Kapellenhof und Brunnenhof – mit Scheinarchitektur bemalt. Der größte Hof ist der kahle Apothekenhof, der schönste der 1610 angelegte **Brunnenhof** mit

OBERGESCHOSS

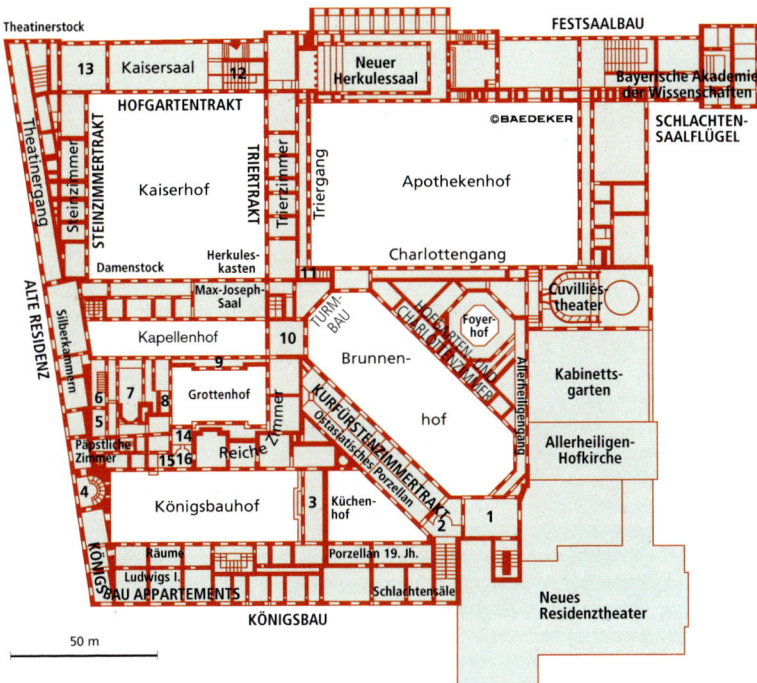

1 Schwarzer Saal
2 Gelbe Treppe
3 Grüne Galerie
4 Königin-Mutter-Treppe
5 Reliquienkammer
6 Kapellentreppe

7 Hofkapelle
8 Reiche Kapelle
9 Geweihgang
10 St.-Georg-Rittersaal
11 Breite Treppe

12 Kaisertreppe
13 Vierschimmelsaal
14 Chinesisches Kabinett
15 Miniaturenkabinett
16 Spiegelkabinett

dem kunstvollen Wittelsbacher-Brunnen. In der Werkstatt von Hubert Gerhard entstanden im frühen 17. Jh. die Flussgötter Donau, Isar, Lech und Inn, die (stehenden) Gottheiten Ceres, Vulkan, Neptun und Juno sowie die grotesken Fische, Frösche und Ungetüme.

Die prachtvollen Räume sind für Konzerte prädestiniert. Der einstige Thronsaal König Ludwigs II. ist heute der Herkulessaal (▶ S. 293), Konzerte finden auch im Cuvilliéstheater, in der Allerheiligen-Hofkirche, in der Hofkapelle, im Max-Joseph-Saal und im Brunnenhof

Musik in der Residenz

(Open-Airs, von Klassik bis Swing, Jazz und Pop) statt. Während der **Residenzwoche** im Oktober öffnen sich sonst nicht zugängliche Räume, außer Führungen und Vorträgen werden auch Konzerte geboten, etwa im Antiquarium (www.residenzwoche.de).

RUNDGANG

Erdgeschoss   Über das **Vestibül** (1733) gelangt man in die 1726–1730 im ehemaligen Gartensaal eingerichtete **Ahnengalerie**: 121 Bildnisse bayerischer Herrscher und ihrer Verwandten unterstreichen den Machtanspruch der Wittelsbacher. Im **Porzellankabinett** (1730–1733) glänzen Kostbarkeiten aus den Manufakturen von Meißen, Nymphenburg, Frankenthal und Würzburg, aus Wien und Sèvres. Der **Grottenhof**, 1581–1586 vom Hofkunstintendanten Herzog Wilhelms V. Friedrich Sustris gebaut, ist nach manieristischer Mode mit

Feinstes Rokoko im Cuvilliés-Theater

Tuffstein, Muscheln und Kristallen als »künstliche Natur« gestaltet; die Perseus-Gruppe (1592) schuf Hubert Gerhard. Umwerfend eindrucksvoll ist das **Antiquarium**, der größte Renaissance-Saal nördlich der Alpen (▶Abb. S. 292 Klappe): Ab 1568 für die Antikensammlung Herzog Albrechts V. erbaut, hat ihn Sustris ab 1588 zum Festsaal umgestaltet, heute werden hier Staatsgäste bewirtet und Auszeichnungen verliehen. Der 66 m lange Saal besteht fast ganz aus einem Tonnengewölbe. An den Längsseiten stehen antike Büsten und Statuen, die Albrecht V. sammelte; die Allegorien im Gewölbe malte Peter Candid, Hans Donauer schuf die Ansichten von 102 bayerischen Städten und Burgen in den Stichkappen. Die schwülstige Bildwelt »teutscher« Mythologie ist in den *Nibelungensälen* im Königsbau präsent, mit Szenen aus dem Nibelungenlied, gemalt 1828–1834 und 1843–1867 von Schnorr von Carolsfeld, Olivier und Hauschild.

Obergeschoss   Die **Schlachtensäle** waren einst Vorzimmer zu den Gemächern König Ludwigs I. Benannt sind sie nach den 14 Darstellungen von Schlachten der Napoleonischen Kriege, die früher den Bankettsaal der Offiziere im Festsaalbau schmückten. Die Wände der **Porzellankammern** sind mit den »Polen-Teppichen« (17. Jh.) bespannt, die als

Heiratsgut an das Haus Wittelsbach kamen. Im früheren Zugang zur Hofkirche, dem **Allerheiligengang**, hängen 28 Bilder mit italienischen Szenerien von Carl Rottmann (1830–1833), dem bevorzugten Landschaftsmaler Ludwigs I. Das **Charlottenzimmer** ist nach Charlotte Auguste benannt, der Tochter von Max I. Joseph, die 1814–1816 hier wohnte; die Einrichtung ist beispielhaft für die Wohnkultur zu Beginn des 19. Jahrhunderts. Um den Grottenhof gruppieren sich die **Reichen Zimmer**: Kurfürst Karl Albrecht, der Kaiser werden wollte (was 1742 auch gelang), ließ diese grandioseste Raumflucht der Residenz 1730–1733 von Cuvilliés anlegen und ausstatten, ein einzigartiges Gesamtkunstwerk. In der Grünen Galerie hängen Gemälde aus dem 16.–18. Jh.; die Möbel für das Paradeschlafzimmer, in dem Karl Albrecht nie geschlafen hat, wurden z. T. in Paris gefertigt. Die Schnitzarbeiten führte Wenzeslaus Miroffsky (Mirowsky) aus, den Deckenstuck J. B. Zimmermann. Auch das *Spiegelkabinett mit herrlichen Stukkaturen und Schnitzereien hat Cuvilliés entworfen. Als kostbarstes Kleinod der Residenz gilt das winzige **Miniaturenkabinett von 1732, in dessen rot lackierte und vergoldete Täfelung 29 Miniaturen niederländischer, französischer und deutscher Meister des 16.–18. Jh.s eingelassen sind. Im April 1944 zerstört, konnte es 2001 wieder geöffnet

> **!** *Pracht aus Porzellan*
>
> **BAEDEKER TIPP**
>
> In den Porzellankammern hat man sie beieinander: Erzeugnisse der Manufakturen von Nymphenburg und Berlin sowie aus französischen Werkstätten, alle aus dem 19. Jahrhundert. In den rückwärtigen Kurfürstenzimmern wird ostasiatisches Porzellan aus dem 15. bis 18. Jh. präsentiert, darunter grandiose Stücke aus China.

werden. In der *Reliquienkammer** werden die »Heilthümer« Herzog Wilhelms V. und seiner Nachfolger aufbewahrt – Wilhelm durfte mit päpstlicher Erlaubnis Reliquien erwerben. Präsentiert werden sie in kostbaren Goldschmiedearbeiten aus dem 16.–18. Jahrhundert. Das Privatoratorium Maximilians I., die **Reiche Kapelle**, wurde von Hans Krumper im frühen Barock ausgestattet.
In den *Silberkammern** ist großartiges Silbergeschirr ausgestellt, darunter das Tafelservice König Max I. Josephs mit 502 Teilen aus vergoldetem Silber. Die meisten Exponate wurden im 18./19. Jh. in deutschen und französischen Werkstätten gefertigt. Die einstigen Kaiserzimmer heißen auch **Steinzimmer**, nach der wunderschönen Scagliola-Dekoration (Stuckmarmor-Intarsien), die 1612 bis 1617 entstand und das Weltbild Maximilians I. illustriert.
Im Obergeschoss des Königsbaus liegen die *Wohnräume König Ludwigs I.; Fußböden und Wand- und Deckendekorationen wurden restauriert, das Mobiliar ist großenteils original erhalten. Die Möbelbezüge, Vorhänge und Baldachine wurden anhand erhalten gebliebener Reste nachempfunden. Die Fresken und Reliefs entwarf Ludwig von Schwanthaler.

Königliche Pracht

Als die Alte Veste zu klein geworden war, entstand im Nordosteck der Stadtbefestigung ab 1385 die Neuveste. Im Lauf der Jahrhunderte entwickelte sich dieser politische und kulturelle Mittelpunkt des Landes zu einer riesigen Anlage, mit einer Grundfläche von ca. 250 × 200 m eine der größten ihrer Art. Nach weitgehender Zerstörung im Zweiten Weltkrieg dauerte der Wiederaufbau bis Mitte der 1980er-Jahre.

1 Festsaalbau

Den Hofgarten flankiert der klassizistische Festsaalbau, den Ludwig I. mit dem Königsbau und der Allerheiligen-Hofkirche von Leo von Klenze errichten ließ. Nach 1945 entstand an der Stelle des Thronsaals ein großer Konzertsaal (Neuer Herkulessaal, 1953).

2 Alte Residenz

Unter Kurfürst Maximilian I. in der Spätrenaissance (1611–1619) errichtet. In der Front an der Residenzstraße öffnen sich zwei prächtige Portale aus Rotmarmor, flankiert von Bronzelöwen von Hubert Gerhard (um 1595) – ihre Nase reiben bringt Glück! Zwischen den Portalen die »Patrona Boiariae« von Hans Krumper (1616) über einer Ewiges-Licht-Ampel.

3 Königsbau

Klenzes Königsbau, nach dem Vorbild des Palazzo Pitti in Florenz gestaltet, bestimmt die Front der Residenz am Max-Joseph-Platz. Die Innenräume sind von klassizistischer Kühle geprägt.

4 Schatzkammer

Die hier aufbewahrten Kostbarkeiten zählen zu den wertvollsten ihrer Art.

5 Antiquarium

Der größte profane Renaissanceraum nördlich der Alpen und sicher einer der großartigsten. Er dient heute als festliche Kulisse für Staatsempfänge.

6 Brunnenhof

Der 1610 angelegte Brunnenhof mit dem Wittelsbacher-Brunnen (Hubert Gerhard, um 1600) ist diagonal ausgerichtet, die Fassaden sind mit Scheinarchitektur bemalt. Hier finden an Sommerabenden Konzerte statt.

7 Cuvilliés-Theater

Ein Juwel des Rokokos – siehe S. 292

8 Spiegelkabinett

Der wunderschöne Stuck von Johann Baptist Zimmermann und die großartigen Schnitzereien von Wenzeslaus Miroffsky wurden in mühevoller Kleinarbeit rekonstruiert.

9 Miniaturenkabinett

Hier sind 129 Miniaturgemälde zu bewundern, die kaum größer sind als ein Briefbogen. Deutsche, französische und niederländische Künstler haben sie im 16., 17. und 18. Jh. geschaffen.

10 Silberkammern

Wertvolle Silberwaren des 17./18. Jh.s werden im Zimmer des Staatsrats und im Hartschiersaal präsentiert, darunter das etwa 3500 Teile umfassende Tafelsilber des Hauses Wittelsbach.

11 Steinzimmer

Die kostbar ausgestatteten Kaiserzimmer, benannt nach den Stuckmarmorarbeiten (1612–1617), die das Weltbild Maximilians I. illustrieren.

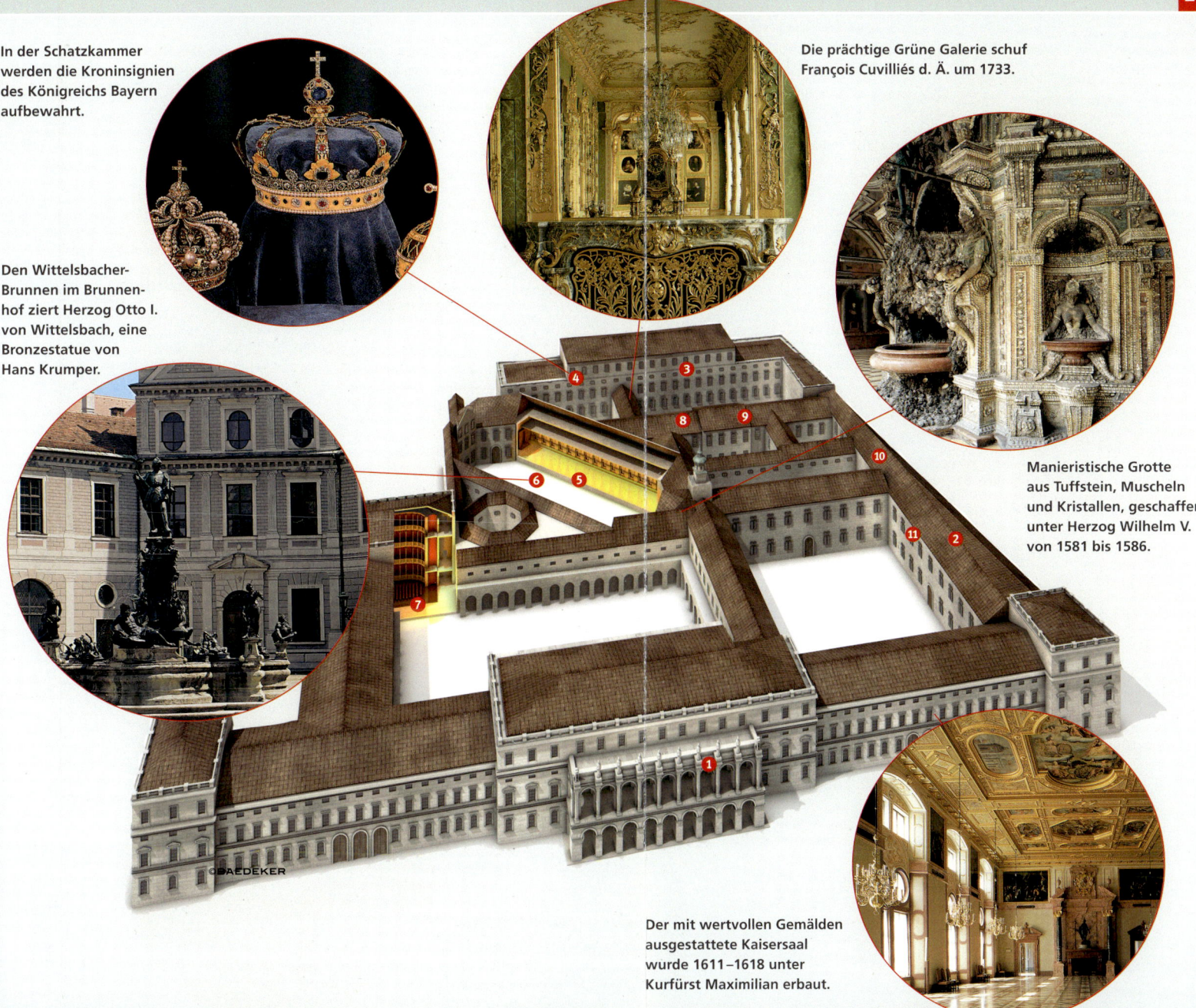

In der Schatzkammer werden die Kroninsignien des Königreichs Bayern aufbewahrt.

Die prächtige Grüne Galerie schuf François Cuvilliés d. Ä. um 1733.

Den Wittelsbacher-Brunnen im Brunnen-hof ziert Herzog Otto I. von Wittelsbach, eine Bronzestatue von Hans Krumper.

Manieristische Grotte aus Tuffstein, Muscheln und Kristallen, geschaffen unter Herzog Wilhelm V. von 1581 bis 1586.

Der mit wertvollen Gemälden ausgestattete Kaisersaal wurde 1611–1618 unter Kurfürst Maximilian erbaut.

©BAEDEKER

Schatz-kammer Begründet wurde die Schatzkammer – eine der bedeutendsten Europas – durch Herzog Albrecht V., der hier die **»hauß clainodes« **der Wittelsbacher** aufbewahrte. Großartige Stücke aus dem Mittelalter (Raum I) sind das Gebetbuch Kaiser Karls des Kahlen (um 860), die Krone der Kaiserin Kunigunde, das Kreuzreliquiar Kaiser Heinrichs II. und das Kreuz der Königin Gisela (alle um 1000). Spätgotik und Frührenaissance (Raum II) sind mit dem Arnulf-Ziborium (um 1440) und dem 100 Jahre jüngeren »Rappoltsteiner Pokal« vertreten. In Raum III steht ein besonderer Schatz, die Statuette des hl. Georg, an der mehrere Künstler von 1586 bis 1597 arbeiteten. Zur sakralen Kunst der Renaissance und des Barock (Raum IV) gehören die Hausaltäre Herzog Albrechts V. (um 1560) und das um 1630 von Georg Petel geschnitzte Kruzifix. Die Insignien Kaiser Karls VII. und der bayerischen Könige werden in Raum V präsentiert. Die **Königskrone**, 1806 in Paris gefertigt, wurde nie getragen. Obwohl Albrecht V. verfügt hatte, dass besondere Stücke nicht verkauft werden dürfen, wollten die Wittelsbacher 1931 den 35,5-karätigen blauen Diamanten der Krone veräußern, was nicht gelang; lange verschollen, wurde er 2008 bei Christie's versteigert und unter Verlust von 4,5 Karat umgeschliffen, der Emir von Katar soll ihn für 80 Mio. € gekauft haben. Dass der Stein nicht als Eigentum des bayerischen Staats galt, verweist auf die Merkwürdigkeiten in der Einrichtung des Wittelsbacher Ausgleichsfonds. – Raum VIII beherbergt Kunstwerke der Hoch- und Spätrenaissance, Barock und Rokoko ist Raum IX gewidmet, in Raum X werden Kostbarkeiten aufbewahrt, die außerhalb Europas entstanden, darunter Elfenbeinschnitzereien aus Südasien, chinesisches Porzellan und türkische Dolche.

WEITERE TEILE DER RESIDENZ

Cuvilliés-theater Ein Rausch in Rot und Gold mit vier Logenreihen und Kurfürstenloge – der **Rokoko-Zuschauerraum gilt als der schönste überhaupt. 1781 wurde hier die Oper »Idomeneo« uraufgeführt, die Mozart für den Münchner Karneval dieses Jahres schrieb. Das »Cuvilliés« liegt im Osttrakt, der Zugang zwischen Brunnenhof und Apothekenhof. Kurfürst Max III. Joseph ließ es 1751 – 1753 durch François Cuvilliés d. Ä. einbauen, an der Ausstattung waren erstklassige Künstler und Kunsthandwerker wie J. B. Straub und J. B. Zimmermann beteiligt. Nach dem Zweiten Weltkrieg wurde es mit den erhalten gebliebenen Rängen wieder aufgebaut und aufwendig restauriert.

Allerheiligen-Hofkirche Die Hofkirche – nicht verwechseln mit der Hofkapelle (s. u.) – erbaute von Klenze 1826 – 1837, nach dem Wunsch Ludwigs I. in byzantinischem Stil mit goldgrundigen Fresken und farbigem Marmor. Der Zweite Weltkrieg ließ davon nur Reste übrig: Die klaren Formen des Backstein-Rohbaus ergeben einen herrlichen Veranstaltungs-raum (wegen der trockenen Akustik sind die vorderen Plätze zu empfehlen). Zwischen der Hofkirche und dem Cuvilliéstheater liegt der **Kabinettsgarten**, ein idyllisches, stilles Plätzchen mit Wasser-becken, ideal für einen kleinen Rückzug zwischendurch.

Vom Kapellenhof hat man Zugang zu der frühbarocken kleinen Kir-che von Beginn das 17. Jh.s. Den würdig-ernsten Raum nach Art der Michaelskirche dominiert der Hauptaltar, dessen Retabel Maria in der Glorie darstellt (Hans Werl, 1600). Die Rokoko-Seitenaltäre schufen Johann Baptist und Franz Zimmermann (1748).

Hofkapelle

Auch der Festsaalbau am ▶Hofgarten wurde im Zweiten Weltkrieg großenteils zerstört. Der Thronsaal im ersten Stock wurde in den 1950er-Jahren zum Festsaal mit 1270 Plätzen umgebaut. Er heißt **Herkulessaal** nach den Wandteppichen mit Szenen der Herkules-Sage aus einer Antwerpener Manufaktur (um 1565). Im Erdgeschoss sind die Originale der ***Renaissance-Bronzen** von Gerhard, Palagio und Krumper aus der Nähe zu bewundern (tgl. 10.00 – 17.00 Uhr).

Festsaalbau

Mit ca. 300 000 Münzen, Medaillen und Banknoten ist das zwischen Kaiserhof und Kapellenhof untergebrachte numismatische Museum eines der größten seiner Art. Man sieht hier die schönsten Münzen und Wertzeichen seit der griechischen, keltischen und römischen Antike. Die von Herzog Albrecht V. begründete Sammlung umfasst alle Bereiche der Numismatik, der Geldgeschichte und der Medail-lenkunde. Ausgewählte Stücke demonstrieren die Geschichte des Zahlungswesens in europäischen und außereuropäischen Gebieten. Angeschlossen ist eine Abteilung mit Gemmen und Kameen.

*** Staatliche Münz-sammlung**

Salvatorplatz

✳ **K 16**

Lage: Nördliche Altstadt
U-Bahn: U 3/6, 4/5 Odeonsplatz   **Tram:** 19 Theatinerstraße

Vom Luitpoldblock an der ▶Brienner Straße geht es südlich zum Salvatorplatz, einem ruhigen Eck in der Altstadt mit der Salvatorkirche und dem Literaturhaus.

Erbaut wurde die Backstein-Saalkirche 1493/1494 als Kapelle des Friedhofs der Frauenkirche, der um das Jahr 1485 an die Stadtmauer verlagert wurde. 1828 überließ Ludwig I. die Kirche der griechisch-orthodoxen Gemeinde Münchens, wobei sie in staatlichem Besitz blieb. Die Ikonostase schuf Efthymios Dimitriu (1829).

Salvatorkirche

Literaturhaus

Münchens Treffpunkt für Schreibende und Lesende, für Verleger, Buchhändler und Autoren ist das Literaturhaus, das seit 1997 in der Salvatorschule (1887) residiert. Getragen wird es von der Stiftung Buch-, Medien- und Literaturhaus München. Das ganze Jahr über finden hier interessante Veranstaltungen zu Themen aus der Welt der Bücher und der Literatur statt: Autorenlesungen und Ausstellungen, Vorträge und Buchpräsentationen, Schreibseminare und Diskussionen. Auch Institutionen der Branche sind hier ansässig, die Akademie der Deutschen Medien, das Institut für Urheber- und Medienrecht und der Landesverband Bayern des Börsenvereins des Deutschen Buchhandels. Nicht nur bücheraffine Menschen treffen sich gern in der schicken Brasserie **OskarMaria** (▶ S. 85), benannt nach dem aus Berg am Starnberger See stammenden Schriftsteller Oskar Maria Graf. Eine Installation der US-Künstlerin Jenny Holzer erinnert an ihn, Zitate aus seinen Werken zieren Geschirr und Bänke.

❶ Salvatorplatz 1, Tel. 089 29 19 34-0, www.literaturhaus-muenchen.de.

? BAEDEKER WISSEN

Bäriges Haustier

Im 3. Stock des Literaturhauses überrascht ein ausgestopfter russischer Braunbär – er stand einst im Foyer des Hauses von Thomas Mann in der Poschingerstraße. Das Familienmaskottchen hat es gar zu literarischen Ehren gebracht, als Taufgeschenk für Hanno in den »Buddenbrooks«.

✳ Sammlung Schack

✦ K 18

Lage: Lehel, Prinzregentenstraße 9
Bus: 100 Reitmorstraße
Tram: 18 Nationalmuseum
❶ Mi. – So. 10.00 – 18.00, am 1. und 3. Mi. im Monat bis 20.00 Uhr

Eintritt: 4 €, Kombi-Karte für die Pinakotheken 12 € (▶ S. 222)
www.pinakothek.de

Nymphen und Faune in märchenhaften Landschaften, ein schlummernder Hirtenbub, eine unheimliche Villa am Meer – in der Galerie des Grafen Schack schwelgt man in Romantik.

Gleich östlich des ▶ Bayerischen Nationalmuseums findet man eine kleine, dennoch eine der schönsten und für München bedeutsamsten Gemäldesammlungen der Stadt. Ansässig ist sie in der Preußischen Gesandtschaft im Königreich Bayern (Max Littmann, 1907), begründet wurde sie von Graf Adolf Friedrich von Schack (1815–1894), einem weitgereisten mecklenburgischen Adligen und Privatgelehrten, der so manchem Münchner Künstler auf die Sprünge half. Er förderte heute weltberühmte Maler durch Ankäufe ihrer Werke bzw.

durch Aufträge, so Moritz von Schwind, Carl Spitzweg, Franz von Lenbach (▶Berühmte Persönlichkeiten) und Arnold Böcklin. Seine Sammlung mit mehr als 100 Gemälden vermachte Graf Schack dem deutschen Kaiser, der sie aber in München ließ.

Zunächst erfährt man etwas über den Urheber der Sammlung, dann sind »Wunschräume und Wunschzeiten« das Thema, d. h. Italien (J. G. von Dillis, Leo von Klenze, J. A. Koch) und Griechenland (Carl Rottmann). Für »Sagen und Märchen« steht Moritz von Schwind (»Rübezahl«, »Im Walde«, »Erlkönig« u. a.), »Epos und Geschichte« werden mit E. von Steinle, E. N. Neureuther und J. von Führich illustriert. Der letzte Raum gehört dem großen Carl Spitzweg (u. a. »Der Abschied«); der »Starnberger See«, in der Manier der Schule von Barbizon, gilt als ein Hauptwerk von Eduard Schleich (1862).

Erdgeschoss

Im Treppenhaus begleiten Kopien von Werken F. v. Lenbachs. Die ersten Säle (17, 13, 14) sind Arnold Böcklin gewidmet, einem »Deutschrömer« wie Marées und Feuerbach; hochberühmt seine Werke »Pan erschreckt einen Hirten« und »Villa am Meer«. Saal 12 präsentiert frühe Werke Franz von Lenbachs, u. a. den herrlichen »Hirtenknaben« und die »Alhambra in Granada«. Prächtige Hauptwerke des venezianischen Cinquecento, von Tizian, Giorgione, Tintoretto etc., hängen in Saal 11 – allerdings in meisterlichen Kopien von Lenbach und anderen. Saal 16 zeigt ebenfalls Kopien, die Hans von Marées in Italien fertigte. In Saal 15 sind Werke von Anselm Feuerbach zu bewundern, darunter »Bildnis einer Römerin«, »Laura in der Kirche« und »Paolo und Francesca«.

Obergeschoss

Sankt-Jakobs-Platz

✴ **L 16**

Lage: Südliche Altstadt
U-Bahn: U 3/6 Marienplatz
Tram: 16, 17, 18, 37, 38 Sendlinger Tor

Bus: 62 St.-Jakobs-Platz,
132 Rindermarkt

Am einstigen Marktplatz des altstädtischen Angerviertels stehen sich die »Vergangenheit« Münchens und ein eindrucksvolles Zeichen des Neubeginns gegenüber: das Stadtmuseum und das Jüdische Zentrum Jakobsplatz.

Vom 14. bis ins 20. Jh. war der Jakobsplatz Marktplatz mit Zeug- und Feuerwehrhaus; hier fanden die bedeutenden Dulten statt, die Kaufleute von weither beschickten (nun als nostalgisches Relikt in der Au, ▶S. 88). Benannt ist er nach dem im 13. Jh. gegründeten Kloster St. Jakob am Südrand des Platzes, das heute zum Theresia-Gerhar-

dinger-Gymnasium gehört. Nach Südosten – in den typischen Altmünchner Häusern mit Halbgauben (»Ohrwaschln«) sind nette
Geschäfte und Lokale ansässig – gelangt man zur Schrannenhalle
und zum ▶ Viktualienmarkt

✱✱ MÜNCHNER STADTMUSEUM

Lage: St.-Jakobs-Platz 1
❶ Di.–So. 10.00 – 18.00 Uhr,
Stadtcafé 10.00 – 24.00 Uhr

Eintritt: Dauerausstellungen 4 €,
ganzes Haus 7 €, Filmmuseum 4 €
www.muenchner-stadtmuseum.de

Der Stadt- und Kulturgeschichte Münchens ist das Stadtmuseum
gewidmet, das u. a. das alte Zeughaus – ein markantes Giebelhaus
mit Ecktürmchen, gotischer Halle und Gewölben – und einen rekonstruierten Marstall des 15. Jh.s nützt. Außer den Dauerexponaten
werden immer wieder interessante Sonderausstellungen gezeigt. Ein
beliebter Treffpunkt ist das **Stadtcafé**, im Sommer bietet der Hof
einen angenehm schattigen Platz (▶ S. 85).
Die Ausstellung **»Typisch München«** illustriert die Stadtkultur vom
Mittelalter bis heute: die Stadt des Adels und der Bürger, des Biers
und der Kunst, aber auch die »Hauptstadt der Bewegung« (▶Baede-
ker Wissen S. 218) und die »Hauptstadt des Wirtschaftswunders«. Zu
ihren Glanzpunkten gehören die **Moriskentänzer**, die Erasmus
Grasser um 1480 für den Tanzsaal des Alten Rathauses (▶ S. 240)
schuf. Der Moriskentanz mit seinen elegant-grotesken Verrenkungen
stammte aus dem maurischen Spanien und wurde durch fahrendes

Wertvolle Zeugnisse aus der Münchner Geschichte im Stadtmuseum

Volk in Europa verbreitet. Auch Wappenscheiben von Grasser, u. a. mit dem Münchner Kindl, sind hier zu sehen.

Mit Objekten zum Thema **»Nationalsozialismus in München«** ergänzt das Stadtmuseum die Ausstellungen im NS-Dokumentationszentrum (▶ S. 217) und im Jüdischen Museum (▶ S. 298). Hier liegt der Fokus auf der Rolle der Stadt München beim Aufstieg des Nationalsozialismus und als Zentrum der NSDAP.

Auf großes Interesse stoßen die Konzerte, die abends und am Sonntagvormittag in der **Sammlung Musik** stattfinden (Karten Tel. 089 233-2 23 70), aber auch sonst sind die 6000 Instrumente aus allen Erdteilen einen näheren Blick wert. In der **Sammlung Puppentheater/Schaustellerei**, eine der bedeutendsten ihrer Art mit Handpuppen, Marionetten, Schattenspielfiguren etc., wird ein Querschnitt durch den großen Bestand des Museums präsentiert: Puppentheater seit dem 19. Jh. sowie Schaustellerei mit den Themen »Populäre Vergnügungen« und »Münchner Oktoberfest«.

Objekte weiterer bedeutender Sammlungen sind in die Dauerausstellung integriert oder werden in Sonderausstellungen gezeigt:

Angewandte Kunst des 15. – 20. Jh.s: Kunstgewerbe und Interieurs aus Biedermeier, Historismus und Jugendstil (u. a. Entwürfe von H. Obrist, B. Paul und R. Riemerschmid).

Stadtkultur/Volkskunde: Zeugnisse der Alltagskultur vom 18. Jh. bis heute, populäre Sakralgegenstände (z. B. Krippen).

Mode/Textilien/Kostüme: Kleider und Schmuck aus dem 18.–20. Jh., Modezeichnungen und -fotos, u. a. aus dem Modellarchiv der 1931 in München gegründeten Meisterschule für Mode.

Grafik/Plakat/Gemälde: Bilder zur Münchner Stadtgeschichte (z. B. topographische Darstellungen des 19. Jh.s), internationale Plakate aus Politik, Wirtschaft und Kultur seit dem 19. Jh.

Fotografie: Mit einem Bestand von über 850 000 Fotos eine der führenden Sammlungen in Europa.

* **Filmmuseum**

In der cineastischen Landschaft Münchens spielt das Filmmuseum im Stadtmuseum eine große Rolle. Mit ca. 6000 Klassikern der Kinogeschichte – insbesondere Stummfilme der 1920er-Jahre, aber auch Filme von Wim Wenders und Rainer Werner Fassbinder – genießt es internationalen Ruf. Auf dem Programm stehen Retrospektiven, Reihen zu bestimmten Themen sowie Erstaufführungen; Stummfilme werden oft am Klavier begleitet. Ganze 4 € kostet der Eintritt.

Kino: Di., Mi., Fr.–So. 18.30, 21.00, Do. 19.00 Uhr, Tel. 089 233-9 64 50

Museumsladen

Ein Stadtmuseum der anderen Art: Wer verrückte »bayerische« oder münchnerische Souvenirs sucht, von der Schneekugel mit Münchner Kindl über das Filz-Notizbuch bis zur »Der-Butter«-Dose, wird hier fündig. Man führt auch Bücher und CDs zum Thema.

❶ Mo.–Sa. 10.00–19.00, So. bis 18.00 Uhr, www.servusheimat.com

Altes und neues München: Stadtmuseum und Synagoge

** JÜDISCHES ZENTRUM

Lage: St.-Jakobs-Platz 16
❶ Führungen in der Synagoge für Einzelpersonen und kleine Gruppen: Termine auf **www.ikg-m.de**

Anmeldung mindestens 10 Tage vorher, Tel. 089 20 24 00-100
Museum: Di. – So. 10.00 – 18.00 Uhr, Eintritt 6 €

** **Synagoge** Gegenüber dem Stadtmuseum beeindruckt die starke Architektur der Synagoge Ohel Jakob (»Zelt Jakobs«). Mit ihrem Sockel aus Travertin, der an die Klagemauer in Jerusalem erinnert, und dem von einem Metallschleier verhüllten gläsernen Aufbau vereint sie symbolisch die jüdischen Leitmotive Stabilität und Fragilität, Provisorium und Dauerhaftigkeit. Die Synagoge gehört zum 2006/2007 eröffneten Jüdischen Zentrum der Israelitischen Kultusgemeinde München und Oberbayern mit Gemeindehaus und Museum (Architekten: Wandel Hoefer Lorch, Saarbrücken). Am 9. Nov. 2003, genau 65 Jahre nach der infamen Reichspogromnacht, wurde der Grundstein gelegt, am 9. Nov. 2006 wurde die Synagoge eingeweiht. Damit hat jüdisches Leben in München – die Alte Hauptsynagoge am Lenbachplatz wurde schon im Juni 1938 abgerissen – wieder einen festen Platz. Die nach dem Ende der Naziherrschaft wieder ins Leben gerufene Israelitische Kultusgemeinde zählt heute rund 9000 Mitglieder. Ihr Zentrum war bis 2006 das Haus Reichenbachstr. 27, in dessen Rückgebäude eine Synagoge erhalten blieb; sie wurde 1938 von der SA verwüstet, aber nicht zerstört. Das Gemeindehaus ist mit der Synagoge durch einen unterirdischen Gang verbunden, der dem Gedenken der 4500 von den Nazis ermordeten jüdischen Münchner gewidmet ist. – Im Restaurant Einstein im Gemeindezentrum kann man vorzüglich koscher essen (▶ S. 81).

In dem freistehenden Kubus links der Synagoge wird die Geschichte der Münchner Juden sowie ihre Kunst und Kultur in allen Facetten gezeigt. Wechselausstellungen ergänzen die Schau.

* Jüdisches Museum

Gegenüber dem Stadtmuseum, im Eck neben dem schönen ORAG-Haus (1896; ORAG: Oberbayerische Rohstoff- und Arbeitsgemeinschaft, heute Bayerische Schneidergenossenschaft), steht das im 14./17. Jh. erbaute Haus, in dem der große Rokoko-Bildhauer Ignaz Günther von 1761 bis zu seinem Tod 1775 wohnte. Es ist eines der seltenen erhaltenen Doppelanwesen, die von einer Straße zur anderen reichen; man achte auch auf die halben Dachgauben, die »Ohrwaschln«. Im Haus ist die Verwaltung des Stadtmuseums ansässig, Sie können eintreten und sich die typische, durch zwei Geschosse führende »Himmelsleiter« ansehen, auch die gotische Stube aus dem 15. Jh. im 1. Stock (wenn zugänglich). Die Madonna an der Oberanger-Seite ist eine Kopie des Originals von Günther.

Ignaz-Günther-Haus

* Sankt Michael Berg am Laim

⊹ G 12

Lage: Berg a. L., J.-M.-Fischer-Platz
U-Bahn: U 2 Josephsburg   **www.st-michael-bal.de**

Für Barock- und Kunstfreunde ein Muss ist der Ausflug in den östlichen Stadtteil Berg am Laim: Seine dem hl. Michael geweihte Kirche gilt als eine der schönsten und interessantesten Schöpfungen des süddeutschen Rokoko.

Anscheinend ganz unmotiviert liegt das großartige Gotteshaus in der Vorstadt. Nun, Berg war damals eine Hofmark im Besitz des Kölner Erzbischofs Joseph Clemens, eines Bruders des Kurfürsten Max II. Emanuel. Joseph Clemens ließ sich hier das Schlösschen Josephsburg erbauen; sein Nachfolger Clemens August, ein Sohn Max II. Emanuels, errichtete dann diese Kirche für die 1693 gegründete, große und mächtige St.-Michaels-Bruderschaft. Die eindrucksvolle **Doppelturmfassade** sollte den Abschluss einer Straße von München her bilden, die aber nicht realisiert wurde. Die für die Nische über dem Hauptportal zu klein geratene Michaelsfigur datiert von 1911. Konzipiert wurde die Fassade von Stadtbaumeister Ph. J. Köglsperger, die

Kirche selbst (1738–1758, Weihe 1751) entwarf **Johann Michael Fischer**, neben St. Anna im Lehel (▶S. 231) sein zweites großes Münchner Werk. Er realisierte hier keinen Zentralbau, sondern eine wunderbar komponierte Folge dreier Räume, die gemäß dem Goldenen Schnitt kleiner werden: runder Gemeinderaum, runder Vorchor für den Fürsten und den Vorstand der Bruderschaft, querelliptischer Altarraum. Das architektonische Bild ist ganz Gewölbe, Kurven, Bögen, Rundungen, die sich nach Perspektive unterschiedlich durchdringen; die heitere Lebendigkeit wird noch gesteigert durch das Licht aus den großen Fenstern und das Spiel der Schatten, die es erzeugt. Die weitgehend original erhaltenen Deckenfresken von Johann Baptist Zimmermann (von ihm auch der Stuck) stellen die drei Erscheinungen des hl. Michael dar. Den Hochaltar (mit Gemälde von J. A. Wolff) und die anderen Altäre im Hauptraum schuf Johann Baptist Straub (▶S. 231); die vergoldeten Figuren beiderseits des Tabernakels könnten von Ignaz Günther stammen.

Weiteres in Berg am Laim An der Baumkirchner Straße wenige Schritte nördlich laden das Weiße Bräuhaus und die Trattoria San Michele ein, Letztere in einem uralten Bauernhaus. Ca. 800 m südlich von St. Michael, jenseits der Heinrich-Wieland-Straße, dehnt sich der **Ostpark** aus, eine beliebte Freizeitlandschaft, angelegt in den 1970er-Jahren, wo bis dahin Äcker waren. Außer dem großen Michaelibad (Frei- und Hallenbad) steuert man gerne das Gasthaus Michaeligarten bzw. seinen Biergarten (3000 Plätze) am romantischen See an.

Michaeligarten: Mo.–Fr. ab 11.00, So. ab 10.00 Uhr, Tel. 089 43 55 24 24

✴ Schwabing

✴ B–E 9–11

Lage: nördlich des Stadtzentrums
U-Bahn: U 3/6 Giselastraße, Münchner Freiheit, U 2 Hohen-

zollernplatz, Scheidplatz
Tram: 12, 27

Maler, Dichter, Musiker, Schauspieler – wie Joachim Ringelnatz, Frank Wedekind, Thomas Mann, Wassily Kandinsky und Gabriele Münter – und viele andere, die hier um die Wende vom 19. zum 20. Jh. ein Bohème-Leben führten, haben das einstige Dorf vor den Toren der Stadt berühmt gemacht.

Künstler und Revolutionäre Mit moralischer Entrüstung und neidvoller Bewunderung zugleich belegten die Münchner das Künstlervölkchen um die »wilde Gräfin« **Franziska zu Reventlow** mit dem Begriff »Schlawiner«. Zudem hatte Schwabing, das 1891 nach München eingemeindet wurde, einen Ruf für revolutionäre Umtriebe. Hier brachte beispielsweise **Lenin**

Die Occamstraße im Herzen Altschwabings

unter dem Decknamen Meyer viele seiner folgenreichen Gedanken zu Papier und redigierte die Zeitschrift »Iskra«; hier versteckten sich die Revolutionäre der 1919 niedergeschlagenen Münchner Räterepublik, hier kam es 1962 zu den **Schwabinger Krawallen**, die bald in die Demos und Scharmützel der Außerparlamentarischen Opposition mündeten. Schwabing ist auch die Heimat der Münchner **Lach- und Schießgesellschaft**, die legendäre Kabaretttruppe mit (in der Urform von 1956) Dieter Hildebrandt, Ursula Herking, Klaus Havenstein und Hans Jürgen Diedrich.

Seinen liederlichen bis chaotischen Charakter hat Schwabing verloren. Legende sind die Zeiten eines Big Apple und PN Hithouse an der »wilden Meile« Leopoldstraße, der großen Tanzlokale der 1960er, in denen Eric Burdon oder Jimi Hendrix Tausende anzogen, oder der Schwabinger Krawalle, als ein paar gitarrespielende Leute eine massive Polizeiaktion auslösten. Zwar gibt es noch einige Szene-Lokale und -läden, doch wird das Viertel nach Kräften aufpoliert bzw. gentrifiziert, Boutiquen und Cafés für die Jung-Schickeria bestimmen zunehmend das Bild. Die Mietpreise sind astronomisch, in den herrlichen großen Wohnungen der gründerzeitlichen Häuser haben sich viele Freiberufler und Geschäftsleute niedergelassen. **Stadtteil im Wandel**

Vom Siegestor führt die Leopoldstraße, die nördliche Fortsetzung der Ludwigstraße (▶ S. 233), als vierspurige Hauptverkehrsader und Flaniermeile Schwabings zur Münchner Freiheit (und weiter bis zum Frankfurter Ring). Der von Pappeln gesäumte Boulevard mit seinen Bürohäusern, Uni-Instituten, Läden, Cafés und Restaurants besitzt wenig Glamour, auch wenn an warmen Sommerabenden die Plätze **Leopoldstraße**

vor den Restaurants und Bars rappelvoll sind. Den 17 m hohen weißen »Walking Man« vor dem Gebäude der Münchner Rückversicherung (Munich Re) schuf der Kalifornier Jonathan Borofsky 1995.

Münchner Freiheit Im Norden weitet sich die Leopoldstraße zu diesem Platz mit »orien-
talischem« Bus-/Tram-/U-Bahnhof und abgesenkter Ladenpassage.
Er ist wahrlich keine Schönheit, dennoch hat er – mit Kaufhaus, Kinos, Cafés, Läden und Freiluft-Schachspiel – viel Publikum. Von hier
geht die **Feilitzschstraße** nach Osten ab, die Altschwabing erschließt
(s. u.). Benannt ist der frühere Feilitzschplatz nach der »Freiheits-
aktion Bayern«, die 1945 kurz vor Kriegsende eine vergebliche Re-
volte gegen die Nazis unternahm. Einen Blick wert ist die evangelische **Erlöserkirche** (Theodor Fischer, 1901) nördlich des Platzes,
deren schlichte Gestaltung im Jugendstil sich programmatisch vom
zeitgenössischen historistischen Pomp abwandte.

Altschwabing Die Feilitzschstraße bringt nach Osten zum ▶Englischen Garten.
Das seit 1967 unveränderte Bistro Drugstore (mit Kleinkunstbühne
Heppel & Ettlich im OG, ▶S. 70) liegt am **Wedekindplatz**; Frank
Wedekind war einer der brillantesten Köpfe der Bohème. Der Platz,
einst Zentrum des Schlawinerviertels, wurde sauber restauriert, inkl.
der schiefen »Schwabinger Laterne«, die vor dem legendären Lokal
»Schwabinger Gisela« ums Eck in der Occamstraße stand; heute set-
zen dort das Vereinsheim mit dem Lustspielhaus die Tradition fort
(▶S. 69, 71). In der nächsten Querstraße links ist die berühmte Lach-
& Schießgesellschaft zu Hause. Weiter unten erreicht man dann den
Kern des alten Dorfs. Die Kirche **St. Sylvester** geht ins 8. Jh. zurück
(Turmuntergeschoss um 1200), im 14. sowie im 17./18. Jh. wurde sie
vergrößert und verändert, 1926 wurde die parallel angebaute okto-
gonale Kirche geweiht. Die alte Kirche besitzt Stuck in der Art der
Münchner Michaelskirche und frühbarocke Altäre (um 1655), die
große neue ist ähnlich gestaltet, jedoch in großspurigem Neobarock.
Unter der Ausstattung ragen die Verkündigungsgruppe von Ignaz
Günther (um 1770, neue Kirche
rechts) und die Mondsichelmadon-
na von Constantin Pader heraus
(1646, Zwischentrakt). An der Ecke
Feilitzschstraße/Gunezrainerstraße
steht der **Viereckhof**, der älteste
Hof Schwabings (Ende 13. Jh., 1787
barock überarbeitet), der zur Katholischen Akademie gehört. Der beliebte Kiosk gegenüber wartet mit
einer »Strandbar« auf. Den **Englischen Garten** betritt man auf der
Höhe des Kleinhesseloher Sees.

Münchens erste WG

Franziska zu Reventlow, 1871 geboren, zog ihren Sohn ohne Vater
groß und gründete mit Franz Hes-
sel und ihrem Geliebten Bohdan
von Suchocki Münchens erste
Wohngemeinschaft. Die Schriftstellerin zog in 17 Jahren 26 Mal
in München um, meist weil sie die
Miete nicht bezahlen konnte.

Im südlichen Altschwabing, am Nikolaiplatz, fungiert die hübsche **Seidlvilla** als kleines, feines Veranstaltungshaus (Konzerte, Ausstellungen, Lesungen etc.); der zauberhafte Garten ist ideal für eine Pause. Erbaut wurde die Villa 1905 von Emanuel von Seidl für Franziska Lautenbacher, die reiche Witwe eines Spatenbräu-Besitzers.

Ab Mitte des 19. Jh.s entstand im Zug der Industrialisierung das Schwabing westlich der Leopoldstraße, in der Gründerzeit ließen sich hier auch Gelehrte und Künstler nieder. So glänzt es mit einer Reihe schöner Häuser aus Historismus und Jugendstil (Baedeker Wissen S. 303). Eine Auswahl: Leopoldstr. 77 (M. Dülfer, 1902; davor **»Neues Schwabing«**

Kiosk mit Strandbar

der Bally-Prell-Brunnen, die tolle Volkssängerin wohnte hier), Ainmillerstr. 22 (H. Helbig/E. Haiger, 1900; Abb. ▶S. 305), Römerstr. 11 (Helbig/Haiger 1899), Georgenstr. 8, Pacelli-Palais (J. Hölzle, 1903), Georgenstr. 10, Palais Bissing (E. R. Fiechter, 1903), Schackstr. Nr. 1, 2, 4 (L. Romeis, um 1896), Belgradstr. 22/24 (J. Lang, 1899). Weitere findet man in der Franz-Joseph-Straße, der Kaiserstraße und der Isabellastraße. Für die Einwohner des neuen Viertels wurde auf dem etwas abseits gelegenen Kaiserplatz die Kirche ***St. Ursula** errichtet (A. Thiersch, 1897), ungewöhnlicherweise im Stil oberitalienischer Kreuzkuppelkirchen aus der Renaissance. An lauen Sommerabenden sitzt man gern auf den Stufen vor der Kirche.

Wo die großzügige Franz-Joseph-Straße die Nordendstraße kreuzt, liegt der Elisabethplatz (hier treffen sich also »Sisi« und ihr Franz Joseph) mit dem 1903 begründeten Markt; kleiner als der ▶Viktualienmarkt, besitzt er eine nette, persönliche Atmosphäre. Das Milchhäusl – eingerichtet Ende des 19. Jhs. von einem Abstinenzler-Arzt, der hier Milch ausgeben ließ – mutierte zum Wirtshaus mit Biergarten. Und Sonja Riker (SuSa) ist bekannt für ungewöhnliche, glücklich machende Suppen. Gegenüber dem Markt das Jugendtheater Schauburg (▶S. 70); von 1967 bis 1972 war das der legendäre Beatschuppen »Blow up«, in dem u. a. Jimi Hendrix und Pink Floyd auftraten. **Elisabethplatz**

❶ U 2/8 Josephsplatz, Tram 27. Markt: Mo.–Sa.nachmittag

Eher Haltung denn Stil

*An der Wende zum 20. Jh. war München eine »Stadt der Jugend«.
Es war die Zeit, als Zeitschriften wie »Jugend«, »Frühling« und »März«
erschienen, als die »Kosmiker« von sich reden machten, als Künstler
wie Franz von Stuck oder Franz Marc für Aufregung sorgten.*

München war zwar nicht Geburts-, wohl aber Taufort des Jugendstils, der künstlerischen Bewegung, die es sich zum Ziel gesetzt hatte, die Welt mit den Waffen des Schönen und nicht mit Politik zu verändern. Das Schönheitspotenzial eines Mediums, sei es das der Sprache, des Bildes oder der Architektur, sollte nach Kräften ausgereizt werden.

Dichtung und Politik

Schönheit war alles, Politik galt als vulgär. »Nicht zum Guten, nicht zum Bösen wollen wir die Welt erlösen«, heißt es in dem Gedicht »Grundsatz« von Richard Dehmel, und 1904 schreibt der zeitweilige Wahlmünchner **Thomas Mann:** »Aber für politische Freiheit habe ich gar kein Interesse.« Allerdings brachte der Schönheitskult so manchen Intellektuellen in Reibung mit einer bürgerlichen Gesellschaft, die das Materielle höher schätzte als das Schöne. Die antisoziale Pose des Ästheten verband sich daher nicht selten mit einer spöttischen Haltung gegenüber allem, was nur einen Hauch von Konventionen erkennen ließ. Sprachrohr dieser Polemik war das 1896 gegründete Szene-Organ **»Simplicissimus«.** Seine Mitarbeiter gehörten zur Crème der intellektuellen Prominenz: Arthur Schnitzler, Hermann Hesse, Gustav Meyrink, Frank Wedekind und die Brüder Heinrich und Thomas Mann.

Konflikte mit der Zensur blieben nicht aus und gaben wiederum Anlass zu bissigem Spott – »Maulkorb, Maulkorb über alles«, giftet Wedekind in einem seiner für den »Simplicissimus« verfassten Gedichte. Die Obrigkeit reagierte rigoros: Wedekind kam ein halbes Jahr in Festungshaft, der Verleger Albert Langen zahlte 30 000 Mark Strafe.

Schönheit der Form

Der für den Jugendstil charakteristische Anspruch, die Welt ästhetisch zu läutern, bestimmte auch den Umgang mit den visuellen Medien. Wertvolle Studienobjekte sind die Werke der 1899 gegründeten Künstlervereinigung **»Die Scholle«.** Deren Mitglieder Leo Putz, Ludwig Hohlwein und Thomas Theodor Heine spezialisierten sich früh auf das Plakatdesign und teilten die Vorliebe für eine reine, ornamental befreite Form. Die Schönheit der Linie galt ihnen mehr als die Erfassung des Gegenstands. Ihr **»L'art pour l'art«** nahm das ästhetische Programm des **»Blauen Reiters«** vorweg, der – man denke etwa an die »Blauen Pferde« von Franz Marc – die äußerliche Realität des Gegenstands durch die innere Stimmigkeit von Form und Farbe ersetzte.

Dem Œuvre des Malers **Franz von Stuck** stand die Fachwelt zwiespältig gegenüber. Franz von Stuck war Ästhet par excellence – und ein Selbstdarsteller dazu. Mitgründer der Münchner Secession und mit 32 Jahren Akademieprofessor, errichtete er sich 1897/1898 an der Prinzregentenstraße eine prunkvolle Villa, deren Monumentalität mit der Wucht eines klassischen Tempels konkurriert, und in seinem Selbstporträt (1896) stilisierte er sich als »poeta laureatus« in antikem Gewand mit römischem Lorbeerschmuck. Sein Werk ist denn auch weniger dem Jugendstil als dem Symbolismus zuzuordnen.

Vereinigte Werkstätten

Das hehre Ziel, die Welt ins Schöne zu wenden, blieb für die Dichter und Maler des Jugendstils ein Wunschtraum. Schon um 1900 war die gesellschaftliche Wirkung der Kunst bedenklich geschwunden. Umso faszinierender war für viele Künstler der Gedanke, in die **Massenproduktion** einzusteigen, sie gestalterisch zu prägen. Ende 1897 formierten sich zahlreiche Künstler, wie **Richard Riemerschmid**, Peter Behrens und Hermann Obrist, zum »Ausschuss für Kunst im Handwerk«, um die »Vereinigten Werkstätten für Kunst und Handwerk« zu gründen. Laut Gründungsmanifest war ihr Ziel, Handwerker und Fabrikanten zu gewinnen, »die nicht nur die technische Fertigkeit in höchstem Maße besitzen, sondern auch Lust hätten, neue Entwürfe auszuführen«. Bei vielen Mitgliedern war dieser Versuch von Erfolg gekrönt: Der schriftbildnerisch tätige Otto Eckmann gelangte zu Ruhm durch seine »Eckmann-Type«, und **Peter Behrens** wurde 1907 in den künstlerischen Beirat der AEG in Berlin berufen. Riemerschmid etablierte sich als Vordenker modernen Wohnens. An den »Werkstätten« wird deutlich, dass der Jugendstil weit mehr als nur ein Stil war, er war der **Aufbruch in die Moderne.**

Jugendstil in Schwabing: Haus Ainmillerstraße 22 aus dem Jahr 1900

Luitpoldpark Den Park im Nordwesten Schwabings legten Münchner Bürger 1911 zum 90. Geburtstag des beliebten Prinzregenten Luitpold an, wobei sie 90 Linden pflanzten. Nach dem Zweiten Weltkrieg wurde im Nordteil ein Trümmerberg aufgeschüttet, heute ein begrünter Hügel, der eine schöne Aussicht bietet (Hotspot an Silvester). Am Westrand des Parks zieht das prächtige **Bamberger Haus** seit 1912 Gäste an. Seinen Namen hat das Haus von Fassadenteilen in fränkischem Barock, die einst das Palais des Bamberger Heeresausstatters Böttinger zierten. Heute kann man hier gehoben österreichisch essen oder sich eine Pizza schmecken lassen (Mo. geschl.; mit Biergarten).

Tutsek-Stiftung In einer Jugendstilvilla östlich des Luitpoldparks (Karl-Theodor-Straße 27) zeigt die Tutsek-Stiftung seit 2008 zeitgenössische **Glaskunst**, darunter wunderschöne Objekte der Studioglas-Bewegung. ❶ Di.–Fr. 14.00–18.00 Uhr, Eintritt 3 €, www.atutsek-stiftung.de

Parkstadt Schwabing Auf einer einstigen Industriebrache an der Einmündung der A 9 in den Mittleren Ring ist die Parkstadt Schwabing entstanden, mit einer »an das Bauhaus angelehnten Architektur«. Dominanten nach amerikanischem Vorbild bilden das weithin sichtbare »Münchner Tor« im Norden: die 126 bzw. 113 m hohen, oben abgeschrägten Türme des Chicagoer Stararchitekten Helmut Jahn, die **HighLight Towers** (2004), und der ebenfalls von Jahn entworfene 84 m hohe **Skyline Tower** (2010). Ansässig sind hier Firmen wie Amazon, Microsoft, Osram, Langenscheidt und Fujitsu, IBM entwickelt in den HighLight Towers seinen Supercomputer Watson. Die Menschen, die hierher gezogen sind und für die das städtebauliche Projekt hauptsächlich gedacht war, leiden unter mangelnder Infrastruktur, dem Pendlerverkehr und den damit verbundenen Parkproblemen.

Sendlinger Straße

━━━━━━━━━━━━━━ ✳ **L/M 15**

Lage: Südwestliche Altstadt
U-Bahn: Marienplatz, Sendlinger Tor
S-Bahn: S 1–8 Marienplatz   **Tram:** Sendlinger Tor

Südwestlich des Marienplatzes, zwischen dem ▶ Hackenviertel und dem Angerviertel, führt die Sendlinger Straße zum gleichnamigen Stadttor – seit je eine Straße der Händler.

Ziemlich schmal, dafür mit vielerlei Läden, Cafés und Imbissen gespickt ist diese frequentierte Einkaufsmeile, im oberen Teil eine Fußgängerzone. Bescheidener als die Achse Kaufinger-/Neuhauser Straße, teilt sie deren Schicksal: Traditionsreiche Geschäfte machen zu,

meist zugunsten bekannter internationaler Marken. Bisher unange-
fochten ist der Juwelier Fridrich mit dem Glockenspiel am Hauseck,
dagegen schloss 2015 »Lewandowski Korsetten (seit 1885)« beim
Sendlinger Tor, das angeblich die aufregende Corsage für Uschi Glas
im Film »Zur Sache Schätzchen« lieferte. Vom ▶Marienplatz geht
man zunächst durch die Rosenstraße und passiert die prächtigen
Ruffini-Häuser (G. v. Seidl, 1905), vom Denkmalschutz gerühmt als
»romantisch-heimatliche Stimmungsarchitektur höchsten Niveaus«.
Das Spanische Fruchthaus, 1915 von einem Mallorquiner und einer
Münchnerin gegründet, residiert hier seit 1947. Am Beginn der
Sendlinger Straße zielt die Ladenpassage **Hofstatt** aufs Portemon-
naie v. a. junger Leute; sie entstand auf dem einstigen Areal des Süddeutschen Verlags (Süddeutsche Zeitung, AZ). Der größte Mieter ist
Abercrombie & Fitch im sterilisierten SZ-Verlagshaus; 2012 mit großem Trara eröffnet, scheinen seine Tage hier schon gezählt. Weiter
unten fallen rechts prachtvolle Rokoko-Fassaden auf, die zur großartigen ▶**Asamkirche** (St. Johann Nepomuk) und dem Wohnhaus
ihres Erbauers und Besitzers Egid Quirin Asam gehören.

Wie das Karlstor (▶Karlsplatz) und das ▶Isartor gehörte das Sendlinger Tor zur zweiten Stadtbefestigung, die zwischen 1285 und 1337
errichtet und im 19. Jh. abgetragen wurde. Erhalten sind nur die flankierenden sechseckigen Türme. Das **Filmtheater** mit seinen großen
gemalten Plakaten ist einer der alten Kinotempel der Stadt (▶S. 65).
Auf den Platz vor dem Tor münden ein halbes Dutzend Straßen,
kreuzen sich U-Bahn-, Tram- und Buslinien. Jenseits, vor der Matthäuskirche (s. u.), ein **Fontänenbrunnen**; dort fährt die nostalgische MünchenTram zur Sightseeing-Rundfahrt ab (▶S. 112).

**Sendlinger
Tor**

Dem sonst formlosen Platz vor dem Sendlinger Tor gibt die 1953 bis
1955 errichtete evangelische Bischofskirche Gesicht, ein gelungenes,
wegweisendes Beispiel des modernen Sakralbaus (Architekt: Gustav
Gsaenger). Sie ist die Nachfolgerin der ersten evangelischen Kirche
Münchens (1833, abgebrochen 1938). Das eigenwillig gewölbte Dach
verhalf ihr zum Beinamen »Badwannl vom liabn Gott«, markant
der einfach strukturierte Turm. Der Kirchenraum mit asymmetrisch
geschwungenem Grundriss und schwarzen Säulen zeigt den Charme
der 1950er-Jahre; das Mosaik (Gsaenger) an der Altarwand symbo-
lisiert Leid, Schuld und Tod. Die Stätte ist bekannt für hochkarätige
geistliche Musik von der Orgel und vom Münchner Motettenchor.

***Matthäus-
kirche**

In der Hauptfeuerwache wenige Schritte südöstlich des Sendlinger
Tors ist Deutschlands größtes Feuerwehrmuseum untergebracht. Ge-
rätschaften wie eine 200 Jahre alte Drehleiter, Oldtimer-Fahrzeuge
und ein Luftschutzkeller locken ins Domizil der 1879 ins Leben ge-
rufenen Münchner Berufsfeuerwehr. Und schräg gegenüber an der

**Feuerwehr-
museum**

Münchner
Marionetten-
theater

Blumenstraße findet man das Münchner Marionetten-Theater, dessen Aufführungen Groß und Klein bezaubern (▶ S. 70).

Feuerwehrmuseum: Sa. 9.00 – 16.00 Uhr, Eintritt frei

Thalkirchen

— ✳ **K 7**

Lage: am südlichen Stadtrand
U-Bahn: U 3 Thalkirchen

Thalkirchen, im Süden gegenüber dem ▶Tierpark Hallabrunn an der Isar gelegen, besitzt mit seiner Kirche St. Maria ein barockes Kleinod. Sonst ist der alte Flößer-Vorort mit dem Freibad Maria Einsiedel und der Zentrallände am Fluss eines der großen Freizeit- bzw. Radel-Ziele der Stadt.

*St. Maria
Thalkirchen

Schon im 13. Jh. stand hier ein romanisches Kirchlein, von ihm sind das Turmuntergeschoss und die Langhaus-Ostwand erhalten. Im 15. Jh. ging es in einem gotischen Neubau auf, der um 1695 barock umgestaltet wurde. Die sechseckige neobarocke Erweiterung im Westen entwarf Gabriel von Seidl (1908). Dementsprechend »bunt« präsentiert sich die Kirche außen, innen kontrastiert gotische Architektur mit der Ausstattung aus Barock und Rokoko. Der grandiose Hochaltar erhielt seine Gestalt 1759 vom Münchner Rokoko-Meister Ignaz Günther, aus seiner Werkstatt kamen auch der »Lilien-Engel« und die Büsten des hl. Joachim und der hl. Anna. In der Mitte des Altars das Gnadenbild, eine spätgotische Muttergottes mit Kind (1482), die freundliche Würde ausstrahlt. Zu Ende des 17. Jh.s entstand die Kanzel mit einer schönen Skulptur des Erlösers. Gegenüber ein Wandkreuz mit schmerzensreicher Muttergottes (1744). Das Deckenfresko, J. A. Wolf zugeschrieben, ist dem Patrozinium der Kirche Mariä Himmelfahrt gewidmet. Das Deckengemälde im Westbau (K. Schleibner, 1917) stellt die Anbetung der Könige dar, der Antoniusaltar datiert von 1911. – Gegenüber der Kirche bietet der Alte Wirt Bayerisches und Burger; Als Alternative ist das leicht gehobene Mangostin nebenan zu nennen, eines der ältesten Asien-Restaurants Münchens, mit großer Terrasse (beide tgl. geöffnet).

Weiteres in
Thalkirchen

Der Kirchweg führt von St. Maria südlich zum **Asam-Schlössl**, einem gediegenen Restaurant bayerischen Zuschnitts (▶ S. 77). Der große Cosmas Damian Asam (▶ S. 51) erwarb 1724 dieses Haus und baute es zum Wohnatelier aus; die üppige Fassadenmalerei (1981) ist dem Original nachempfunden. Von Asam rührt auch die Bezeichnung des Platzes »Maria Einsiedel«, denn ab 1724 arbeitete er an der Gestaltung der Klosterkirche in Einsiedeln. Jenseits der Benedikt-

Sommervergnügen auf stehender Welle

beurer Straße dehnt sich das beliebte *Freibad Maria Einsiedel aus: Ein Kanal, der von der Isar abzweigt, durchzieht es auf fast 400 m Länge, das Wasser des Badesees (max. 22 °C) wird biologisch aufbereitet; dazu kommen 50-m-Becken, Kinderplanschbecken, FKK-Bereich etc. (www.swm.de). Weiter südlich liegen der Campingplatz Thalkirchen und die **Floßlände**, früher ein »Hafen« Münchens, heute werden hier die von Wolfratshausen angekommenen Ausflugsflöße zerlegt. Kajakvereine trainieren auf den Kanälen, schon seit 1972 wird eine stehende Welle zum Surfen genützt (nicht immer möglich). Wenig bekannt ist der schöne Biergarten am Bootshaus der Naturfreunde an der Zentralländstraße. – Von hier radelt man, an der Isar und ihren Kanälen entlang, weiter über Hinterbrühl (beliebtes Gasthaus mit Biergarten) nach Großhesselohe und Pullach (▸Isar).

* Theatinerstraße · Hypo-Kunsthalle

✦ K 16

Lage: Nördliche Altstadt
S-Bahn: S 1 – 8 Marienplatz
U-Bahn: U 3/6 Marienplatz
U 3/6, 4/5 Odeonsplatz

Tram: 19 Theatinerstraße
www.fuenfhoefe.de

Von der Theatinerkirche (▸Odeonsplatz) führt eine Einkaufsstraße nach Süden zum Marienhof hinter dem Neuen Rathaus (▸Marienplatz). Hier reihen sich gute Shopping-Adressen, Passagen und Höfe mit edlen Boutiquen und Cafés.

Einer der nettesten Plätze in der Innenstadt ist im Hof der Theatinerkirche zu finden, das **Café Arzmiller** mit seiner Terrasse, auch an

?

Das »Drückebergergassl«

In der Viscardi-Gasse beim Prey-sing-Palais erinnert eine 20 m lan-ge bronzene »Wegspur« im Pflas-ter, geschaffen von Bruno Wank, an die »Drückeberger«. Der Hin-tergrund? Wer an dem Denkmal für die »Blutzeugen« des Putsch-versuchs 1923 vorbeikam, musste – ob zu Fuß oder auf dem Rad – die Hand zum »Deutschen Gruß« erheben. Viele Münchner nahmen dann lieber den Weg durch das »Drückebergergassl«.

sonnigen Tagen in der kühlen Jah-reszeit. Und wenige Schritte südlich des Preysing-Palais (s. u.) liegt in der **Theatinerpassage** eines der schönsten Kinos der Stadt (▶ S. 66). Die Passage führt, wie weiter süd-lich die Residenz- und die Perusa-Passage, hinüber zur parallel ver-laufenden Residenzstraße, alle mit guten Geschäften.

Die Feldherrnhalle (▶ Odeons-platz) wurde unmittelbar an das **Preysing-Palais** angebaut, Mün-chens frühestes Rokoko-Palais. Hofbaumeister Joseph Effner er-richtete es 1723 – 1728 für Graf Maximilian von Preysing-Hohen-aschau, einen hohen Ministerialen des Hofs. Von der Passage hat man (meist) Zugang zum herrlichen Treppenhaus (Stuck z. T. von J. B. Zimmermann), das ebenso wie der Fassadenschmuck an der Residenz-straße und die Karyatiden nach dem Zweiten Weltkrieg rekonstru-iert wurde.

Fünf Höfe   Für die exklusive Shopping-Mall der Fünf Höfe wurde ein Gebäude-komplex der Hypo-Vereinsbank zwischen Theatinerstraße, Maffei-straße und Kardinal-Faulhaber-Straße (▶ S. 282) entkernt und um-gebaut. Im coolen Ambiente der Basler Stararchitekten Herzog & de Meuron (2001) – unter einem Glasdach mit Ranken-Urwald – kann man in Viscardihof, Salvatorpassage und Maffeihof, in Perusahof und Prannerpassage Edles & Teures erwerben; einen normalen Su-permarkt findet man hier auch. »After work« oder zwischendurch trifft man sich in Schumann's Tagesbar an der Maffeistraße, nebenan das renommierte Café Kreutzkamm.

* Hypo-Kunsthalle   In die Fünf Höfe integriert ist die 2001 eröffnete Kunsthalle der Hypo-Kulturstiftung. Ihr Konzept ist ebenso attraktiv wie erfolg-reich: Auf »handlicher« Fläche (1185 m²) werden hervorragende wechselnde Ausstellungen zu bestimmten Künstlern oder Künstler-gruppen, zu bestimmten Epochen oder anderen Themen aus der Kunstgeschichte veranstaltet.

❶ Tgl. 10.00 – 20.00 Uhr, Eintritt unterschiedlich (um 12 €, montags die Hälfte), www.kunsthalle-muc.de

* Theresienwiese · Bavaria

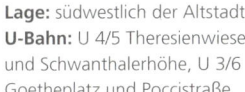

✦ F/G 7/8

Lage: südwestlich der Altstadt
U-Bahn: U 4/5 Theresienwiese
und Schwanthalerhöhe, U 3/6
Goetheplatz und Poccistraße

Tram: 18/19 Holzapfelstraße
Bus: 131/132 Poccistraße,
134 Theresienhöhe

Zu den fotogensten Wahrzeichen Münchens gehört der »Tempelbezirk der Romantik« auf der Theresienhöhe mit der Bavaria und der Ruhmeshalle. Zu ihren Füßen breitet sich die Theresienwiese aus – eher eine Schotter-Asphalt-Fläche als eine Wiese –, auf der das weltberühmte Oktoberfest stattfindet.

* BAVARIA UND RUHMESHALLE

Am Rand der Theresienwiese hält eine 18,5 m hohe, hehre germanischen Frauengestalt einen Eichenlaubkranz in die Höhe. Bekleidet ist die **Bavaria** mit einer Tunika und einem Bärenfell, neben ihr sitzt, trutzig blickend, der bayerische Löwe. Modelliert wurde sie von Ludwig von Schwanthaler, einem Hauptvertreter des Klassizismus; der von Ludwig I. geförderte Bildhauer lehrte ab 1835 an der Münchner Kunstakademie. Ferdinand von Miller, Inspektor der Königlichen Erzgießerei, goss das Bildnis in 8-jähriger Arbeit bis 1850 in Bronze, es wiegt 1560 bayerische Zentner (gut 87 Tonnen). Über 126 Stufen gelangt man in den Kopf der Statue, wo man einen großartigen Blick über München hat. Eingerahmt wird die Bavaria von der **Ruhmeshalle**, die Hofarchitekt Leo von Klenze bis 1853 errichtete. In der dreiflügeligen Halle mit dorischen Marmorsäulen sind die Büsten von 115 bayerischen Persönlichkeiten zu bewundern (die alten von Schwanthaler), etwa Albrecht Dürer, Ludwig Thoma, Carl Orff oder der Münchner Brauer Joseph Pschorr; unter den wenigen Frauen die Mathematikerin Emmy Noether und die renommierte Forschungsreisende und Ethnologin Therese Prinzessin von Bayern.

Bayerns Glorie

Bavaria: April – 15. Okt. tgl. 9.00 – 18.00, während des Oktoberfests bis 20.00 Uhr, Eintritt 3,50 €; Ersteigung über eine enge Wendeltreppe.

Hinter der Ruhmeshalle liegt auf der Theresienhöhe das alte Messegelände mit dem schönen Bavariapark, einem guten Wirtshaus mit Biergarten und dem ►Verkehrszentrum des Deutschen Museums.

Altes Messegelände

Nordöstlich der Theresienwiese ragt die neogotische Sankt-Pauls-Kirche (1892–1906) mit ihrem 97 m hohen Hauptturm auf, neben

St. Paul

der Frauenkirche das größte Gotteshaus Münchens und mit ihrer Me-
lange aus französischer und rhei-
nischer Gotik einen Blick wert.
Während der Feste auf der Theresienwiese ist der **Turm** zugänglich:
Aus ca. 50 m Höhe hat man einen
herrlichen Postkartenblick z. B. auf
die Wiesn mit den Alpen im Hintergrund – die Zugspitze liegt genau
hinter dem spitzen Turm von St.
Margaret in Sendling.

✱ OKTOBERFEST AUF DER THERESIENWIESE

Am 12. Oktober 1810 hielten Kronprinz Ludwig, der spätere König   **Historie**
Ludwig I., und Therese von Sachsen-Hildburghausen in München
Hochzeit. Die Festlichkeiten dauerten fünf Tage, in der Stadt para-
dierten Schützen und Musikkapellen, es gab Speis und Trank für jeden. Zum Schluss veranstalteten wohlhabende Bürger vor den Toren
der Stadt ein Pferderennen. Zu Ehren der Braut wurde der Festplatz
»Theresienwiese« genannt. Im nächsten Jahr wurde das publikums-
wirksame Pferderennen wiederholt, und man organisierte eine landwirtschaftliche Ausstellung, bei der die schönsten Pferde und Ochsen
gekürt wurden. Schaukeln und andere Fahrgeschäfte kamen 1818
hinzu, zwei Jahre später zogen Schaubuden, Karussells, Artisten und
»anatomische Wunder« Besucher an. Das Oktoberfest, kurz »Wiesn«
genannt, war geboren.
Am 26. September 1980 starben bei einem Bombenanschlag eines
Rechtsradikalen zwölf Menschen. Polizei und Staatsanwaltschaft ver-
steiften sich rasch auf einen Einzeltäter; erst 2014, nach jahrzehnte-
langer hartnäckiger Arbeit des Journalisten Ulrich Chaussy und des
Rechtsanwalts Werner Dietrich, wurden die Hinweise auf Mittäter
bzw. Unterstützer ernst- und die Ermittlungen neu aufgenommen.
Großen Enthusiasmus lassen die Behörden aber auch jetzt nicht erkennen, wie früher versucht man Indizien abzuwerten. Ein Denkmal
am Nordeingang des Geländes erinnert an die wahnsinnige Tat.

Mit 38 ha Fläche und 13 Festzelten, die ca. 100 000 (!) Besucher fas-   **Das Fest**
sen, zieht das Oktoberfest gegenwärtig ca. 6 Mio. Besucher aus aller
Herren Länder an: das **größte Volksfest der Welt**. (Dem Fest ist
sogar ein Museum gewidmet, ▶ S. 242). Es beginnt am Samstag nach
dem 15. September und endet am 1. Sonntag im Oktober um 12 Uhr.

Zünftiges Konzert unter der stolzen Bavaria

Das größte Fest der Welt

Aus dem Hochzeitsfest für Kronprinz Ludwig und Prinzessin Therese am 12. Oktober 1810 ist das größte Fest der Welt geworden. Alljährlich zieht es Millionen von Menschen auf die Wiesn, die für Millionenumsätze sorgen.

▶ **Weniger Durst?**
2015 ging der
Bierkonsum zurück.

2014 7,7 Mio. Maß
2011 7,5 Mio. Maß
2015 7,3 Mio. Maß

.... 7 Mio.

2009 6,6 Mio. Maß

2005 6,1 Mio. Maß

.... 6 Mio.

.... 5 Mio.

2002 5,8 Mio. Maß

.... 4 Mio.

Verkaufte
Maß

10,20 -
10,40 €
2015

9 €..........

8,90 € **2011**

8,30 € **2009**

8 €..........

7,20 € **2005**

7 €..........

6,80 € **2002**

▶ **Auch verlieren gehört dazu**
Neben 600 Ausweisen und 580 Geldbörsen
fand sich 2015 in der Fundsammelstelle
auch Ungewöhnliches, u.a.

2 Lederhosen

2 Dirndl

183 Kinder in der Kinder-
fundstelle; 2014
waren es 151.

 = 3 Kinder

▶ **Aus der Ochsenbraterei**
Verzehr 2015

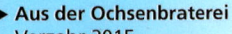

114 Ochsen

50 Kälber

Oktober-fest

▶ **Mit Abstand Nr. 1**
Deutschlandweit hat kein Volksfest
mehr Gäste als die Wiesn.

Cranger Kirmes

Cannstatter Wasen

Bremer Freimarkt

Bisheriger
Besucher-
rekord:
7,1 Mio. (1985)
2015: 5,9 Mio.

ca. 4,3 Mio.
Besucher

ca. 4,0 Mio.
Besucher

ca. 4,0 Mio.
Besucher

▶ **Die Kehrseite der Medaille**
Auch für die Polizei ist die Wiesn ein Großevent.

Polizeieinsätze

2014
2205

2015
2017

**Körperverletzungs-
delikte**

372
Anzeigen
insgesamt

HALT
POLIZEI

110 000
Maßkrüge knöpften Ordnungskräfte
den Souvenirjägern ab.

88
davon schwere
Körperverletzung

Wiesn wie damals

Wer die alte Wiesn-Atmosphäre sucht, geht zum Schichtl (»Auf gehts beim Sch.!«), ins Teufelsrad und in die »Oide Wiesn«. Seit 1924 schaukelt man gemütlich in der »Krinoline« im Kreis, zur Blasmusik, die ältere Herren garantiert »unplugged« machen. Ihre CD »Biermusik!« (Indigo) gehört zum Schönsten des Genres.

Am ersten Tag, nach dem festlichen **Einzug der Wiesnwirte**, sticht der Oberbürgermeister das erste Fass an – die Anzahl der nötigen Schläge mit dem Schlegel wird gespannt registiert – und verkündet aller Welt das berühmte »Ozapft is!«. Nicht entgehen lassen sollte man sich am folgenden Sonntag den **Umzug** mit Trachtenvereinen und Kapellen aus ganz Bayern und auch einigen ausländischen, der ab 10.00 Uhr durch die Innenstadt führt. Am 2. Sonntag spielen die Wiesn-Kapellen um 11.00 Uhr vor der Bavaria, und am letzten Sonntag um 12.00 Uhr, ebenfalls vor der Bavaria, beendet ein Böllerschießen das Fest.

Schon Mitte Juli beginnt der Aufbau der Festzelte; das größte, das Hofbräuzelt, bietet ca. 6500 Sitzplätze, 1000 Stehplätze (die einzigen auf der Wiesn) und 3000 Plätze in den Außenbereichen. Neben den Bier-, Wein- und Cafézelten, den Souvenir- und Steckerlfischbuden, Magenbrot- und Eisständen ziehen spektakuläre Fahrgeschäfte (»Power Tower« etc.), altertümliche Schiffsschaukeln und Kettenkarussells, Geisterbahnen und Schießbuden große und kleine Besucher an. Bei der **Mittagswiesn** bezahlt man bei den teilnehmenden Betrieben niedrigere Eintritts- und Verkaufspreise, dienstags ist **Familientag** ebenfalls mit ermäßigten Preisen.

Das Ansehen des Oktoberfests ist allerdings schon seit etlichen Jahren im Niedergang begriffen, es gibt nicht wenige Münchner, die auf den Besuch eines Festzelts verzichten. Abgesehen von den überzogenen Preisen ist die Wiesn großenteils zu einem Besäufnis vor allem jüngerer Leute – mit den erwartbaren üblen Nebeneffekten – verkommen, zu denen Kampftrinker von Großbritannien bis Down Under anreisen. Zu internationaler Berühmtheit hat es der »Kotzhügel« gebracht, der Wiesenhang vor der Bavaria. An Wochenenden sind die Zelte meist schon um 10 Uhr morgens voll. Damit die sog. Party-Atmosphäre nicht ganz entgleist, darf die Musik in den Zelten bis 18 Uhr nur ohne Verstärker spielen.

Oide Wiesn und Landwirtschaftsfest

Auch aufgrund dieser Entwicklung wurde mit großem Erfolg die **Oide Wiesn** (Alte Wiesn) begründet: ein abgrenzter Bezirk (Eintritt) mit entsprechenden Belustigungen und einem Bierzelt, in dem echte Volksmusik gespielt und ein besonderes, sehr gutes Festbier ausgeschenkt wird, das die Münchner Brauereien gemeinsam herstellen. Alle 4 Jahre (wieder 2016) findet statt der Oidn Wiesn das **Bayerische Zentral-Landwirtschaftsfest** statt, eine auch für Kinder höchst interessante Schau: mit gigantischen Traktoren und frisch geschlüpften Küken, mit mächtigen Stieren und rosigen Ferkeln. Das große, bunte Programm umfasst auch Pferdeschauen in der Arena.

Oktoberfest: Festzelte Mo.–Fr. 10.00–23.30, Sa., So. 9.00–23.30 Uhr (letzter Ausschank 22.30 Uhr). Mittagswiesn Mo.–Fr. 10.00–15.00 Uhr, Familientag Di. 12.00–18.00 Uhr.
www.muenchen.de/veranstaltungen/oktoberfest.htm
Landwirtschaftsfest: Eintritt 13,50 €, Kinder 4 €, www.zlf.de

✴✴ Tierpark Hellabrunn ✦ K 8

Lage: Harlaching, Tierparkstr. 30
U-Bahn: U 3 Thalkirchen/Tierpark
Bus: 52 Tierpark (vom Marienplatz)
❶ ca. 20. März – 20. Okt. tgl.
9.00–18.00, sonst bis 17.00 Uhr

Eintritt: Erwachsene 14 €,
Kinder 4–14 Jahre 5 €
Tel. 089 6 25 08-0
www.hellabrunn.de

Mit 19 000 Tieren aus 767 Arten und seinem 40 ha großen Gelände ist der Tierpark einer der größten Europas. Eine Besonderheit ist die Ordnung der Gehege nach Erdteilen: Man geht von Europa über diverse Kontinente bis in die Polarregionen.

Spazierwege, Spielplätze und Streichelzoos für Kinder, Cafés und eine große Palette von Tierschauen und Fütterungen machen den

»Ecozoo«

Schwimmunterricht bei den Mähnenrobben – wohl recht nervig …

> ! *Nachts im Tierpark*
>
> Man sieht kaum etwas, hört seltsame Geräusche und Laute, die Fantasie arbeitet … Doch der Schein der (Rotlicht-)Lampe des Führers oder das Nachtsichtgerät enthüllt, was tagsüber verborgen bleibt: fliegende Flughunde, konzertierende Pfeiffrösche, kletternde Faultiere. Die Führungen (ab 16 J.) sind sehr beliebt, mindestens 3 Monate vorher buchen.

Zoo zum ebenso erholsamen wie erlebnisreichen Freizeitpark, der im Jahr über 2,2 Mio. Besucher anzieht. Der 1911 gegründete Zoo wurde 1928 zum **ersten Geozoo der Welt**: Viele Tiere leben in Anlagen, die dem natürlichen Habitat nachgebildet sind. Bei der Gestaltung der Gehege hat man so wenige Gitter wie möglich angebracht. Oft werden mehrere Arten eines Biotops in Gesellschaft gehalten, so etwa Giraffen, Erdmännchen und Stachelschweine in der Giraffensavanne.

Einige Highlights: die 5000 m² große Freiflug-Voliere (konzipiert von Frei Otto, dem Ingenieur des Olympia-Zeltdachs), die Fledermausgrotte, die Pinguinwelt mit 50 m langer Schwimmstrecke, das Polarium, das Urwaldhaus, in dem Schimpansen und Gorillas toben. Das denkmalgeschützte Elefantenhaus mit 18 m hoher Beton-Glas-Kuppel, erbaut 1914 von Emanuel von Seidl (▶ S. 242), wird bis 2016 rekonstruiert.

✳ Verkehrszentrum des Deutschen Museums

✦ G 7

Lage: Schwanthalerhöhe
U-Bahn: U 4/5 Schwanthalerhöhe
Bus: 53 Schwanthalerhöhe,
134 Theresienhöhe
Keine Parkplätze beim Museum.

❶ tgl. 9.00 – 17.00 Uhr
Eintritt: 6 €, Familien 12 €,
Kombikarte mit Deutschem Museum
und Flugwerft Schleißheim 16 €

Mächtige Dampf- und E-Loks, Straßenbahnen, Kutschen, Motorwagen, Elektromobile und nostalgische Autos, alles, was die Themen Landverkehr, Mobilität und Technik ausmacht, ist im Verkehrszentrum zu erleben.

Altes Messegelände, neu genützt

Auf der Schwanthalerhöhe hinter der Ruhmeshalle (▶ Theresienwiese) liegt das ehemalige Messegelände (die Messen finden heute in Riem statt). In den 1908 erbauten, denkmalgeschützten Hallen hat das Verkehrszentrum des Deutschen Museums seine Heimat gefunden, die nach dem Zweiten Weltkrieg erstellten Hallen machten Wohn- und Bürogebäuden Platz. Erhalten blieb jedoch die herrliche **Kongresshalle** von 1953, die für Konzerte und Tagungen genützt

wird. In die Fiftys taucht man auch in der **Kongressbar** ein, in der weiß gewandete Kellner vorzügliche Cocktails servieren; freitags gibt's die passende Musik. Für Handfesteres ist das schöne **Wirtshaus am Bavariapark** mit schattigem Biergarten da (tgl. geöffnet). Gleich nebenan liegt der unter König Ludwig I. bis 1831 geschaffene »Theresienhain«, heute **Bavariapark**, mit Skulpturen griechischer Sagengestalten. In seinem alten Baumbestand leben viele geschützte Tierarten, die große Wiese ist ideal zu Faulenzen und Ballspielen.
Kongressbar: Di.–Do. 17.00–1.00, Fr., Sa. 17.00–2.00 Uhr

In **Halle I** wird die technische Entwicklung des Stadtverkehrs von der   **Ausstellung**
Zeit der Pferdekutschen bis heute dargestellt: Kutschen, Dampf- und Motorwagen, moderne Personen- und Lastkraftwagen, Taxis, Busse, Straßenbahnen. Viel Raum ist der Verkehrsplanung und der Umweltverträglichkeit der Verkehrsmittel gewidmet. Schließlich zeigt man, wie der Stadtverkehr von morgen aussehen könnte.
Lust und Last des Reisens sind die Themen in **Halle II**. Seit je sind Menschen unterwegs, zu Fuß, auf Reittieren, in Kutschen, auf Schiffen, in Zügen oder Flugzeugen. Eindrucksvoll wird die Entwicklung der Verkehrsmittel dargestellt, von der Postkutsche bis zum ICE, darunter eine der schönsten Dampfloks überhaupt, die S 3/6 der König-

Schnittige Renner im Verkehrszentrum

lich Bayerischen Staatsbahn (Maffei 1912), und ein »Krokodil« Ge 6/6 der Rhätischen Bahn. Mobilität ist das Thema in **Halle III**. Schon früh haben sich die Menschen Hilfen für die Erweiterung ihres Bewegungsradius und den Transport von Lasten angefertigt. So lassen 21 Fahrräder – vom Laufrad des frühen 19. Jh.s bis zum High-Tech-Mountainbike – die Entwicklung des Zweirads Revue passieren. Dass Bewegung auch etwas mit Lust zu tun hat, zeigen Steinzeit-Schlittschuhe aus Knochen, alte und moderne Ski, alte und moderne Rennwagen. Viel Raum nehmen die Grundlagen der modernen Fahrzeugtechnik und die Technologien der Zukunft ein. Um 13.30 Uhr setzen sich die Züge der **Modelleisenbahn** in Bewegung.

★ Viktualienmarkt

✦ L 16

Lage: Südrand der Altstadt
S-Bahn: S 1–8 Marienplatz
U-Bahn: U 3/6 Marienplatz
Markt: Mo.–Fr. 7.30–18.00,
Sa. bis 13.00 Uhr
www.viktualienmarkt-muenchen.de

Der Bauch der Stadt ist der Markt zwischen der ▶Heilig-Geist-Kirche und der Frauenstraße ganz sicher, vielleicht aber auch das Herz … Ein Bummel über den Viktualienmarkt gehört zum München-Erlebnis einfach dazu.

Legendären Ruf genießt der Münchner Viktualienmarkt (»Viktualie« ist lateinisch für »Lebensmittel«) mit den **Standln**, die überquellen von heimischem und exotischem Gemüse, von Obst, Käse und Wein, Gewürzen und sonstigen Dingen, ergänzt durch Bäcker, Wild-, Geflügel- und Fischhändler sowie Metzger (beim Pferdemetzger Wörle gibt's auch Wurst in der Semmel). Ebenso legendär ist der robuste Charme der Marktfrauen, die zum Faschingsauftakt am 11.11. und am Faschingsdienstag flamboyant gewandet tanzen. An der Westseite, überragt von der ▶Peterskirche, begrenzt die **Metzgerzeile** den Platz; seit 1315 sind hier die Metzger ansässig, damals außerhalb der Stadtmauer am Pfisterbach, der die Abfälle entsorgte. Kleine Handwerksbetriebe wetteifern in der Qualität ihres Angebots, eine Leberkässemmel o. ä. sollte man sich hier mindestens gönnen (Fischfreunde finden ihr Glück auf der anderen Seite des Markts). Im **Biergarten**, in dem etwa alle 6 Wochen eine andere Münchner Brauerei das Bier liefert, genießen neben den Touristen ganz normale Münchner Menschen das Dasein. Brunnen mit immer blumengeschmückten Figuren erinnern an Münchner Originale wie den Weiß Ferdl (»Ein Wagen von der Linie 8«), den Roider Jackl, Karl Valentin (▶Berühmte Persönlichkeiten), Liesl Karlstadt und andere. Noch ein

Gemütliches Dasein am Weiß-Ferdl-Brunnen

Wort zur Historie: Bis 1807 fungierte der ▶ Marienplatz, der damals Schrannenplatz hieß, als Marktplatz, dann wurde ein Areal am heutigen Platz hinzugenommen und durch den Abriss des Heilig-Geist-Spitals 1885 wesentlich vergrößert.

Südlich schließt an der Blumenstraße die Schrannenhalle an, deren nur innen sichtbare schöne Gusseisenkonstruktion bis 2005 wieder aufgebaut wurde. 1851–1853 war sie – doppelt so lang – für die Getreidehändler errichtet worden, 1914 wurden Teile demontiert, der Rest brannte 1932 bis auf die Freibank ab (heute Wirtshaus »Der Pschorr«). Bisher hatte man mit der Nutzung kein Glück, weder als Party-Location, die für viel Ärger sorgte, noch als Erweiterung des Viktualienmarkts mit Ständen und Edelimbissen. 2015 eröffnete hier Eataly, eine italienische Laden-Restaurant-Kette, die regionale Spezialitäten nach Slow-Food-Art führt und auch Kochkurse veranstaltet. Das Sortiment ist riesig, verlockend und nicht billig, die Gastronomie mit Restaurants und Café-Bereichen nicht in allem perfekt.

Schrannen-halle

❶ Markt: Mo.–Sa. 9.30–20.00 Uhr, Gastronomie: Restaurants tgl. 11.30 bis 16.00, 18.00–22.30, Cafés tgl. 7.30–23.00 Uhr, www.eataly.net/de

PRAKTISCHE INFORMATIONEN

Wie komme ich nach München und bewege ich mich
am besten in der Stadt? Wo erfahre ich, was es aktuell
zu erleben gibt? Wichtiges und Wissenswertes
für einen angenehmen München-Besuch.

Anreise · Reiseplanung

Mit dem Auto
Über die **Autobahn** A 8 gelangt man von Stuttgart, Ulm, Rosenheim und Salzburg nach München, über die A 9 von Berlin, Leipzig, Nürnberg und Ingolstadt. Die A 92 verbindet mit Deggendorf, dem Flughafen München und Landshut, die A 94 mit Passau und Mühldorf. Die A 95 führt von Garmisch nach München, die A 96 von Lindau und Memmingen. Zu Ferienbeginn und -ende sind um München herum, inkl. der Ostumfahrung A 99, viele Kilometer lange Staus die Regel. Der tägliche Berufsverkehr sorgt für Stauungen, ebenso an Wochenenden der Ausflugsverkehr: am Samstag etwa 8 – 11 Uhr nach Süden zu den Seen und in die Berge, am späten Sonntagnachmittag (ab etwa 16 Uhr) in umgekehrter Richtung.

Mit Ausnahme der A 8 münden alle Autobahnen direkt auf den **Mittleren Ring**, den vierspurigen Straßenring um die Innenstadt. In die Innenstadt (der Mittlere Ring zählt nicht dazu) dürfen Pkw, Wohnmobile und Busse nur mit einer grünen **Umweltplakette** einfahren, sonst riskiert man 80 € Bußgeld. Info unter www.umweltplakette.de.

Mit dem Fernbus
Der Zentrale Omnibusbahnhof (ZOB) ist Drehscheibe für viele Buslinien aus dem In- und Ausland; u. a. fahren Deutsche Touring, Eurolines, Flixbus, Postbus und IC-Bus nach München. Er liegt westlich des Hauptbahnhofs und ist mit Tram und S-Bahnen rasch erreichbar.

BAHNVERKEHR
Deutsche Bahn
Reiseservice Tel. *0180 6 99 66 33
Automatische Fahrplanauskunft
Tel. 0800 1 50 70 90 (kostenlos)
www.bahn.de
www.bahnland-bayern.de

Schweizerische Bundesbahnen
Rail Service Tel. (+41) *0900 300 300
www.sbb.ch

Österreichische Bundesbahnen
Tel. (+43) 05-1717 (Ortstarif)
www.oebb.at

BUSVERKEHR
Zentraler Omnibusbahnhof ZOB
Arnulfstraße 21, Tram 16, 17 und alle S-Bahnen, Haltestelle Hackerbrücke
www.muenchen-zob.de
Keine telefonische Fahrplanauskunft

FLUGHAFEN MÜNCHEN (MUC)
Info über An- und Abflüge
Tel. 089 9 75-00
www.munich-airport.de
Parkleitzentrale 089 9 75-2 19 21
S-Bahn in die Innenstadt
S 1 und S 8, alle 20 Min.
Fahrzeit zum Marienplatz ca. 40 Min.
S 1: 4.31 (Sa., So. 5.31) – 0.11 Uhr
S 8: tgl. 4.04 – 1.24 Uhr
Lufthansa Airport Bus
zum Hauptbahnhof, Nordausgang
an der Arnulfstraße
alle 20 Minuten, tgl. 6.25 – 22.25 Uhr
Fahrzeit: 45 Min. bis über 1 Stunde

Ziel aller Fernzüge ist der Hauptbahnhof. Regionalzüge aus dem süd- **Mit der Bahn**
deutschen Raum und Österreich halten oft auch am Ostbahnhof bzw.
in Pasing. Von Hamburg, Düsseldorf und
Berlin fahren Autozüge zum Ostbahnhof.
Auskunft zu den Auto- und den Nachtzügen | **Telefonnummern**
(City Night Line) gibt die DB. Die Fahrt von | Gebührenpflichtige Service-
Hamburg oder Berlin nach München dauert | nummern sind mit einem Stern
etwa 6 Std., von Düsseldorf ca. 5 Std, von Zü- | gekennzeichnet: *0180 …
rich gut 4 Std., von Wien 4.30 Stunden.

Der ca. 40 km nordöstlich von München zwischen Freising und Er- **Mit dem**
ding gelegene Flughafen – der zweitgrößte Deutschlands – wird von **Flugzeug**
vielen Städten im In- und Ausland angeflogen. Die S-Bahn-Fahrt ins
Zentrum dauert 40 – 50 Min. und kostet 10,80 € (4 Zonen), ab 3 Personen lohnt sich eine Gruppen-Tageskarte (bis 5 Personen, 23,20 €).

Auskunft

IN MÜNCHEN
München Tourismus
Sendlinger Str. 1, 80331 München
Tel. 089 233-9 65 00
tourismus@muenchen.de
www.muenchen.de/tam
Kein Publikumsverkehr

Touristeninformation
Neues Rathaus
Eingang Marienplatz
Mo. – Fr. 9.30 – 19.00, Sa. 9.00 – 16.00,
So./Feiertag 10.00 – 14.00 Uhr
Hauptbahnhof
Bahnhofsplatz 2
Mo. – Sa. 9.00 – 20.00,
So./Feiertag 10.00 – 18.00 Uhr

Bayern Tourismus Marketing
Arabellastraße 17, 81925 München
Tel. 089 21 23 97-0, www.bayern.by

Tourismus München Oberbayern
Balanstraße 57, 81541 München

Tel. 089 9 07 78 27-0
tourismus@bayern.info
www.oberbayern.de

Infopoint Museen & Schlösser
Alter Hof 1, 80331 München
Tel. 089 21 01 40 50
www.infopoint-museen-bayern.de
Gute Informationsquelle zur Geschichte
Münchens und allen Museen Bayerns.

Deutscher Alpenverein
Service-Stelle am Hauptbahnhof:
Bayerstraße 21/V, 80335 München
Tel. 089 55 17 00-0, www.davplus.de

INTERNET
www.muenchen.de
Das offizielle Portal der Stadt München
ist leicht zu bedienen und lässt fast keine Frage unbeantwortet, von Sehenswürdigkeiten über Veranstaltungen und
Shopping bis zur Online-Hotelbuchung.
Mit interaktivem Stadtplan.

www.sueddeutsche.de/muenchen
www.abendzeitung-muenchen.de
www.tz.de/muenchen
Aktuelle Nachrichten aus München und
Umgebung, mit Stadtführern und vielen
Tipps zum Ausgehen und Erleben.

www.br-online.de
Der Bayerische Rundfunk versorgt online
mit vielerlei aktuellen Informationen und
Tipps zu Land und Leuten.

www.in-muenchen.de
»Der« Veranstaltungskalender, mit Infos
zu neuen Filmen, Theater- und Konzert-
häusern, Ausstellungen etc. pp.
Erscheint alle 14 Tage auch gedruckt.

www.ganz-muenchen.de
munichx.de
mux.de
prinz.de/muenchen
Was alles los ist: von Partys und Nightlife
über Flohmärkte bis zum Volksfest.

www.shops-muenchen.de
Münchens Einkaufsstraßen »von
Geschäft zu Geschäft«.

www.radlhauptstadt.muenchen.de
Auch der München-Besucher erhält hier
vielfältige, wertvolle Informationen, u. a.
zu Fahrradverleihen, Händlern, Repara-
turwerkstätten, Verkehrsregelungen und
Radtouren in der Stadt.

Mit Behinderung in München

München Tourismus (▶Auskunft) gibt in Zusammenarbeit mit dem
städtischen Behindertenbeirat die überaus inhaltsreiche Broschüre
»Barrierefrei duch München« heraus, mit Informationen zu An- und
Abreise, ÖPNV, Museen, Theater etc., behindertengerechten Toilet-
ten und Hotels und sowie Stadtführungen (z. B. für Gehörlose).
Download unter muenchen-tourismus-barrierefrei.de.

Fundbüros

Städtisches Fundbüro
Ötztaler Straße 19, 81373 München
Anfahrt: U 6 bis Harras,
dann 10–15 Min. Fußweg
Tel. 089 233-9 60 45

U-Bahn, Tram, Bus
MVG, Elsenheimerstraße 61
Anfahrt: U 4, 5 Westendstraße oder
Bus 62 Elsenheimerstraße

Tel. 0800 3 44 22 66 00 (gebührenfrei,
Mo.–Fr. 8.00–20.00 Uhr)
Die Verlustmeldung ist auch bei den
Kundencentern möglich (▶S. 331).

S-Bahn und DB-Regionalzüge
Hauptbahnhof, Haupthalle
bei der Schließfachaufsicht
Tel. *0900 1 99 05 99

Literaturempfehlungen

R. Bauer: Geschichte Münchens. München 2008. Die wechselvolle und konfliktreiche Historie der Haupstadt Bayerns, knapp und anschaulich geschildert vom Leiter des Münchner Stadtarchivs. Aufschlussreich auch seine Darstellung der Entwicklung seit 1945.

DUMONT Bildatlas München, Bd. 114, von J. Müssig und M. Campo, Ostfildern 2015. Liebevoll zusammengestellter Bild-Text-Band, der sich Kunst und Kultur ebenso zuwendet wie Schwabing und den »grünen Oasen«. Auch für Aktivitäten werden viele Tipps gegeben.

K. Festner, C. Raabe: Spaziergänge durch das München berühmter Frauen. Zürich/Hamburg 2002. Bekannte und weniger bekannte Frauen wie Julia Mann und Kathi Kobus, wie Therese von Bayern und Franziska zu Reventlow haben München mitgeprägt. Interessante, facettenreiche Geschichten aus der Geschichte der Stadt.

Lionel Feuchtwanger: Erfolg (1930). Berühmter Schlüsselroman über den anscheinend unaufhaltsamen Aufstieg der NSDAP und Adolf Hitlers. Feuchtwanger nimmt die politisch-menschliche Landschaft im München der 1920er-Jahre genau unter die Lupe.

K. Hollighaus, B. Reis: »Das verfluchte Nest!«. König Ludwig II. und München. München 2011. Gerüchte und Spekulationen um das Leben und Wesen des »Kini« leben fort. Eine Spurensuche in »seiner« Haupt- und Residenzstadt, die er von Herzen hasste.

J. Käppner u. a.: München – Die Geschichte der Stadt von Anfängen bis heute. München 2008. Einblicke in ungewöhnliche, geheimnisvolle und nicht alltägliche Seiten der Stadt und ihrer Geschichte.

D. Clay Large: Hitlers München. Aufstieg und Fall der Hauptstadt der Bewegung. München 2001. Der Historiker beschreibt vor allem das Umfeld, das den Aufstieg Hitlers ermöglicht hat.

C. Metzger, F. M. Frei: 99 × München, wie Sie es noch nicht kennen. München 2014. München und seine Geschichte sind voll von liebenswerten oder seltsamen, von berührenden und unerwarteten Dingen – lassen Sie sich ver-führen.

H. Rosendorfer: Briefe in die chinesische Vergangenheit. München 1983. Einen chinesischen Mandarin aus der Zeit um 1000 versetzt eine Zeitmaschine nach »Min-chen«, einer Stadt in »Ba Yan«, wo ihm viel Komisches und Absonderliches begegnet. Ein Lesespaß!

B. Setzwein: München. Spaziergänge durch die Geschichte einer Stadt. Stuttgart 2001. Der Münchner Autor zitiert auf seinen Spaziergängen durch die Bayernmetropole Größen wie Oskar Maria Graf und Lion Feuchtwanger.

W. Till, T. Weidner: Typisch München! München 2008. Das »Stadtmuseum zum Mitnehmen« – eine große Revue der Münchner Kulturgeschichte als Versuch, das »Typische« der Stadt zu bestimmen.

Kir Royal: 3 DVDs, 1 Audio-CD, Sony Music Entertainment. Gesellschaftsreporter Baby Schimmerlos (Franz Xaver Kroetz) liefert, unterstützt von Dieter Hildebrand als Fotograf Herbie, den neuesten Klatsch und Tratsch aus der Münchner Bussi-Gesellschaft. Eine bissige, tragisch-komische Satire über Medien, Macht und Moral.

Monaco Franze: 3 DVDs, EuroVideo. In der erfolgreichen TV-Serie erlebt der »ewige Stenz« Franz Münchinger – umwerfend gespielt von Helmut Fischer – seine Großstadtabenteuer unter dem Motto »A bisserl was geht immer!«. Die werden von seiner Ehefrau »Spatzl« (Ruth Maria Kubitscheck) allerdings selten goutiert. Liebevoll und ironisch in Szene gesetzt.

Medien

Zeitungen   Münchens große Tageszeitung – die größte überregionale Tageszeitung Deutschlands – ist die »Süddeutsche Zeitung«. Sie erschien unmittelbar nach dem Zweiten Weltkrieg zum ersten Mal; ihre Vorgängerin waren die 1848 gegründeten »Münchner Neuesten Nachrichten«. Insgesamt linksliberal, vertritt sie wirtschaftspolitisch Positionen des neuzeitlichen Kapitalismus; für die städtische und die überregionale Kulturszene ist sie »die« Infoquelle (donnerstags erscheint sie mit dem SZ-Extra, der Vorschau für die folgende Woche). Der Schwerpunkt des konservativen »Münchner Merkurs« liegt in der regionalen Berichterstattung; er löste 1948 die »Münchner Zeitung« ab. Die »Welt« erscheint in einer Münchner Ausgabe. Gleich mit drei Boulevardzeitungen kann die Bayernmetropole aufwarten: die »Abendzeitung« (substanzreich und liberal), die »tz« (konservativ) und die Münchner Ausgabe der »Bild-Zeitung«.

Rundfunk   Der öffentlich-rechtliche Bayerische Rundfunk (▶ S. 148) strahlt fünf Programme aus. BR 1 bringt Hits der 1970er- und 1980er-Jahre; BR 2 ist der Feuilleton-Kanal mit interessanten Beiträgen zu den unterschiedlichsten Themen; BR 3 spielt aktuelle Schlager; BR Klassik (früher BR 4) sendet klassische bzw. E-Musik (und auch ein wenig

Jazz); BR 5 aktuell firmiert als Info-Kanal mit Nachrichten alle 15 Min., dazwischen gibt's Hintergrundberichte.

Monatlich erscheint das Magazin »Applaus« (3,95 €) für die »hohe« Kultur, alle 14 Tage das hervorragende kostenlose Magazin »in münchen« mit Info über einfach alles (liegt in Hotels, Gaststätten, Kinos, Läden etc. aus). Gedruckt und online liegt das monatliche »Offizielle Monatsprogramm« vor. Für weitere Online-Magazine ▶Auskunft.

Stadt-magazine

Notrufe

Polizei
Tel. 110

Notarzt / Feuerwehr
Tel. 112

Ärztlicher Bereitschaftsdienst
Tel. 116 117 (gebührenfrei)
Bereitschaftspraxis Elisenhof:
Prielmayerstr. 3 (beim Hauptbahnhof)
Mo., Di., Do. 19.00–23.00, Mi., Fr.
ab 14.00 Uhr, Sa., So./Fei. ab 8.00 Uhr

Zahnärztlicher Notdienst
Kassen: Tel. 089 7 24 01-0
privat: Tel. 089 51 71 76 98

*Sperrung von Bank-
und Kreditkarten*
Tel. 116 116 (gratis). Nicht alle Banken
sind angeschlossen, aktuelle Liste unter
www.sperr-notruf.de. Bei der Verlustmeldung sind bei Bankkarten Bankleit-
zahl und Kontonummer einzugeben,
bei Kreditkarten Art und Nummer.

Preise und Vergünstigungen

Sonntag ist in München Museumstag: Die meisten Einrichtungen, auch die Pinakotheken, sind dann für 1 € zugänglich (was natürlich für Gedränge sorgt, v. a. nachmittags). Weiteres ▶ S. 99 ff.

Museen

Dieses »Erlebnisticket« umfasst die Benützung aller öffentlichen Verkehrsmittel sowie Ermäßigungen in einigen Museen und bei zahlreichen anderen Attraktionen. Es gibt sie für einen Tag, 3 Tage oder 4 Tage, als Single- oder Gruppenkarte (bis 5 Personen) und für den Innenraum oder das Gesamtnetz. Zur Karte erhält man eine Broschüre über die Angebote der Rabatt-Partner. Ein Single-Tages-ticket Innenraum kostet 10,90 €, ein Gruppenticket 17,90 €; drei Tage kosten 20,90 bzw. 30,90 €. Zu bekommen bei den Tourismusbüros (▶Auskunft), den MVG-Kundencentern und vielen anderen Stellen, Info unter www.citytourcard.com.

CityTourCard

Verkehr

Parken Dichtester Verkehr und Parkplatzmangel können den München-besuch mit dem fahrbaren Untersatz stressig machen. Das Zentrum innerhalb des Altstadtrings ist grundsätzlich zu meiden, auch wenn es hier einige Parkplätze und Parkhäuser gibt. Die Altstadt und große Teile des Gebiets innerhalb des Mittleren Rings unterliegen der Parkraumbewirtschaftung, d. h. außer Parkhäusern gibt es nur wenige Parkplätze (Mo.– Sa. 8.00 – 23.00 Uhr gebührenpflichtig, max. 2 Std.). Während der Geschäftszeiten und großer Veranstaltungen sind auch die Parkhäuser meist ausgelastet.

Park + Ride An 37 S- und U-Bahnstationen außerhalb des Mittleren Rings sind über 11 000 **Park + Ride-Parkplätze** vorhanden. Beachten: Sie stehen nur den ÖPNV-Fahrgästen zur Verfügung (ggf. nachzuweisen). Maximalparkdauer ist meist 24 Std., die Tagesgebühr beträgt 1 – 1,50 €. Länger als 24 Stunden darf man nur in den Anlagen Messestadt Ost und Fröttmaning parken (1. Tag 1 €, jeder weitere Tag 3 €). Unter www.parkundride.de findet man eine Übersicht über alle Standorte mit näheren Infos, auch zur voraussichtlichen Belegung. Die Vorteile: Sie gelangen meist deutlich schneller in die Innenstadt, Sie sparen sich die Parkplatzsuche und die Parkgebühren.

S-Bahn, **U-Bahn,** **Tram & Bus** Der Münchner Verkehrs- und Tarifverbund MVV sorgt mit S- und U-Bahn, Trambahnen und Bussen dafür, dass man fast jeden Ort in kurzer Zeit erreicht. Die Tram fährt seit 1876 durch München, und Sightseeing per Tram ist Kult, mit normalen Linien oder der alten MünchenTram (▶ Stadtführungen). Dank den diversen Netzplänen (U-/S-Bahnlinien ▶ Umschlag hinten innen) und einem übergreifenden Tarifsystem ist der MVV einigermaßen einfach zu benützen. Übrigens gelten Eintrittskarten für Theater, Oper und Konzert oft auch als MVV-Fahrkarte.

Die Region München ist in vier **Zonen** unterteilt und diese wiederum in **Ringe**. Der Fahrpreis richtet sich nach der Zahl der berührten Zonen, wobei das Stadtgebiet – also alles, was der München-Besucher in der Stadt erreichen will – im Innenraum liegt. Es gibt Einzel- und Mehrfahrtenkarten **(Streifenkarten)**, die an vielen Haltestellen sowie in Tram und Bus an Automaten zu erwerben sind. Fahrkarten, außer Einzelkarten aus Tram- und Bus-Automaten, müssen vor dem Fahrtantritt abgestempelt werden. Normale Karten gelten für beliebig lange Fahrten innerhalb einer Zone; etwa halb so viel kostet die **Kurzstrecke**, d. h. eine Fahrt bis zur vierten Haltestelle, wovon maximal zwei mit S- oder U-Bahn bzw. ExpressBus angefahren werden dürfen. Kinder unter 6 Jahren in Begleitung Älterer werden gratis befördert, für Kinder von 6 bis 14 Jahren gelten **Kindertarife**.

STADTVERKEHR
Münchner Verkehrs- und Tarifverbund MVV
Infotelefon 089 41 42 43 44
www.mvv-muenchen.de
www.mvg.de
Kundencenter
Hauptbahnhof, Zwischengeschoss
   in der S-/U-Bahn-Station
Marienplatz, Zwischengeschoss
   in der S-/U-Bahn-Station
Sendlinger Tor, Zwischengeschoss
   in der U-Bahn-Station

FAHRRAD: INFO & VERLEIH
ADFC München
Platenstr. 4, 80336 München
Tel. 089 77 34 29
www.adfc-muenchen.de

MVG Rad
Der Verleih der Münchner Verkehrs-
gesellschaft funktioniert über die App
»MVG more«. 125 feste Stationen,
v. a. an den Nahverkehrs-Haltestellen.

Radius Tours
Tel. 089 54 34 87 77 20
www.radiustours.com
Im Hauptbahnhof gegenüber
dem Gleis 32.

Doctor Bike
Tel. 089 48 05 87 32
doctorbike.de

Cycleclinic
Tel. 089 85 63 14 82
www.cycleclinic.de

Pedalhelden
Tel.089 24 21 68 80
www.pedalhelden.de

MIETWAGEN
Avis
Tel. *0180 6 21 77 02, www.avis.de

Europcar
Tel. 040 5 20 18 80 00, www.europcar.de

Hertz
Tel. *0180 6 33 35 35, www.hertz.de

Sixt
Tel. *0180 6 25 25 25, www.sixt.de

TAXIZENTRALEN
Taxi München eG
Tel. 089 2 16 10

IsarFunk
Tel. 089 45 05 40

Jugendliche von 15 bis 20 Jahren stempeln auf der Streifenkarte je Zone nur einen Streifen, sie zahlen also halb so viel wie Erwachsene.

Für den Besucher sind außer den praktischen Streifenkarten die **Ta-geskarten** interessant: Mit der Single-Tageskarte kann man bis 6 Uhr des Folgetags beliebig oft mit allen Verkehrsmitteln im gewählten Geltungsbereich fahren (Innenraum 6,40 €). Die Gruppen-Tageskarte gilt für bis zu fünf Erwachsene (Innenraum 12,20 €), wobei zwei Kinder als ein Erwachsener gelten. Noch preisgünstiger sind die **3-Tage-Single-** (16 €) und **-Gruppenkarten** (28,20 €) für den Innenraum. 3-Tage-Karten gelten bis 6.00 Uhr am vierten Tag.

Besondere Fahrkarten

Mitnahme von Fahrrädern	Fahrräder können nur in S- und U-Bahnen mitgenommen werden: Sa., So., Fei. ganztags; keine Beförderung Mo. – Fr. 6.00 – 9.00 und 16.00 – 18.00 Uhr, in den Schulferien Mo. – Fr. 6.00 – 9.00 Uhr. Für das Rad ist extra eine Tageskarte nötig (2,60 € für das Gesamtnetz).
Nachtlinien	Der MVV unterhält im Stadtgebiet eine Reihe von Nachtlinien. So kann man zum Beispiel Silvester, Fasching etc. feiern und spätnachts bzw. frühmorgens gemütlich nach Hause fahren. In den Nächten vor Sa., So. und Feiertagen fahren diese Linien alle halbe Stunde.
Museumslinie	An der Buslinie 100 zwischen Hauptbahnhof Nord und Ostbahnhof liegen nicht weniger als 23 Museen, insbesondere die Häuser am Königsplatz, die Pinakotheken, das Haus der Kunst und die Villa Stuck. Sehr praktisch ist der kleine Plan, den der MVV dazu herausgibt.
MVV-App	Die MVV-App (kostenlos im Google Play Store, im Apple App Store und im Microsoft Phone Store) ist die Fahrplanauskunft und der Fahrkartenautomat fürs Smartphone. Sie bestimmt Ihren Standort und berechnet dann den besten Weg und die beste Verbindung zum gewünschten Ziel. Bestimmte Fahrkarten lassen sich nach Registrierung als MVV-HandyTicket erwerben.
Fahrrad fahren	München tut viel dafür, um seinem Anspruch als »Radlhauptstadt« gerecht zu werden (www.radlhauptstadt.de). In der Tat ist das Fahrrad ideal, um die Stadt und ihre Umgebung kennenzulernen. Entlang der Hauptstraßen verlaufen separate Radwege (das Wegenetz soll ca. 1200 km umfassen), Steigungen gibt es nur sehr wenige & kurze. Allerdings lässt das Radfahren nur etwas für Versierte. Die Disziplin der Radelkollegen lässt oft zu wünschen übrig: Man fährt zu schnell, missachtet andere Verkehrsteilnehmer, Ampeln und Vorfahrtsregelungen, fährt auf der falschen Straßenseite (d. h. entgegen der Fahrtrichtung), fährt nachts ohne Licht etc. Hinzu kommt die mangelhafte Rücksichtnahme der Autofahrer. Also: äußerst defensiv und umsichtig fahren und den Helm benützen! Und an Kfz-Lenker die dringende Bitte, auf Radfahrer zu achten, besonders beim Abbiegen (sie können von links und rechts kommen!).

Unter www.radlhauptstadt.de ist auch eine Liste der Fahrradverleiher zu finden. Den »Radlstadtplan« gibt es digital unter maps.muenchen.de/rgu/radlstadtplan und gedruckt (kostenlos) u. a. beim ADFC München.

Register

Bildnachweis

Verzeichnis der Karten und Grafiken

atmosfair

nachdenken • klimabewusst reisen

atmosfair

Reisen verbindet Menschen und Kulturen. Doch wer reist, erzeugt auch CO_2. Der Flugverkehr trägt mit bis zu 10 % zur globalen Erwärmung bei. Wer das Klima schützen will, sollte sich nach Möglichkeit für die schonendere Reiseform entscheiden (wie die Bahn). Gibt es keine Alternative zum Fliegen, kann man mit *atmosfair* klimafördernde Projekte unterstützen. *atmosfair* ist eine gemeinnützige Klimaschutzorganisation unter der Schirmherrschaft von Klaus Töpfer. Flugpassagiere spenden einen kilometerabhängigen Betrag und finanzieren damit Projekte in Entwicklungsländern, die den Ausstoß von Klimagasen verringern helfen. Dazu berechnet man mit dem Emissionsrechner auf **www.atmosfair.de**, wieviel CO_2 der Flug produziert und wie viel es kostet, eine vergleichbare Menge Klimagase einzusparen (z. B. Berlin–London–Berlin 13 €). *atmosfair* garantiert die sorgfältige Verwendung Ihres Beitrags. Alle Informationen dazu auf www.atmosfair.de. Auch der Karl Baedeker Verlag fliegt mit *atmosfair*.

Impressum

MAIRDUMONT GmbH & Co KG –
VERLAG KARL BAEDEKER

16. Auflage 2016
Völlig überarbeitet und neu gestaltet

Ausstattung:
150 Abbildungen, 27 Karten und grafische Darstellungen, ein großer Stadtplan
Text: Dr. Bernhard Abend mit Beiträgen von Helmut Linde, Johannes Kelch, Rainer Eisenschmid, Dr. Christiane Melk-Haen, Dina Stahn und Heide Geiss
Bearbeitung:
Dr. Bernhard Abend
Kartografie:
Franz Huber, München
MAIRDUMONT Ostfildern (Reisekarte)
3D-Illustrationen:
jangled nerves, Stuttgart
Infografiken:
Golden Section, Berlin
Gestalterisches Konzept:
independent Medien-Design, München
Chefredaktion:
Rainer Eisenschmid, Baedeker Ostfildern

Anzeigenvermarktung:
MAIRDUMONT MEDIA
Tel. 0049 711 4502 333
Fax 0049 711 4502 1012
media@mairdumont.com
http://media.mairdumont.com

Printed in China

Die Erfahrung zeigt, dass trotz aller Sorgfalt von Redaktion und Autoren Fehler nicht ausgeschlossen werden können. Dafür sowie für Änderungen nach der Drucklegung kann der Verlag leider keine Haftung übernehmen.
Kritik, Berichtigungen und Verbesserungsvorschläge sind jederzeit willkommen. Schreiben Sie uns, mailen Sie oder rufen Sie an:

Verlag Karl Baedeker / Redaktion
Postfach 3162
D-73751 Ostfildern
Tel. 0711 4502-262
info@baedeker.com
www.baedeker.com

FSC
www.fsc.org
MIX
Paper from
responsible sources
FSC® C011918

Die Erfindung des Reiseführers

Als **Karl Baedeker** (1801 – 1859) am 1. Juli 1827 in Koblenz seine Verlagsbuchhandlung gründete, ließ er sich kaum träumen, dass sein Name und seine roten Bücher einmal weltweit zum Synonym für Reiseführer werden sollten.

Das erste von ihm verlegte Reisebuch, die 1832 erschienene **Rheinreise,** hatte er noch nicht einmal selbst geschrieben. Aber er entwickelte es von Auflage zu Auflage weiter. Mit der Einteilung in die Kapitel »Allgemein Wissenswertes«, »Praktisches« und »Beschreibung der Merk-(Sehens-)würdigkeiten« fand er die klassische Gliederung des modernen Reiseführers, die bis heute ihre Gültigkeit hat. Der Erfolg war überwältigend: Bis zu seinem Tod erreichten die zwölf von ihm verfassten Titel 74 Auflagen! Seine Söhne und Enkel setzten bis zum Zweiten Weltkrieg sein Werk mit insgesamt 70 Titeln in 500 Auflagen fort.

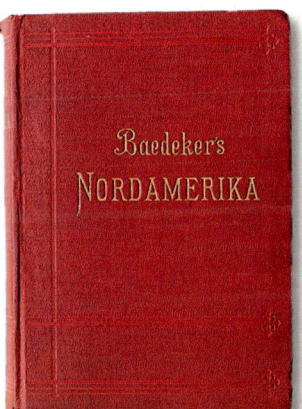

Bis heute versteht der Karl Baedeker Verlag seine große Tradition vor allem als eine Kette von Innovationen: Waren es in der frühen Zeit u. a. die Einführung von Stadtplänen in Lexikonqualität und die Verpflichtung namhafter Wissenschaftler als Autoren, folgte in den 1970ern der erste vierfarbige Reiseführer mit professioneller Extrakarte. Seit 2005 stattet Baedeker seine Bücher mit ausklappbaren 3D-Darstellungen aus. Die neue Generation enthält als erster Reiseführer Infografiken, die (Reise-)Wissen intelligent aufbereiten und Lust auf Entdeckungen machen.

In seiner Zeit, in der es an verlässlichem Wissen für unterwegs fehlte, war Karl Baedeker der Erste, der solche Informationen überhaupt lieferte. In der heutigen Zeit filtern unsere Reiseführer aus dem Überfluss an Informationen heraus, was man für eine Reise wissen muss, auf der man etwas erleben und an die man gerne zurückdenken will. Und damals wie heute gilt für Baedeker: Wissen öffnet Welten.

Baedeker Verlagsprogramm

- Ägypten
- Algarve
- Allgäu
- Amsterdam
- Andalusien
- Argentinien
- Australien

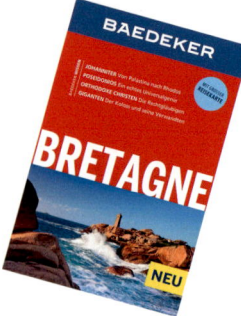

- Australien • Osten
- Bali
- Barcelona
- Bayerischer Wald
- Belgien
- Berlin • Potsdam
- Bodensee
- Brasilien
- Bretagne
- Brüssel
- Budapest
- Burgund
- China
- Dänemark
- Deutsche Nordseeküste
- Deutschland
- Deutschland • Osten
- Dresden
- Dubai • VAE
- Elba
- Elsass • Vogesen
- Finnland

- Florenz
- Florida
- Franken
- Frankfurt am Main
- Frankreich
- Frankreich • Norden
- Fuerteventura
- Gardasee
- Golf von Neapel
- Gomera
- Gran Canaria
- Griechenland
- Großbritannien
- Hamburg
- Harz
- Hongkong • Macao
- Indien
- Irland
- Island
- Israel
- Istanbul
- Istrien • Kvarner Bucht
- Italien
- Italien • Norden
- Italien • Süden
- Italienische Adria
- Italienische Riviera
- Japan
- Jordanien
- Kalifornien
- Kanada • Osten
- Kanada • Westen
- Kanalinseln
- Kapstadt • Garden Route
- Kenia
- Köln
- Kopenhagen
- Korfu • Ionische Inseln
- Korsika

- Kos
- Kreta
- Kroatische Adriaküste • Dalmatien
- Kuba
- La Palma
- Lanzarote
- Leipzig • Halle
- Lissabon
- London
- Madeira
- Madrid
- Malediven
- Mallorca
- Malta • Gozo • Comino
- Marokko
- Mecklenburg-Vorpommern
- Menorca

- Mexiko
- Moskau
- München
- Namibia
- Neuseeland
- New York
- Niederlande
- Norwegen
- Oberbayern

- Oberital. Seen •
  Lombardei •
  Mailand
- Österreich
- Paris
- Peking
- Polen
- Polnische
  Ostseeküste •
  Danzig • Masuren
- Portugal
- Prag
- Provence •
  Côte d'Azur
- Rhodos
- Rom

- Sri Lanka
- Stuttgart
- Südafrika
- Südengland
- Südschweden •
  Stockholm
- Südtirol

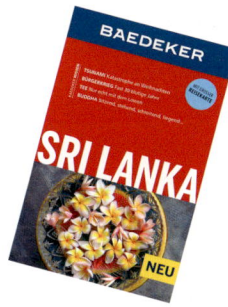

- USA • Nordosten
- USA • Nordwesten
- USA • Südwesten
- Usedom
- Venedig
- Vietnam
- Weimar
- Wien
- Zürich
- Zypern

**Viele Baedeker-Titel
sind als E-Book
erhältlich:
shop.baedeker.com**

- Sylt
- Teneriffa
- Tessin
- Thailand
- Thüringen
- Toskana
- Tschechien
- Tunesien
- Türkei
- Türkische
  Mittelmeerküste
- USA

- Rügen • Hiddensee
- Rumänien
- Sachsen
- Salzburger Land
- St. Petersburg
- Sardinien
- Schottland
- Schwarzwald
- Schweden
- Schweiz
- Sizilien
- Skandinavien
- Slowenien
- Spanien
- Spanien • Norden •
  Jakobsweg

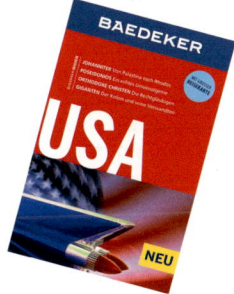

Kurioses München

Großartig ist die Stadt, lebendig und fortschrittlich. Die lange, vielfältige Geschichte, auf die München zurückblickt, bringt natürlich auch ihre Be sonderheiten mit sich.

▶ Knowhow fürs Dirndl

Wenn auch die meisten Volksfestbesucherinnen bei der Wahl ihres Outfits nur nach ihrem Geschmack gehen, sollten sie doch beachten: Sitzt die Schürzenschleife links, heißt das, dass die Dame noch zu haben ist, sitzt die Schleife rechts, ist sie vergeben. Diese Regel dürfte noch relativ jung sein, da unverheiratete und verheiratete Frauen sich früher meist unterschiedlich kleideten.

▶ Beliebtes Motiv

Das prachtvolle Münchner Rathaus eignet sich gut als Titelbild für Telefonbücher. So wurde es auch 2008 verwendet. Peinlich war nur, dass es sich dabei um das Berliner Telefonbuch handelte – auf 700 000 Exemplaren prangte ein Foto des Münchner Rathauses.

▶ »Wer ko, der ko«

Das heißt soviel wie: »Wer kann, der darf auch.« Das rief der Münchner Kutscher Franz Xaver Krenkl, als er – was unter Strafe verboten war – den Wagen des Kronprinzen Ludwig (später König Ludwig I.) überholte. Noch heute steht der Spruch für das notorische renitente bayerische Selbstbewusstein.

▶ Sittenwidrige Lederhosen

Die Gründung des Kurzhosenvereins im Jahr 1913, eines Vereins zum Erhalt der Lederhose, brachte das Erzbischöfliche Ordinariat auf die Palme. Den Trachtlern wurde die Teilnahme an Prozessionen in kurzen Hosen untersagt und der Verein für sittenwidrig erklärt.

▶ Wie viel ist eine Maß?

Ein Liter, klar – nicht jedoch auf dem Münchner Oktoberfest. Dort dürfen mit behördlichem Segen 0,9 Liter als eine Maß verkauft werden, tatsächlich ist es meist noch weniger. Bei 6 Mio. Liter tatsächlich ausgeschenktem Bier und einem Preis von 10 € macht das ein Plus von über 6,6 Mio. €. Der »Verein gegen betrügerisches Einschenken«, der etwa 4000 Mitglieder hat, passt auf, dass der Schmu nicht noch weiter getrieben wird.

▶ Das Müncher »Kindl«

Eine fesche, meist blonde junge Dame spielt bei offiziellen Anlässen das »Münchner Kindl«, die Wappenfigur der Landeshauptstadt. Doch die stellt weder ein Kind noch eine Frau dar, sondern einen Mönch, denn »München« wird das erste Mal als Markt »bei den Mönchen« erwähnt.